21世纪高等院校教材

物流企业管理

（第三版）

刘　丹　编著

科学出版社

北　京

内 容 简 介

本书以现代企业管理基本理论为框架，从物流和物流企业的基本概念开始，结合物流企业管理实践，综合研究物流企业经营管理的全过程，主要阐述物流企业管理基本原理，以及物流企业的战略管理、计划与决策管理、营销管理、仓储与库存管理、配送与运输管理、财务管理、信息管理、设施与设备管理、质量管理等基本模式和方法、基本技术和管理原则。本书选择一些实用的管理工具和方法供读者借鉴，并配有相应的复习思考题、计算题和案例分析题，便于掌握理论知识和方法。本书配备多媒体教学课件、计算题参考答案、企业案例、企业网址和企业视频供教师使用。

本书既可以作为高等院校物流管理、物流工程专业的本科生教材和高职高专院校物流管理专业的教材，也可以作为物流企业管理人员的学习和培训用书，以及成人教育用书。

图书在版编目（CIP）数据

物流企业管理/刘丹编著. —3版. —北京：科学出版社，2018.7

21世纪高等院校教材

ISBN 978-7-03-057673-6

Ⅰ. ①物… Ⅱ. ①刘… Ⅲ. ①物流企业–企业管理–高等学校–教材 Ⅳ.①F253

中国版本图书馆CIP数据核字（2018）第118385号

责任编辑：郝 静 / 责任校对：贾娜娜
责任印制：赵 博 / 封面设计：蓝正设计

科学出版社出版
北京东黄城根北街16号
邮政编码：100717
http：//www.sciencep.com

北京富资园科技发展有限公司印刷
科学出版社发行 各地新华书店经销

*

2010年2月第 一 版 开本：787×1092 1/16
2014年2月第 二 版 印张：17 1/2
2018年7月第 三 版 字数：415 000
2025年7月第二十次印刷

定价：48.00元

（如有印装质量问题，我社负责调换）

作 者 简 介

刘丹，物流管理专业博士，福州大学经济与管理学院物流研究院副院长、教授，教育部高等学校物流管理与工程类专业教学指导委员会委员、供应链管理专业工作组副组长，中国物流学会理事及特约研究员，福建省物流协会副会长，福建省一流课程（供应链管理）负责人。主要研究方向为物流与供应链管理、绩效评价与管理、服务创新、流程优化。主持国家教指委新文科建设试点、教育部产学合作协同育人及福建省高等学校教学改革研究等多项教改项目。主持国家社科基金项目、省社科基金重大项目、省软科学项目、省科技厅等省级部门和产业界委托研究课题等 40 多项。在国内外学术期刊上发表论文 60 多篇，出版专著 2 本，主编教材 2 本。评为福州大学教学名师、优秀教师。主编的教材《物流企业管理》列入科学出版社“十三五”规划教材，并获福州大学首届本科优秀教材建设奖一等奖。主持的教改项目曾获福州大学教学成果奖一等奖 2 项和二等奖 1 项，多次获福州大学教学优秀奖一等奖、二等奖等。

内容简介

前 言

物流业作为支撑国民经济发展的先导性、基础性、战略性产业，积极践行创新、协调、绿色、开放、共享五大发展理念，以供给侧结构性改革和创新驱动发展战略为主线，加快资源整合与创新，加强海外物流网络布局，注重绿色可持续发展，物流系统运行质量与效率明显提升。近年来，国家密集出台了有关交通物流融合发展、“互联网+”高效物流、多式联运、电子商务与快递物流协同发展、物流业与制造业深度融合、物流降本增效等推动现代物流发展的一系列规划和政策措施，物流业营商环境得到持续改善。党的二十大报告指出:“构建优质高效的服务业新体系，推动现代服务业同先进制造业、现代农业深度融合。加快发展物联网，建设高效顺畅的流通体系，降低物流成本。”基于此，我国物流企业发展方式加速变革创新，企业实力显著提升，服务领域加速拓展，专业化和定制化服务能力不断增强，服务价值链不断延伸。

在这一背景下，促使我们紧跟行业发展趋势，对本书第二版进行必要的修订。在保留原有的理论框架体系和特点基础上，删减和修改部分内容，增添一些理论研究和实践成果，重点增加新案例，介绍新业态、新模式。由于受篇幅限制，将一些企业案例、企业视频作为补充材料，同时提供一批物流企业网址，供教师教学和学生学习使用。

本教材具有以下特点：（1）研究对象明确。以中国国家标准《物流企业分类与评估指标》界定的综合服务型物流企业为研究对象，所有的管理内容均围绕它展开。（2）体系完整，内容新颖。纵向上抓住现代物流企业管理层次上的特点，重点强调高层战略管理、中层经营管理和基层作业管理；横向上，强调订单驱动流程新型企业运营模式，管理逻辑十分清晰，从理论上尽量反映学科的前沿内容，从案例上尽量收入最新的国内外物流企业的管理经验。（3）重视量化管理。根据物流企业经营管理的需要，在计划与决策、仓储与库存管理、配送与运输管理、财务管理、设施与设备管理、质量管理等方面都导入了定量的管理方法，让学生掌握精细化管理基本内容，以培养学生的实际管理技能。

本书在修订过程中，借鉴了国内外许多专家的资料和研究成果，在此谨向他们表示深深的谢意。感谢福州大学经济与管理学院的同事、硕士研究生及家人给予的支持和帮助，感谢科学出版社编辑老师以及有关部门的大力支持和帮助。我还要感谢广大读者朋友们，通过各种渠道对本书原版提出宝贵的意见。

由于作者水平有限，书中不足之处恳请读者不吝指正，以便在今后修订中改正！

刘 丹

2024 年夏

目 录

第一章

物流企业管理概论

【学习目标】

- 掌握现代物流的内涵
- 掌握辨析物流企业与物流企业管理的概念
- 了解我国物流企业的分类与评估标准
- 熟悉物流企业组织结构设计的原则
- 了解物流企业组织结构的主要形式及主要部门职责
- 掌握物流企业管理的职能、内容和原则

第一节 物流概述

物流（logistics）概念的形成经历了较为漫长的道路。从历史的发展来看，20 世纪之前的很长一段时间存在的只是一些物流意识，还没有明确的物流概念。20 世纪初，随着工业化进程的加快，以及大批量生产和销售的实现，出现了直接进入流通领域的制造商，开始涉及物资配送或实物配送（physical distribution，PD）。阿奇・萧在 1915 年哈佛大学出版社出版的《市场流通中的若干问题》（*Some Problems in Marketing Distribution*）一书中研究了市场流通中存在的一些问题，明确将企业活动分为创造需求的活动和物流活动，并指出“创造需求与实物供给的各种活动之间的关系……说明（这些活动之间）存在平衡性和互相依赖两个原则”“物流（the physical distribution of goods）是与创造需求不同的一个问题……流通活动中的重大失误都是因为创造需求与物流之间缺乏协调造成的”。自从阿奇・萧的物流概念提出后，又经过了 70 年左右的时间才对物流管理有了明确的定义。

从实践发展的角度来看，第二次世界大战期间，美国及其盟军的军事后勤活动的组织为人们对物流的认识提供了实证依据。这期间积累的大量军事后勤保障理论和经验在战后被很多国家运用到了民用领域，促进了 20 世纪六七十年代世界经济的发展，也促使现代物流学理论的形成和发展。

一、物流的定义

随着社会经济的发展和科技的进步，物流的理论和概念及范围不断地变化与发展。物流的定义在各个经济发展阶段，适应不同的经济活动目的，不断地进化、调整和完善；即使在同一历史时期同一经济发展阶段，也因不同的学派、不同的学术团体、不同的机构和不同的国家，出自不同的角度和观点，而有所差别。不过物流定义的演变过程恰恰反映了不同时期物流理论、物流管理及物流技术的进步轨迹。

1. 美国的定义

美国的定义较有影响力。1963 年成立的美国物流管理协会（National Council of Physical Distribution Management）对物流管理（physical distribution management）进行了多次定义，1976 年修订为："物流管理是为了计划、执行和控制原材料、半成品及产成品从起源地到消费地的有效率的流动而进行的两种或多种活动的集成。这些活动可能包括但不仅限于顾客服务、需求预测、交通、库存控制、物料搬运、订货处理、零件及服务支持、工厂及仓库选址、采购、包装、退货处理、废弃物回收、运输、仓储管理。"这个定义中的物流范围从销售物流扩大到采购物流，不仅包括产品从生产商的生产组装流水线起，经过批发、零售，最终到消费者手里的终点移动，还包括原材料和零部件等从供应商到生产商生产组装流水线的始点流动。

1985 年，美国物流管理协会的英文名称改为 Council of Logistics Management，简称 CLM，用 logistics 代替了 physical distribution。它对物流的定义为："物流是为了满足顾客需求而对商品、服务和相关信息从起源地到消费地的有效率、有效益的流动和储存而进行的计划、执行与控制的过程。"

从以上两个定义来看，前者定义了具体的物流活动，后者采用了更为灵活的表述，所适应的领域更为广泛；前者强调"有效率"的流动，后者强调"有效率、有效益"的流动；前者的目的是"有效率的流动"，后者的目的是"满足顾客需求"。这些区别体现了现代物流的核心价值，反映了美国物流界对物流活动认识的深入及物流内涵和外延的变化。

21 世纪后，物流的发展进入了供应链管理（supply chain management，SCM）阶段，物流理论也逐渐向更宽阔的领域发展。2001 年，美国物流管理协会对物流的定义是："物流是供应链流程的一部分，是为了满足客户需求而对商品、服务及相关信息从原产地到消费地的高效率、高效益的正向和反向流动及储存进行的计划、实施与控制过程。"在该定义中，不仅把物流纳入了企业间互动协作关系的管理范畴，而且要求企业在更广阔的背景下来考虑自身的物流运作；不仅要考虑自己的客户，而且要考虑自己的供应商；不仅要考虑客户的客户，而且要考虑供应商的供应商；不仅要致力于降低某项具体物流作业的成本，而且要考虑使供应链运作的总成本最低。总之，该定义反映了随着供应链管理思想的出现，美国物流界对物流的认识更加深入，强调"物流是供应链的一部分"，并从"反向物流"的角度进一步拓展了物流的内涵与外延（图 1-1）。

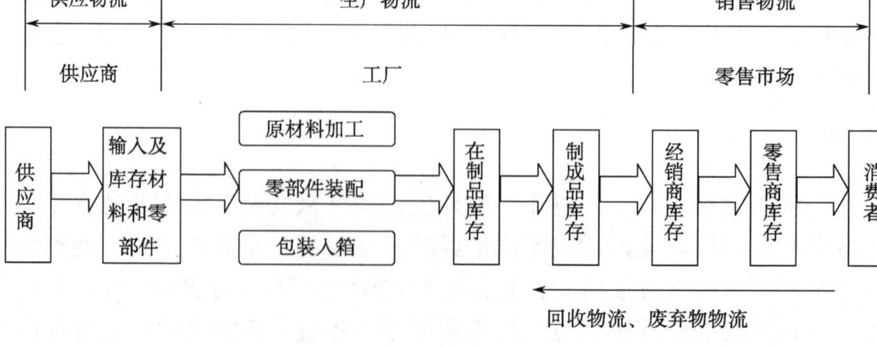

图 1-1　物流过程示意图

2. 欧洲的定义

欧洲物流协会（European Logistics Association，ELA）于 1994 年发表的《物流术语》中将物流定义为：物流是在一个系统内对人员及/或商品的运输、安排及与此相关的支持活动的计划、执行与控制，以达到特定的目的。

欧洲物流协会将物流活动视为二维矩阵：第一维是物料流，由采购、物料管理和实物配送 3 个业务功能组成；第二维是工作顺序，由顾客服务、运输、仓储/物料搬运、物料计划与控制、信息系统开发与维护、管理 6 个学科构成。

3. 日本的定义

2002 年日本标准学会以日本工业标准（Japanese Industrial Standards，JIS）的形式，对与物流相关的词汇做出了明确的定义。

第一个词汇对应于美国的 physical distribution，工业标准的定义为："物资资料从供应者到需求者进行时间的、空间的移动过程的活动。一般认为是将包装、输送、保管、装卸搬运、流通加工及与此相关的情报等各项功能进行综合管理的活动。在不同的对象领域有特定的不同称呼：供应物流、生产物流、销售物流、回收物流等。"

第二个词汇对应于美国的 logistics，工业标准的定义为："将物流活动的目标定位于充分满足最终需要，同时要解决保护环境等方面的社会问题，在此前提下追求高水平、综合地完成包装、输送、保管、装卸搬运、流通加工及相关的情报等各项工作，以谋求使供应、生产、销售、回收等各个领域实现一体化、一元化的经营活动。"

4. 中国的定义

在我国，物流是一个外来词，是于 20 世纪 70 年代末从日本引进的。1979 年 6 月，中国物资经济学会派代表团参加在日本举行的第三届国际物流会议，代表团回国后把物流的概念介绍到了国内。此后，有关部门及专家学者展开了对物流的研究。

1987 年，王嘉霖、张蕾丽两位教授在《物流系统工程》一书中指出：物流泛指物资实体的场所（或位置）转移和时间占用，即物资实体的物理移动过程（有形的与无形的）。从狭义来讲，物流包括从生产企业内部原材料、协作件的采购开始，经过生产制造过程中的半成品的存放、装卸、搬运和成品包装，到流通部门或直达客户后的入库验收、分类、储存、保管、配送，最后送达顾客手中的全过程，以及贯穿于物流全过程的信息传递和顾客服务工作的各种机能的整合。

2001 年 4 月，由原中国物资流通协会物流技术经济委员会牵头组织，中国物资流通技术开发协会、北京工商大学、北京物资学院、北京交通大学、华中科技大学、原国内贸易局物流技术研究所等单位专家学者编写的中华人民共和国国家标准《物流术语》正式颁布。根据该标准，将"物流"定义为：物品从供应地向接收地的实体流动过程。根据实际需要，将运输、储存、装卸、搬运、包装、流通加工、配送、信息处理等基本功能实施有机结合。定义的前半部分指出了物品的流动方向，起点是"供应地"，终点是"接收地"。定义的后半部分指出了物流所包含的功能要素，这些功能要素不是相互独立的，在物流过程中，应对其"实施有机结合"，以充分发挥其整合作用。在国家标准中单独对"物流管理"这一词条进行了界定，将"物流管理"定义为：为了以最低的物流成本达到客户所满意的服务水平，对物流活动进行的计划、组织、协调与控制。2006 年对《物流术语》（GB/T 18354—2006）标准进行了修订，"物流"的定义没有改变，"物流管理"的定义修改为"为达到既定的目标，对物流的全过程进行计划、组织、协调与控制"。

二、现代物流的运作机理

现代物流的运作机理可以从不同的角度来理解。从技术手段上来看，现代物流运作机理为信息化，包括电子商务、快速反应等。运用更新、更快和更低成本的计算机软硬件及电子通信技术，使企业用较低成本的信息资产去替换昂贵的库存、运输和其他传统的物流成本。从现代物流运作的主体来看，反映在“第三方物流企业”，还包括供应链的核心企业、供应链集成商等专业机构。它强调企业应当从事核心业务，将非核心业务外包，从而实现“重心聚焦战略”，提升企业的核心竞争力。从现代物流的运作对象上看，是企业内部和企业外部的物流整合，包括社会物流和宏观物流资源的整合等。但就其本质而言，现代物流的运作机理是通过现代化技术的运用和不断优化的管理模式，在一个不断变化的社会经济系统中实现人类劳动对象在时间和空间上更便捷、在成本上更低廉地转移。

现代物流这种追求“更便捷、更低廉”的运作机理，从局部的准时制生产和广泛的国际贸易中都能表现出来。从准时生产来看，它的出发点是不断消除浪费，追求无库存生产，即将合适的原材料和零部件，以合适的数量，送往合适的地点。从国际贸易来看，为了保持和增加市场份额，一个企业必须以有竞争力的价格在合适的时间和地点提供合适的产品。这表明必须正确地履行 4 个基本功能——商品的供应、储存、运输和市场营销，才能实现“更便捷、更低廉”的最终目标。

第二节　物流企业概述

一、物流企业的定义

2004 年 8 月 25 日，国家发展和改革委员会、商务部、公安部、铁道部、交通运输部、海关总署、国家税务总局、中国民用航空局、国家工商行政管理总局九部委联合制定了《关于促进我国现代物流业发展的意见》。该意见指出：物流企业是具备或租用必要的运输工具和仓储设施，至少具有从事运输（或运输代理）和仓储两种以上经营范围，能够提供运输、代理、仓储、装卸、加工、整理、配送等一体化服务，并具有与自身业务相适应的信息管理系统，经工商行政管理部门登记注册，实行独立核算、自负盈亏、独立承担民事责任的经济组织。

2006 年 12 月 4 日发布、2007 年 5 月 1 日开始实施的中国国家标准《物流术语》（GB/T 18354—2006）对物流企业的定义为：从事物流基本功能范围内的物流业务设计及系统运作，具有与自身业务相适应的信息管理系统，实行独立核算、独立承担民事责任的经济组织。

2005 年 5 月 1 日，国家质量监督检验检疫总局和国家标准化管理委员会联合发布的《物流企业分类与评估指标》（GB/T 19680—2005）对物流企业作了定义，即“至少从事运输（含运输代理、货物快递）或仓储一种经营业务，并能够按照客户物流需求对运输、储存、装卸、包装、流通加工、配送等基本功能进行组织和管理，具有与自身业务相适应的信息管理系统，实行独立核算、独立承担民事责任的经济组织，非法人物流经济组织可比照适用”。2013 年重新修订，形成新版标准《物流企业分类与评估指标》（GB/T 19680—2013）代替原标准，2013 年 12 月 31 日发布，2014 年 7 月 1 日正式实施。新版标准采用了中国国家标准《物流术语》（GB/T 18354—2006）对物流企业的定义。

本书对物流企业的界定采用《物流术语》（GB/T 18354—2006）的定义，后面章节所阐述的物流企业管理内容均是针对此定义界定的物流企业。

二、物流企业的分类

中国国家标准《物流企业分类与评估指标》将物流企业划分为运输型、仓储型、综合服务型三种类型，并对每种类型物流企业的主要业务范围及功能作了具体的界定：运输型物流企业是以从事货物运输或代理运输服务为主，包含其他物流服务的企业；仓储型物流企业是主要从事区域性仓储服务，同时也从事其他物流服务活动的企业；综合服务型物流企业是专门为企业客户提供原材料、在产品、产成品一体化物流服务的企业。

1. 运输型物流企业

运输型物流企业应同时符合以下要求：①以从事运输业务为主，具备一定规模；②可为客户提供运输服务及其他增值服务；③自有一定数量的运输工具和设备；④具备信息服务功能，应用信息系统可对运输货物进行状态查询、监控。

2. 仓储型物流企业

仓储型物流企业应同时符合以下要求：①以从事仓储业务为主，具备一定规模；②可为客户提供分拨、配送、流通加工等服务，以及其他增值服务；③自有一定规模的仓储设施、设备，自有或租用必要的货物运输工具；④具备信息服务功能，应用信息系统可对仓储货物进行状态查询、监控。

3. 综合服务型物流企业

综合服务型物流企业应同时符合以下要求：①从事多种物流服务业务，可以为客户提供运输、仓储、货运代理、配送、流通加工信息服务等多种物流服务，具备一定规模；②可为客户制定系统化的物流解决方案，可为客户提供综合物流服务及其他增值服务；③自有或租用必要的运输工具、仓储设施及相关设备；④具有一定市场覆盖面的货物集散、分拨、配送网络；⑤具备信息服务功能，应用信息系统可对物流服务全过程进行状态查询、监控。

为了能够全面、系统地反映物流企业综合能力标准，规定了物流企业的5个等级（从5A～1A 依次降低），以及不同类型、不同级别企业的具体指标。评估指标包括三种不同类型企业经营状况、资产、设备设施、管理与服务、人员管理、信息化水平 6 个方面的17～18 项具体内容，使标准更具有指导性、实用性和可操作性。例如，1A 级综合型物流企业，营业时间 2 年以上，年物流营业收入达到 300 万元及以上，资产总额达到 200 万元及以上，资产负债率不高于 75%，拥有 5 个以上的运营网点、1000 平方米及以上的自有或租用仓储面积、100 辆及以上的自有或租用货运车辆，且物流经营业务部分要求实行信息化管理，等等。5A～1A 级综合服务型物流企业要求年物流营业收入分别在 16.5 亿元以上、2 亿元以上、4000 万元以上、800 万元以上、300 万元以上。

中国物流与采购联合会自 2005 年开始开展 A 级物流企业综合评估工作，截至 2017 年8 月 31 日，全国 A 级物流企业总数达到 4206 家。其中，5A 级物流企业 265 家、4A 级物流企业 1545 家、3A 级物流企业 1854 家、2A 级物流企业 503 家、1A 级物流企业 39 家。5A 级物流企业有：中国物资储运总公司、中铁快运股份有限公司、中国外运长航集团有限公司、远成集团有限公司、德邦物流股份有限公司、上海佳吉快运有限公司、重庆长安民生物流股份有限公司、浙江传化物流基地有限公司、芜湖安得物流股份有限公司、福建省交通运输集团有限责任公司、盛丰物流集团有限公司、福建汇丰物流有限公司、厦门港务发展股份有限公司、厦门象屿股份有限公司、顺丰控股（集团）股份有限公司（简称“顺丰”）、宝供物流企业集团有限公司等。

三、物流企业的职能

物流企业是物流服务的供应商，其职能是围绕如何为其顾客提供完整的以供应链组织协调为核心的整套服务。为此，现代物流企业的基本职能已突破了传统的仓储、运输等，而是提供以满足客户需求为核心，以资源优化配置为目标，以信息技术为支撑，以专业化服务为保证的整体物流解决方案。

（1）满足客户对物流服务的综合需求。物流企业存在的目的就是满足客户的各种物流服务需求。现代物流企业不仅是生产企业的原料库、成品库和运输商，而且也是最终用户和服务的供应者。它以现代信息技术为支撑，使传统的仓储运输服务提升到一个新水平；同时，开展配送、流通加工、物流系统优化、企业资源整合、物流信息系统规划和实施等深层次服务。

（2）降低运营成本。仓储运输是形成企业成本的主要内容，也是影响企业利润的主要因素。现代物流企业的主要职能之一，就是通过为客户提供专业化物流服务，优化客户物流系统，降低客户库存，缩短运输、配送周期，帮助客户提高运营效率，降低运营成本。

（3）实现物流功能整合。所谓物流功能整合，就是对各种物流功能性活动进行重组和协调，使其形成一个完整的物流系统，以提高系统的整体效率，实现系统的整体效益。物流企业在整个供应链中具有承上启下的作用，通过物流企业可以将生产企业、流通企业和最终用户联系起来，实现物流、商流和信息流的统一。另外，物流企业也可以通过专业化服务，整合客户所需要的各种物流活动，实现物流的功能最佳、成本最低、效率最高。

（4）提升客户竞争能力。物流企业为客户提供系统、有效的专业化物流服务，并与客户企业的业务系统实现完美的集成，可以使客户企业把优势资源集中于具有竞争力的核心业务中，提升客户的竞争力。

第三节　物流企业组织结构

一、组织结构设计

企业的组织结构是为了实现企业的战略目标，以企业的价值链和主导业务流程为基础，通过职能分解，建立各部门的协调关系，是承担各种权力、职责角色的人员有机结合的团体，是组织工作任务分派、编组、协调等的正式架构，目的是使组织的每个成员了解整个组织在权力、职责上的分配和上下级的协调关系。主要组织结构形式有直线制、职能制、直线职能制、事业部制和矩阵制等。

组织结构设计是对构成企业组织的各要素进行排列、组合，明确管理层次，分清各部门、各岗位之间的协作关系，并使其在实现企业的战略目标过程中获得最佳的工作业绩。组织结构的选择需要考虑企业的战略目标和活动特点，有利于实现组织目标和效率、与内外环境相适应的组织形式就是好的、合适的组织结构形式。

在进行组织结构设计时，主要需要考虑 9 项参数指标，这些指标基本上反映了组织结构的主要特征。这些参数指标包括管理层次、管理跨度、专业化程度、标准化与规范化程度、集权与分权程度、核心职能、地区分布、分工形式和人员结构。

二、物流企业组织结构设计的原则

在物流企业组织结构设计过程中，要遵循一些原则，这些原则是在长期的管理实践中积累而成的。

（1）目的明确原则。物流企业组织结构设计要为企业的发展服务，各职能部门的设立应以有效完成企业的战略目标和经营活动为目的。

（2）统一指挥原则。清晰界定各层级的报告关系，每位下属应该有一个并且仅有一个上级，在上下级之间形成一条清晰的指挥链，从而避免“多头领导”情况的出现。

（3）控制幅度原则。一个上级直接领导与指挥的下属人数应该有一定的限度，并且应该是有效的。法国管理学家格拉丘纳斯的研究表明：当上级的控制幅度超过 7 人时，其与下级之间的关系就会越来越复杂，以至于最后无法驾驭下级。

（4）适度分权原则。物流企业在进行组织结构设计时，必须考虑权力的分配模式，要适度分权，将集权和分权控制在合适的基准之上，既不影响组织成员的工作效率，又不影响管理层和基层员工的工作积极性，使企业组织结构具有高度的开放性和协作性。

三、物流企业组织结构设计的主要形式

物流企业组织结构是指物流企业的整个组织结构按部门划分和按层次划分，组成纵横交错关系的组织管理形式。它取决于企业规模、经营内容、企业人员素质、经营管理水平和企业内外部环境等多种因素。此外，物流企业的所有制不同，它的组织管理形式也会有所不同。同时，物流企业组织结构的形式是随着企业和管理科学化、现代化的发展而发生变化的，从其发展过程来看，主要有以下几种。

1. 直线制形式

直线制形式是最简单的管理形式，如图 1-2 所示。它的特点是物流企业各级行政领导按照直线从上到下进行垂直领导，不另设专业职能机构。这种组织结构的优点是：机构层次少，权力集中，命令统一，决策和执行迅速，工作效率高。缺点是：领导需要处理的事情太多，精力受牵制，不利于提高企业的经营管理水平。它适用于经营规模小、经营对象简单的小型物流企业。

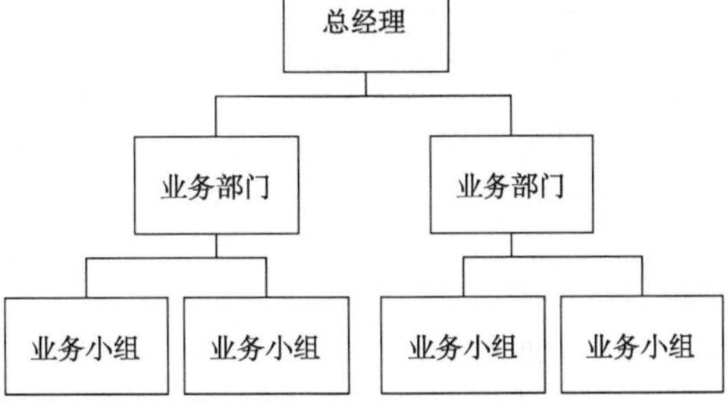

图 1-2　直线制组织结构示意图

2. 职能制形式

职能制形式如图 1-3 所示，它的特点是最高层的领导者把专业管理的职责和权限交给

相应的职能管理机构，由它们在专业管理活动上直接指挥业务机构的活动。这种组织结构的优点是：能够充分发挥职能机构专业管理的作用和专业管理人员的专长，加强了管理工作的专业化分工，提倡内行领导，达到管理工作的正确性。缺点是：各职能机构都有指挥权，形成多头领导，相互协调比较困难，所以它在实践中未能被多数物流企业采用。

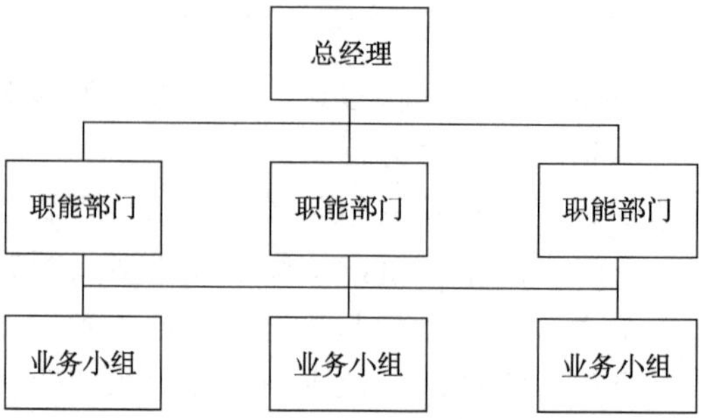

图 1-3　职能制组织结构示意图

3. 直线职能制形式

直线职能制形式是以直线制形式为基础，将其与职能制形式结合在一起的一种组织管理形式，如图 1-4 所示。它的特点是各管理层的负责人自上而下进行垂直领导，并设置职能机构和职能人员协助负责人的工作，但职能机构或人员不能对下级单位下达指示命令，只能在业务上进行指导监督，下级负责人只接受上一级负责人的领导。这种组织结构的优点是：取直线制和职能制两种形式之长，舍两者之短，既能保持统一指挥，又能发挥参谋人员的作用，是一种较好的形式，在实践中得到了比较广泛的应用。我国大部分中型物流企业都采用这种形式。缺点是：各职能部门自成体系，部门间缺乏信息沟通，上层领导的协调工作量大，影响工作效率；职能部门缺乏弹性，难以适应环境的快速变化。

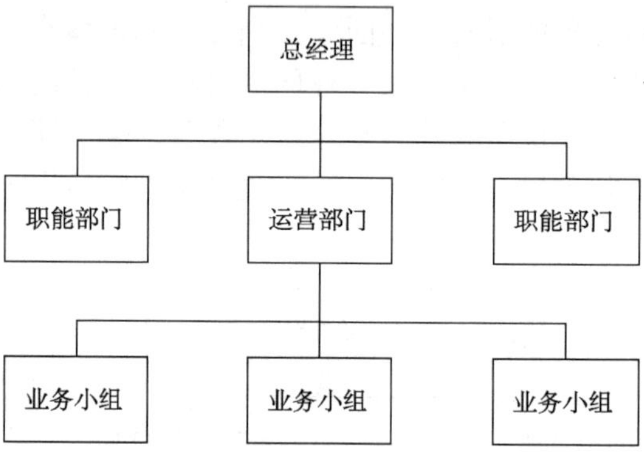

图 1-4　直线职能制组织结构示意图

4. 事业部制形式

事业部制形式是国内外大型企业普遍采用的一种组织结构模式，如图 1-5 所示。它的特点是企业按产品类别、经营业务或地区设若干个事业部，实行集中决策下的分散经营和分权管理。事业部是实现企业目标的基本经营单位，实行独立经营、独立核算，具体管理经营活动。这种组织结构的优点是：有利于总公司摆脱日常的行政事务，集中进行决策；有利于事业部根据市场变化做出相应的经营决策；有利于组织专业化生产经营，提高效率。

缺点是：事业部是一个利益中心，其往往只考虑自己的利益而影响相互协作。它适合规模大、服务产品种类多、分布面广的物流企业。

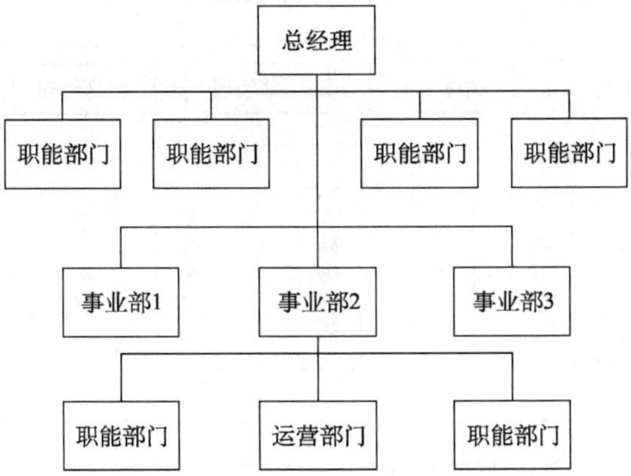

图 1-5　事业部制组织结构示意图

5. 矩阵制形式

矩阵制形式是由纵横两套管理系统组成的机构，如图 1-6 所示。企业为了完成某项任务或目标，从直线职能制的纵向职能系统抽调专业人员，组成临时或较长期的专门的项目小组，由小组进行横向系统联系，协同各有关部门的活动，并有权指挥参与规划的工作人员。小组成员接受双重领导，从而以横向为主，任务完成后便各自回原单位。这种组织结构的优点是：有利于优化组合，充分发挥各部门、各专业人员的优势；有利于纵向集中指挥与横向协调的结合。缺点是：小组成员容易产生临时观点，出现问题时难以解决，往往给工作带来困难。因此，矩阵制组织结构形式还需要进一步发展和完善。

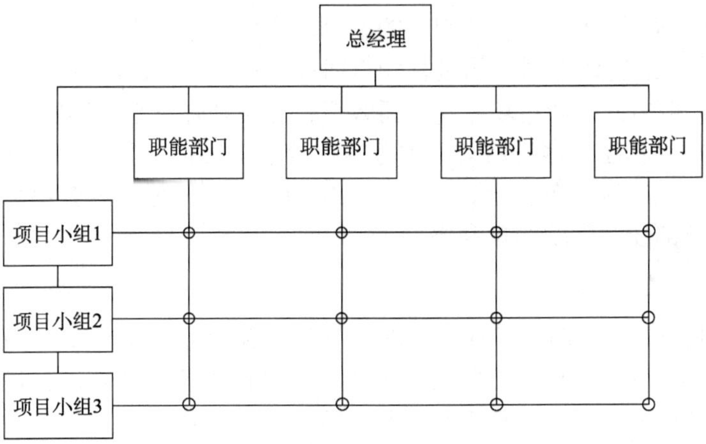

图 1-6　矩阵制组织结构示意图

四、物流企业组织结构示例

（一）中小型物流公司组织结构示例

广州某物流有限公司是一家全国性的物流企业集团，成立于 1998 年。公司注册资金 5000 万元，现有员工 300 多人。公司组织结构如图 1-7 所示。

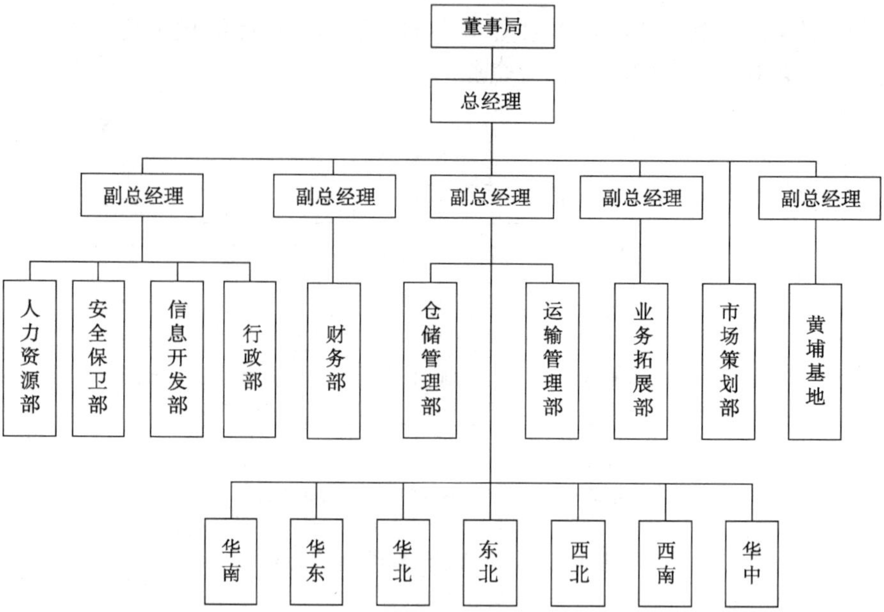

图 1-7　广州某物流有限公司组织结构示意图

（二）大中型物流公司组织结构示例

上海某物流有限公司是一家专业的第三方物流供应商，公司成立于 1992 年，总部设在上海，名列中国物流百强企业，其组织结构如图 1-8 所示。

五、物流企业部门主要职责介绍

（一）业务部职责

业务部职责包括：①业务部管理制度的编制与实施；②业务部工作流程的制定与执行；③业务部的整体管理；④组织对市场进行调查研究，开展针对目标市场的策略研究与分析；⑤市场营销规划，努力开拓新市场，开发新客户；⑥编制客户管理制度；⑦建立客户关系，分析、优化客户群；⑧建立客户档案，进行客户管理与维护；⑨处理客户投诉；⑩负责物流的协调工作，保证物流业务安全、高效、准确地运作；⑪处理好公司与相关政府机构之间的关系，保证外部经营活动的顺利进行。

（二）仓储部职责

仓储部职责包括：①仓储部管理制度的编制与实施；②仓储部工作流程的制定与执行；③货物验收与入库管理；④做好货物的储位管理，提高库位使用率；⑤货物的保管、养护管理；⑥做好货物的库存管理，提高存货周转率；⑦货物库存盘点管理；⑧合理处理滞料及废料；⑨仓库、叉车等设施、工具的管理；⑩仓库安全管理；⑪货物出库管理；⑫货物包装管理。

（三）配送部职责

配送部职责包括：①配送管理制度的编制与实施；②配送流程的制定与执行；③运输车辆的合理调度；④运输路线的合理调配与选择；⑤运输车辆的管理；⑥运输数据的统计、分析；⑦配送中异常情况的处理；⑧货物装卸管理。

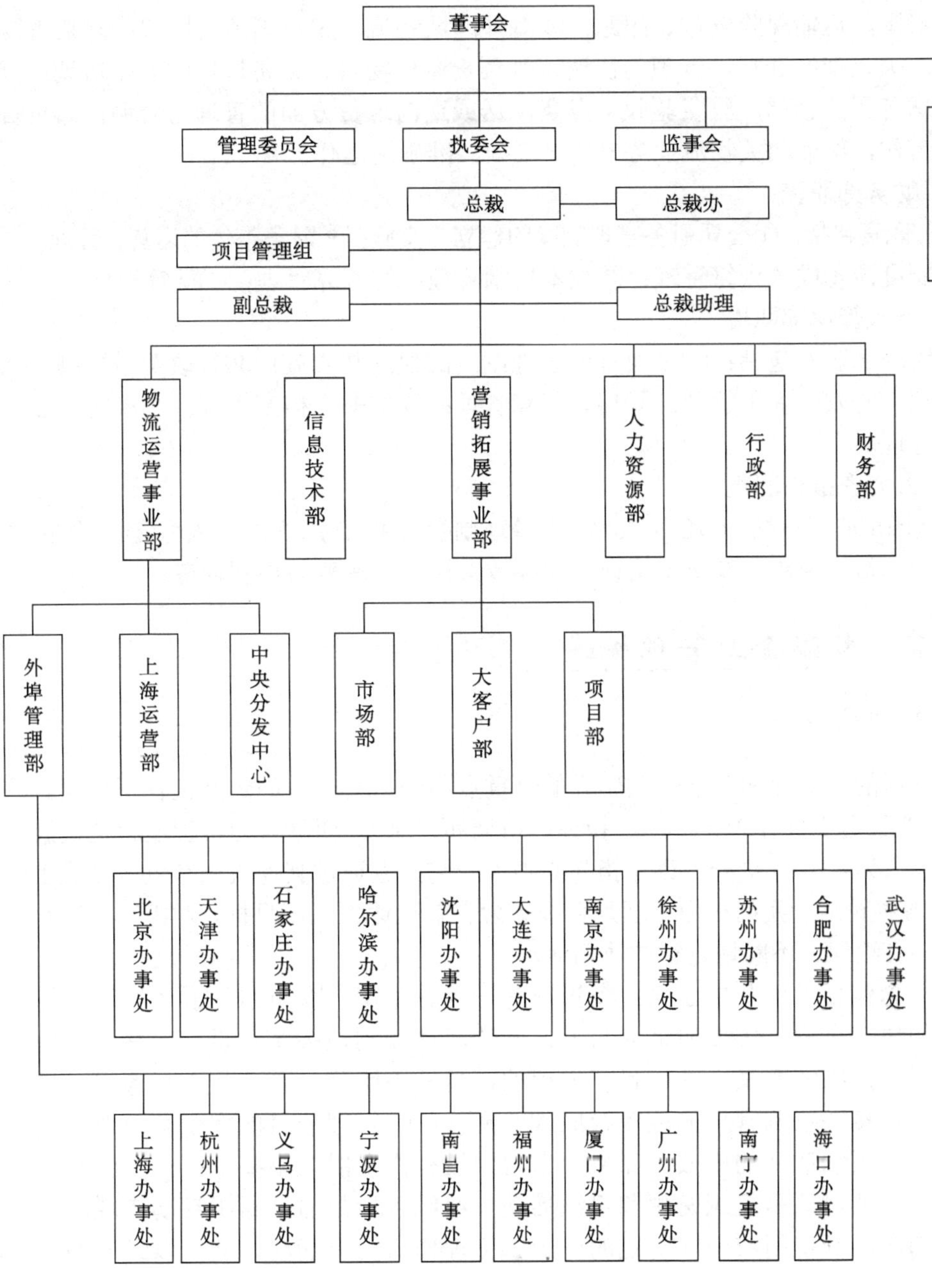

图 1-8　上海某物流有限公司组织结构示意图

（四）信息管理部职责

信息管理部职责包括：①物流信息系统的规划与建立；②物流信息管理制度的编制与实施；③物流信息管理流程的制定与执行；④物流信息的收集、整理与分析；⑤物流信息系统的开发；⑥物流信息系统的实施；⑦物流信息的加工与传递。

（五）国际物流部职责

国际物流部职责包括：①国际物流管理制度的编制与实施；②国际运输业务的体系建设；③负责物流出口业务的办理；④国际物流日常运作管理；⑤保证货物安全、及时、准确、过程可视地到达客户手中；⑥负责组织实施重大海外销售合同的物流方案制定与评审；

⑦负责出口国际运输保险安排、跟踪；⑧海外区域物流、客户国清关协调；⑨负责国际物流公司、清关代理的选择、管理与协调；⑩负责海外物料、设备进口的安排协调；⑪负责总部至全球各国的仓储、收货验收、发货配送或逆向退货方面的管理与协调；⑫负责全球物流协调工作，保证相关物流业务安全、高效、准确地运作。

（六）财务部职责

财务部职责包括：①公司财务管理制度的建立与实施；②财务整体的运营、管理；③编制成本管理制度；④成本预算管理；⑤成本控制管理；⑥核算管理；⑦结算管理。

（七）行政管理部职责

行政管理部职责包括：①公司行政管理制度的建立与实施；②行政费用控制；③财产物资的管理；④安全保卫管理；⑤后勤保障管理；⑥文书、档案管理；⑦接待、活动、会议的组织管理。

（八）人力资源部职责

人力资源部职责包括：①公司人力资源管理制度的建立与实施；②人力资源规划；③员工日常管理；④员工招聘；⑤员工培训；⑥绩效考核；⑦薪酬与福利管理。

第四节　物流企业管理概述

一、管理的概念

由于管理的广泛性和复杂性及研究的侧重点不同，对管理的定义也各不相同。法约尔认为，“管理就是实行计划、组织、指挥、协调和控制”。西蒙认为，管理就是决策。罗宾斯和库尔塔认为，“管理这一术语是指与其他人一起并且通过其他人来有效地完成工作的过程”。归纳各种论述，我们认为管理是管理者为有效地达到组织目标，对组织资源和组织活动有意识、有组织、不断地进行的协调活动。

这个概念包括以下几层含义：①管理是一种有意识、有组织的群体活动；②管理是一个动态的协调过程，主要协调人与人之间的活动和利益关系，贯穿于整个管理过程的始终；③管理是围绕着某一共同目标进行的，目标不明确，管理便无从谈起，目标是否切合实际，直接关系到管理的成败或成效的高低；④管理的目的在于有效地达到组织目标，在于提高组织活动的成效，如果一个组织没有内在的效率要求，也不会产生管理的动力；⑤管理的对象是组织资源和组织活动。组织目标是通过组织活动实现的，而任何组织活动都离不开使用或消耗一定的资源。管理作为协调活动，就是以最低的成本获取和使用组织资源，以最佳方式安排组织活动各个环节的秩序，从而使组织活动更有效地趋向其目标。

二、物流企业管理的职能和内容

物流企业是从事商品实体流通活动的经济组织。物流企业和其他企业一样，通过为社会提供相应的商品或服务来实现价值增值。管理是使组织有效运作的手段，也是使物流企业实现价值增值的有效途径。物流企业管理是指根据商品流通的客观规律要求，应用管理的基本原理和方法，使物流企业能够以最小的投入，为社会提供最优质的物流服务，实现经济效益最大化的活动过程。

物流企业管理的目标是提高企业运营的效率和效果，其目标的实现需要依赖企业管理职能发挥有效的作用。物流企业在管理实践中需要根据管理对象的不同，通过计划、组织、领导、协调和控制等职能来促进管理目标的实现。

计划是事先对未来行为所做的安排。正如孟子所说："凡事预则立，不预则废。"计划是管理的首要职能，是组织、领导、协调和控制等管理活动的基础。物流企业的计划工作主要是指物流企业管理者通过对企业内外环境条件进行调查分析，明确企业要实现的总体目标、各部门和各阶段的目标，并制定出实现阶段性目标的措施和方法，使组织的各项活动为实现物流企业的总体目标服务。

组织是指把企业经营活动的各个要素、各个环节和各个方面，从劳动的分工和协作上，从纵横交错的相互关系上，从时间和空间的相互衔接上，合理地组织起来，以形成一个有机整体，从而有效地进行生产经营活动。组织是管理的一项重要职能，也是管理的基础性工作。物流企业的组织工作主要有：根据物流企业的组织目标，在任务分工的基础上设置组织部门；根据各部门的任务性质和管理要求，确定各部门的工作标准、职权和职责等。管理的目标要通过合理的组织设计和有效的组织行为来实现。

领导是指对企业各层次、各类人员的领导和指导，沟通信息，统一员工的思想和行为，激励员工自觉地为实现企业目标共同努力，保证企业生产经营活动的正常进行和既定的企业目标的实现。领导是实现管理目标的关键，贯穿于整个管理活动之中。不仅物流企业的高层管理者、中层管理者要实施领导职能，基层管理者（如班组组长）也担负着领导职能，都要指导和统一员工的思想和行为，做好人的工作，充分发挥工作中人的因素的作用。

协调是指正确处理组织内外的各种关系，为企业正常运转创造良好的条件和环境，促进企业目标的实现。企业是由人、财、物、技术、信息等要素构成的。物流企业的协调工作，首先，根据企业经营目标，通过管理者的管理行为对各生产要素进行统筹安排和全面调度，使各要素间能够均衡配置，同时理顺企业内部各种关系，使各环节相互衔接、相互促进。其次，物流企业是开放的系统，在运营过程中，必然要与外部环境发生各种关系，如企业与客户的关系、企业与供应商的关系、企业与政府的关系、企业与公众的关系等，物流企业管理者必须处理好这些关系，为企业正常运转创造良好的外部条件和环境。

控制是指按预定计划或目标、标准进行检查、考察、分析实际完成情况与原定计划或标准之间的差异，分析原因，采取对策，及时纠正偏差，保证企业目标的实现。人们在执行计划过程中，由于受到各种因素的干扰，常常使实践活动偏离原来的计划。所以，控制是物流企业实现企业目标的保证，也是企业经营管理持续改进的基础。物流企业的控制工作主要包括确立标准、衡量绩效和纠正偏差。

三、物流企业管理的基本原则

物流企业在管理实践中，既要遵循管理的一般原理，又需要结合自身专业化服务和经营管理的特点，探索现代物流企业管理的特殊规律。概括起来，物流企业管理要遵循以下基本原则。

（1）目标管理的原则。目标管理根据重成果的思想，先由企业提出在一定时期内应达到的理想总目标，然后由各部门和全体员工根据总目标确定各自的分目标，并积极主动努力使之实现的一种管理方法。它要求让员工参与工作目标的制定，明确权责利；在目标实施过程中，充分信任员工，进行适当的授权，让员工实行“自我控制”，努力完成自己的工作目标；以目标对员工进行考核和奖励，激发员工的积极性，保证企业总目标的实现。物流企业遵循目标管理原则，一要充分实现上下级沟通，把个人目标和组织目标融为一体；二要鼓励员工专心致力于自己的目标，目标明确、责任清楚，对工作更有责任感；三要加强统计和健全各种报表制度，对下级目标实施情况进行定量分析，确保目标管理中的检查、考核、评比、奖励落到实处。

（2）组织有序的原则。物流企业管理的组织有序原则强调的是物流企业组织结构的层次和稳定，组织程序的协同与优化，以实现组织的目标和对外部环境的自动适应能力。管理必须按照层次确定稳定的组织状态，按照系统的层次配备适当的工作人员，相应的人才应处于相应的层次和部门，对不同层次、不同部门的员工授予不同的职责、权利及利益。组织有序是物流企业有效利用自身资源，为顾客提供高水平服务的前提。

（3）分工协作的原则。分工就是按照提高专业化程度和工作效率的要求，把企业的目标分成各级、各部门或者个人的目标和任务，使企业的各个层次、部门和个人了解自己在实现企业目标中应承担的工作职责和职权。有分工就必然有协作，协作包括部门之间和部门内部的协作。分工协作的原则强调的是物流企业组织结构的设计和组织形式的选择能直接反映目标所必需的各项任务和工作的分工，以及彼此之间的协调。委派的职务越能适合于担任这一职务的人的能力与动机，企业组织结构就越有效。企业组织结构中的管理层次的分工、部门的分工、人员的分工及各种分工之间的协调就是分工协作原则的具体体现。

（4）及时反馈的原则。及时反馈是现代经营管理环境的动态性对物流企业组织提出的基本要求。物流企业不仅是物资流动的载体，还是信息流动的载体，它必须及时掌握市场信息和竞争对手的动态。另外，物流企业还必须对物流过程进行全面监控，及时掌握物流活动的进程。及时反馈是实施物流管理动态控制的前提。

（5）适度弹性的原则。随着社会经济的不断发展，市场竞争的不断加剧，企业与外部环境之间的联系不断加强，对外部环境的依存度逐渐加大，这就需要物流企业的管理活动保持一定的弹性，以适应快速变化的企业经营环境。物流企业同样面临着顾客需求的不断更新和市场竞争的不断加剧，为了提高物流企业的管理水平和客户服务水平，物流企业的管理活动需要适当增大弹性，同时利用现代信息技术和网络技术，提高管理的有效性和效率，以增强企业的适应能力。

（6）以人为本的原则。管理是人类有目的的活动。在管理活动中，最重要的、对管理效果起决定因素的是人。从事管理活动的是人，被管理者也是人，而且在管理对象中其他要素的管理也都与人的参与不可分割，必须由人对财、物、时间、信息等资源进行管理。以人为本的原则就是要求企业管理者把“人”作为企业管理的核心和企业最重要的资源，把企业全体员工作为管理的主体，围绕如何充分利用和开发企业的人力资源，服务于企业内外所有的利益相关者，从而实现企业目标和员工目标。

➢复习思考题

1. 试比较中国与美国对物流定义的不同之处。
2. 简述物流企业的几种类型，并分别举例说明各类型的特点。
3. 列举出物流企业组织结构的几种主要形式，说明它们的优缺点。

4. 试述物流企业管理的原则。

5. 调查一个物流企业，了解：①组织结构；②企业目标、使命、价值观、企业文化等；③主营业务范围；④主要运营模式；⑤运营中的特色或成功的案例。

案例分析 竞争没有退路，改变才有出路

2018 年 1 月 16 日，德邦物流股份有限公司（简称德邦）正式在上海证券交易所挂牌上市，代码为 603056。此次成功上市，德邦将成为中国第一家上市的快运企业，也是国内快递行业中唯一一家通过 IPO 严苛的审核机制并顺利过会拿到批文的快递企业（图 1-9）。

图 1-9　德邦的卡车及 logo

一、德邦强在哪？

德邦创始于 1996 年，开始发展汽车运输业务。2004 年，德邦首创“卡车航班”业务，用公路货运的价格为客户提供航空快运的体验（包括上门揽货、送货、承诺运送时限等），一举改变了零担物流等客上门的“游戏规则”。该业务帮助德邦在竞争激烈的公路零担运输市场中脱颖而出，用 10 年左右时间奠定了在国内公路零担领域的首席地位。

德邦的成功，首先应归功于人才战略的成功。当人们对物流从业者的印象仍然以蓝领工人为主时，德邦已于 2005 年率先启动校园招聘，随之成立德邦学院，迅速建立具有德邦特色的内部人才培养选拔体系。正是基于这些前瞻性的人才举措，在从业主体多如牛毛的公路运输市场上，德邦得以突出重围。从 2013 年“上海最佳雇主 30 强”，到连续两年获评“中国年度最佳雇主 30 强”，德邦保持着优于行业竞争者、难以复制的人才优势。

一次，笔者在客户单位库房时，同时也来了一辆德邦的货车。本以为跳下车的是位五大三粗的汉子，没想到下来的是一位戴着眼镜、斯斯文文的小伙子。更没想到的是，小伙子搬起 20 多千克的货物是左右开弓。等货期间，笔者和这位小伙子摆起了“龙门阵”，得知小伙子是刚毕业不久的大学生。面对笔者“为什么你愿意搬货”的疑问，小伙子显得有些诧异。他回答，德邦招的大学生员工都是从最基层的业务员做起，只有这样才能熟悉业务流程和市场情况。谈到下一步，他说只要努力，公司对大学生员工的提拔晋升很快，对前途非常有信心。

后来，笔者与德邦点部负责人交流了解到，德邦确实是这样培养骨干人才的，他们不

要求新入职人员是名牌大学毕业生，不要求有多好的家庭背景，也不要求有多高的颜值，往往选择的都是普通大学毕业、家境一般，甚至贫寒的毕业生，因为德邦的人才理念为，只有这样的人，企业才留得住、扎得下根，这样的人才愿意感恩企业。而对于人才的选拔，德邦更看重的是能吃苦耐劳和有基层一线成长的经历。如今，这样成长起来的人才分布在德邦经营、生产、管理的方方面面。这样扎实培养懂市场、有经验、有文化人才的方式，在物流界还比较少有。

在与德邦人打交道过程中，笔者感触很深的是企业从上至下员工身上体现出的活力。在与基层的业务员、驾驶员打交道中，笔者能感受到他们以企业为荣的自豪感；在与点部的负责人沟通中，能感受到他们的自信，以及对于所负责市场的熟悉度；而从德邦的招股说明书里面，笔者留意到其公司高管基本为 70 后、80 后，如此年轻的管理团队自然充满了朝气。

德邦的成功还在于其网络布局好。如今，德邦自营已有遍布全国 34 个省级行政区的近万家网点，6000 多条运输线路，上万辆自有大型专业货车，全国转运中心总面积超过 120 万平方米，同时切入跨境市场，已开通韩国、日本、泰国等多条国际线路，全球员工人数超过 13 万名。这个规模不比“通达系”快递差，而资产质量更胜一筹。整体网络为其进一步拓展以围绕公路物流为主的业务打下了扎实基础。

二、德邦弱在哪?

2013 年 11 月，德邦正式开展全国范围的快递业务，主要针对货物重量在 1.5～30 千克的快递产品。此时，虽然德邦在公路零担市场站稳了脚跟，但其进入快递市场的时间已晚，快递市场竞争格局已相对成型：高端被顺丰占据，中低端被“通达系”把持。据了解，在经历两年亏损之后，2016 年德邦的快递业务营收超过 40 亿元，占总营收的比例约为 24%，贡献利润约为 2.06 亿元。这其中有一部分是由高端快运业务转化而来的。

当快递业务推开后，德邦才意识到自身存在两个致命的短板——一是网络覆盖面不够，二是在较大成本投入后，资金缺乏，于是，德邦赶紧推出“事业合伙人计划”和上市计划。

为了在实现扩张的同时降低成本，德邦在 2015 年 8 月推出“事业合伙人”计划，这类似于快递企业的加盟制，在揽货端和送货端交由加盟方完成，德邦物流主要负责中转和干线物流的运营。截至 2016 年年底，已签约的事业合伙人的个体总计达到 5190 个，同比增加了近 4300 个。德邦把业务薄弱的支线区域交给合伙人运营，因此，同期直营网点减少了 261 个。

在 2013 年上线快递业务之后，德邦人员及快递网点建设等成本投入较大，急需引入资本。通过一年多的准备，2015 年 6 月，德邦向中国证券监督管理委员会提交了 IPO 申请材料。当年 7 月，德邦在中国证券监督管理委员会官网首次公开发行股票信息披露，拟在上海证券交易所上市。然而好事多磨，德邦 IPO 文件公布第 2 天，中国证券监督管理委员会就因为当年股市暴跌宣布暂停 IPO，德邦首次上市进程不得不暂停。

而令人奇怪的是，中国证券监督管理委员会于 2015 年年底恢复了 IPO，但德邦直到 2017 年才重启上市进程，中间耽误了一年多的时间。在这期间，快递业先后有 5 家大型企业上市，抢占了资本运作的先机，德邦错过了融资的最佳机会。

值得一提的是，虽然德邦意识到其战略定位是综合物流商，但其近年来的动作幅度并不大：除了进入快递市场，2015 年德邦与埃森哲合作进入仓储和供应链业务领域，此外，德邦还开启了空运，并牵手亚马逊发力跨境电商物流。

三、德邦的变革

2017年，德邦董事长兼总经理崔维星在其公司荣誉表彰晚宴上发表了讲话《竞争没有退路，改变才有出路》。这是一篇再出发的文章，也是近年来物流界少有的一篇情真意切、热情澎湃的好文章。在这篇文章中，崔维星既系统地总结了德邦的成绩与不足，更展现了要当世界一流企业的雄心与壮志，以及热切改变的决心和意志。

德邦一年来的发展和上市道路是朝着既定的方向迈进。崔维星提出的目标是，德邦要成为中国快运与快递领域客户首选的现代化综合物流服务提供商：一是强化公路快运业务的领导地位；二是加快拓展快递及整车的业务规模；三是推进在综合物流领域的业务延伸，例如，仓储、供应链。

资料来源：物流时代周刊，作者：陈云广

问题：

1. 德邦从快运向快递领域延伸，有哪些优劣势？
2. 请跟踪德邦多元化战略的实施效果，并从中学习可供借鉴的举措。

第二章

物流企业战略管理

【学习目标】

- 掌握物流企业战略概念及其主要特征
- 熟悉物流企业战略的构成要素及战略管理过程
- 掌握主要的物流企业内外部环境分析方法
- 了解物流企业战略制定影响因素
- 熟悉物流企业战略体系构成
- 了解物流企业战略选择方法
- 了解物流企业战略实施原则及要点
- 了解物流企业战略控制的程序与方法

第一节　物流企业战略管理概述

物流企业战略管理是在不断变化的环境中考察物流企业的总体发展情况，从整体上把握物流企业的发展方向，是企业高层管理者所担负的主要职责。物流企业战略管理水平的高低对企业的生存和发展起着决定性作用，因此必须高度重视。

一、物流企业战略的内涵

不同的学者与企业家赋予企业战略不同的含义。例如，伊戈尔·安索夫（H. Igor Ansoff）认为，战略包括 4 个要素，即产品与市场范围、增长向量（发展方向）、竞争优势和协同作用（整体效应）。迈克尔·波特（Michael Porter）提出，战略是公司为之奋斗的一些终点（目标）与公司为达到它们而寻求的途径（政策）的结合物。威廉·格鲁克（William F. Glueck）认为，“战略就是企业发挥战略优势，迎接环境挑战而制定的统一的、内容广泛的、一体化的计划”。

我们将企业战略定义为：企业面对不断变化的市场环境，在总结历史经验、调查现状、预测未来的基础上，为谋求生存和发展而做出的长远性、全局性的谋划。它是企业经营思想的体现，是一系列战略性决策的结果，又是制订中长期计划的依据。

物流企业战略是指为求得物流企业的可持续发展，在对物流企业内外部环境分析的基础上，就企业发展目标，以及达到目标的途径与手段而制定的长远性、全局性的规划与谋略。

从上面的定义，我们可以看出物流企业战略具有如下特点。

（1）全局性。物流企业战略是根据企业总体发展需要而确定的，它规定了企业的总体行动，追求企业发展的总体效果，因而企业战略具有综合性和系统性。

（2）纲领性。物流企业所确定的战略目标是一种原则性和概括性的规定，是对企业未来的一种粗线条的设计。它是对企业未来成败的总体谋划，而不纠缠现实的细枝末节。

（3）长远性。长远性就是在环境分析和科学预测的基础上，展望未来，为物流企业谋求长期发展的目标和策略。

（4）竞争性。物流企业战略一方面要依据复杂多变的环境来确定对策；另一方面要制定在激烈的竞争中抗衡或者战胜对手的行动方案，以便取得竞争优势，确保自身的生存和发展。

（5）风险性。物流企业战略从当前的情况出发，对未来的行动做出预测和决策，而未来企业外部环境是不断变化的，具有很大的不确定性。因此，企业战略必然具有一定的风险性。

宝供物流企业集团有限公司（P. G. LOGISTICS GROUP CO.，LTD，简称宝供物流）创建于 1999 年，总部设在广州，是国内第一家经国家工商行政管理总局批准以物流名称注册的企业集团，是中国最早运用现代物流理念为客户提供供应链一体化物流服务的专业公司，也是目前我国最具规模、最具影响力、最领先的第三方物流企业之一。我们可以从宝供物流的发展历程了解一个物流企业的战略思路。

1994～1997 年，宝供物流初建规范管理的基础，进行了运作网络的基础构建，在行业中率先为客户提供门对门一体化服务；1997～2000 年，率先应用基于 Internet/Intranet 的物流信息网络并取得显著成绩，同时，加强全国运作网络的建设，为客户提供物流全过程的服务；2000～2003 年，进行了组织机构的优化，推行价值管理，强调为客户创造价值，提供物流一体化、个性化服务；2003～2006 年，致力于为客户提供供应链一体化服务，建设物流基地，开展国际货代，构建干线与深度配送网络；2006～2009 年，在汽车制造领域提供全面的供应链优化物流服务，建立支持区域经济发展的综合物流服务平台和支持行业供应链一体化的专业物流服务平台；2009～2012 年，构建深度和快速配送网络，联合国内一流的金融机构，为客户提供全面的供应链金融服务；2012 年以来，根据最新的电子商务企业需求，提供电子商务整体解决方案，开展定制化服务。

宝供物流的发展历程如图 2-1 所示。

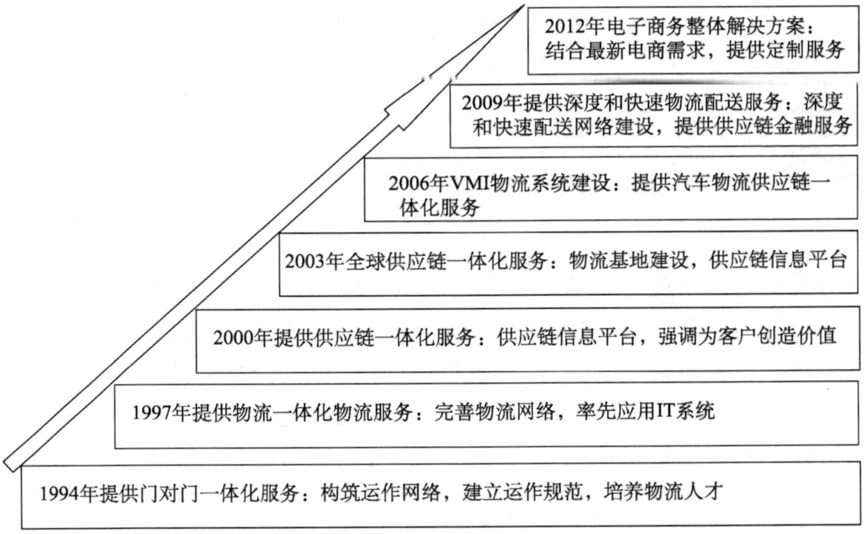

图 2-1　宝供物流的发展历程

二、物流企业战略的构成要素

1965 年，世界著名战略学家安索夫在其著作《企业战略论》一书中，把企业战略要素概括为 4 个方面，即服务产品与市场范围、增长向量（发展方向）、竞争优势和协同作用。他认为这 4 种要素可以在企业中产生一种合力，形成企业的共同经营主线。共同经营主线是指企业目前的产品与市场组合和未来的产品与市场组合之间的关联。企业在制定战略时，应当从产品、技术和市场营销等方面的类似性，为企业确定出一条共同经营主线。该论述同样适用于物流企业战略的要素构成，物流企业的产品主要体现在物流服务上，而不是实体产品上，所以本章针对物流企业的特性将“产品与市场范围”这个要素表述为“服务产品与市场范围”。

物流企业战略同样由 4 种要素构成：服务产品与市场范围、增长向量、竞争优势和协同作用。

1. 服务产品与市场范围

物流企业战略的第一步是确定企业的服务与市场范围。这里服务与市场范围不仅包括物流企业现在所从事的业务活动范围（即物流企业“正在做什么”），而且还包括物流企业将来的业务活动范围（即物流企业“应该做什么”）。所以，服务产品与市场范围不应只依据物流企业当前的具体服务产品组合与局部市场领域来确定，而应当既立足当前，又着眼未来，从更为广泛的角度来确定。例如，物流企业业务可以按照物流服务的市场区域被划分为城市物流服务、区域物流服务和国际物流服务；按照物流企业经营内容和综合程度被划分为单一型物流服务和综合型物流服务；按照物流服务的对象被划分为农业物流服务、工业物流服务和商贸业物流服务。

2. 增长向量

增长向量又称为发展方向，说明物流企业从现有服务产品与市场相结合向未来服务与市场组合移动的方向，即物流企业经营发展的方向发展，而不涉及企业目前服务与市场的态势。根据物流企业现有的服务产品、市场，以及将来发展的新服务产品、新市场的组合，物流企业可以采取以下 4 个方向的发展战略，如表 2-1 所示。

表 2-1　物流企业的发展方向

市场	现有服务产品	新服务产品
现有市场	市场渗透	服务创新
新市场	市场开发	多元化

3. 竞争优势

竞争优势是指物流企业与竞争对手相比所具有优势的特征和条件。它常常表现为物流企业所拥有的资源、经营能力、技术水平等与竞争对手相比，形成的有利差异。例如，物流企业拥有先进的设备、雄厚的资金、较强的技术力量、个性化的服务、强大的业务网络等，都可以成为物流企业的竞争优势。一定的竞争优势是企业在特定的服务产品与市场范围应追求的目标，同时也是企业在竞争中立于不败之地的根本保证之一。发挥竞争优势有两个方面的含义：一是正确地认识企业的竞争优势；二是有效地利用企业的竞争优势。为此，物流企业在制定经营战略时，要认真分析有关的市场环境和竞争状态，从中选择能够发挥竞争优势的服务产品与市场范围。

4. 协同作用

协同作用是指若干因素的有效组合可以比各个因素单独作用产生更大的效果，即可以取得“1+1＞2”的效果。企业战略中的协同作用是指物流企业从现有的服务产品与市场范围向新的服务产品与市场范围延伸发展时，现在和将来的两个范围互相补充、相互促进，可以获得更大的经营效果。这种协同作用可以表现在销售协同、经营协同、投资协同、管理协同等方面。

以上 4 个战略要素是相辅相成、互不排斥的，共同构成了物流企业战略的内核。服务产品与市场范围明确了企业寻求获利能力的范围；增长向量明确了这种范围扩展的方向；竞争优势是企业获利能力的保证；协同作用则是物流企业获利能力实现的“加速器”。

三、物流企业战略管理过程

战略管理是对一个物流企业的未来发展方向制定决策和实施这些决策的动态过程。一个规范的、全面的战略管理过程大体分为 3 个环节：战略分析、战略制定和战略实施。这 3 个环节并不是简单的直线逻辑关系，而是一个相互重叠、相互联系、循环反复、不断完善的过程。三者之间的关系如图 2-2 所示。

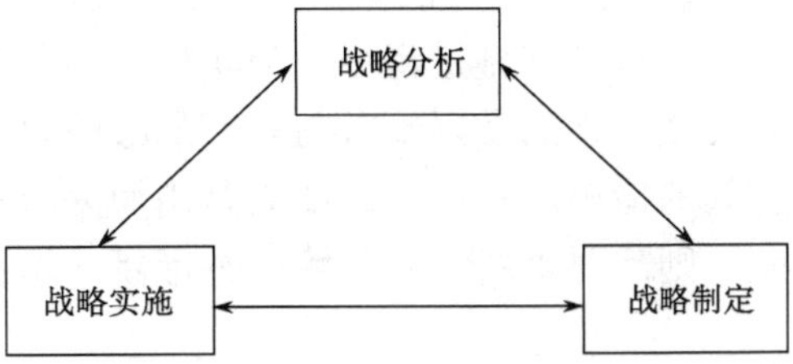

图 2-2 战略管理的一般过程示意图

（一）战略分析

战略分析是指对影响物流企业现在和未来生存与发展的一些关键因素进行分析，这是战略管理的第一步。战略分析主要包括外部环境分析、内部环境分析两个方面。

1. 外部环境分析

任何企业都处在复杂的政治、经济、技术、社会文化等环境之中，了解环境对物流企业的影响对于战略分析来说至关重要。物流企业面临的外部环境主要有三类：一是宏观环境，如政治、经济、科技、社会文化等，此类环境间接地影响企业的活动和决策；二是产业环境，如潜在进入威胁、替代品威胁、行业内竞争、买方和卖方的讨价还价能力等；三是竞争环境，如竞争对手的目标与战略等。

2. 内部环境分析

物流企业内部的各种环境因素一般可分为三类：一是物流企业资源条件，如人力资源、物力资源、财力资源、技术资源、组织资源、信息资源、自然条件等；二是物流企业的经营能力，如订单处理能力、信息反馈能力、项目策划与推动能力和流程管理能力等；三是核心竞争力，它是指居于核心地位并能产生竞争优势的要素作用力。

（二）战略制定

1. 战略目标及方案制订

战略制定就是在对物流企业内部、外部环境进行综合分析的基础上，提出今后的中长期发展思路与方案，它包括明确制定企业的使命与战略目标。对于物流企业来说，它的战略决策通常应当解决以下两个基本问题：一是企业的经营范围或战略经营领域，即规定企业从事生产经营活动的行业，明确企业的性质和所从事的事业，确定企业以什么样的产品或服务来满足哪一类顾客的需求；二是企业在某一特定经营领域的竞争优势，即确定企业提供的产品或服务要在什么基础上取得超过竞争对手的优势。

2. 战略评价与选择

一个物流企业可能会面临达到战略目标的多种战略方案，这就需要对每种方案进行鉴别和评价，以选择出适合物流企业自身实际情况的方案。目前，已有多种战略评价方法，如 SWOT 分析模型、波士顿咨询公司的市场增长率-相对市场占有率矩阵法、通用电气公司的战略规划矩阵法、大战略集合模型等，这些方法在发达国家的企业中已广泛应用。

（三）战略实施

1. 战略具体实施

战略实施是贯彻执行既定战略规划所必需的各项活动的总称，也是战略管理过程的一个重要部分。从狭义上看，战略实施主要指为具体落实物流企业选定的战略方案而采取的各种措施。主要包括：组织结构的建立与调整；资源的规划与配置；战略实施过程中企业家的角色定位与培养；培育与物流企业战略相适应的企业文化；创建物流企业的核心能力。

2. 战略过程控制

在战略实施过程中，为实现既定的战略目标，必须对战略实施进行控制。这需要将信息反馈回来的实际绩效与预期的战略目标进行比较，如果二者有显著的偏差，就应当采取有效的措施进行纠正。如果是由原来分析不周，或是环境发生了预想不到的变化而引起偏差，则需要重新审视环境，进行新一轮的战略管理过程。

第二节　物流企业战略分析

古人云：“知己知彼，百战不殆。”其基本的含义就是，只有明晰自身与竞争对手的优缺点，打仗才有胜算的把握。商场如战场，企业在制订战略方案之前，也必须进行严密的战略环境分析。战略分析主要包括外部环境分析与内部环境分析两部分。通过外部环境分析，物流企业可以明确自身面临的机会与威胁，从而决定企业能够选择做什么；通过内部环境分析，物流企业可以充分认识自身的优势与劣势，从而决定企业能够做什么。物流企业内外部环境之间的关系如图 2-3 所示。

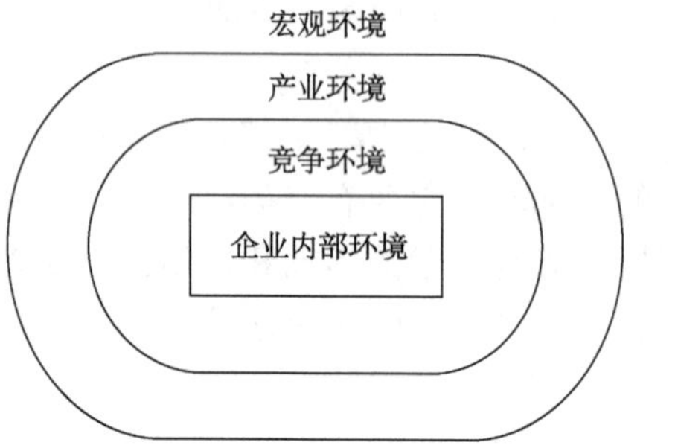

图 2-3　物流企业内外部环境之间的关系图

一、物流企业外部环境分析

（一）物流企业的宏观环境分析

物流企业的宏观环境主要包括政治法律、经济、社会文化和技术等，其分析的意义在于评价这些因素对企业战略目标和战略制定的影响。一个常用的工具就是 PEST 分析模型，如图 2-4 所示。

1. 政治法律环境

政治法律环境是指对物流企业经营活动具有实际与潜在影响的政治力量和有关的法律法规等因素。具体来说，政治环境主要包括国家的政治制度与体制、政局的稳定性，以及政府对外来企业的态度等因素；法律环境主要包括政府制定的对物流企业经营具有刚性约束力的法律、法规，如反不正当竞争法、税法、环境保护法和外贸法规等因素。政治法律

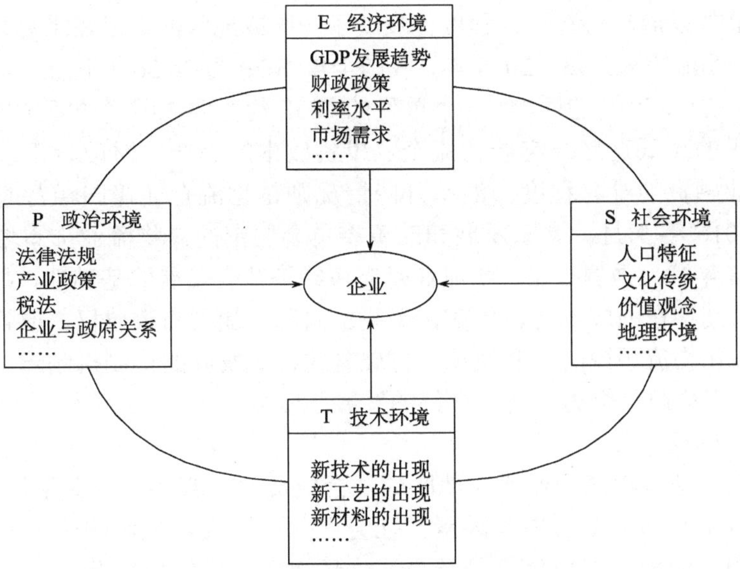

图 2-4　PEST 分析模型

环境对企业行为的影响是比较复杂的，有些是直接的，有些是间接的，有些是积极的，有些是消极的。物流企业一般属于网络型企业，其服务网络可以遍布全国各地，甚至世界各地。各地政治法律环境对其经营具有一定的影响。

2017 年 10 月 18 日，习近平总书记代表第十八届中央委员会在中国共产党第十九次全国代表大会上做了报告，提出“建设现代化经济体系，必须把发展经济的着力点放在实体经济上，把提高供给体系质量作为主攻方向，显著增强我国经济质量优势。加快建设制造强国，加快发展先进制造业，推动互联网、大数据、人工智能和实体经济深度融合，在中高端消费、创新引领、绿色低碳、共享经济、现代供应链、人力资本服务等领域培育新增长点、形成新动能。”“加强水利、铁路、公路、水运、航空、管道、电网、信息、物流等基础设施网络建设。”这将对我国未来物流与供应链发展起到引领和促进的作用。

2016 年国务院发布的《“十三五”节能减排综合工作方案》，指出“加快推进综合交通运输体系建设，发挥不同运输方式的比较优势和组合效率，推广甩挂运输等先进组织模式，提高多式联运比重。”“加快绿色仓储建设，支持仓储设施利用太阳能等清洁能源，鼓励建设绿色物流园区。”这些影响到物流企业运输方式、仓储设施的选择和使用。

2015 年修正的《中华人民共和国邮政法》，第五十一条规定“经营快递业务，应当依照本法规定取得快递业务经营许可；未经许可，任何单位和个人不得经营快递业务。外商不得投资经营信件的国内快递业务”。第五十五条规定“快递企业不得经营由邮政企业专营的信件寄递业务，不得寄递国家机关公文”。这些对快递物流企业构成了约束。所以，物流企业在制定战略目标与类型时必须考虑到所在地区或国家的政治法律环境。

2. 经济环境

经济环境是指一个国家的经济制度、经济结构、产业布局、资源状况、经济发展水平及未来的经济走势等。构成经济环境的关键战略要素包括 GDP 的发展趋势、利率水平的高低、财政货币政策的松紧、通货膨胀程度及其趋势、失业率水平、居民可支配收入水平、汇率升降情况、能源供给成本、市场机制的完善程度、市场需求情况等，这些因素都对企业经营发展有着重要的影响。

例如，GDP 的发展趋势在一定程度上反映了一国或地区的市场需求总量，而且也决定了国家或地区的物流需求总量。2016 年，我国全年 GDP 为 74.36 万亿元，全国社会物流总额高达 229.7 万亿元，也就是说，每一个单位的 GDP 约需要 3.09 个单位的物流量来支撑。又如，利率水平的高低直接决定着物流企业投资成本的高低；财政货币政策的松紧直接影响着物流企业融资的难易程度；汇率升降情况则是物流企业跨国经营时必须考虑的因素等。再如，2016 年 9 月，国家发展和改革委员会制定的《物流业降本增效专项行动方案（2016—2018 年）》，强调指出：物流业是支撑经济社会发展的基础性、战略性产业。为解决物流领域长期存在的成本高、效率低等突出问题，加大简政放权、放管结合、优化服务改革力度，深化物流领域的体制改革，打破制约行业发展的体制机制障碍，加强统筹规划和部门协同，形成政策合力，营造良好的发展环境。

3. 社会文化环境

社会文化环境是指物流企业所在地区的社会成员的民族特征、文化传统、价值观念、宗教信仰、教育水平和风俗习惯等因素。社会文化环境强烈地影响着人们的购买决策和企业的经营行为。例如，人口环境是社会文化环境的重要组成部分之一，也是对企业经营有较大影响的因素之一。人口环境主要包括人口规模、年龄结构、人口分布、种族结构和收入分布等因素。其中，人口规模直接影响着一个国家或地区市场容量的基数；年龄结构则决定着消费品的种类及推广方式等企业行为；人口分布在很大程度上影响着企业进入或覆盖市场的成本，特别是物流企业用人的成本；种族结构和收入分布则决定着企业经营品种的选择及市场进入渠道等。因此，企业在制定战略环境规划时必须给予足够的重视。

4. 技术环境

技术环境不仅包括那些引起时代革命性变化的发明，而且还包括与企业生产经营有关的新技术、新工艺、新材料的出现及其发展趋势、应用前景。2016 年 7 月，国家发展和改革委员会发布的《“互联网+”高效物流实施意见》，明确提出：依托互联网等先进信息技术，创新物流企业经营和服务模式，将各种运输、仓储等物流资源在更大的平台上进行整合和优化，重点发展“互联网+”车货匹配、“互联网+”运力优化、“互联网+”运输协同、“互联网+”仓储交易等，扩大资源配置范围，提高资源配置有效性，全面提升社会物流效率。大数据、云计算、物联网等先进信息技术与物流活动深度融合，大大拓展了物流企业开拓市场的空间与手段，也成为物流企业发展的新动力。

（二）物流企业的产业环境分析

世界著名战略管理权威波特教授认为，制定竞争战略的本质在于，把企业与它所处的环境联系起来，而环境中的关键因素是参与竞争的某几个或某些产业。因此，企业最关心的是其所在产业的竞争状态。所以，物流企业进行战略分析时，在宏观环境分析基础上，需要进一步分析企业所处的产业环境，即产业中竞争的性质和该产业中所具有的潜在利润。分析常用的工具是波特教授提出的“五种力量模型”。波特教授认为，一个行业中的竞争，远不止原有对手间的竞争，而是存在着五种竞争力量，即潜在竞争对手的威胁、现有企业之间的竞争、替代品的威胁、供应商的讨价还价能力和客户的讨价还价能力。但我们认为政府、债权人、工会和其他群体也会对企业经营活动产生影响，所以把“其他利益相关者”这一力量加入该模型，把该模型发展为“六种力量模型”，如图 2-5 所示。

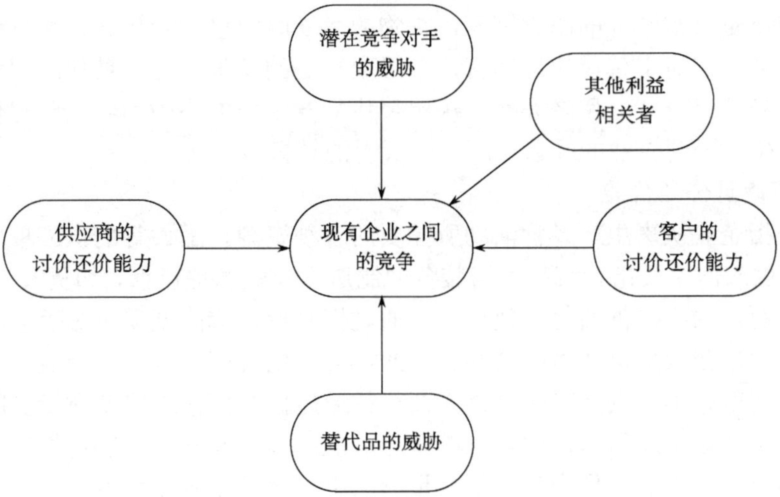

图 2-5　六种力量模型示意图

1. 潜在竞争对手的威胁

潜在竞争对手是指产业外随时可能进入某产业成为竞争者的企业。潜在竞争者的加入会带来新的生产能力和物质资源，并要求取得一定的市场份额。例如，一些制造企业计划剥离物流业务，拟成立物流企业；电子商务企业拟自建物流中心，这些都会对物流业内的现有企业构成潜在的威胁，这种威胁称为进入威胁。进入威胁的大小主要取决于进入壁垒的高低，以及现有企业的反应程度。进入壁垒是指进入一个产业需克服的障碍和付出的代价。决定进入壁垒高低的因素主要有规模经济、产品差异优势、企业进入某产业的资本需求、购买者变换供应者的转换成本、与规模经济无关的成本优势（如专利产品技术、资源的独占权、独有的生产经验等）。现有企业的反应程度是指行业内现有企业对新进入者的态度。如果现有企业对新进入者采取比较宽容的态度，进入某一产业就相对容易一些；反之，如果现有企业非常敏感，就会对新进入者采取强烈的反击和报复措施，如在规模、价格、广告等方面加大进入壁垒的强度以遏制新进入者，新进入者的加入就会非常困难。

2. 现有企业之间的竞争

现有企业间的竞争是指产业内企业之间的竞争关系和程度。例如，德邦物流与天地华宇、佳吉快运之间；四通一达，即申通快递、圆通速递、中通快递、百世汇通、韵达快递 5 家民营快递公司之间，它们都是实力相近的竞争者。如果一个产业内主要竞争对手基本上势均力敌，那么无论产业内企业数目有多少，竞争必然激烈。在这种情况下，某个企业要想成为产业的领先企业，或保持原有的高收益水平，就要付出较高的代价。反之，如果产业内只有少数几个大的竞争者，形成半垄断状态，企业间的竞争便趋于缓和，企业的获利能力就会增大。决定产业内企业之间竞争激烈程度的有如下几个因素：竞争者的多寡及力量对比、市场增长率、固定成本、产品差异性及转换成本、产业生产能力的增大幅度、退出壁垒等。

3. 替代品的威胁

替代品是指那些与本企业产品具有相同功能或类似功能的产品。例如，高速铁路在提供远距离运输的功能上是高速公路运输的替代品，特别是高铁快递的兴起，由中铁快运组织，利用的主要是日常开行的高铁列车，货物的运送时限包括当日达、次日达等方式，能抵达的城市较多，这对于普通快递而言，会形成一定的竞争压力。替代品的竞争力越大，对现有企业的威胁就越大，反之亦然。决定替代品竞争力大小的因素主要有替代品的盈利能力、替代品生产经营企业的经营策略、购买者的转换成本等。

4. 供应商的讨价还价能力

供应商是指企业从事生产经营活动所需要的各种资源、配件等的供应单位。对于物流企业而言，其供应商主要指物流技术与装备的制造商及能源提供商，如货架、叉车供应商，信息服务提供商，油品提供商等，他们可以通过提高价格或降低质量等手段，向物流企业施加压力，以此来获取尽可能多的利润。由此可见，供应商的讨价还价能力越强，现有物流业的盈利空间就越小，反之亦然。供应商往往通过提高价格或降低质量及服务的手段，向产业链的下游企业施加压力，以此来榨取尽可能多的产业利润。决定供应商讨价还价能力的因素主要有供方产业的集中度、交易量的大小、产品差异化程度、转换供方成本的大小、前向一体化的可能性、信息的掌握程度等。如果产业集中程度较高，分散进货的可能性又较小，则应寻找替代品。如果替代品不易找到，相对于本企业而言，供应商势必拥有较强的价格谈判能力。

5. 客户的讨价还价能力

买方（客户）必然希望所购产业的产品物美价廉，服务周到，且从现有企业之间的竞争中获利。因此，他们总是为压低价格，要求提高产品质量和服务水平而同该产业内的企业讨价还价，使得产业内的企业相互竞争残杀，导致产业利润下降。影响买方讨价还价能力的主要因素有买方集中度、买方从产业购买的产品在其成本中所占的比重、所买产品的标准化程度、买方的盈利能力、买方后向一体化的可能性、买方信息的掌握程度等。物流企业提供的服务产品在客户的物流系统中占有很重要的地位，如风神物流嵌入东风日产汽车整车厂的供应链，为其提供供应物流、生产物流、销售物流、售后备件物流服务，与客户建立战略合作伙伴关系，此类客户则可能对价格不甚敏感。相反，物流企业提供的服务产品功能单一，技术含量低，在客户物流系统中没有形成重要作用，客户在采购时则会努力寻求价格优惠。

6. 利益相关者的影响

政府机构，以及企业的股东、债权人、工会组织等其他利益相关者群体对产业竞争的性质与获利能力也有着直接的影响。每个利益相关者都用自己的标准衡量企业经营业绩，按照对自己影响的好坏来衡量企业高级管理层的决策行为。

政府对竞争的影响表现在以下几个方面。

（1）政府可能为某些产业建立起进入壁垒，如出租车、药品、铁路、公路货运、快递等。例如，《中华人民共和国邮政法》规定，外商不得投资经营信件的国内快递业务。这对外资快递企业有所限制。

（2）政府可以通过制定一些政策来影响产业竞争。例如，2012 年 1 月，福建省交通运输厅出台《福建省甩挂运输试点企业规模奖励及车辆购置补助资金管理办法（试行）》，对具备相应规模的甩挂运输企业给予一次性奖励。企业自有牵引车数 30 辆以上的，予以 50 万元奖励；50 辆以上的，予以 100 万元奖励；100 辆以上的，予以 150 万元奖励；200 辆以上的，予以 200 万元奖励。要求奖励资金应用于购置甩挂车辆或运输装卸设备。以此促进甩挂运输企业做大做强。

（3）政府可制定的法律法规和执法监督，指导和约束各产业和企业间的竞争行为。2010 年 9 月，福建省十一届人大常委会第十七次会议表决通过《福建省促进现代物流业发展条例》，这是在全国率先对物流业发展进行立法。条例对物流管理体制、物流业发展规划、物流设施建设、扶持政策措施等方面进行了规范，并对鼓励和支持闽台物流业的交流与合作做了具体规定。从鼓励、扶持的角度对物流业发展进行规范，这有利于物流业快速健康发展。

（4）政府可通过减免税、补贴等方式来影响产业的市场环境。例如，2012 年 1 月，根据国务院办公厅《关于促进物流业健康发展政策措施的意见》（国办发[2011]38 号）有关精神，财政部、国家税务总局出台关于物流企业大宗商品仓储设施用地城镇土地使用税政策，规定自 2012 年 1 月 1 日起至 2014 年 12 月 31 日止，对物流企业自有的（包括自用和出租）大宗商品仓储设施用地，减按所属土地等级适用税额标准的 50%计征城镇土地使用税。2015 年、2017 年财政部、国家税务总局又继续发布有关通知，将优惠期限延长至 2019 年 12 月 31 日。这有利于降低物流企业经营成本，进一步促进物流业健康发展。

此外，其他利益相关者对产业竞争同样存在影响，例如，股东根据企业股息的大小、发放次数和股市情况，决定是投资还是出售股权；债权人通过审视企业财务、是否遵守合同条款、信誉可靠性等状况，确定对企业的信用政策和贷款条件；工会组织则从工资、就业、晋升机会等方面评估企业的优劣。这些都在一定程度上影响着企业的经营行为。

（三）物流企业的竞争对手分析

作为产业环境分析的补充，竞争对手分析的重点集中在与企业直接竞争的每一个企业身上。尽管所有的产业环境都很重要，但产业环境分析着眼于产业整体，是中观分析，所以，从个别企业角度去观察分析其竞争对手实力的微观分析——竞争对手分析就显得特别重要，尤其是在企业面临一个或几个强大的竞争对手时。下面将介绍竞争对手分析的常用工具——市场信号。

市场信号是竞争对手任何直接或间接地表明其战略意图、动机、目标、内部资源配置、组织及人事、技术及产品开发、销售举措及市场领域变化的活动信息。市场信号作为一种具有潜在价值的信息资源，对增加对竞争对手的认识、提高预测质量产生了不可替代的作用，但是，由于竞争的复杂性、激烈性和残酷性，竞争对手提供的市场信号有的是真实的，有的则是虚假的，用于欺骗误导其竞争对手。所以，利用市场信号对竞争对手进行分析，一定要注意市场信号的真伪。

市场信号多种多样，采取何种形式主要依据竞争对手的行为及使用媒介而定。比较重要的市场信号形式有以下几种。

1. 事前预告

事前预告是竞争对手使用的一种正式的信号形式，表明它可能或不打算采取某种行动，如扩建仓库、推出新服务产品、调整产品价格等。这种信号有多种功能：①抢先于竞争者占领有利地位。例如，宣布增加生产能力，就有可能是希望其他准备增加生产能力的企业重新考虑已做出的选择。②威胁竞争对手，阻止过度竞争引发的两败俱伤。③检验竞争对手的观点，了解竞争对手对某种假设方案或行动的态度。④调和矛盾，避免竞争者的报复和价格战。例如，某公司在决定降价之前，事先宣布降价是因为成本变动而非进攻性手段，从而防止竞争者的报复和反击。⑤向金融机构传送信息，以达到提高股票价格和企业信誉的目的。事前预告并不因为它可执行或不可执行而随意采用，无论是否履行，它对公司信誉都将产生至关重要的连带关系。所以，只有在极端情况下，企业才能设计和使用虚张声势的事前预告。

2. 事后宣告

竞争对手经常在其行动或结果，如新辟市场、兼并收购等开始或结束后才宣布，这就是事后宣告。其目的是让其他企业注意此信息而改变其行为。应该强调的是，事后宣告大都反映竞争对手的真实情况，可信度比较高，但也不乏为了某种战略目的，用人为夸大或缩小的市场信息来欺骗视听，用引人误解的资料干扰竞争者正常选择的情况。

3. 竞争对手对产业的公开讨论

竞争对手常常对产业情况发表看法，如产业的技术和产品发展前景，需求与供给能力的预测，成本与价格变动的趋势等。这些看法常常暴露出竞争对手制定战略时关于产业发展的假设，潜藏着自己努力的方向和期待的机会。同时，竞争对手也可能通过对产业进行评价来提高自己的竞争地位，表明对竞争者和解、合作或发泄不满的态度，甚至通过评价主要竞争者在行业中的表现来构造对自己更为有利的竞争地位，或减轻产业的紧张程度和竞争压力。

4. 竞争者对自己行动的讨论和解释

竞争对手常常在各种场合宣传自己的战略或公开解释自己的行动，从而用尽可能大的影响力来为自己赢得同行业优势制造舆论。一个企业公开讨论和解释自己的行动至少有三项积极功能：①使人们相信其行动的合理性与合法性；②告知其他竞争对手自己抢先采取行动或抢先进入某一领域，既表明这种行为不是一种挑衅，同时又能有效地阻止实力弱于自己的企业大规模进入；③强调自己的实力和为此付出的巨额资金，恐吓其他竞争者不要进入，否则就可能导致残酷的竞争。

5. 比较竞争对手采用的竞争方式

选择产业内具有代表性的竞争对手，并将其竞争战略及竞争方式进行对比，可以发现许多具有极大价值的市场信号。例如，分析竞争对手战略转变的方式，可能发现有关新技术、新产品和新市场的重要信息；分析经营目标的偏离，可能发现竞争对手因市场变化而调整竞争战略的重大信息；分析竞争对手生产规模、价格变动、广告决策、销售网络、分销渠道等经营方式的差异或变化，可以掌握竞争对手的市场态度和竞争强度的市场信号；分析竞争对手偏离产业而进入新的或相关产业，可以判断产业发展趋势和新行业或相关行业竞争态势的变化。

6. 交叉回避

交叉回避是指当某公司在某领域采取有关行动时，竞争者并不直接在该领域做出反应，而是在另一能影响该公司的领域内采取行动上的间接反击方式。这种交叉回避的间接反击方式可避免直接的对抗和冲突，减轻直接反击所导致的风险和损失；也可以向竞争者发出不满或警告的信号，使其收敛进攻性行为。

二、物流企业内部环境分析

（一）经营资源分析

经营资源是物流企业竞争优势的根本源泉。例如，物流企业所拥有的品牌、技术、市场能力和服务能力可以帮助其获得竞争优势，使其有别于竞争对手。所以，物流企业要想获得竞争优势，就必须全面、系统地分析企业的经营资源。一般企业的主要经营资源如表 2-2 所示。

表 2-2　经营资源的分类与特性

经营资源		主要特性
有形资源	人力资源	职工的教育水平及专业技术水平决定企业所能够利用的技术水平；职工的韧性决定企业所制定战略的韧性；职工的忠诚和贡献决定企业维持竞争优势的能力
	财力资源	企业的贷款能力和内部资金的再生能力决定企业的投资能力
	物质资源	企业规模与位置，设施设备的可靠性、先进性等决定生产经营费用与品质优势
	组织资源	企业的组织结构类型与各种规章制度决定企业的运作方式与方法
无形资源	技术资源	企业技术资源的充足程度决定企业的工艺水平、生产经营能力及产品品质等多个方面，是决定企业是否具有竞争优势的关键
	商誉	商誉的高低反映了企业内部、外部对企业的整体评价水平，决定着企业的生存环境

例如，安得智联科技股份有限公司（原安得物流股份有限公司，简称安得智联），是一家专注于提供智慧物流集成解决方案的现代科技创新型企业。提供整车、快运、仓配一体与供应链、国际货代等多元业务，并依托领先的科技技术、智能装备实现智能自动化集成解决方案。

安得智联成立于 2000 年 1 月，注册资金 6.765 亿元，全国拥有冷链物流、国际物流、零担快运、智能科技 4 家专业公司及 28 家分公司，同时，公司的整体运行已实现智能化、自动化、信息化、数字化、网络化、集成化、柔性化、移动化、可视化。

秉承以客户为中心的理念，智慧连接全球制造与消费流通，为跨行业客户提供多元、高效的服务选择。在食品饮料行业、汽配行业、酒业冷链医药行业、电子通信行业、家电行业、粮油行业及日化保健行业等相关领域搭建智能化、数字化、移动化、全流程的智能物流体系，帮助客户大幅度提高物流效率。

安得智联专注于持续的技术进步和创新，致力于创造高效、透明、可触达的物流新世界。通过技术革新，安得智联已荣获高新技术企业证书、国家认定企业技术中心、中国驰名商标、科技进步奖二等奖等各类证书。在智慧物流方面，通过自主研发及全球资源整合，可向客户提供具备世界一流水平的智慧物流集成解决方案。

全国拥有 111 个物流中心，176 个物流服务平台，超过 500 万平方米的仓储面积，8.6 万辆可调用车辆，3000 多个最后一千米送装网点，在海量数据支撑下，已实现 2869 个县（区）无盲点覆盖，以及送装一体化服务，同时，在时效上实现了 100 千米 24 小时、200 千米 48 小时配送到门。

（二）经营能力分析

经营能力分析主要是对现行物流企业运营系统的能力及缺陷进行分析和评价。主要包括订单处理能力、信息反馈能力、项目策划和推动能力，以及流程管理能力 4 个方面。

订单处理能力是指物流企业是否能够及时接收客户订单，正确且迅速处理客户订单，满足客户企业的物流需求，促进客户企业的生产或销售业务的顺利完成。

信息反馈能力是指物流企业是否能够为用户企业提供足够的、需要的物流信息。例如，当因质量问题发生客户退货时，物流企业能够提供相应信息，追溯是哪一笔出库、哪一批入库出现了问题，为企业进行索赔和事故处理提供依据。同时，能够为客户企业及时提供一定时期内库存的变化趋势，为客户调整库存、进行采购和销售决策提供依据。又如，在运输过程中能够提供货物的全程跟踪服务。

项目策划和推动能力是指物流企业是否可以为客户企业进行物流项目策划，或者当客户企业在进行市场扩展时，是否能够提供相应的物流解决方案，支持客户的销售发展。也就是物流企业能够针对不同客户的物流需求，以及客户实际运作情况，为客户设计个性化的整体物流方案，或者全面物流解决方案。

流程管理能力是指物流企业是否可以对物流过程进行有效的监控。物流企业的目标市场定位、服务战略规划、战术选择和服务标准的制定，归根到底还是要看物流服务过程的实际效果，对物流过程的有效监控是实现物流服务目标的重要手段。监控过程是一个复杂的过程，包括跟踪监测、绩效评价和做出响应。

（三）核心竞争力分析

核心竞争力是公司获得持久竞争优势的基础。公司的竞争优势可以表现在很多方面，但最重要、最核心的竞争优势应体现在吸引和留住顾客，以及抵御外来的竞争和威胁上。获取和保持竞争优势的关键在于建立竞争对手不能轻易复制和模仿的资源能力和竞争能力。

尽管各公司核心竞争力的表现形式有所差异，但衡量和评价核心竞争力能否形成可持续竞争优势的标准是相同的，即专用性（appropriability）、耐久性（durability）、转移性（transferability）和复制性（replicability）。评价核心竞争力的这 4 个标准，实质上是说公司适应市场需要的核心竞争力必须具有在较长时期内获得超过平均利润的与众不同的特质，并且很难被竞争对手效仿。

物流企业的核心竞争力是一个复杂的多元系统，归纳起来主要包括核心技术能力、应变能力、整合能力和营销能力。

1. 核心技术能力

构成核心竞争力的核心是企业的核心技术能力。物流企业的核心技术能力不仅取决于现有的物流设施、技术装备的现代化水平，而且取决于企业能否有效地将这些技术装备应用到提供的服务中去，提高服务水平，使技术资源转化为企业的技术优势，它包括第三方物流企业的研发能力和服务创新能力。沃尔玛对传统的配送方式进行改革，运用越库运输技术大大提高了配送过程的效率，这种创新使其在零售领域后来居上，建立了竞争对手所无法企及的竞争优势。

2. 应变能力

应变能力是指物流企业根据物流市场的供求状况、需求模式的改变和技术革新的进展而及时调整服务方式，这种应变能力是物流企业在快速发展的竞争环境中得以取胜的关键。由于终端消费模式的转换，以及生产和零售领域的变革，物流服务市场发生了重大变化，物流企业要想获得持久的生存能力就必须不断调整企业的运营方式和提高企业的信息化水平，以适应物流需求向小批量、多频次发展的需求。

3. 整合能力

整合能力涉及物流企业的组织结构、信息传递、企业文化和激励机制等诸多要素。它的作用在于通过管理过程的制度化、程序化，将企业的技术知识和服务技巧融入企业的核心竞争力中。物流企业组织效率的高低决定了企业将物流技术优势向市场优势转换的效率。现代物流尤其强调各个物流功能的整合作用，整合能力是物流企业核心竞争力非常重要的一个方面。

4. 营销能力

营销能力反映物流企业在成长过程中培育的市场影响力，它通过将潜在竞争优势转化为现实利润优势而直接或间接影响物流企业的核心竞争力。它主要包括物流企业的服务营销能力、企业在顾客中的形象和声誉等。满足顾客需要是物流活动的最终目的，物流企业与现有顾客之间的关系和对潜在顾客的渗透能力是物流企业核心竞争力的直接体现。

第三节　物流企业战略制定

一、物流企业的使命与战略目标

（一）物流企业的使命

无论是对于一个刚刚创立的物流企业，还是对于一个已经确立起来的历史久远的、有多种经营业务的物流公司来说，在制定企业战略之前，首先应弄清企业应负担什么样的社会责任，是一个什么性质的企业，它应从事什么事业，总之要弄清企业的使命，会有助于理清经营思路。

物流企业的使命就是物流企业在社会进步和社会、经济发展中所应担当的角色和责任。物流企业在制定战略之前，必须先确定企业的使命，是因为企业使命的确定过程常常会从总体上引起企业方向、发展道路的改变，使企业发生战略性变化。此外，确定企业使命也是物流企业制定战略目标的前提，是战略方案制定和选择的依据，是企业分配企业资源的基础。

一般来说，一个企业的使命包括两个方面的内容，即企业哲学和企业宗旨。企业哲学是指一个企业为其经营活动方式所确立的价值观、态度、信念和行为准则，是企业在社会活动及经营过程中起何种作用或如何起这种作用的一个抽象反映。企业哲学一旦形成，就会对企业活动发挥指导作用。企业宗旨是指企业现在和将来应从事什么样的事业活动，以及应成为什么性质的企业或组织类型。

例如，德邦物流的使命是“物畅其流，人尽其才”。山东佳怡物流有限公司的使命是“创新中国物流与供应链发展模式，共建理想家园”。宝供物流的使命是“为客户提供优质高效的物流供应链服务的全面解决方案，以支持客户的发展，为推动行业发展和员工进步做出不懈的努力。作为回报，我们会得到不断提高的市场占有率和合理的利润”。中国外运股份有限公司的使命是“聚焦客户需求，以最佳的解决方案和服务，持续创造商业价值和社会价值”。北京宅急送快运股份有限公司的使命是“便捷百姓生活，推动商业发展”。

（二）物流企业的战略目标

企业要制定正确的企业战略，仅仅有明确的企业使命还不够，还必须把这些共同的愿景和良好的构想转化成各种战略目标。企业使命比较抽象，战略目标则比较具体，它是企业使命的具体化。

战略目标是物流企业在一定的时期内，为实现其使命所要达到的长期结果。物流企业战略目标包括长期战略目标、短期战术目标。前者的实现期限通常超出一个现行的会计年度，通常为 5 年以上；后者是执行目标，是为实现长期战略目标而设计的，它的时限通常在一个会计年度内。战略目标是物流企业战略的核心，它反映了企业的经营思想，明确了企业的努力方向，体现了企业的具体期望，表明了企业的行动纲领。

物流企业的战略目标是多元化的，既包括经济性目标，也包括非经济性目标。具体可包括利润目标、产品目标、市场目标、竞争目标、发展目标、职工福利目标、社会责任目标等。例如，中国外运股份有限公司的物流目标是“降低客户的经营成本，为客户提供安全、迅速、准确、节省、方便、满意的物流服务”，这是第一层目标；第二层目标将会被设置于各事业部，来达成上一层的目标，例如，仓储部会把“准确”细化为“库存准确率”“拣货准确率”等指标，达到这些指标则自然会达到第一层的“准确”目标。

二、物流企业战略制定的影响因素

战略制定是指做出选择某一战略方案的决策。战略决策的制定者常常需要对未来进行再评估，随着环境的变化和事态发展不断发现新的和谐性，及时对企业的资源进行调整，求得新的平衡，以适应经常变化着的条件。总的来说决策过程是动态的，没有真正的开始或结束。不过，一些研究表明，在这一决策程序中，确实有几个因素扮演着关键角色。

1. 企业过去战略的影响

对大多数企业来说，过去的战略常作为战略制定过程的起点。这样，一个很自然的结果是，进入考虑范围的战略方案的数量会受到企业过去战略的限制。

2. 管理者对风险的态度

企业管理者对风险的态度影响着战略制定的决策。一些企业乐于承担风险，而另一些企业则对风险有一种强烈的回避倾向。风险承担者一般采取进攻性战略，以便在被迫对环境的变化做出反应之前主动地反应；风险回避者则通常采取防御性战略，只有在环境变化迫使其做出反应时才不得不这样做。风险回避者十分倚重过去的战略，而风险承担者则寻求一种更广泛的选择。

3. 企业环境

企业总是存在于受到股东、竞争者、客户、政府、行业协会和社会影响的环境之中，企业对这些环境力量中的一个或多个因素的依赖程度也影响其战略的制定。对环境有较高的依赖程度，通常会减少企业在其战略制定过程中的灵活性。

4. 企业文化与权力关系

企业文化与权力关系对企业目标的设置过程有深刻的影响。企业文化是一种价值观，它为企业的活动和行为设定一种模式。“权力”则是存在于人们之间的一种相互关系，凭借这种关系，某个人能够对另一个人或群体施加影响，使之做一些没有这种关系就无法做到的事情。企业文化与权力关系对战略制定过程有重大影响。

5. 管理人员的素质

低层管理者和职能部门人员（尤其是公司的计划人员）对企业的战略制定有重要影响，这一影响是通过准备提交的战略方案，以及通过评价与各种方案相联系的风险来实现的。一般来说，低层管理者或职能部门人员对战略制定提出的建议和评价倾向于少冒险，并且与过去的战略仅有细微的区别。

6. 竞争行为和反应

影响战略制定的另一个因素是企业外部的竞争行为和反应，这一因素相当关键。例如，物流行业里的强势企业的竞争行为和反应可以强烈地影响该行业所有公司的战略抉择。

7. 时限考虑

影响战略制定过程的另一个因素是可供做出决策时间的长短。时限压力不仅限制了可能进入考虑范围战略方案的数量，而且也减少了可以收集来用于方案评价的信息的数量。当人们被置于时限的压力之下时，他们倾向于把否定性因素看得比肯定性因素更重要一些，并且在做出决策时只考虑为数更少的因素。

三、物流企业战略体系的构建

物流企业的公司战略、竞争战略与职能战略的有序组合形成了企业的战略体系。设计战略体系的目的是使企业高层管理人员明确认识战略的层次，以及各层次之间的关系，以便于根据公司的整体情况和公司内各部门、各单位的经营业务实际，制定符合各种实际情况的不同战略，进而有效地实施战略管理，增进企业的战略竞争能力。图 2-6 描述了战略体系的主要内容。

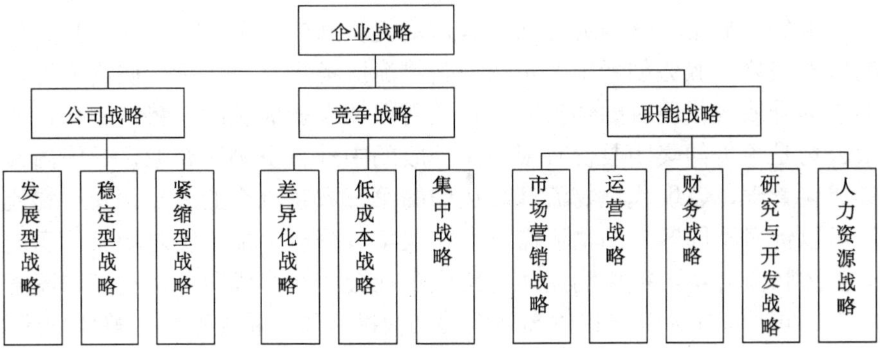

图 2-6　物流企业战略体系示意图

（一）公司战略

公司战略是一个物流企业的整体战略总纲，是物流企业最高管理层指导和控制企业的一切行为的最高行动纲领。从战略发展方向上公司战略可以被划分为发展型战略、稳定型战略和紧缩型战略三大类。

1. 发展型战略

发展型战略又称进攻型战略，是指发展目标高于企业现有水平的战略。采用这种战略的企业，通常不满足于企业的现状，寻找一切可能的机会和途径扩大企业的经营规模。采用这种战略要求企业有较雄厚的实力或较繁荣的市场，即企业的市场有不断扩大的趋势和潜力。

（1）产品-市场战略。该战略首先由安索夫提出，他认为企业战略有现有服务产品、新服务产品、现有市场、新市场 4 项要素，这 4 项要素又有 4 种组合，即市场渗透、服务创新、市场开发和多元化，这 4 种组合就是企业的产品-市场战略，如表 2-3 所示。

表 2-3　产品-市场战略 2×2 矩阵

市场	现有服务产品	新服务产品
现有市场	市场渗透	服务创新
新市场	市场开发	多元化

第一，市场渗透战略。这是由现有服务产品和现有市场领域组合而成的一种物流企业成长战略。物流企业通过扩大现有服务在现有市场的销售额，从而提高企业的市场占有率。

只有经营好现有的业务，物流企业才能进一步发展。市场渗透战略正是一种立足于现有服务，充分开发其市场潜力的企业发展战略，因而它也被称为企业最基本的发展战略。实施市场渗透战略不但有助于提高每个产品市场组合在其整个生命周期内为企业创造的价值，而且有助于优化企业的整体业务组合，与企业成败密切相关。在任何时期，对市场渗透的忽视都可能使企业蒙受巨大损失。

第二，市场开发战略。这是由现有服务产品和新市场领域组合而成的一种物流企业成长战略。物流企业通过开发新用户、新地区市场、国外新市场，扩大现有服务的覆盖范围，使企业获得发展。如果市场上企业现有的服务产品已经没有进一步渗透的余地，就必须设法开辟新的市场，如将服务范围由城市推向农村，由本地区推向外地区等。例如，在上海虹鑫物流有限公司成立之初，主要提供上海市内配送服务，随着业务的发展，逐步扩大服务范围，目前已覆盖广州、武汉、重庆、西安、天津、北京等地。

第三，服务创新战略。这是通过向现有市场提供新的服务产品，实现扩大销售额和市场占有率的成长战略。服务创新主要是指创新物流服务项目，包括一些物流增值服务等，以逐步延伸、提升或替代现有的物流服务，从而保持企业成长的态势。例如，安得智联科技股份有限公司是由美的集团股份有限公司控股的中外合资物流企业，是国内最早开展现代化物流集成化管理、以现代化物流理念运作的第三方物流企业之一。安得物流不断创新服务项目，可以针对不同客户的物流需求，在收集、分析、加工实时物流信息的基础上，为客户设计整体物流方案，提供物流功能集成和社会物流集成服务，提高物流管理效率、降低经营成本。同时，在为客户提供高效仓储、快准运输、精益配送、整体物流方案策划、物流咨询、冷链物流等物流服务以外，还针对企业需求，为客户提供条码管理、补货、包装、库存分析等多项增值服务。

第四，多元化战略。这是由新服务产品和新市场领域组合而成的成长战略，是通过向未曾涉足的新市场提供新服务，开发新的经营领域而使物流企业获得发展的战略。例如，中国远洋海运集团有限公司是以航运、综合物流及相关金融服务为支柱，多产业集群、全球领先的综合性物流供应链服务集团。围绕“规模增长、盈利能力、抗周期性和全球公司”4 个战略维度，中国远洋海运集团有限公司着力布局航运、物流、金融、装备制造、航运服务、社会化产业和基于商业模式创新的“互联网+”相关业务“6+1”产业集群，进一步促进航运要素的整合，全力打造全球领先的综合物流供应链服务商。该集团制定的战略显然属于多元化战略。

（2）一体化战略。物流企业一体化战略是指企业利用自己在服务功能、技术设备和市场上的优势，根据物资流动的方向，使企业不断地向深度和广度发展的一种战略。物流企业在现有业务的基础上或是进行横向扩展，实现规模的扩大；或是进行纵向扩展，整合生产和销售企业的物流系统与物流功能，实现同一物流价值链上的延长。物流企业整合不同业务单位的物流功能，能够使外部市场活动内部化，提高物流企业规模化经营水平，从而使物流企业和客户以较少的投入实现更加专业化的生产和更高的物流效率。

物流企业一体化战略可分为横向一体化战略、纵向一体化战略。

第一，横向一体化战略。横向一体化战略是指企业兼并或整合其他物流企业达到规模扩张，使企业获取充分的规模经济，从而大幅降低成本，取得更大的竞争优势。同时，可以减少竞争对手的数量，扩大自己的市场份额，增强企业在未来市场中的竞争优势。但是物流企业在采用该战略时要注意不要违反政府对行业垄断的控制政策和法规。

第二，纵向一体化战略。纵向一体化战略是企业经营在业务链上的延伸。物流企业的纵向一体化主要是指企业向自己业务链的前向或后向发展而采取相应的战略措施。纵向一体化战略又分为前向一体化战略和后向一体化战略。物流企业可以通过进入物流价值链上游或下游节约相关交易成本，更好地为客户服务，提高协同效率，从而取得一体化的经济效益。

例如，德国邮政出资 11.4 亿美元并购了美国大型的陆上运输企业 AEI，把自己的航空运输网与 AEI 在美国的运输物流网合并统一，增强竞争力；美国的 UPS 并购了挑战航空公司，将自己在美国的最大物流运输网与挑战航空公司在南美洲的物流网相结合，实现南北美洲两个大陆一体化的整体物流网络。

（3）战略联盟。战略联盟是指两个或两个以上的物流企业为了一定的目的通过一定方式组成网络式联合体。这个概念首先由美国 DEC 公司总裁简·霍普罗德和管理学家罗杰·内格尔提出，随即得到实业界和理论界的普遍赞同。自 20 世纪 80 年代初以来，战略联盟在西方和日本企业界得到迅速发展。战略联盟是一种边界模糊、关系松散、灵活机动的网络式组织。建立战略联盟的主要方式有合资、研究与开发协议、特许经营和相互持股等。

2. 稳定型战略

稳定型战略是指战略水平与企业原有水平基本持平的战略，即物流企业遵循与过去相同的战略目标，保持一贯的成长速度，同时不改变基本服务产品或经营范围。它采取以守为攻，以安全经营为宗旨，不冒较大风险的战略。采用这种战略的企业一般是在产品或服务市场需求增长达到饱和状态，市场容量不可能再增加，甚至马上会出现衰退时，企业既没有力量在原有领域继续扩张，又没有实力进入新的领域，只能依靠防御性战略防止其他企业进攻，以保持企业已有的市场规模。稳定型战略主要包括以下内容。

（1）无变化战略。企业保持经营方针的连续性，只是根据通货膨胀对企业经营目标做出调整。这种战略适用于内外环境不发生变化的情况。

（2）维持利润战略。为了维持目前的利润水平而牺牲企业未来成长的战略。这种战略注重短期效果而忽视长期利益。

（3）暂停战略。在一段时期内降低企业目标水平，放慢快速成长的步伐，使企业能够将各种资源合并在一起使用。这是内部整顿的一种方法，一般是暂时性的。

（4）谨慎前进战略。企业有意识地降低实施进度，步步为营。

3. 紧缩型战略

紧缩型战略是指战略水平低于企业原有水平的战略，即物流企业从目前的战略经营领域和基础水平收缩与撤退，且偏离战略起点较大的一种经营战略。紧缩型战略主要包括以下内容。

（1）转向战略。当企业现有经营领域的市场吸引力微弱，失去了发展活力而趋向衰退，企业市场占有率受到侵蚀，经营活动发生困难时，或者发现了更好的领域和机会时，为了从原有领域脱身，转移阵地，另辟道路所实行的收缩。

（2）放弃战略。这是企业采取转向战略无效时而采取的紧缩战略。放弃是指将企业的一个主要部门转让、出卖或者停止经营。

（3）清算战略。它是指企业受到全面威胁，濒于破产时，通过将企业的资产转让、出卖或者停止全部经营业务结束企业的生命。

例如，总部位于荷兰的 TNT 集团，是全球领先的快递邮政服务供应商，为企业和个人客户提供全方位的快递与邮政服务。TNT 一直以直邮、快递、物流三大业务齐头并进，其中 TNT 的物流业务部门实际上是全球第二大合约物流服务商，拥有员工 36 000 名，业务遍及 28 个国家，管理的仓库面积达 730 万平方米，合同物流的业务年营业额约为 34 亿欧元。但是 2006 年，TNT 为了加强公司核心的邮政和速递业务，节约成本，经过大半年的“精挑细选”，最终把旗下的合约物流业务以 14.80 亿欧元整体出售给 Apollo 管理公司的连属公司。

（二）竞争战略

竞争战略，是物流企业总体战略（即公司战略）的具体化形式，但又有别于总体战略。竞争战略是指物流企业正确地分析和界定本企业在竞争中的地位后所形成的战略。

1. 差异化战略

差异化战略是指物流企业通过对服务进行改进，使之与竞争对手的服务存在一定差异，从而稳定吸引一些顾客，达到提高市场占有率目的的战略。在同质服务的竞争中，各物流企业处于同等的地位，不可能形成稳定的顾客群，这对物流企业的长远发展是不利的。实行服务的差异化，物流企业服务的某种差异可能正好符合顾客的嗜好，这类顾客就可能成为物流企业的永久性顾客，所以物流企业追求服务的差异化能有效满足消费者不同的需求。

2. 低成本战略

低成本战略是指物流企业通过改进服务流程，扩大企业服务规模和降低各种设施要素的消耗，以降低成本来击败竞争对手，达到发展目的的战略。低成本战略的战略思路是：当物流企业的服务成本低于竞争对手时，在同样的价格水平下，物流企业的盈利能力超过竞争对手；如果各物流企业的利润水平相同，则本物流企业的产品价格可以低于竞争对手的价格，在产品或服务同质的前提下，更多的顾客将被本企业吸引过来，使物流企业能在竞争中处于非常有利的地位。

3. 集中战略

集中战略是指物流企业把全部力量都集中在某一特定市场上的战略。采用这种战略的物流企业往往实力比较弱小，不能把力量分散到其他方面，全力投入特定市场就可以形成集中的优势，在该市场占据重要地位，拥有竞争优势。例如，上海虹鑫物流有限公司刚刚成立时，其业务范围定位在上海市场，主要为达能食品和联合利华食品提供市内配送服务，填补了当时市场的一个空白点，形成了独特的竞争优势。

（三）职能战略

职能战略是指为贯彻、实施和支持公司战略与竞争战略而在企业特定的职能管理领域制定的战略，也就是物流企业在公司战略和竞争战略的统帅下，由各个职能部门制定的战略，如市场营销战略、运营战略、财务战略、研究与开发战略、人力资源战略等。

1. 市场营销战略

市场营销战略是涉及市场营销活动过程整体（市场调研、预测，分析市场需求，确定目标市场，制定营销战略，实施和控制具体营销战略）的方案或谋划，它决定市场营销的主要活动和主要方向。有效的市场营销战略是企业成功的基础。市场营销战略是一个完整的体系，其基本内容包括物流市场细分战略、目标市场选择战略、市场定位战略和市场营销组合战略等。

2. 运营战略

运营战略是物流企业在运营的成本、质量、流程等方面建立和发展相对竞争优势的基本途径，它规定了企业运营部门的工作方向，为实现企业总体战略服务。物流企业运营战略不能仅根据企业内部的生产条件来确定，还应考虑市场需求和企业整体战略的要求。运营战略主要包括物流企业服务产品设计、运营能力设计、物流过程设计、资源分配、仓库选址、企业内部设施布置，以及作业计划和控制等。

3. 财务战略

财务战略是根据公司战略、竞争战略和其他职能战略的要求，对企业资金进行筹集、运用、分配以取得最大经济效益的方略。财务战略的基本目的是最有效地利用企业各种资金，在企业内部、外部各种条件制约下，确保实现企业战略计划所规定的战略目标。

4. 研究与开发战略

研究与开发战略包括科学技术基础研究和应用研究，以及新产品、新工艺的设计和开发。对于物流企业来讲，主要是物流技术创新、服务模式创新和组织结构创新等方面的研究与开发。

5. 人力资源战略

人力资源战略是指根据物流企业总体战略的要求，为适应企业生存和发展的需要，对企业人力资源进行开发，提高职工队伍的整体素质，从中发现和培养出一大批优秀人才所进行的长远性谋划和方略。为实现人力资源战略的目标，物流企业人力资源战略主要包括人力资源开发战略、人才结构优化战略和人才使用战略 3 个方面。

四、物流企业战略选择方法

（一）SWOT 分析模型

SWOT 分析模型是在西方广为应用的一种战略选择方法。SWOT 是英文缩写，SW 是指企业内部的优势和劣势（strengths and weaknesses），OT 是指企业外部的机会和威胁（opportunities and threats）。SWOT 分析就是企业在选择战略时，对企业内部的优劣势和外部环境的机会与威胁进行综合分析，据以对备选战略方案做出系统评价，最终达到选出一种适宜战略的目的。SWOT 分析的做法是：依据企业的方针列出对企业发展有重大影响的内部及外部环境因素，继而确定标准，对因素进行评价，判定是优势还是劣势，是机会还是威胁，如表 2-4 所示。还可逐项打分，按因素的重要程度加权求和，以进一步推断优劣势有多大及外部环境的好坏。

表 2-4　SWOT 分析表

企业内部条件		企业外部条件	
优势	物流技术先进 服务管理好 职工素质高 管理基础工作好	机会	有合作的可能 油品价格下降 营业税率下调
劣势	资金不足 物流设备老化 企业规模小	威胁	竞争对手增多 信贷紧缩 市场管制增强

企业内部的优劣势是相对于竞争对手而言的，表现在资金、技术设备、职工素质、产品市场、管理技能等方面。

企业外部环境是企业所无法控制的，它们有的对企业发展有利，可能给企业带来某种机会，如宽松的政策、技术的进步，就有可能给企业降低成本、增加销售量创造条件。有的外部环境对企业发展不利，可能给企业带来威胁，如紧缩信贷、原材料价格上涨、税率提高等。

在以上分析的基础上，可以根据企业的得分来判定企业属于何种类型，如图 2-7 所示。处于第Ⅰ象限，外部有众多机会，又具有强大的内部优势，宜采用发展型战略；处于第Ⅱ象限，外部有机会，但内部条件不佳，宜采取措施扭转内部劣势，可采用先稳定后发展战略；处于第Ⅲ象限，外部有威胁，内部状况又不佳，应设法避开威胁，消除劣势，可采用紧缩型战略；处于第Ⅳ象限，拥有内部优势而外部存在威胁，宜采用多元化经营战略分散风险，寻求新的机会。

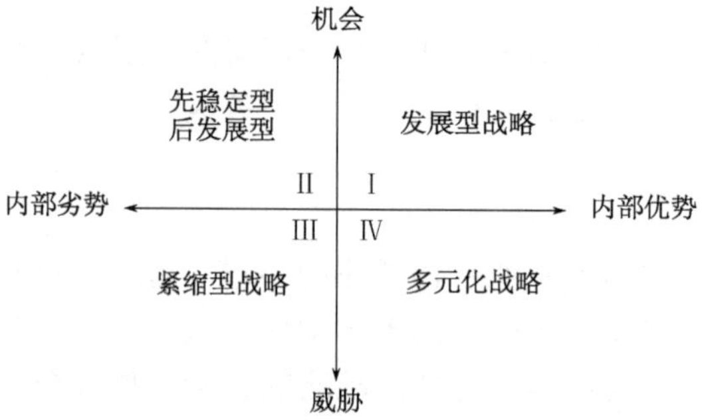

图 2-7　SWOT 分析模型

（二）波士顿矩阵法

波士顿咨询公司（BCG）认为，大多数公司经营的业务都不止一种，企业内部业务的集合被称为“业务包”。该理论认为，对一个企业业务包内的每一种业务都应该建立一个独立的战略。

BCG 提出，决定整个业务包内某一特定业务单位应当采取某种战略的两个基本参数为企业的相对竞争地位和市场增长率。相对竞争地位（即相对市场占有率）决定一项业务产生现金流量的速率。与竞争对手相比占有较高市场份额的企业一般拥有较高的利润增长幅度，可提供较高的现金流量。此外，市场增长率对一个企业的战略选择具有双重影响。首先，市场增长率影响获得市场份额的难易程度。在一个增长缓慢的市场领域，企业市场份额的增加通常来自于竞争对手市场份额的下降。其次，市场增长率决定了一个企业进行投资的机会水平。企业把现金投于快速增长的市场领域可以获得较好的利润回报率。

BCG 把企业内部的业务单位划分为以下 4 种战略类型：“现金牛”型、“瘦狗”型、“问题”型和“明星”型，如图 2-8 所示。

1.“现金牛”型

该业务部门或单位具有低市场增长率和高市场份额。由于市场份额高，利润和现金产生量相当高，而较低的市场增长率则意味着是一个走下坡的市场，这类业务能回收的资金大于再投资的需要，它们是企业资金的主要来源，是公司的主要基础。

2.“瘦狗”型

它是指那种具有低市场份额、低市场增长率的业务部门或单位。低市场份额通常暗示着较低的利润，而由于其市场的增长率也较低，所以为提高其市场份额而进行投资通常是不明智的。不幸的是，该部门为维持现有的竞争地位所需要的现金往往超过它所能创造的现金量。因此，“瘦狗”型单位常常成为现金陷阱。

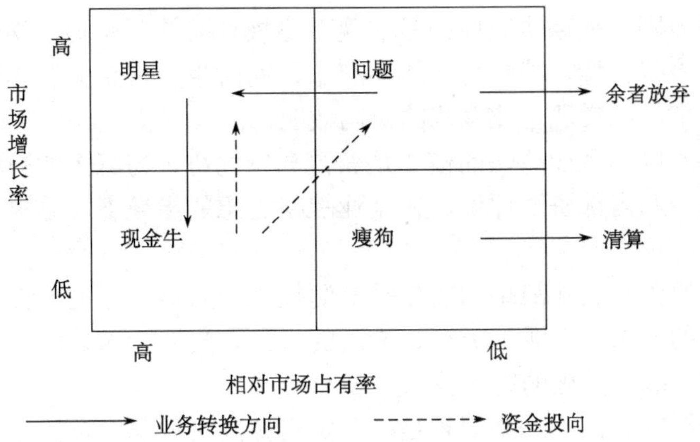

图 2-8 波士顿矩阵示意图

3.“问题”型

这类业务部门或单位具有低市场份额和高市场增长率。由于其增长，它的现金需求量很高；而又由于其具有较高的市场增长率，对“问题”采取的战略之一应当是进行必要的投资，以获取增长的市场份额，并促使其成为一颗“明星”。当其市场增长率慢下来之后，该单位就会成为另一头“现金牛”。另一种战略是对那些管理部门认为不可能发展成为“明星”的“问题”实施脱身战略。

4.“明星”型

这种类型的业务部门或单位具有高市场增长率和高市场份额。由于高增长率和高市场份额，“明星”运用和创造的现金数量都很巨大。“明星”一般为企业提供最好的利润增长和投资机会。很明显，对于“明星”的最好战略是进行必需的投资以维持其竞争地位。

例如，货代企业可以将空运、海运、陆运作为不同的业务，根据它们各自的增长速率和市场份额来确定它们分别属于哪种业务类型，从而制定不同的发展战略。

BCG 建议在战略评价中运用波士顿模型时应该采取下列 7 个步骤：①将公司划分为不同的业务部门或单位；②确定每单个业务部门的市场增长率；③确定该业务部门的相对规模（通常以在整个企业内部占用的资产来衡量）；④确定该业务部门的相对市场份额；⑤绘制整个公司的业务包图解；⑥根据每一业务单位在公司的整个业务包中的地位选择其相应的战略；⑦定期检查每一种战略的成功程度，并在需要做出改变时确定行动的程序。

此外，还可以采用行业吸引力-竞争能力矩阵（GE 矩阵）、行业生命周期-企业竞争地位矩阵、顾客价值与生产者价值矩阵等方法进行战略方案评价和选择。这些方法可以查阅企业战略管理方面的相关教材。

第四节 物流企业战略实施

制定物流企业战略以后，战略管理的重点就转向了战略实施和战略控制，这二者是交替进行的。也就是说，在战略实施中进行战略评价和控制，在战略控制中推进和指导战略实施。

一、物流企业战略实施原则及要点

物流企业在经营战略实施过程中，常常会遇到许多在制定战略时未估计到或者不可能完全估计到的问题。在战略实施中应遵循以下基本原则。

（1）战略协同原则。战略协同原则是实现战略规划的首要原则。物流企业战略实施过程应将企业使命、战略目标、战略优势协调起来，同时也应将企业总体战略、竞争战略、职能战略等协调起来，以实现企业系统的协同效应。

（2）寻求优势原则。企业战略的核心是获得竞争优势。物流企业战略实施过程就是通过企业外部环境分析和内部资源评价，在企业战略思想的指导下，寻求和建立在物流市场上竞争优势的过程。

（3）资源均衡原则。企业战略的实施是资源投入和效益产出的过程。在这一过程中，由于企业系统运作的要求，资源的类型、投入的方式、资源投入之间的比例必须均衡，只有这样才能保证企业战略实施的有效性。

（4）相对满意原则。由于战略规划是在一定资源限制和非完全信息条件下制定的，其本身即为相对满意的一种选择。物流企业战略实施同样受到资源的限制和信息不完全的制约，因此，也只能是在相对满意的原则指导下，通过实施过程的不断调整，满足规划要求，实现企业战略目标。

（5）系统优化原则。物流企业本身是社会再生产系统中的一个子系统，物流企业战略规定了企业的使命和经营宗旨，并具体分解成一系列经营发展目标。要实现物流企业经营发展目标就必须遵循系统优化原则，使物流企业结构安排合理、资源配置优化、整体发展有序。

（6）统一领导、统一指挥的原则。战略的实施应当在高层领导人员的统一领导、统一指挥下进行。只有这样，其资源的分配、组织机构的调整、企业文化的建设、信息的沟通及控制、激励制度的建立等各方面才能相互协调、平衡，才能使企业为实现战略目标而卓有成效地运行。

物流企业战略实施就是要根据企业的发展战略和市场需求对有关资源进行重新配置，突出企业的核心竞争力，消除制约发展的因素，并寻求资源配置与客户需求的最佳结合点，其目的是通过组织制度安排和管理运作协调来增强企业的竞争优势，提高客户服务水平。物流企业战略实施主要包括以下要点。

（1）构建高效的组织系统。规范内部组织结构及其职责和权力范围，明确各部门之间的关系，确保战略实施过程中的协调配合。

（2）重视人力资源开发和管理。人是企业战略实施的主体，是战略实施成败的关键，因此，在战略实施过程中必须重视人力资源的规划与配置、人力资源的招聘与培训，以及薪酬制度和绩效管理制度的制定与实施等。

（3）建立有效的协调控制系统。物流企业要通过建立工作规范、工作流程和协作标准等形式协调企业内部各部门之间的关系，通过建立目标机制、评价标准和控制要素强化物流企业战略实施过程的控制。

（4）建设适应战略实施的企业文化。物流企业在战略实施过程中，只有企业内部各部门及个人目标与企业战略目标统一，才能保证企业战略的有效实施。企业文化建设使企业全体员工价值观趋同于企业战略目标，在物流企业战略实施过程中发挥着重要的作用。

二、物流企业战略控制程序及方法

在战略实施过程中，环境的急剧变化、战略规划自身的缺陷或战略实施行为失当等都会引起战略实施失控，如果不加以调整，企业的战略目标将无法实现。因此，物流企业在战略实施过程中必须进行强化控制，以保证战略实施成果符合战略目标的要求。

（一）物流企业战略控制的程序

1. 分解战略目标

物流企业在其战略规划中已提出了明确的战略目标，该目标为企业发展战略的整体目标。为实施有效的战略控制，第一步就需要将企业发展的战略总目标分解为各业务单位、各职能部门的阶段性目标，使各单位、各部门有一个明确的奋斗方向，也为控制系统中评价标准的建立奠定基础。

2. 确定评价标准

评价标准是物流企业及其各业务单位和职能部门工作成果的规范，它从整个企业战略实施过程中，选择对实施结果影响较大的一些关键点，提出具体的、可衡量的指标作为控制点。不同层次或不同类型的企业战略具有不同的战略标准，与战略目标相对应，物流企业战略控制要求形成战略实施评价标准体系。

3. 建立报告和检查系统

在企业战略实施过程中，报告和检查系统是进行控制的中心环节，是企业战略实施信息的集中地。没有报告和检查系统，企业管理者就不能获得足够的信息，无法对战略实施状况进行进一步的评价，更谈不上决策。对于物流企业来说，其战略实施过程经常需要整合企业内外部两类资源，服务各层次不同要求的客户，这就要求物流企业必须建立完善的报告和检查系统才能保证其战略实施的成功。

4. 评价实施绩效

评价战略实施绩效是将报告和检查系统收集到的信息进行分类整理，并与已确立的战略实施评价标准进行比较，找出实施绩效与评价标准的差距，分析差距形成的原因。通过分析、反思战略目标的合理性，发现战略实施过程中存在的问题，寻求解决这些问题的办法和途径。

5. 提出改进方案

对绩效评价中发现的问题，物流企业应根据造成问题的原因，积极制定改进方案，并在改进方案中具体规定下一轮战略实施过程中如何改进，改进后的战略目标有哪些调整，改进的措施是什么。企业战略控制过程实际上就是一个确立目标、实施监督与评价、不断改进的过程。

（二）物流企业战略控制的方法

战略控制是物流企业借助于一定的手段与方法，协调控制企业各部门行为与企业战略要求相匹配的过程。

1. 目标和计划控制

目标和计划是物流企业战略管理中最有效的控制工具。在企业战略制定过程中，目标和计划是预先控制的手段；在企业战略实施过程中，目标和计划又是过程控制的手段。企业管理者在战略实施过程中应尽可能保持战略实施过程与计划的一致性，避免资源使用不当或企业行为失误造成的与目标计划的背离或偏差。目标为企业战略实施提供了方向，计划则为企业战略实施提供了规范。

2. 信息报告控制

报告是企业获得决策信息的重要手段，充分的信息是决策正确的前提。物流企业报告信息系统则通过战略实施过程中不断反馈的信息，收集与企业战略有关的信息资料，并通过对这些信息的整理分析，揭示物流企业战略实施过程中存在的问题和不足，提出不断改善的建议，以此控制战略实施的方向和进程。报告信息系统控制有效性的关键是信息的准确和及时。

3. 管理人员控制

管理人员在企业战略实施过程中起着非常重要的作用。战略是人制定的，战略的实施也依靠人来完成，人是决定企业生存与发展的最重要的资源。首先，管理人员在企业战略实施过程中，要通过引导和教育使企业全体员工理解和支持企业的战略，并自觉地将自身利益与企业的发展联系起来，努力为企业战略成功尽职尽责。其次，管理人员要激励和约束员工的行为，调动其为企业战略目标实现做贡献的积极性。最后，管理人员要协调企业员工的行为和不同部门之间的相互关系，使全体员工的工作热情集中到企业战略目标的实现上来。

4. 争议解决控制

争议解决控制的目的，一是协调各战略实施单位之间的矛盾，解决战略方案实施过程中的争议；二是建立争议预防机制，避免战略实施过程中争议的产生。其实质是通过建立争议解决程序及确立协调、调整原则，协调各战略实施单位之间的利益与实施过程中的配合问题，从而规范各战略实施单位的行为，实现企业的战略意图。

➢复习思考题

1. 物流企业战略的构成要素有哪些？请举例说明。
2. 学会运用 PEST 模型、六种力量模型和市场信号等工具分析某个物流企业面临的外部环境。
3. 理解核心竞争力的含义和标准，学会分析一个物流企业核心竞争力的构成。
4. 学会运用 SWOT 分析方法，对某个物流企业战略选择进行分析。
5. 理解企业使命、战略目标的含义及相互关系。
6. 公司战略、竞争战略有哪些类型？
7. 战略实施的原则有哪些？实施要点是什么？
8. 如何进行战略控制？
9. 调查一个物流企业，分析其发展中的战略思路或战略演变的过程，分析目前该企业所处的产业环境，以及采取的相应的企业战略。

案例分析 变革带来机遇

顺丰从 1993 年至今，实现了从“黑快递”向科技企业的变更，并开始趁着“一带一路”加速开拓国际市场的步伐。顺丰发展的每一步都踩在了国家改革开放及行业改革的重要节点上。

一、创立

1992 年年初，受邓小平南方谈话的影响，国内掀起了又一轮改革开放的热潮。香港大约 8 万多家制造工厂北移到了内地，香港与珠江三角洲的信件往来频繁，由于不同区域关税邮寄往往需要两三天时间，既费时又误事。改革开放初期的这个贸易痛点成就了国内的第一批快递企业。常往返于广东和香港做夹带生意的青年人王卫抓住了这个商机。他在香港太子的砵兰街租了下店面，用来接货和派货，并向父亲借了 10 万元，于 1993 年 3 月 26 日在当年的顺德市注册了顺丰速运，当年的顺德市几乎每天都有企业开张。

当时看上这个商机的还有申通创始人陈德军，他们以代进出口企业递送报关资料和样品起家。但是在法律意义上，他们并没有经营信函、明信片或者其他具有信件性质物品的寄递业务的资格。直到2009年新邮政法出台，民营快递终于有了合法身份，摘掉了黑快递的帽子。

二、第一次变革

1996年，顺丰开始以顺德为起点，通过向长江三角洲地区复制业务模式，进而扩张到华中、西南、华北地区。通过“割价抢滩”策略，即别人70元一件货，顺丰收40元，用低于市场均价30%的价格揽货，吸引了大批中小商家，成为“市场杀手”。

为了拓展市场，顺丰开始通过加盟的方式迅速发展。随着顺丰网点和人数迅速增加，该方式的弊病也开始凸显。被承包的片区各自为政，某些加盟商开始抢走顺丰客户自行开张做生意，成为顺丰事实上的竞争对手。

1999年，王卫见此情况日益严重，决定开始收权，即从加盟改为直营。回购加盟商全部产权，如果不愿意就必须离开，顺丰将重新自建网点。这场收权运动以2002年顺丰总部成立告终，也让顺丰得罪了不少人，这场变革充分体现了王卫的胆量、攻击性和控制力。这时顺丰已在全国拥有180个网点，并且拥有深港货运70%的份额，国内快递业务与深港货运并驾齐驱，业内逐步形成“南顺丰，东申通，北宅急送”的竞争格局。

三、发展航空

截至2002年年底，我国上网用户达5910万，上网用户数量位居世界第二位，我国的电子商务的网络技术初步形成。2003年春天，SARS爆发，航空运价大跌，顺丰身处SARS的重灾区——广深地区。顺丰在资金吃紧的境况下，仍与扬子江快运航空有限公司签下合同，成为国内第一家使用全货运专机的民营速递企业。

这个在公共危机时期的决定，让顺丰再次抓住了快递业发展的重要商机，市场范围扩张到全国，拉开了与其他快递企业的距离，为顺丰效率塑造了良好的口碑，也为顺丰发展航空物流奠定了坚实的基础，自此之后顺丰航空事业一直领先于同行，其品牌也逐渐被人们熟知。

在SARS疫情传播时期，电子商务“非接触”的优势凸现，我国B2C电子商务迅速增长。商务部也高度重视电子商务的发展，成立了信息化司，并与商务部商业改革发展司共同推进我国的电子商务工作，多方面为企业提供服务。北京、广东、上海等地的B2C电子商务网站和传统零售企业网站点击率成倍增长，销售额大幅度上升。

商务部数据显示，2003年有过网上购物经历的网民比例达到40.7%，比2002年提高了20.4%，B2C电子商务的网民基础又有较大幅度的扩大，C2C电子商务网站稳步发展。值得注意的是，阿里巴巴淘宝网也于同年成立，日后业务高度依附于阿里平台的桐庐帮快递企业韵达、中通、圆通、汇通（后被百世收购）、天天（后被苏宁收购）也已成立。电商与快递企业之间的“恩怨情仇”即将上演。

2007年，我国的电子商务发展迅速，市场规模急剧扩大，进入到快速增长期，国家先后出台《2006—2020年国家信息化发展战略》和《电子商务发展“十一五”规划》明确了电子商务的地位和发展目标，大力发展电子商务服务业，形成国民经济发展的新增长点。快递企业逐渐形成对电子商务业务的依赖。

2008年阿里顺势推出高端商家直营销售平台天猫，同时京东商城及唯品会等品牌电商也迅速崛起，中国迎来了电商B2C的新阶段。而物流服务问题日益严重，随着“双11”网络购物狂欢节的设立，电商开始爆发式增长，快递配送问题开始凸显，物流不畅成了电商企业的一块心病。国务院关于印发《物流业调整与振兴规划》的通知，促进了我国物流业进入转型发展关键时期。而此时的顺丰已拥有 8 万名员工，年平均增长率为 50%，利润率为 30%，还开通了韩国和新加坡的派送业务，并且自有两架 757 飞机。而浙江桐庐也正式获得“中国民营快递之乡”的称号。至此，已经完成原始积累的桐庐帮和顺丰已初步成型。

四、多元化发展

王卫的危机意识很强，他不满于现状，积极进取，对于顺丰的组织架构、产品的更新迭代，一直都孜孜不倦。顺丰为了提升分拣效率，从 2011 年开始就投入自动分拣设备，并认识到做商业的重要性，于 2012 年上线“顺丰优选”，大建仓库，推进供应链配送服务。

到 2013 年顺丰巨变，引入了 4 个非同寻常的搭档：苏州元禾控股股份有限公司、招商局集团股份有限公司、中信资本控股有限公司、古玉资本管理有限公司。这是顺丰自 1993 年成立以来的第一次外部融资。同年，顺丰也摒弃了单一的业务模式，医药和食品供应链事业部分别成立，开始建设遍布于全国的冷仓网络。2014 年，顺丰正式推出“顺丰冷运”品牌，打造医药、食品生鲜行业一站式供应链解决方案，并开始进入电商快递市场。

2015 年是顺丰变化最大的一年，一是完成了组织架构大调整，组建了速运、供应链、金融、商业、仓配五大事业群。二是顺丰与申通、中通、韵达、普洛斯等公司一起，建立了一个与菜鸟驿站和京东抗衡的物流开放平台“丰巢”。

至此，顺丰已经将多元化业务标签贴到了身上。尽管经过如此多的改变，顺丰的服务对象并没有变，还是对服务及体验要求较高的中高端客户，并希望进入的每个领域都成为客户的首选。其战略布局对于外人来说仍是“雾里看花”。

五、第二次变革

引入资本之后，2014 年顺丰不惜血本积极进军 O2O，顺丰嘿客项目上线，2015 年更名为顺丰家，2016 年 9 月 22 日再次更名为顺丰优选。作为顺丰商业的代表，嘿客的多次变更并没有让顺丰商业更好一些，而嘿客也被业内人士称为是“极其失败的企业转型案例”。数据显示，2015 年顺丰商业和电商亏损达到 8.66 亿元。

2016 年顺丰筹备上市，并将商业部分业务剥离，直接节省了 7.57 亿的销售费用（暂不考虑其他成本节省），从而贡献了 70%的利润增长率。对于顺丰而言，商业领域的探索所带来的不只是营收损失这么简单，混乱的商业变革让顺丰错过了拉开与竞争对手差距的关键时机，也让顺丰错失了发展 B2C 物流、双网络运营的战略，以及提前上市的机会，而且还使高层威信和员工锐气大幅受挫。

六、上市

2016 年顺丰发布了上市辅导公告，开始重组上市，布局未来。到 2016 年年底，圆通、中通、申通均已上市。顺丰、韵达、百世则已启动上市计划，资本竞逐已经开始。

而顺丰在繁花似锦的背后，核心业务增速有限，其他业务仍然亏损。顺丰在 2016 年的国内快递业务（时效产品，不包括其重货、冷运、仓配业务，这些也未计入邮政局快递统计）收入增速只有 15%左右。整体收入增速 19.5%也远远落后于行业同期的 44.6%。回看近年数据，其增速早与行业脱节，且差距拉大。在 2016 年低于行业 25 个点，低于申通、圆通的一半，不足中通的 1/3。

2017 年 2 月 24 日，鼎泰新材正式更名为“顺丰控股”，总市值达 2238 亿元。上市后的顺丰，在多元化发展的道路上一路狂奔，尤其是在商业方面的探索，此前嘿客的失利并没有让顺丰退却，仍旧通过投资、入股等多种方式布局大大小小十多家企业。如今，顺丰的多元化布局领域已涉及电商、彩票、金融、无人机到无人货架等。

2018 年 1 月 12 日，国家邮政局发布“关于推进邮政业服务‘一带一路’建设的指导意见”，意见指出要加快行业企业走出去，促进转型升级提质增效，推动全球产业链，价值链延伸，价值链发展和贸易链衔接，扩大邮政业开放，鼓励沿线国家快递企业依法进入中国包裹快递市场……

资料来源：中国物流与采购网

问题：

1. 在国内领先的顺丰，面对更加开放的市场竞争环境将会如何变革？
2. 从顺丰的发展历程中，您得到了哪些启示？

第三章

物流企业计划与决策管理

【学习目标】

- 理解物流企业计划工作的概念
- 了解物流企业计划的类型
- 掌握物流企业制订计划的步骤和主要方法
- 理解决策的概念和特征
- 了解物流企业经营决策的类型
- 熟悉物流企业经营决策的程序
- 掌握物流企业经营决策的主要方法

第一节 物流企业计划管理

计划是管理者实施和控制企业战略的基础，是管理者指挥的依据，是管理者应对不确定性、降低风险的手段，是减少浪费、提高效益的方法。计划职能的主要任务是确定任务和目标，拟订完成任务和达成目标的行动计划。

一、物流企业计划工作

（一）物流企业计划工作的概念

物流企业计划工作有广义和狭义之分。广义的计划工作是指物流企业制订计划、执行计划和检查计划 3 个阶段的工作过程。狭义的计划工作仅指制订计划，即根据物流企业内外部的实际情况，按照经营决策所确定的方案，对物流企业经营活动及其所需的各种资源，从时间和空间上做出具体统筹安排的工作。本章中主要使用的是狭义计划工作概念。

狭义的计划工作内容常用“5W1H”来表示。

Why——为什么要做？即明确计划工作的原因及目的。

What——做什么？即明确活动的内容及要求。

Who——谁去做？即规定由哪些部门和人员负责实施计划。

When——何时做？即规定计划中各项工作的起始时间和完成时间。

Where——何地做？即规定计划的实施地点。

How——如何做？即制订实现计划的手段和措施。

（二）物流企业计划的类型

任何一种未来的行动方案都属于计划，而且物流企业的经营活动具有复杂性和多元性，使得计划的种类也变得十分复杂和多样。人们按照不同的分类标准，将计划分为不同的类别，下面我们重点介绍三大分类。

1. 长期计划、中期计划和短期计划——按计划的时间界限分类

长期计划往往是企业的战略性计划，它规定物流企业在较长时期（如五年及五年以上）的目标，以及为实现目标所应采取的措施和步骤；短期计划通常是指年度计划，它是根据物流企业的中长期计划规定的目标和当前的实际情况，对计划年度的各项活动所作出的总体安排；中期计划则介于长期计划和短期计划之间。上述三种计划相互衔接，反映了事物发展在时间上的连续性。但这种划分不是绝对的，可以视企业的具体情况进行划分。

2. 战略计划、管理计划和作业计划——按计划制订者的管理层次分类

（1）战略计划。战略计划是由物流企业高层管理者制订的。它体现了物流企业在未来一段时间内总的战略构想和总的发展目标，以及其实施的途径。它具有长远性、全局性和指导性，决定了在相当长的时间内企业资源运动的方向。它的作用是决定或变动一个物流企业的基本目标和基本政策。它对管理计划和作业计划具有指导作用。

（2）管理计划。管理计划是由物流企业中层管理者制订的，它将战略计划中具有全局性的目标和政策转变为确定的目标和决策，并且规定了达到各种目标的确切时间。管理计划中的目标和政策比战略计划具体、详细，并具有相互协调的作用。此外，战略计划是以问题为中心，而管理计划是以时间为中心。一般情况下，管理计划是按年度分别拟订的。

（3）作业计划。作业计划是由物流企业基层管理者制订的。作业计划根据管理计划确定计划期间的预算、利润及其他更为具体的目标，确定工作流程，划分合理的工作单位，分派任务和资源，以及确定权利和责任。

3. 运输计划、仓储计划、搬运装卸计划等——按计划涉及的物流活动分类

（1）运输计划。运输计划是对物资运输量、运输路线选择和所需运输工具所编制的计划。它是合理组织物流运输的重要前提，对于节约运力、降低费用、促进运输管理合理化都具有重要意义。

运输计划按交通工具可以划分为铁路运输计划、水路运输计划、公路运输计划、航空运输计划等。各种运输计划内容不完全相同，但一般都有物资品名、起运站（港）、到达站（港）等项目和运输量指标等内容。

（2）仓储计划。编制科学的仓储计划是安排仓储业务，保证进销业务正常开展的前提。根据仓库业务活动，仓储计划可以包括以下内容。

物资出入库计划：根据物资流转计划中规定的储存指标，结合仓库的吞吐储存能力来编制，它是仓库业务活动的主体计划，指导仓库业务活动的开展，是编制仓储计划的关键。

储位利用和物资保管保养计划：根据仓库的实际情况和物资出入库的数量质量状况，提出储位、货架和堆码规划，以便充分利用仓库的储存能力。根据物资的不同特性，制订物资保养计划，如保养时间、措施等，以保证仓储物资的完好。

仓库设备、工具维修和计划：根据库内设备、工具的使用情况，按照设备例行保养规定，有计划地安排设备、工具的维修保养。同时，根据仓库发展规划和逐步实行仓库作业机械化、自动化的要求，提出技术革新计划。

仓库劳动力安排计划：根据仓库的吞吐储存任务及各种作业定额编制，有计划地安排劳动力。

仓库费用计划：根据仓库完成物资吞吐储存计划所需要的各种费用来编制，以掌握仓库费用开支，进行经济核算。

（3）搬运装卸计划。搬运装卸计划是运输和储存计划的重要补充。它的编制是为了消除无效搬运，提高搬运的灵活性，促进搬运装卸作业的合理化，保持物流的均衡顺畅。

二、物流企业计划的制订步骤

（一）物流企业计划制订的基本原理

（1）限定因素原理。限定因素原理是指在计划工作中，越是能够了解和找到对达到所要求目标起限制性和决定性作用的因素，就越是能准确地、客观地选择可行的方案。

（2）许诺原理。许诺原理是指任何一项计划都是对完成某项工作所作出的许诺，许诺越大，所需的时间越长，实现目标的可能性就越小。

（3）灵活性原理。灵活性原理是指计划工作中体现的灵活性越大，则由未来意外事件引起的损失的危险性就越小。要求制订计划时要有灵活性，即留有余地。

（4）改变航道原理。改变航道原理是指计划工作为将来承诺得越多，主管人员定期地检查现状和预期前景，以及为保证所要达到的目标而重新制订计划就越重要。

上述原理中的灵活性原理是计划工作中最重要的原理。灵活性原理就是制订计划时要留有余地。例如，物流企业制订仓储计划，随着市场经济的发展，物流量的变化将随经济的周期性涨落而改变，由此造成的仓储需求也发生周期性变化，且两者可能不同步。由于影响仓储需求变化的因素有很多，以至于难以准确地估计出仓储需求的变化规律。这给物流企业考虑仓储能力在时间上的平衡带来了一定的困难。因此，要求物流企业的管理者应注意货物供需的变化，以求能够掌握仓储需求的一些变化趋势，在仓储计划中较长时段的仓储安排上做到时间上的平衡，在时间不能变化的情况下，应及时调整原来的库场存货的分区方法，以满足当前货种存储的需要。

（二）物流企业制订计划的步骤

在制订各类别、层次计划体系时，一般遵循以下步骤。

1. 明确使命、把握机会

计划工作起源于物流企业的使命和宗旨。物流企业的使命就是物流企业在社会、经济发展中所应担当的角色和责任。物流企业的宗旨是指物流企业在现在和将来从事什么样的事业活动，以及应成为什么性质的企业或组织类型。企业使命和宗旨从总体上引导企业方向、发展道路的改变，是企业制订计划的前提和计划方案的依据，也是企业分配资源的依据。

明确了物流企业的使命之后，我们应该初步地估计将来可能出现的机会，并清楚而全面地了解这些机会。应该了解我们的优势和劣势，以及我们所处的地位，明确我们希望解决什么问题、为什么要解决这些问题，以及我们期望得到的是什么，同时还要了解企业面临的不确定性因素。总之，在编制计划前需要实事求是地对各种情况进行判断。

2. 确定目标

目标是组织行动的出发点和归宿。管理者确定整个企业的目标，就是规定计划预期的结果，并且要确定为达到这一目标，需要做哪些工作，重点在哪里，如何运用战略、策略、程序、规则、预算等计划形式去完成计划工作的任务。制定目标的主要内容包括：①明确目标的价值；②明确目标的内容和优先顺序；③确立目标的衡量指标，对目标尽可能量化，以便于度量和控制。

例如，某物流企业确立的质量目标：①仓储方面，仓库缺损率 0、单证准确率 100%；②铁路运输方面，时间达标率 95%、缺损率万分之一、单证准确率 100%；③公路运输方面，时间达标率 98%、缺损率 0、单证准确率 100%。

目标具有层次性，物流企业的总目标首先要为企业的所有计划指明方向，然后将总目标逐级分解，从而使整个企业的全部计划内容控制在企业的总目标体系内。

3. 制订可供选择的多个方案

一个计划往往要有几个可供选择的方案，应尽量发掘可供选择的行动方案，只有发掘了各种可行的方案才有可能从中选择出最佳方案。

4. 评价并选择方案

在找出了各种可供选择的方案和分析了它们的优缺点后，就应权衡各种可供选择的方案的轻重，对方案进行评价。有的方案可能获利能力大，但投资大，回收期也长；有的方案获利小，但风险也小；而有的方案则更适合于企业长远目标的要求。

一般来说，因为备选方案多，而且有大量的可变因素和限定条件，所以评价备选方案的工作往往是非常复杂的，除了依靠管理者的经验进行判断以外，还常常需要借助于运筹学、数学方法、相关技术等各种手段来进行方案评价。

选择方案是确定计划、做出决策的真正关键所在。从战略高度结合公司发展趋势，从诸多可行方案中选择一个或几个较优方案，以帮助企业实现战略目标。

5. 拟订派生计划

选定一个基本的计划方案后，还必须围绕基本计划制订一系列派生计划辅助基本计划的实施，如投资计划、人员的配备计划、培训计划、运营计划等。

6. 用预算使计划数字化

在做出决策和确定计划后，赋予计划含义的最后一步就是把计划转变成预算。预算就是用数字的形式表示组织在未来某一确定期间内的计划，是计划的数量说明，是用数字形式对预期结果的一种表示。

预算是数字化的计划，是企业各种计划的综合反映，也是一个单位的经济目标。它既是评估计划的重要标准，也是协调下属部门活动的主要手段。如果预算编得好，预算就成为汇总各种计划的一种手段，并且也制订了可以衡量计划过程的重要标准，因此，预算又常被看成是一种重要的控制手段。

总之，物流企业计划应体现全局性、效益性、平衡性、应变性及大众性等特点。全局性是物流企业的发展必须与整个物流系统、行业、地区乃至国家的发展相互协调及适应；效益性是指以经济效益及社会效益最大化原则安排物流活动；平衡性是指物流活动的各个环节、阶段在时间和空间上相互配合；应变性是指在物流企业计划中要考虑到未来不确定因素的影响；大众性是指物流应体现广大管理者及一般职员的利益。其中，效益性是计划工作的根本要求，特别是经济效益是物流绩效评价的主要内容，也是物流管理的主要目标。

三、物流企业计划的编制方法

计划工作的效率高低和质量好坏在很大程度上取决于所采用的计划编制方法。现代计划编制方法大量采用数学、计算机科学的成果，为制订切实可行的计划提供了手段，而且大大加快了计划工作的进度。下面介绍几种主要的方法。

（一）滚动计划法

1. 滚动计划法的概念

滚动计划法，也叫预测、计划、实际、差异循环法。也就是说，制订计划时采取近细远粗的方法，逐年逐期往前推进，连续编制，并根据执行情况逐年对计划进行修订，使计划既保持严肃性，又具有适应性和现实性。

滚动计划法是一种动态编制计划方法。它与静态分析不同，不是等一项计划全部执行完了之后再重新编制下一时期的计划，而是在每次编制或调整计划时，根据前期计划执行情况和客观条件的变化，将计划按时间顺序向前推进一个计划期，即向前滚动一次，使计划不断滚动、延伸。

2. 滚动计划法的编制方法

滚动计划法的编制方法是：在已编制出的计划的基础上，每经过一段固定的时期（如一年或一个季度，这段固定的时期被称为滚动期）便根据企业内外部变化了的环境条件和计划的实际执行情况，从确保实现计划目标出发对原计划进行调整。每次调整时，保持原计划期限不变，而将计划期顺序向前推进一个滚动期，如图 3-1 所示。

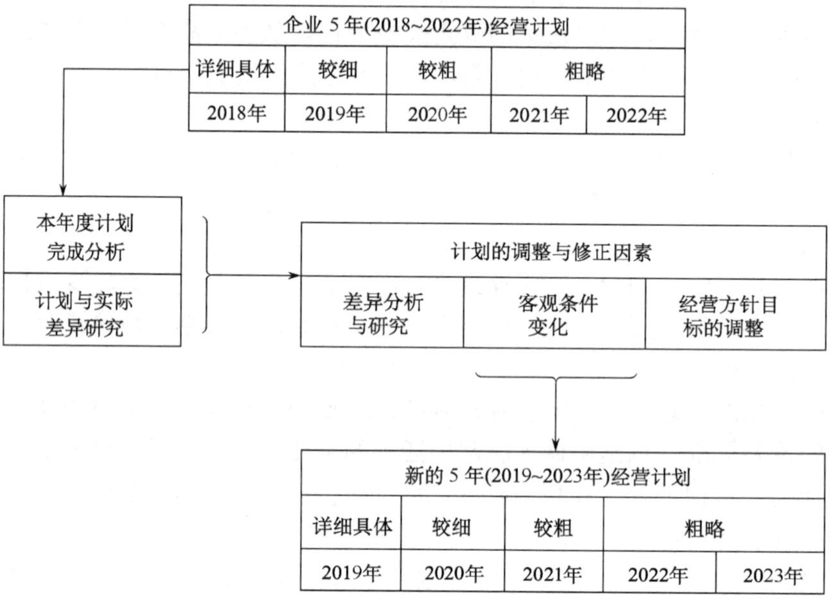

图 3-1　滚动计划示意图没改完

滚动计划法虽然编制工作量大，但是运用计算机编制，其优点是十分明显的。

（1）把计划期内各阶段及下一个时期的预先安排有机地衔接起来，而且定期调整补充，从而从方法上解决了各阶段计划的衔接和符合实际的问题。

（2）较好地解决了计划的相对稳定性和实际情况的多变性这一矛盾，使计划更好地发挥其指导生产实际的作用。

（3）采用滚动计划法使企业的各项活动能够灵活地适应市场需求，把各项物流活动密切结合起来，从而有利于实现企业预期的目标。

需要指出的是，滚动间隔期的选择要适应企业的具体情况，如果滚动间隔期偏短，则计划调整较频繁，好处是有利于计划符合实际，缺点是降低了计划的严肃性。采用滚动计划法，可以根据环境条件变化和实际完成情况，定期对计划进行修订，使组织始终有一个较为切合实际的长期计划作为指导，并使长期计划能够始终与短期计划紧密地衔接在一起。

（二）网络计划法

网络计划法也称为网络计划技术，它产生于20世纪50年代。1956年，美国杜邦公司用网络方法制订了第一套网络计划。用网络表示各项工作及所需的时间，以及工作之间的关系，从而编制出计划并找出执行计划的关键路线，在此基础上再对所编制的计划进行调整和优化，这就是网络计划法的基本思想。这种编制计划技术的出现引起了许多国家的注意，许多人加入了该技术的研究。我国的著名科学家华罗庚、钱学森不久即将网络计划法引入我国。华罗庚教授在综合研究各类网络方法的基础上，结合我国实际情况对其进行了简化，于1965年发表了《统筹方法评话》，为推广和应用网络计划法奠定了基础。如今，网络计划法已被许多国家公认为是最为行之有效的管理方法。多年的实践证明，应用网络计划技术组织与管理生产，一般能缩短工期20%左右，降低成本10%左右。例如，在我国的上海宝钢炼铁厂1号高炉土建工程施工中，应用网络计划技术可缩短工期21%，降低成本9.8%；广州白天鹅宾馆在建设过程中，应用网络计划技术，工期比外商签订的合同工期提前了4个半月，仅投资利息就节约1000万港元。

任何一项工程或活动都是由一系列工序和活动组成的。我们把工序和活动统一地称为工序，并用箭线表示，箭尾表示工序的开始，箭头表示工序的完成。一个工序完成后下一个工序才可以开始，两工序的交接点称为事项或结点，并用圆圈“○”表示。于是，一项工程或活动便可按组成它的工序的先后顺序，用一个从左到右，由箭线和结点相互衔接地排列起来的图表示出来，这个图就称为该项工程或活动的网络图。网络计划技术就是按一定的规则将一项工程或活动绘制成一个网络图，以此反映和表达计划的安排，并据此进行方案的优化，通过组织、协调、控制工程的进度与成本费用，使其达到预期的目标的一种科学管理方法。

在网络图中，工序A完成后工序B即可开始，则称工序A为工序B的紧前工序，而工序B则称为工序A的紧后工序。网络图中，通常把工序的名称或代号写在表示工序的箭线上方，而把完成该工序所需的时间写在箭线下方。

1. 网络图的绘制规则

（1）网络图中不得有两个以上的箭线同时从一个事项出发且同时指向另一个事项，即图3-2的画法是错误的。

（2）网络图中不得存在闭合回路，即图3-3的画法是错误的。

图3-2 网络图错误画法（一）

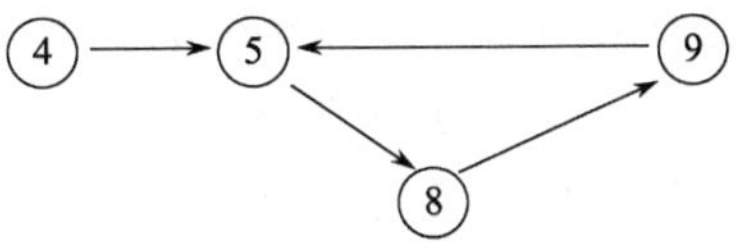

图3-3 网络图错误画法（二）

（3）一个网络图只能有一个起点和一个终点。因此，如果有几个工序都没有紧前工序，则应将表示它们的箭线的起点合在同一个点；如果有几个工序都没有紧后工序，则应将表示它们的箭线的箭头指向同一个点。也就是说，一个网络图只有一个起点，也只有一个终点，同时不能有缺口。因此，图3-4的画法是错误的。

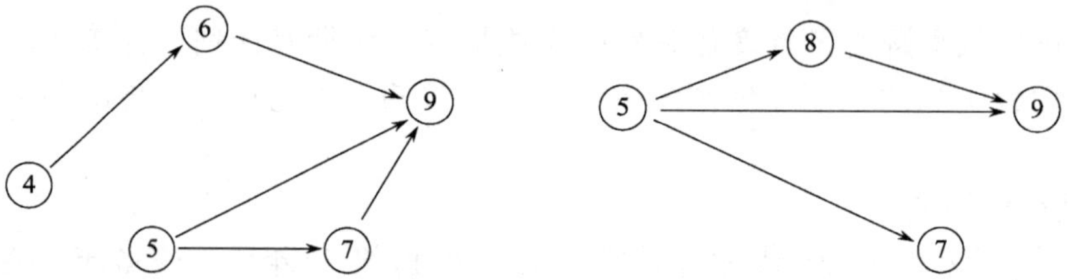

图 3-4　网络图错误画法（三）

（4）正确运用虚工序。虚工序就是用虚箭线表示的工序，仅表示工序之间的先后衔接关系，不占时间，其下方的数字 0 表示虚工序时间总是 0。

例 3-1　某项工程的工序明细表如表 3-1 所示，试绘出该工程的网络图。

表 3-1　某工程工序明细表

工序名称	工序代号	紧前工序	紧后工序	作业时间/天
甲	A	–	C, D	3
乙	B	–	D, E	5
丙	C	A	–	2
丁	D	A, B	–	4
戊	E	B	–	1

解：本工程的网络图如图 3-5 所示。

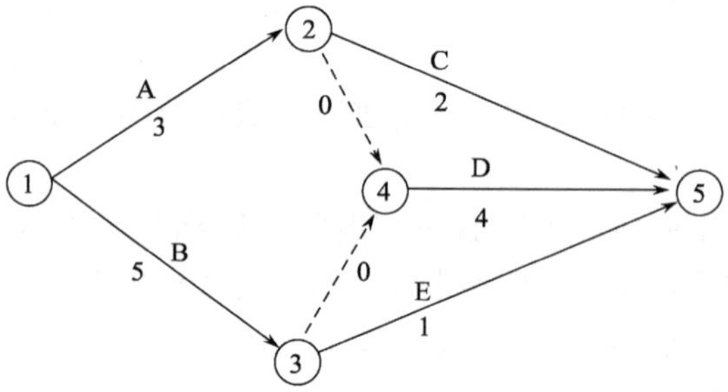

图 3-5　例 3-1 网络图

2. 关键线路及总工时的确定

1）工序时间 $t(i,j)$

为完成某道工序所需要的时间称为工序时间（以下简称工时），记为 $t(i,j)$。确定工序时间的方法一般可分为两类。

（1）在具有工时定额资料或劳动定额资料时，可根据资料确定工序时间。若有该工序或同类工序的时间消耗统计资料，则可取其平均值作为工序时间。

（2）不具有上述定额资料和统计资料时，可采用“工序时间的三点估计法”来确定。即设 a 表示工序最快可能完成时间（又称乐观时间），b 表示工序最迟可能完成时间（又称悲观时间），m 表示工序最大可能完成时间，则可用 $t=\dfrac{a+4m+b}{6}$ 作为工序的最佳估计时间。

2）工序最早可能开工时间 Tes(i,j)

任何工序都必须在它的所有紧前工序完工后才能开工，这些紧前工序完工时间的最大值就是本工序的最早可能开工时间，记为 Tes(i,j)。

当 i=1 时，Tes$(1,j)$=0，其中，1 表示起点事项的编号。该式表明从起点开始的工序最早开工时间为零。

当 $i>1$ 时，若工序 (i,j) 的紧前工序有 $(m,i),(n,i),\cdots,(r,i)$，它们的最早开工时间分别为 $\text{Tes}(m,i),\text{Tes}(n,i),\cdots,\text{Tes}(r,i)$，各自的工序时间为 $t(m,i),t(n,i),\cdots,t(r,i)$，而工序 (i,j) 必须在它们都完工后才开工，因此，工序 (i,j) 的最早可能开工时间为

$$\text{Tes}(i,j)=\max\{\text{Tes}(k,i)+t(k,i)\}，其中\ k\in\{m,n,\cdots,r\}$$

为了方便，可把工序的最早可能开工时间在记号“□”中写上数字之后标在网络图上。显然应该从第一道工序标起，由左至右，直至最后一道工序。最后一道工序的最早可能开工时间加上最后一道工序的时间，就是整个工程的最早可能完工时间，把它记为 TE。

3）工序最迟必须开工时间 Tls(i,j)

在不影响工程按最早可能完工时间完工的前提下，有的工序可以迟点开工，但必须在某一时刻开工才不影响整个工程如期完工，这个时刻就是工序最迟必须开工时间，记为 $\text{Tls}(i,j)$。

如果 (i,j) 是指向最后结点的工序（没有紧后工序），则 (i,j) 的最迟必须开工时间是工程的最早可能完工时间减去自身的工序时间，即

$$\text{Tls}(i,j)=\text{TE}-t(i,j)$$

如果 (i,j) 不是最后一道工序，假设它有多个紧后工序 $(j,m),(j,n),\cdots,(j,r)$，因为它们都必须等 (i,j) 工序完工后才能开工，因此，(i,j) 工序的最迟必须开工时间应该是这些紧后工序的最迟必须开工时间与 (i,j) 工序时间之差的最小值，即

$$\text{Tls}(i,j)=\min\{\text{Tls}(j,k)-t(i,j)\}，其中\ k\in\{m,n,\cdots,r\}$$

同样，为了方便，把工序的最迟必须开工时间在记号“△”中写上数字之后标在网络图上。但是，它应该从指向最后结点的工序标起，从右至左，直至起点。

现在按照上面的介绍，在例 3-1 的网络图中标上工序最早可能开工时间和工序最迟必须开工时间，如图 3-6 所示。

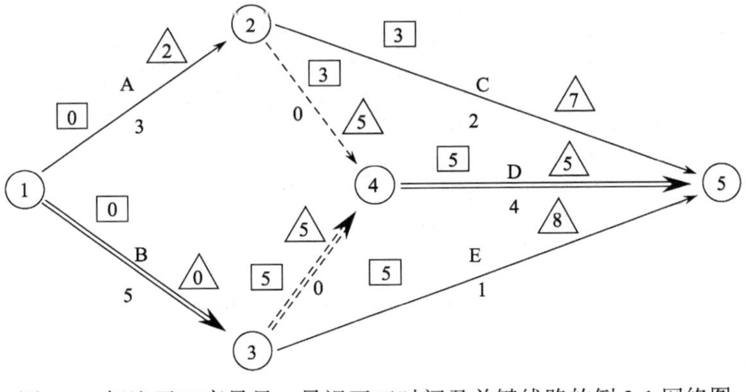

图 3-6　标注了工序最早、最迟开工时间及关键线路的例 3-1 网络图

4）关键线路

上面的介绍中，从工程到工序我们都关注时间，这时就说以时间为权。如果我们关注

工程的费用，即可相应地研究工程、工序的最低费用和最高费用，这时就说以费用为权。对于以时间为权的网络图来说，从工程的起点至终点最长的通路（即所用时间最长的通路）称为工程的关键线路，记为 CP。关键线路上的工序便称为关键工序。关键线路的长度（指一条关键线路上各道工序时间之和）就是工程计划完工期或最早可能完工期，即上面提到的 TE。

把一道工序的最迟必须开工时间减去最早可能开工时间的差称为工序的总时差，并记为 $R(i,j)$，即

$$R(i,j)=\mathrm{Tls}(i,j)-\mathrm{Tes}(i,j)=\triangle-\square$$

那么，由图 3-6 可知，关键线路上的工序的总时差均为零。因此，一张工序网络图的关键线路总可以通过工序总时差的计算来确定。如图 3-6 所示，关键线路用双杆箭线标出。

由于关键线路上的工序的总时差均为零，说明每一道关键工序都必须按时开工，严格按计划准时完工，否则，将影响后续工序及整个工程的进度，因此，管理者应特别注意组织和管理好各关键工序。

3. 网络计划的优化

通过绘制网络图可以得到一个初始的计划方案，并使整个工程的主要矛盾一清二楚。关键线路是网络图的核心，每一道关键工序工时的缩短都能缩短整个工程的时间。但是，每道工序的工时是由一定的人力和一定的设备、材料等资源因素决定的。因此，管理者在对初始计划进行调整和改进时，应该贯彻“向关键线路要时间，向非关键线路要资源”的思想。

我们仍以例 3-1 的网络图进行说明。该图表明整个工程的最早可能完工时间为 9 天，但是，非关键 A 工序和 C 工序的工序总时差都不等于零。我们可以设想从 A 工序抽调一些人力和设备支援 B 工序，这样，B 工序的时间就可以从 5 天缩短为 4 天。当然，A 工序的工时应该相应地从原来的 3 天增加到 4 天。同样地，让 C 工序支援 D 工序，使 D 工序的工时由 4 天缩短为 3 天，C 工序的工时由 2 天增加为 3 天。这样，网络图中就出现了 3 条关键线路，整个工程的完工时间也提前到 7 天（图 3-7）。从关注工程工时的角度看，显然得到了优化。

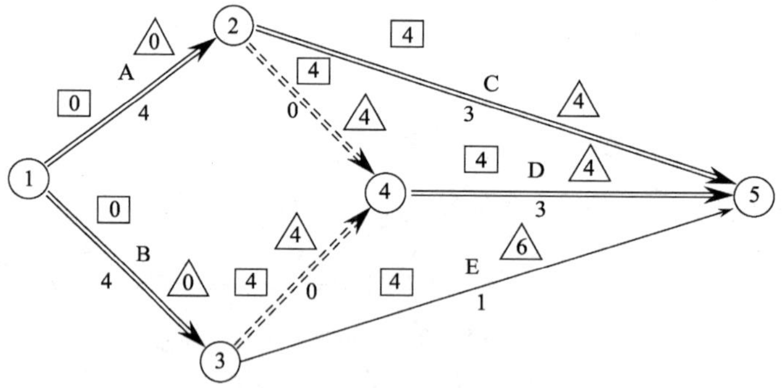

图 3-7　例 3-1 改进后的网络图

如上所见，网络计划是一种比较实用，也比较容易掌握的技术，关于这方面的更多的内容和方法请参阅有关专著。

（三）线性规划法

企业的生产过程总是需要消耗一定的资源，而资源总是稀缺的，因而合理利用现有资

源，将其进行最佳分配，是充分发挥企业资源效能，提高企业综合经济效益的重要途径。线性规划模型就是一种优化资源配置，是使企业尽可能取得最佳经济效益的重要数学方法。从数学上讲，线性规划是研究线性不等式的理论，是线性代数的应用与发展。1939 年，苏联科学家康脱诺维奇首次提出线性规划问题，至 1947 年美国学者丹捷格（G. B. Dantzig）提出一般线性规划问题的求解方法——单纯形法之后，线性规划法在理论上趋于成熟，在实用中日益广泛与深入。计算机的使用，更使它广泛地应用于工业、交通、国防、经济、管理等领域，成为现代科学管理的重要手段和管理决策的有效方法。

建立线性规划模型的一般步骤为：①设置决策变量，即根据实际问题设置其值待定的未知数；②确定目标函数，即确定拟取得最优效益的函数表达式；③列出约束条件，即列出一组包含若干决策变量的不等式或等式，反映所研究问题在各种资源方面所受到的限制；④写出整个线性规划模型。将目标函数与约束条件写在一起，就是线性规划模型。通常将目标函数写在前面，约束条件写在后面。

例 3-2 有 A、B、C 三条航线，运输能力分别为 400、700、500，有 1、2、3 三个市场，市场需求量分别为 600、500、300，各航线到市场的运价如表 3-2 所示。在充分满足市场需求情况下如何进行航线配船，使总运费成本最低？

表 3-2 运价表

航线	1	2	3	运输能力
A	4	7	6	400
B	5	5	5	700
C	9	5	8	500
市场需求量	600	500	300	

解：设 x_{ij} 为第 i 个出发点到第 j 个收货点的量；c_{ij} 为第 i 个出发点到第 j 个收货点的单位运输成本，则线性规划模型为

$$\min f=\sum_{i=1}^{3}\sum_{j=1}^{3}c_{ij}x_{ij}=4x_{11}+7x_{12}+6x_{13}+5x_{21}+5x_{22}+5x_{23}+9x_{31}+5x_{32}+8x_{33}$$

$$\text{s.t.}\begin{cases}x_{11}+x_{21}+x_{31}=600\\x_{12}+x_{22}+x_{32}=500\\x_{13}+x_{23}+x_{33}=300\\x_{11}+x_{12}+x_{13}\leqslant 400\\x_{21}+x_{22}+x_{23}\leqslant 700\\x_{31}+x_{32}+x_{33}\leqslant 500\\x_{ij}\geqslant 0(i,j=1,2,3)\end{cases}$$

上述数学模型可借助于电子计算机求解，计算结果是 x_{11}=400，x_{21}=200，x_{22}=200，x_{32}=300，x_{23}=300，其余 x_{ij} 均为零，总运费为 f=6600。

例 3-3 某流通加工中心开展钢材的裁剪加工业务，定点供应某机床厂使用。机床厂成批生产一种机床，需要甲、乙、丙三种型号相同而不同规格（尺寸）的圆钢作为轴的毛坯，其规格和需要量如表 3-3 所示。机床厂一次向流通加工中心订购 100 台机床的材料，而圆钢的原有长度是 5.5 米，如何裁截才能使所用的圆钢最少？

表 3-3　每台机床所需的三种毛坯的规格和数量

毛坯种类	规格/米	件数/个
甲	3.1	1
乙	2.1	2
丙	1.2	4

一根钢材（圆钢）截成所需的甲、乙、丙三种毛坯具有多种截法（表 3-4），这是一个长短搭配的问题。

表 3-4　不同截法

序号	截 3.1 米根数（甲）	截 2.1 米根数（乙）	截 1.2 米根数（丙）	剩料尺寸/米
①	1	1	0	0.3
②	1	0	2	0
③	0	2	1	0.1
④	0	1	2	1
⑤	0	0	4	0.7

我们的问题是 5 种方式各截几根才能配成 100 套，并且使所用的原材料最少？

解：设 x_j 表示用 j 种方式下料的根数，表示成线性规划问题为

$$\min S(x) = x_1 + x_2 + x_3 + x_4 + x_5$$

$$\text{s.t.}\begin{cases} x_1 + x_2 \geqslant 100 \\ x_1 + 2x_3 + x_4 \geqslant 200 \\ 2x_2 + x_3 + 2x_4 + 4x_5 \geqslant 400 \\ x_j \geqslant 0(j = 1,2,3,4,5) \end{cases}$$

上述数学模型可借助于电子计算机求解，计算结果是 x_1=0，x_2=100，x_3=100，x_4=0，x_5=25。计算得 S=225。

综上所述，用方式②截取的根数为 100 根，用方式③截取的根数为 100 根，用方式⑤截取的根数为 25 根，所用原材料总共 225 根。

第二节　物流企业决策管理

1978 年被授予诺贝尔经济学奖的美国著名管理学家赫伯特·西蒙（Herbert Simon）提出“管理就是决策”，把决策行为贯穿于管理的全过程。这说明决策是管理的核心。在企业生产经营过程中，存在着大量需要决策的问题。无论是确定目标和制订计划，还是日常管理工作，管理者都需要做出决策。决策的正确与否直接影响到运营效率和经济效益。

一、决策的概念及特征

决策是为了解决问题或实现目标而从若干被选的行动方案中进行选择的一个综合分析、判断的过程。现代管理是一个决策过程，它从提出问题、确定目标开始，然后寻找为

达到目标可供选择的各种方案，比较并评价这些方案，进行最优方案的选择并做出决定，最后执行这个决定，并在执行过程中进行查核和控制，以保证实现预定的目标。

决策的特征包括以下几个方面。

1. 超前性

任何决策都是针对未来行动的，为了解决现在面临的、待解决的新问题，以及将来会出现的问题，所以决策是行动的基础。这就要求决策者具有超前意识，思想敏锐，目光远大，能够预见事物的发展变化，适时地做出正确的决策。

2. 目标性

决策目标就是决策所需要解决的问题。只有在存在问题的情况下，而且决策者认为这些问题必须解决的时候才会有决策。决策通过解决某些问题来达到目标，无目标的决策或目标不明确的决策往往会导致决策无效甚至失误。

3. 选择性

决策必须具有两个以上可行的备选方案，通过比较评定来进行选择。如果无法制订方案或只有一个方案，那就失去决策的意义了。

4. 可行性

决策所做的若干个备选方案应是可行的，这样才能保证决策方案切实可行。“可行”是指：①能解决预期问题，实现预定目标；②方案本身具有可行的条件，如技术上、经济上都是可行的；③方案的影响因素及效果可进行定性和定量分析。

5. 过程性

决策既非单纯的“出谋划策”，又非简单的“拍板定案”，而是一个多阶段、多步骤的分析判断过程。决策的重要程度、过程的繁简及所花费时间长短固然有别，但都必然具有过程性。

6. 科学性

科学决策并非易事，它要求决策者能够透过现象看到事物的本质，认识事物发展变化的规律，做出符合事物发展规律的决策。科学性并不否认决策有失误，有风险，而且要善于从失误中总结经验教训，尽量减少风险，这是决策科学性的重要内涵。

二、物流企业经营决策的类型

物流企业经营决策包括的内容有很多，我们根据经营决策所处的地位、所用的方法、决策的条件和管理层次的不同，可以将决策划分为各种不同的类型。

（一）按决策的重要程度分类

1. 战略决策

战略决策是指事关企业未来的生存与发展，带有全局性、长远性的大政方针方面的决策，即确定企业发展的经营目标、服务开发、投资方向，企业发展战略与竞争战略，其重点是解决企业与外部环境的关系问题。战略决策多是复杂的、不确定性的决策，常常依赖于决策者的直觉、经验和判断能力。这类决策主要由企业最高层领导制定。

2. 战术决策

战术决策又称管理决策或策略决策，是指为了实现战略目标而做出的带有局部性的具体决策，如库存控制、质量和成本控制等方面的决策。这类决策主要由企业的中层领导制定。

3. 业务决策

业务决策又称日常管理决策，是指属于日常活动中有关提高效率和效益，合理组织业务活动等方面的决策。这类决策主要由企业基层管理者制定。

（二）按决策的重复程度分类

1. 程序化决策

程序化决策又称常规决策或重复决策，是指经常重复发生，能按原已规定的程序、处理方法和标准进行的决策。其决策步骤和方法可以程序化、标准化，重复使用。业务决策，如任务的日常安排、常用物资的订货与采购、储位安排、运输线路选择等，均属于此类。

2. 非程序化决策

非程序化决策又称为非常规决策、例外决策，是指具有极大偶然性、随机性，又无先例可循且具有大量不确定性的决策活动。其方法和步骤也具有难以程序化、标准化，不能重复使用的特点。这类决策在很大程度上依赖于决策者的知识、经验、洞察力、逻辑思维判断及丰富的实践经验来进行，如新物流服务项目的开发决策、新市场的开发等。

（三）按决策的可靠程度分类

1. 确定型决策

确定型决策是指各种可行方案的条件都是已知的，并能较准确地预测它们各自的后果，易于分析、比较和抉择的决策。

2. 风险型决策

风险型决策是指各种可行方案的条件大部分是已知的，但每个方案的执行都可能出现几种结果，各种结果的出现有一定的概率，决策的结果只有按概率来确定，存在着风险的决策。

3. 不确定型决策

不确定型决策与风险型决策类似，每个方案的执行都可能出现不同的后果，但各种结果出现的概率是未知的，完全凭决策者的经验、感觉和估计做出决策。

三、物流企业经营决策的程序

决策是一个提出问题、分析问题和解决问题的系统分析过程，要提高决策的科学性和时效性，就必须遵循正确的决策程序，其基本程序有以下几个方面。

1. 调查研究经营形势与环境，制定经营目标，明确经营问题

在做出决策之前，首先要对市场进行深入细致的调查研究，对企业所处的外部环境和内部条件有充分的了解，客观地分析企业所面临的发展机会和威胁，以及企业优势与劣势。这些都要求企业建立有效的管理信息系统，迅速、准确地搜集与企业生产经营活动有关的一切信息。通过对这些信息的处理，制定经营目标。

经营目标是否明确、合理、可行，是保证决策质量的关键。在制定目标过程中，要分清主要目标和次要目标、战略目标与具体目标、近期目标与长远目标，要使它们之间的关系协调一致，互相推进，而不能相互干扰。目标要明确具体，尽量量化，这样便于分析对比，也便于决策。

由于外部环境和内部条件是经常变化的，这些变化都将影响目标的实现。所以，在决策前还必须对这些变化因素进行认真、细致的分析，以便及时解决可能出现的问题或及时调整经营目标，这些都属于决策过程中的经营问题，必须加以明确。

2. 拟订可行方案

企业要在已确定的经营目标下，根据对信息资料的分析研究，拟订出两个或两个以上可供选择的可行方案。这个过程是发现、探索的过程，也是反复进行的淘汰、修订、选取的过程。拟订可行方案是决策的关键，它是一个复杂的创新过程。为此，必须强调以下几点。

（1）方案的数量和质量问题。数量问题，就是要制订多个可行方案，如果只拟订一个可行方案就不可能做出科学的决策。质量问题，就是在方案拟订过程中，一定要注意方案的质量。方案质量高的判断标准：①具有可塑性；②具有高度的可操作性；③能保证目标的圆满实现；④方案拟选和方案实施的费用少。

（2）拟订方案是一个创新过程。拟订方案是一个创新过程，是一个运用信息和知识，在经营思想的指导下进行创造性思维的开拓过程。应当既有大胆设想、勇于创新的精神，又有客观求实、细致冷静、反复计算、精心设计的踏实作风。

（3）群众性。要根据群众性原则，组织各方面的人员参加方案的制订工作，以便运用集体的智慧，更好地完成拟订方案这种创造性的任务。

3. 对可行方案进行评价和优选

这是决策程序中的关键步骤。它是在对各个可行方案进行计算分析、比较、评价的基础上，由决策者通过总体权衡之后做出科学的决策，选择出一个最令人满意的方案。为此，需要满足两个条件：一是要有合理的选择标准；二是要有科学的选择方法。

（1）合理的选择标准。传统选择方案的标准是最优化原则，如最大经济效益、最低物流成本等。这是最理想的状况，而达到最优化的条件是：①决策目标定量化；②能够知道所有的可行方案；③能够预见每个方案的执行结果；④有绝对的择优标准；⑤决策时不受时间和经费的限制。由于决策者受到人力、时间、资料、经费的限制，在实际工作中很难做到。因此，决策理论派的创始人西蒙提出用令人满意原则来代替最优化原则，从而使决策过程大为简化，这是一种从现实出发的决策评价标准，已被人们广泛接受。

（2）科学的选择方法。决策理论提出的选择最优方案有 3 种方法：①经验判断法；②数学分析法；③实验法。

四、物流企业经营决策的方法

面对日益增多的决策问题，需要决策者全面、科学地对问题涉及的各种情况进行分析、判断，从而做出正确的决策。而这些决策往往涉及技术、经济、社会、政治环境及心理等多种因素，决策者已难以单凭个人经验做出可靠的优劣分析、判断和抉择，需要借助于科学的决策分析方法。为此，本章将介绍一些常用的决策方法。

（一）定性决策方法

定性决策方法是决策者根据所掌握的信息，通过对事物的运动规律进行分析，在把握事物内在本质联系的基础上进行决策的方法。

1. 头脑风暴法

头脑风暴法也叫思维共振法，即通过有关专家之间的信息交流，引起思维共振，产生组合效应，从而导致创造性思维。用该法进行决策必须遵循以下原则。

（1）严格限制决策对象范围，明确具体要求。

（2）不能对别人的意见提出怀疑和批评，要认真研究任何一种设想，而不管其表面看来多么不可行。

（3）鼓励专家对已提出的方案进行补充、修正或综合。

（4）解除与会者顾虑，创造自由发表意见而不受约束的气氛。

（5）提倡简短、精练地发言，尽量减少详述。

（6）与会专家不能宣读事先准备好的发言稿。

（7）与会专家人数一般为 10～25 人，会议时间一般为 20～60 分钟。

头脑风暴法一般分为 3 个阶段：第一个阶段是对已提出的每种设想进行质疑，并在质疑中产生新设想，同时着重研究有碍实现设想的问题；第二个阶段是对每种设想编制一个评价意见一览表，同时编制一个可行性设想一览表；第三个阶段是对质疑过程中所提意见进行总结，以便形成一组对解决所论及问题的最终设想。实践证明，头脑风暴法可以排除折中方案，通过客观分析为所决策的问题找到一组切实可行的方案。

2. 德尔菲法

德尔菲法是由美国著名的兰德公司首创并用于预测和决策的方法。该法以匿名方式通过几轮函询征求专家的意见，组织决策小组对每一轮的意见进行汇总整理后作为参考再发给各专家，供他们分析判断，以提出新的论证。几轮反复后，专家意见渐趋一致，最后供决策者进行决策。

德尔菲法是一种广为适用的决策方法，其基本步骤如下。

（1）确定决策的问题。根据物流企业经营情况，决策所要解决的问题，注意这些问题应具体明确，符合实际需要。

（2）选择专家。选择专家是德尔菲法的重要环节，因为决策结果的可靠性取决于所选专家对决策主题了解的深度和广度。选择专家必须解决 4 个问题。第一，什么是专家。德尔菲法所选的专家是指在决策主题领域从事预测或决策工作 10 年以上的技术人员或管理者。第二，怎样选专家。这要视决策任务而定。如果决策主题较多地涉及组织内部情况或组织机密，则最好从内部选取专家。如果决策主题仅关系某一具体技术的发展，则最好从组织外部挑选，甚至从国外挑选。第三，选择什么样的专家。所选专家不仅要精通技术，有一定的名望和代表性，而且还应具备一定的边缘科学知识。第四，确定专家人数。专家人数要视所决策问题的复杂性而定。人数太少会限制学科的代表性和权威性，人数太多则难以组织。一般以 10～15 人为宜，对重大问题进行决策，专家人数可相应增加。

（3）制定调查表。把决策问题项目有次序地排列成表格形式，调查表项目应少而精。为使专家对德尔菲法有所了解，调查表的前言部分应对德尔菲法进行介绍。

（4）决策过程。德尔菲法决策一般要分 4 轮进行。第一轮把调查表发给各专家，调查表只提出决策主题，让各专家提出应决策的事件。第二轮由决策者对第一轮调查表进行综合整理，归并同类事件，排除次要事件，做出第二轮调查表再返给各专家，由各专家对第二轮调查表所列事件做出评价，阐明自己的意见。第三轮对第二轮的结果进行统计整理后再次反馈给每个专家，以便其重新考虑自己的意见并充分陈述理由，尤其是要求持异端意见的专家充分阐述理由，因为他们的依据经常是其他专家所忽略的或未曾研究的一些问题，而这些依据又会对其他成员的重新判断产生影响。第四轮是在第三轮基础上，让专家再提出决策意见，最后由决策者在统计分析基础上做出结论。

（5）做出结论。经过多次反馈后，一般是意见渐趋一致，或对立的意见已十分明显，此时便可以把资料整理出来，做出结论。

德尔菲法有下述特点：①匿名性，为克服专家之间因名望、权力、尊重等心理影响，德尔菲法采用匿名函询征求意见，以保证各成员能独立地做出自己的判断；②多轮反馈，通过多轮反馈可使各成员充分借鉴其他成员的意见并对自己的意见不断进行修正；③统计性，德尔菲法属于定性决策，但对专家成员的意见采用统计方法予以定量处理。

（二）定量决策方法

定量决策方法是利用数学模型进行优选决策方案的决策方法。根据数学模型涉及的决策问题的性质（或者说根据所选方案结果的可靠性）的不同，定量决策方法一般分为确定型决策方法、风险型决策方法和不确定型决策方法三类。

1. 确定型决策方法

确定型决策方法的特点是，只要满足数学模型的前提条件，模型就给出特定的结果。属于确定型决策方法的模型有很多，本书主要介绍一种常用的方法，即盈亏平衡点法。

（1）盈亏平衡点法的基本原理。盈亏平衡点法是进行产量决策常用的方法。该方法的基本特点是，把成本分为固定成本和可变成本两部分，然后与总收益进行对比，以确定盈亏平衡时的产量或某一盈利水平的产量。其中，可变成本与总收益为产量的函数，当可变成本、总收益与产量为线性关系时，总收益、总成本和产量的关系如图 3-8 所示。

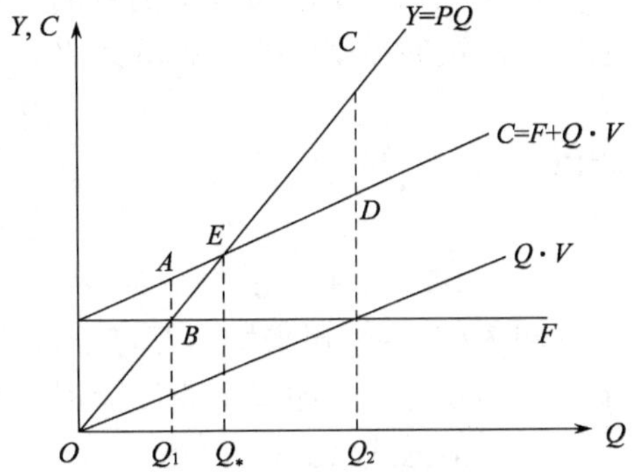

图 3-8　盈亏平衡点分析示意图

图中纵坐标表示总收益（Y）、总成本（C）、固定成本（F）及可变总成本（$Q \cdot V$）。横坐标表示产量（或销量，用 Q 表示，该模型假定产销量一致）。总收益 Y 是单位销售价格 P 与产量 Q 的乘积；总成本 C 等于固定成本 F 加上可变成本 $Q \cdot V$。总收益曲线 Y 与总成本曲线 C 的交点 E 对应的产量 Q_*就是总收益等于总成本（即盈亏平衡）时的产量，E 点就是盈亏平衡点。在 E 的左边，即 $Q<Q_*$，总成本曲线位于总收益曲线之上，即亏损区域，其中，C 与 Y 之间的纵坐标距离就是相应产量下的亏损额，如 Q_1 处的亏损额为 AB。在 E 点的右边，即 $Q>Q_*$，总收益线位于总成本之上，即盈利区域，Y 与 C 之间的垂直距离就是相应产量下的盈利额，如 Q_2 对应的盈利额为 CD。

用盈亏平衡点法进行产量决策时应以 Q_*为最低点，因为低于该产量就会产生亏损。对新方案的选择如此，对于现有的生产能力是否在 $Q<Q_*$时就一定要停产呢？由图 3-8 可知，停产时的亏损额为 F，即固定成本支出，而 OQ_*区间内的任一点的亏损额（$C-Y$）都低于 F。所以企业生产能力形成后，即使受市场销量的约束使产量进入亏损区也不应轻易做出停产决策，即“两害相权取其轻”。

图 3-8 所示盈亏平衡点基本原理也可由公式来表示。

由于在 Q_*点有 $Y=C$，即

$$PQ_*=F+Q_* \cdot V \tag{3-1}$$

所以盈亏平衡点产量为

$$Q_*=F/(P-V) \tag{3-2}$$

式（3-2）中有4个变量P、Q_*、F、V，给定任何3个变量值就可以求出另外一个变量的值。

例 3-4 某公司平均每万吨千米的单价是6000元，变动成本每万吨千米是2000元，固定成本100万元，求保本点的周转量。

解：

$$保本点的周转量 Q_* = F/(P-V) = \frac{1\,000\,000}{6000-2000} = 250\text{（万吨千米）}$$

例 3-5 某公司平均每万吨千米的单价是7000元，固定成本100万元，年运输周转量不少于200万吨千米，问单位可变成本应为多少才不至于亏损？

解：据题意可知

$$200 = 1\,000\,000/(7000-V)$$

解得

$$V = 2000\text{（元/万吨千米）}$$

该模型除了用于盈亏平衡点的产量、成本决策以外，再增加一利润变量，便扩展为任意产量决策的模型。假设利润为W，那么

$$W = PQ-(F+V\cdot Q)$$

所以

$$Q=(F+W)/(P-V) \tag{3-3}$$

式（3-3）中共有5个变量，给定任意4个便可求出另外一个变量的值。

例 3-6 某公司平均每万吨千米的单价是6000元，变动成本每万吨千米是2000元，固定成本100万元，如果企业目标利润为30万元，则该公司应完成多少运输周转量？

解：根据式（3-3）可得

$$Q=(F+W)/(P-V)=(1\,000\,000+300\,000)/(6000-2000)=325\text{（万吨千米）}$$

例 3-7 例3-6中固定成本、单位可变成本、每万吨千米的单价不变，若本年预计年运输周转量为300万吨千米，利润有多少？

解：

$$W = PQ-(F+V\cdot Q)=6000\times 300-(1\,000\,000+2000\times 300)=200\,000=20\text{（万元）}$$

（2）盈亏平衡点法的其他应用。盈亏平衡点法除了用式（3-2）和式（3-3）进行所含变量的决策以外，还可用于判断企业的经营安全状态及帮助企业进行厂址选择。

第一，判断企业的经营安全状态。经营安全率是反映企业经营安全状况的一个指标，用公式表示为

$$S=(Q-Q_*)/Q \tag{3-4}$$

式中，S为经营安全率，S值越大说明企业对市场的适应能力越强，企业经营状况越好；Q为现实产量；Q_*为盈亏平衡点产量。企业经营安全状态可由表3-5来判断。

表 3-5 经营安全率和经营安全状况表

经营安全率 S	>30%	25%～30%	15%～25%	10%～15%	<10%
经营安全状况	安全	较安全	不太好	要警惕	危险

经营安全率可作为反映企业经营状况的综合性指标。由定义可知，增加现实产量Q或降低盈亏平衡点的产量Q_*，都可提高经营安全率。

例 3-8 某公司平均每万吨千米的单价是 6000 元，变动成本每万吨千米是 2000 元，固定成本 100 万元，年运输周转量为 300 万吨千米，请判断该企业的经营安全状况。

解：由例 3-4 可知，Q_*=250 万吨千米，进而可得

$$S=(Q-Q_*)/Q=(300-250)/300=16.7\%$$

由表 3-3 可以判断，该企业目前经营安全状况不太好。

第二，帮助企业进行厂址选择。

例 3-9 假设有 3 个预期的厂址 A、B、C，每个厂址的运营固定成本和变动成本如表 3-6 所示，当产量的范围不同时选择哪个厂址是最好的？

表 3-6 三种方案固定成本和变动成本表 单位：万元

成本项目	A 方案	B 方案	C 方案
单位变动成本	100	60	40
固定成本	5 000	15 000	25 000

解：3 个方案的总成本如下。

A 方案总成本：C_a=5000+100Q

B 方案总成本：C_b=15 000+60Q

C 方案总成本：C_c=25 000+40Q

由上述条件可解出 C_a 与 C_b 的交点 Q_{ab}，C_b 与 C_c 的交点 Q_{bc}，C_a 与 C_c 的交点 Q_{ac}，即 Q_{ab}=250，Q_{bc}=500，Q_{ac}=333。由 C_a、C_b、C_c 的曲线图（图 3-9）可知：当 $Q<250$ 时，A 方案成本最低，应选 A；当 $Q>500$ 时，C 方案成本最低，应选 C；当 $250<Q<500$ 时，B 方案成本最低，应选 B。

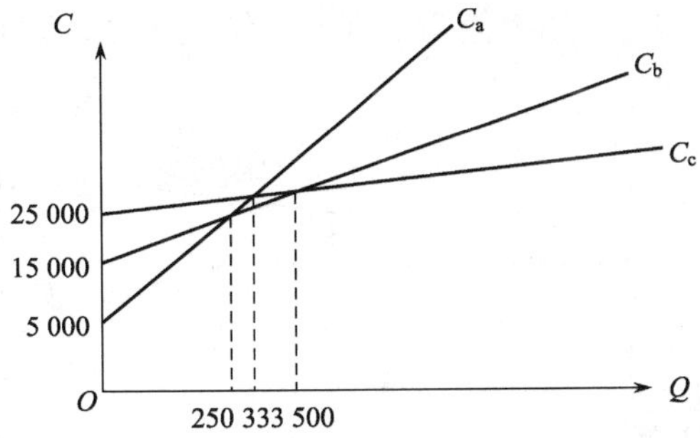

图 3-9 三种方案成本曲线图

（3）使用盈亏平衡点法作决策应注意的问题。首先，应考虑产量适用区间。按上述假定，成本中的固定成本与产量无关，显然，该假定只能在一定的产量区间内有效，当产量超过了现有生产能力并导致规模扩张时，原来的固定成本假定不再成立。其次，是总收益与可变成本及产量之间的线性关系假设。只有在线性假设下，各变量之间才有上述式（3-2）和式（3-3）的关系。当出现产量的非线性收益或成本时（如因市场约束和价格折扣而产生的价格随销量的增加而下降，因扩大规模产生的单位可变成本随产量增加而下降等），仍可由"总收益—总成本"求解盈亏平衡点产量，也可由"利润—总收益—总成本"求解利润量或目标利润下的产量，但不能直接套用式（3-2）和式（3-3）。

2. 风险型决策方法

当一个决策方案对应两个或两个以上相互排斥的可能状态，每一种状态都以一定的可能性出现，并对应特定的结果时，这种已知方案的各种可能状态及其发生的可能性大小的决策称为风险型决策。数学上用概率来量化某一随机事件发生的可能性，即决策方案对应的某种状态的可能性大小可用概率来描述。

风险型决策的标准是期望值。期望值实质上是各种状态下加权性质的平均值。当决策指标为收益时，应选取期望值最大的方案；当决策指标为成本时，应选取期望值最小的方

案。一个方案的期望值是该方案在各种可能状态下的损益值与其对应的概率的乘积之和。用期望值决策既可用表格表示，也可用树状图表示，后者称为决策树法。

例 3-10 某物流公司考虑租用仓储进行营业。其中共有两种方案可供选择，分别是选择大型仓储或小型仓储，而其年租金分别为 40 万元和 30 万元。估计物流市场前景情况在近几年内可能出现几种状态：较好、一般、差。其概率及该公司带来的收入如表 3-7 所示。根据期望值准则，如何选择方案？

表 3-7 损益表 单位：万元

方案	较好（0.5）	一般（0.3）	差（0.2）
S_1：租大型仓储	100	60	–20
S_2：租小型仓储	55	45	25

注：括号中为损益值

解：S_1=(100–40)×0.5+(60–40)×0.3+(–20–40)×0.2=24（万元）

S_2=(55–30)×0.5+(45–30)×0.3+(25–30)×0.2=16（万元）

因此，应选择方案 S_1，其期望净收益为每年 24 万元。

如果把决策系统用决策树表示出来，其分析过程可以表现得更加形象直观。决策树法就是以期望值为准则的图解决策法，这种决策图形似树枝，因此称为决策树法。决策树法不仅可以解决单阶段决策问题（决策点只有一个），还可以解决用损益表难以解决的多阶段决策问题（决策点有多个），所以常用于较复杂的风险型决策分析。

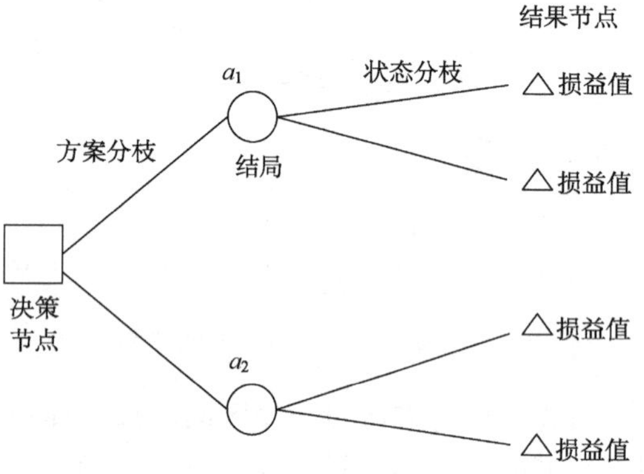

图 3-10 决策树的结构

1）决策树的结构

决策树的结构较简单，如图 3-10 所示。

现将图中符号说明如下。

□——决策节点，表示决策者此时的行为是在自己能控制的情况下进行分析和选择，它射出的分枝为方案枝。

○——状态节点，表示决策者此时面对的是自己无法控制的自然状态，从它射出的分枝称为状态分枝，每条分枝代表一种自然状态，在相应弧上标出相应状态出现的概率。

△——结果节点，画在状态枝的末端，它后面的数字是方案在相应结局下的损益值。

2）决策树法的步骤

（1）画决策树。画决策树的过程就是拟订各种方案的过程，也是进行状态分析和预估方案结果的过程。因此，首先要对决策问题的发展趋向步步深入地进行分析，然后按决策树的结构规范由左向右逐步画出决策树。

（2）计算各方案的期望值。按期望值的计算方法，从图的右边向左边逐步进行，并将结果表示在方案结点的上方。如图 3-10 中的 a_1 和 a_2。

（3）剪枝选择方案。比较各方案的期望值，选取期望收益值最大或期望损失值最小的方案为最佳方案。将最佳方案的期望值写在决策点上方，并在其余方案枝上画“//”进行剪枝，表示舍弃该方案。

例 3-11 数据见例 3-10，用决策树方法为公司做决策。

解：根据已知数据绘制决策树，如图 3-11 所示。

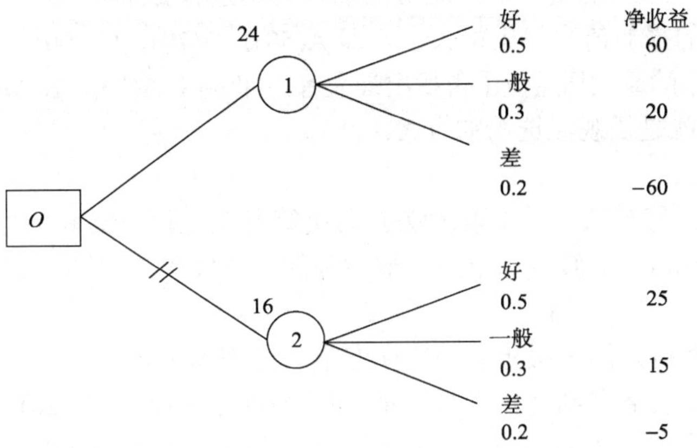

图 3-11 决策树

决策节点为 O，方案为 S_1、S_2。

选择 S_1，净收益期望值为

$$E(S_1)=0.5\times 60+0.3\times 20+0.2\times(-60)=24\text{（万元）}$$

选择 S_2，净收益期望值为

$$E(S_2)=0.5\times 25+0.3\times 15+0.2\times(-5)=16\text{（万元）}$$

$$\max\{E(S_1), E(S_2)\}=E(S_1)=24\text{（万元）}$$

由决策树可知，放弃方案 S_2，选择方案 S_1，即公司应租用大型仓储，期望净收益为每年 24 万元。

3. 不确定型决策方法

在风险型决策中，概率是计算期望值的必要条件，因而也是按期望值标准进行方案选择的必要条件。但在现实经济活动中，往往很难知道某种状态发生的客观概率，因此，也无法根据期望值标准进行方案选择。这时如何进行方案选择主要依赖于决策者对待风险的态度。

下面以例题方式介绍 4 种比较常用的不确定型决策方法。

例 3-12 某企业拟开发新的运输线路，有 3 种设计方案可供选择。因为不同的设计方案的运作收益和成本不相同，在不同的市场状态下的净收益值也各异。有关资料如表 3-8 所示。

表 3-8 不同市场状态下各方案净收益值 单位：万元

设计方案	最理想状态	一般状态	较差状态
A	50	40	20
B	70	50	0
C	100	30	−20

1）乐观法

乐观法（大中取大法）指对客观情况总是抱乐观态度的决策者在方案取舍时以各方案

在各种状态下的最大损益值为标准（即假定各方案最有利的状态发生），在各方案的最大损益值中取最大者对应的方案。

根据例 3-12 中表 3-8 的资料，乐观法的选择方案过程如下。

（1）在各方案的损益值中找出最大者，即 A(50)，B(70)，C(100)。

（2）在所有方案的最大损益值中再找出最大者，即 max{A(50)，B(70)，C(100)}=C(100)，它所对应的方案 C 就是乐观法选出的方案。

2）悲观法

与乐观法相反，悲观法（小中取大法）的决策者在进行方案取舍时以每个方案在各种状态下的最小值为标准（即假定每个方案最不利的状态发生），再从各方案的最小值中取最大者对应的方案。

仍以表 3-8 的资料为例，用悲观法选择方案的过程如下。

（1）找出各方案在各种状态下的最小值，即 A(20)，B(0)，C(–20)。

（2）在所有方案的最小损益值中找出最大者，即 max{A(20)，B(0)，C(–20)}=A(20)，对应的方案 A 就是悲观法选出的方案。

该方案能保证在最坏情况下获得不低于 20 万元的净收益，而其他方案则无此保证。

3）折中法

乐观法和悲观法都是以各方案不同状态下的最大或最小极端值为标准的。但在多数情况下，决策者既非完全的悲观者，也非极端乐观者，而是在介于两个极端的某一位置寻找决策方案，即折中法。

折中法的决策步骤如下。

（1）找出各方案在所有状态中的最小值和最大值。

（2）决策者根据自己的风险偏好程度给定最大值系数 α ($0<\alpha<1$)，最小值的系数随之被确定为 $1-\alpha$。α 也叫乐观系数，是决策者乐观（或悲观）程度的度量。

（3）用给定的乐观系数 α 和对应的各方案最大最小损益值计算各方案的加权平均值。

（4）取加权平均最大的损益值对应的方案为所选方案。

仍以表 3-8 所给的数据资料为例，计算各方案的最小值和最大值，如表 3-9 所示。

表 3-9　平均收益值比较

方案	最小值	最大值	加权平均值（α=0.75）
A	20	50	42.5
B	0	70	52.5
C	–20	100	70.0

假设决策者给定最大值系数 α=0.75，最小值系数即为 0.25，各方案的加权平均值如下：

方案 A 为(20×0.25)+(50×0.75)=42.5；

方案 B 为(0×0.25)+(70×0.75)=52.5；

方案 C 为[(–20)×0.25]+(100×0.75)=70。

取加权平均值最大者：max{A(42.5)，B(52.5)，C(70)}=C(70)。对应的方案 C 即为最大值系数 α=0.75 时的折中法方案。

用折中法选择方案的结果，取决于反映决策者风险偏好程度的乐观系数的确定。表 3-9

中，如果 α 取 0.2，$1-\alpha=0.8$，方案的选择结果是 A 而非 C；当 $\alpha=0$ 时，结果与悲观法相同；当 $\alpha=1$ 时，结果与乐观法相同。这样，悲观法与乐观法便成为折中法的两个特例。

4）最小后悔值法

最小后悔值法（大中取小法）的特点是，当某一种自然状态出现时，决策者选择的准则很明确，应选择收益值最大的方案为最优方案。如果决策者当初并未采取这方案，这时就会感到“后悔”，某一自然状态下最大收益值与其他收益值之差描绘了后悔的程度，称为后悔值。

它的计算方法如下。

（1）计算损益值的后悔值矩阵，即在各种自然状态下，以最大损益值减去该状态下所有方案的损益值得到对应的后悔值。

（2）从各方案中选取最大后悔值。

（3）在已选出的最大后悔值中选取最小者，对应的方案即为用最小后悔值法选取的方案。

仍以表 3-8 所给数据资料为例，计算后悔值矩阵，如表 3-10 所示。

表 3-10　后悔值矩阵

设计方案	最理想状态	一般状态	较差状态	最大值
A	50	10	0	50
B	30	0	20	30
C	0	20	40	40

各方案的最大后悔值为{A(50)，B(30)，C(40)}，取其最小值 min{A(50)，B(30)，C(402)}= B(30)，对应的方案 B 即为用最小后悔值原则选取的方案。

总之，以上 4 种准则可以作为不确定型决策优选方案的依据。实践证明，对于同一决策问题，由于方案的评选标准不同，会得出不同的结论。因此，在实际工作中，究竟应采取哪种方法进行不确定型决策，要依决策者的判断力而定，它带有相当程度的主观随意性。

➢复习思考题

1. 物流企业计划的类型有哪些？
2. 简述物流企业制订计划的步骤。
3. 给自己制订一个中期学习目标，并试着将其具体化为一个行动计划。
4. 决策有何作用？结合我国物流管理现状谈科学决策的重要性。
5. 请举例说明战略决策与战术决策的区别。

➢计算题

1. 预计售价为 130 元的产品可能选择在 A、B、C 三地生产，各地的成本结构如表 3-11 所示。

表 3-11　各方案成本

可能的厂址	固定成本/元	可变成本/（元/件）
A	150 000	75
B	200 000	50
C	400 000	25

（1）预期销售量为每年 6000 件，求最经济的厂址。

（2）如果选择（1）中的地区，预期利润为多少？

（3）当产量范围不同时选择哪个厂址是最好的？

2. 某物流企业对现有市场进行了广泛的调查和预测，预计未来 10 年物流行业呈增长趋势，决定建一个物流中心，投资决策期为 10 年，有关资料如表 3-12 所示，请用决策树的方法帮助该企业选择方案。

表 3-12　损益值表　　单位：万元

方案	增长趋势高（0.3）	增长趋势次高（0.5）	增长趋势略高（0.2）	投资额
选新地点建大物流中心	50	20	–5	140
选新地点建中物流中心	30	15	0	80
选新地点建小物流中心	10	10	10	30

注：括号中为收益值；表中收益值为每年预计的收益情况

第四章

物流企业营销管理

【学习目标】

- 了解物流企业市场营销的概念及特性
- 理解服务营销理论和关系营销理论
- 掌握物流企业市场细分策略
- 掌握物流企业目标市场选择策略
- 熟悉物流企业市场营销组合策略

第一节　物流企业营销管理概述

市场营销是与现代社会化大生产和市场经济相关联的，是一个随着企业市场营销管理实践的发展而发展、含义广泛的概念。菲利普·科特勒教授对市场营销的解释是“市场营销是个人或组织通过创造并同他人或组织交换产品和价值以获得其所需所欲之物的一种社会过程”。就一般的市场营销而言，其目的是满足消费者的现实或潜在需要；其中心任务是达成交易，实现交换；其手段是综合性的营销活动。

一、物流企业市场营销的概念及特性

（一）物流企业市场营销的概念

与工商企业一样，物流企业也必须面对市场做好营销活动，实现企业的发展目标。具体来说，物流企业市场营销是指物流企业以市场需求为核心，通过采取整体营销行为，以提供物流服务产品来满足顾客的需要和欲望，从而实现物流企业利益目标的活动过程。

物流企业基本的市场营销活动通常是由市场调查、市场分析、选择目标市场、确定营销组合、管理营销活动等组成的。物流企业通过一系列市场营销活动为顾客提供服务，达到企业长远利益的实现。

（二）物流企业市场营销的特性

2006 年 3 月，第十届全国人民代表大会第四次会议通过的《中华人民共和国国民经济和社会发展第十一个五年规划纲要》，首次明确表明物流业属于生产性服务业。2009 年 3 月 10 日，国务院发布的《物流业调整和振兴规划》指出了物流业是融合运输业、仓储业、货代业和信息业等的复合型服务产业。这说明物流企业属于服务产业，必须按照服务产业运作的特点，努力与客户建立长期合作伙伴关系，才能可持续发展。因此，在市场经济条件下，与一般工商企业市场营销相比，物流企业市场营销具有以下几个主要特点。

1. 物流企业市场营销属于无形服务产品营销的范畴

与有形产品相比，服务产品具有无形性、不可分割性、不稳定性、不可储存性、异质性等特点。

（1）无形性。物流企业提供的是服务产品。物流服务的无形性使得顾客难以凭肉眼和触摸予以评判。由于物流服务的特殊性，物流企业所提供的物流服务的质量水平并不完全由企业所决定，而同顾客的感受有很大的关系。即使是被物流企业自认为是符合高标准的质量，也可能不为顾客所喜爱和接受。因此，对于物流企业而言，需要通过场所气氛、人员素质及能力、价格水平、设备的先进程度和供应链整合能力等能反映服务能力的“信号”，让客户感受。

例如，风神物流有限公司成立于2002年9月，总部位于广州市花都区，业务覆盖汽车供应链各个环节，服务内容涉及调达物流、工厂物流、VMI、流通加工、物流包装、保税物流、备件物流、整车物流、物流规划咨询等汽车物流服务项目。这些均属于无形服务产品。

（2）不可分割性。物流企业提供的服务产品具有生产与消费同时进行的特点，二者在时间上不可分离。物流服务人员将服务提供给客户的过程，就是客户消费、享用服务的过程，服务质量依赖于员工行为，以及员工与客户之间的交互作用，物流企业必须把客户纳入管理之中，有效管理客户与员工之间的互动。这就要求物流企业必须重视与客户的交互界面，以及服务传递系统的构建，让客户体验到良好的服务。

（3）不稳定性。由于物流市场需求是一种派生需求，提供物流服务的物流企业在运营过程中往往会处于一种被动的地位，工商企业对物流外包的需求变化，以及生产的周期性和季节性，都会导致物流企业提供的服务产品具有不稳定性。物流企业必须根据不同客户的不同需求进行安排，根据同一客户不同时段的需求进行调整，选择最适合客户的各种物流模式，而不是同一模式服务于所有客户，这就对物流企业的服务提出了更高的要求，也为物流企业实施差异化战略、开展服务创新提供了动力。

（4）不可储存性。服务通常不能储存下来以备将来使用，也不能在空间上转移后使用。若不及时消费，就会造成损失，这就是服务的不可储存性。该特性同样适用于物流服务产品。例如，远洋运输的班轮，不会因为客户已经预定舱位，但来不及送货到港口，而把舱位一直保留着。这就要求物流企业必须采取灵活措施，制定有效的服务补偿措施，针对这种情况，提供备选方案或应急方案，帮助客户把损失降到最低。

（5）异质性。物流服务的构成要素和质量水平，往往难以统一、规范，从而导致每次服务带给客户的效应和客户感知的质量可能不同。这种异质性，由3个方面共同决定：一是物流服务提供者的异质性，主要体现在不同服务人员的技术、服务态度和努力程度；二是物流客户的异质性，主要表现为客户的素质、客户的感知、个性化需求差异等；三是物流服务人员与客户之间交互作用的差异。因此，物流企业必须采取一定的管理手段和方法，确保向客户提供具有一致性的服务质量，实现对客户的事先承诺。

2. 物流企业市场营销对象广泛，市场差异性大

由于供应链的全球化，物流活动变得更加复杂。工商企业为了将资源集中于自己的核心业务上，往往将其他非核心业务外包。工商企业急剧上升的物流外包需求为物流企业提供了广阔的市场营销范围和服务对象，可以说涉及各行各业。顾客的广泛性会导致

市场的差异性，因此，物流企业面对的是一个差异程度很大、个性化很强的市场，这就要求物流企业在进行营销工作时，必须根据目标市场客户企业的特点为其量身定制，并建立一套高效合理的物流解决方案。例如，松下公司在珠江三角洲生产的产品就没有自己的物流体系，而是由深圳深九国际物流有限公司全权处理，承揽松下在珠江三角洲地区合资企业的物流服务，做到“松下的产品下了生产线以后就都是我们的事了”。该公司仅为了为松下服务就在全国建立了20多处中转仓库，运输、仓储、中转、货物整体包装、重新贴标签，甚至途中拆换部分零件、报关等全包了。目前，物流外包已成为国际潮流，它符合全球化的核心思想——合作竞争。与此同时，政府、非营利性组织等也日益成为物流企业的服务对象。例如，2002年9月，澳大利亚主办“北京文化节”，中远物流公司就为“北京文化节”展团全体人员提供了在境外的一系列服务工作。无论是悉尼开幕式，还是随后巡回至堪培拉、惠灵顿演出，海陆空一体的全程物流服务都是由中远海运物流有限公司提供的。

3. 物流企业市场营销需要强大的服务能力支持

随着市场需求的演变，顾客的个性化需要越来越突出，客观上要求物流企业具有强大的物流服务能力。一个成功的物流企业必须具备较大的运营规模，建立有效的地区覆盖，具有强大的指挥和控制中心，兼备高水准的综合技术、财务资源和经营策略。例如，MENLO 物流公司是美国一家从事全方位合同物流服务的大型公司，其业务范围包括货物运输、仓储、分拨、综合物流的策划与管理。该公司拥有3500名雇员，年运输批次达到200万次，运输量相当于110亿磅（1磅=0.454千克），并拥有800万平方英尺（1平方英尺=0.093平方米）的仓储设施，业务活动遍及美国50个州及加拿大、拉丁美洲、欧洲和太平洋周边地区，其客户群包括50个大型国际跨国公司，如IBM、NCR、AT&T、SEARS、惠普、耐克、陶氏化学等，MENLO 物流公司已成为名副其实的全球化物流供应商。因此，要想赢得客户的信赖，满足客户的差异化需求，就需要物流企业具有强大的服务能力。

二、物流企业市场营销的基础理论

物流企业是一种具有独特的服务性（从事物流活动、提供物流服务）的经济组织，特别是作为第三方物流企业，必须与客户（物流需求方）建立长期的合作伙伴关系，所以，服务营销理论和关系营销理论对于物流企业做好营销管理、提高企业市场竞争力具有重要的指导意义。

（一）服务营销理论

1. 服务营销观念

服务营销是与传统的产品营销相对应的一个概念。以有形产品为主的营销活动称为产品营销，以无形服务为主的营销活动称为服务营销。服务营销理论的产生源于市场环境的变化。国外对服务营销的研究大体上始于20世纪60年代，当时西方国家对服务业放松管制，不少传统垄断行业转变为竞争性行业，带来了空前的服务竞争。服务营销观念正是随着市场环境的剧变而产生的，其核心理念是客户的满意与忠诚，即通过取得客户的满意和忠诚来促进互利互惠的交换，发展客户与企业及其产品之间的连续交往，以提高客户价值、开拓市场能量、培育和提高企业的核心竞争力，最终获取适当的利润和企业的长远发展（表4-1）。

表 4-1　服务营销观念与传统产品营销观念的比较

传统产品营销观念	服务营销观念
侧重于销售产品	注重保留与维持现有的客户
注重短期利益	重视长远利益
不注重服务作用	时时把服务的作用凸显出来
只向客户提供有限的承诺	向客户提供足够的承诺
不强调与客户的接触	强调与客户的沟通与交流，甚至形成伙伴关系
认为客户满意是销售部门的事	认为客户满意与产品和服务都有关联
坚持“以销售为中心”的产品功能导向	坚持“以客户价值为中心”的产品利益导向

2. 服务营销组合要素

服务营销组合是系统工程理论在企业服务营销活动中的具体运用，是指企业根据目标服务市场的需要，在一定的时间和范围内对可以发挥主观能动性、基本可以控制的各种市场手段的综合运用。服务营销组合既是企业依据营销战略对服务营销过程中的构成要素进行配置和系统化管理的活动，也是用于识别、建立、维护和巩固企业与客户及其他利益相关人互动关系的活动（表 4-2）。

表 4-2　服务营销组合要素

要素	内容
产品	领域、质量、水准、品牌名称、服务项目、保证、售后服务
定价	水准、折扣、付款条件、顾客的认知价值、质量/定价、差异化
渠道	所在地、可及性、分销渠道、分销领域
促销	广告、人员推销、销售促进、宣传、公关
人	①人力配备包括训练、选用、投入、激励、人际行为；②态度；③其他顾客包括行为、参与程度、顾客/顾客的接触度
有形展示	①环境包括装潢、色彩、陈设、噪声水准；②装备实物；③实体性线索
过程	政策、手续、机械化、员工裁量权、顾客参与度、顾客取向、活动流程

（二）关系营销理论

1. 关系营销的概念

关系营销是针对交易营销提出来的。交易营销是以完成交易为目的的营销活动，而关系营销是把营销活动看成是企业与消费者、供应商、分销商、竞争者、政府机构及其他公众发生互动作用的过程，其核心是建立和发展与这些公众的良好关系。关系营销在对待客户上主要表现为：关注如何保持客户，高度重视客户服务，并借客户服务提高客户满意度，培育客户的忠诚度；有充分的客户承诺；所有部门都应关心质量问题；发展与客户的长期、稳定关系。关系营销不仅将注意力集中于发展和维持客户，而且扩大了营销的视野，它涉及的关系包含了物流企业与其利益相关者间所发生的所有关系。关系营销与交易营销的比较见表 4-3。

表 4-3 关系营销与交易营销的比较

比较项目	关系营销	交易营销
关注重点	如何保持客户	一次性交易
产品特征指向	效益指向	达成交易
过程时间	长	短
客户服务	高度重视客户服务，并借客户服务提高客户满意度，培育客户忠诚度	较少强调客户服务
客户承诺	很多客户承诺	有限的客户承诺
客户接触程度	高度接触客户	一般性接触客户
与客户的关系	发展与客户长期、稳定的关系	普通交易关系，不注重与客户建立长期关系
质量意识	所有部门都应关心质量问题	产品应是生产部门所关心的

2. 关系营销的特征

（1）双向沟通。可以通过信息系统等途径实现企业与客户、供应商等各利益相关者的双向沟通而非单向的沟通。只有广泛的信息交流才可能使企业赢得各个利益相关者的支持与合作。

（2）合作关系。关系有两种基本状态，即对立和合作，只有通过合作关系才能实现协同效益，因此，合作是“双赢”的关系基础。

（3）双赢机制。关系营销旨在通过合作增加关系各方的利益，而不是通过损害其中一方或多方的利益来增加其他各方的利益。

（4）情感亲密。关系是否得到稳定和发展，情感因素起着重要作用。因此，关系营销不只是要实现物质利益的互惠，还必须让参与各方能从关系中获得情感的需求满足。

（5）过程控制。关系营销要求建立专门的部门，用以跟踪客户、分销商、供应商及营销系统中其他参与者的态度，由此了解关系的动态变化，及时采取措施消除关系中的不稳定因素和不利于各方利益共同增长的因素。此外，有效的信息反馈也有利于企业及时改进产品和服务，更好地满足市场的需求。

3. 关系营销的市场模型

关系营销的市场模型概括了企业开展关系营销的市场活动范围。一个企业必须处理好以下 5 个子市场的关系。

（1）客户市场。客户是企业存在和发展的基础，市场竞争的实质是对客户的争夺。最新的研究表明，企业在争取新客户的同时，还必须重视留住客户，培育和发展客户忠诚度。相关数据表明，争取一位新客户所需的费用往往是留住一位老客户所需费用的 6 倍。企业可以通过数据库营销、发展会员关系等多种形式，更好地满足客户需求，增强客户信任，密切双方关系。

（2）供应商市场。任何一个企业都不可能独自解决自己生产所需的所有资源。在现实的资源交换过程中，资源的构成是多方面的，至少包含了人、财、物、技术、信息等方面。与供应商的关系决定了企业所能获得的资源数量、质量及获得的速度。企业与供应商必须结成紧密的合作网络，进行必要的资源交换。

（3）内部市场。内部营销起源于这样一个观念，即把员工看成企业的内部市场。任何一家企业，要想让外部客户满意，首先得让内部员工满意。只有获得工作满意感的员工才可能以更高的效率和效益为外部客户提供更加优质的服务，并最终让外部客户感到满意。内部市场不只是企业营销部门的营销人员和直接为外部客户提供服务的服务人员，还包括所有的企业员工。因为在为客户创造价值的生产过程中，任何一个环节的低效率或低质量都会影响最终的客户价值。

（4）竞争者市场。在竞争者市场上，企业营销活动的主要目的是争取同那些拥有互补性资源的竞争者协作，实现知识的转移、资源的共享和信息的有效利用。种种迹象表明，现代竞争已发展为“协作竞争”，在竞争中实现“双赢”才是最理想的战略选择。

（5）影响者市场。政府、金融机构、新闻媒体、社区，以及诸如消费者权益保护组织、环保组织等各种各样的社会压力团体，对于企业的生存和发展都会产生重要的影响。因此，企业有必要把它们作为一个市场来对待，并制定以公共关系为主要手段的营销策略。

第二节　物流企业市场细分策略

一、物流市场细分的概念及原则

（一）物流市场细分的概念

市场细分是指按照消费者的欲望与需求，把一个总体市场（总体市场通常太大以致企业很难为之服务）划分成若干个具有共同特征的子市场的过程。物流市场细分是指根据物流需求者的不同需求和特点，将物流市场分割成若干个不同的小市场的分类过程。通过物流市场细分，将物流市场区分为不同的子市场，而每个子市场的物流需求者都有类似的消费需求、消费模式等，而不同子市场的需求者则存在着需求和特点的明显差异。

物流市场细分并不是对物流企业本身的分类，而是根据物流需求者的需求特点来划分出不同物流需求者群体。也就是说，物流市场细分只能以顾客的特征为依据，出发点是辨别和区分拥有不同的需求和特点的群体，以便寻找出与本企业物流服务资源条件相适应的细分物流市场。例如，中远海运物流有限公司凭借国际化的网络优势，在细分市场的基础上，重点开拓了汽车物流、家电物流、项目物流、展运物流，为客户提供高附加值服务。随着国民经济的发展，物流市场也不断地趋向于丰富化、多元化，在其不断壮大的同时，物流市场需求的差别始终存在，并呈现多样化的态势。为了满足物流市场的需求，并提高物流企业的效率，细分物流市场是非常重要的。

（二）物流市场细分的原则

物流企业可以依照各种标准进行物流市场细分，但并不是所有划分出来的细分市场都是有效的或有用的。要使细分后的市场对企业有用，必须遵循以下几个方面的原则。

1. 可衡量性

物流细分市场的规模及其购买力是可以估量的，也就是说，在这个细分市场中可获得足够的有关于客户特性的资料。如果无法获得某个细分市场的资料，那就无法进行估量，也就不能把它纳入本企业市场细分范围。在实际物流活动中，有些市场捉摸不定，难以衡量，就不能对它进行细分。

2. 可进入性

细分后的市场应该是物流企业能够进入并能占有一定份额的，否则，市场细分便丧失了现实意义。例如，市场细分的结果是，发现市场中已有很多竞争者，自己无力与之抗衡，无机可乘或虽有未被满足的需要，但因缺乏诸多先决条件，甚至货源无着落，难以揽货，这种市场细分就没有现实意义。

3. 效益性

物流企业所选定的市场部分的规模必须足以使企业有利可图。如果物流市场的规模很小（但要排除连带服务的影响），不能给企业带来足够的经济效益，一般就不值得细分。

4. 稳定性

细分市场必须在一定时期内保持相对稳定，以便使物流企业制定较长期的营销策略，从而有效地开拓并占领目标市场，获得预期经济效益。如果细分后的市场变动过快，目标市场稍纵即逝，则企业营销风险随之增加。

二、物流企业市场细分的标准

根据物流市场的特点，物流企业可以按照客户行业、客户规模、地理区域、物品属性、服务方式等对物流市场进行细分。

1. 客户行业

以客户所属行业来细分物流市场就是按照客户所在的不同行业来细分市场，按客户所属的行业性质可将物流市场分为农业、制造业、商贸业等。由于客户所在行业不同，其产品构成也存在很大差异，导致客户对物流需求也不尽相同，但同一行业市场内的客户对物流需求具有一定的相似性。其差异主要体现在，各个行业要根据各自的特点去组织物流活动；相似性主要体现在每个行业实现物流功能的具体操作活动上。

2. 客户规模

从客户规模角度可将物流市场细分为大客户、中等客户和小客户。以客户规模来细分物流市场，就是按照客户对物流需求规模的大小来细分市场。由于物流需求客户的规模大小不同，需要提供的服务也存在很大差异。

3. 地理区域

以地理区域细分物流市场，就是根据客户所需物流服务地理区域的不同来细分，可分为区域物流、跨区域物流和国际物流。物流活动所处的区域不同，不同区域的经济规模、地理环境、需求程度和要求等差异也非常大，使得物流活动中的物流成本、物流技术、物流管理、物流信息等方面也存在较大的差异；同时，不同区域的客户对物质资料的需求也各有特色。这就使得物流企业必须根据不同区域的物流需求确定不同的营销手段，以取得最佳经济效益。

4. 物品属性

以物品属性来细分物流市场，就是根据客户所需物流活动中的物品属性或特征来细分市场，可将其细分为生产资料市场、生活资料市场、其他资料市场等，还可以根据每个市场中不同的物品属性进一步细分，如生产资料市场可以细分为钢材市场、有色金属市场、建材市场、机电产品市场、化工产品市场等。由于物品属性具有差异，物流企业在实施物流活动中，物流作业的差别会很大，物品属性差别对物流诸功能的要求会体现在整个物流活动中。同时，物品属性在很大程度上决定了物流的质量和经济效益。

5. 服务方式

以服务方式来细分物流市场就是根据客户所需物流诸功能的实施和管理要求的不同而加以细分市场。以服务方式为标准可将物流市场分为单一型物流服务方式和综合型物流服务方式。客户产生物流需求时对物流诸功能服务的要求不同，而物流功能需求的多少与物流成本及效益等紧密相连，因此，物流企业想以最佳的服务奉献给物流市场，就必须以不同的方式为不同物流服务需求的客户服务，以取得最好的社会效益。

三、物流企业市场细分的作用

物流市场的需求复杂多样，这些需求都有待于企业去满足。但是，任何企业都没有能力去一一满足这些需求。物流企业只有通过市场细分，选择自己最合适的市场来服务，可见，市场细分化对于物流企业的经营活动具有十分重要的作用。

（1）有助于物流企业抓住市场机会。任何企业的资源都是有限的，如何合理、有效地组合有限的资源为客户提供服务，关系到物流企业经营的成败。通过市场细分，物流企业可以认识到每个细分市场上物流需求的差异、物流需求被满足的程度，以及物流市场的竞争状况。物流在我国的发展方兴未艾，需要整合和完善的问题还有很多，那些未得到满足或满足度较低，竞争者未进入或竞争对手很少的市场客观存在着市场机会。抓住这样的市场机会，结合物流企业的资源状况，从中形成并确立适宜自身发展和壮大的目标市场，并以此为出发点设计相应的营销组合策略，就可以夺取竞争优势，在市场上占有较大的份额，为下一步的发展奠定良好的基础。

（2）有利于选择目标市场和制定市场营销策略。面对某一个或少数几个细分市场，物流企业可以及时捕捉需求信息，根据物流需求的变化随时调整市场营销战略和策略。需要说明的是，市场细分作为一种策略，蕴涵着这样一种思路：物流企业并非一味追求在所有市场上都占有一席之地，而是追求在较小的细分市场上占有较大的市场份额。这种价值取向不仅对大中型物流企业开发市场具有重要意义，对小型企业的生存与发展也至关重要。

（3）有助于物流企业占领目标市场。物流企业通过市场细分选择一个或多个物流细分市场作为目标市场，就有可能深入、细致地分析研究物流市场的特点，集中人力、物力、财力，有针对性地提供适销对路的物流服务，更好地满足目标市场的物流需要，争取局部市场上的相对优势，逐步占领自己的目标市场。

第三节　物流企业目标市场选择策略

一、物流企业目标市场选择

由于企业的资源有限，任何企业都不可能满足市场的所有需求，而只能满足其中一部分客户的需要，为了保持效率，企业必须把这一部分客户找出来，确定为自己的主攻市场，即目标市场，并对目标市场采取相应的策略。

（一）目标市场的概念

目标市场是指企业在细分市场的基础上，经过评价和筛选所确定的为企业经营而开拓的特定市场，即企业可以凭借某种相应的产品或服务去满足市场的需求，所服务的几个特定的消费者群体就是企业的目标市场。

目标市场选择是指企业从一些市场中，根据一定的要求和标准，选择其中某个或几个市场作为经营目标市场的决策过程。例如，上海虹鑫物流有限公司在开展配送业务方面，首先选择达能食品和联合利华食品为服务对象，在上海市区开展配送服务。在食品市内配送方面获得成功经验后，上海虹鑫物流有限公司逐步扩大目标市场范围，目前，已为快速消费品知名品牌客户 50 余家制造厂商提供物流综合服务，涉及食品、调味品、乳制品、纸制品、日用洗涤品、啤酒、饮料、保健品等 30 000 多个品种、规格，配送范围覆盖全市连锁超市门店与便利店、大卖场、品牌连锁经营店，以及华东地区部分知名大卖场等 5700 多个营业点。

任何企业拓展市场都应在细分市场的基础上发现可能的目标市场，并对其进行开发，物流企业所选择的目标市场必须具备下列条件：①具有一定的规模；②要有足够的发展潜力和吸引力；③符合物流企业的发展目标和实力。

（二）物流企业目标市场的选择策略

物流企业的目标市场选择策略一般包括产品专业化型、市场专业化型、产品-市场集中化型、选择专业化型和全面进入型。

1. 产品专业化型

产品专业化型是指物流企业提供一种形式的物流服务，满足各类顾客群的需要。该模式有利于企业摆脱对个别市场的依赖，降低风险，同时有利于发挥物流企业在某一服务领域的服务技能，在此服务领域树立较好的声誉，如图 4-1 所示。

	M_1	M_2	M_3
P_1			
P_2	●	●	●
P_3			

P——产品　M——市场　●——目标市场

图 4-1　产品专业化型

例如，福建盛丰物流集团有限公司，2001 年成立初期，开通福州至华北、华东、华南专线，2003 年又开通福州至武汉、西安、成都、重庆西南、西北片区的“定点、定单”快运线路，一直为大型工业企业提供专业的产成品运输、配送服务，成为日立、冠捷、华映光电、冠城大通、上广电、中铝瑞闽等知名企业的长期的第三方物流战略伙伴。

2. 市场专业化型

市场专业化型是指物流企业向同一顾客群体供应不同种类的物流服务。这一模式有助于发展和增进物流企业与顾客之间的关系，降低交易成本，如图 4-2 所示。

	M_1	M_2	M_3
P_1	●		
P_2	●		
P_3	●		

P——产品　M——市场　●——目标市场

图 4-2　市场专业化型

例如，广州风神物流有限公司成立于 2002 年，其战略定位是：以“专业、服务、共创价值”为理念，专注于汽车制造业供应链物流服务。从 2002 年广州风神汽车有限公司花都——襄樊的厂际物流项目开始，风神物流立足于汽车供应链各个环节，以无缝方式切入汽车制造企业采购、生产、销售三大领域，为客户提供全价值链的专业服务。其主要服务于广州风神花都工厂、神龙汽车有限公司、东风乘用车公司、东风裕隆汽车有限公司、东风日产襄阳工厂、东风日产郑州工厂、郑州日产汽车有限公司、东风渝安车辆有限公司等汽车公司。

3. 产品-市场集中化型

产品-市场集中化型是指物流企业的目标市场无论从市场角度，还是从产品角度，都集中于一个市场层面上，企业只提供一种形式物流服务，供应单一顾客群。这种模式一般适用于小企业或初次进入市场的企业，如图 4-3 所示。

	M_1	M_2	M_3
P_1	●		
P_2			
P_3			

P——产品　M——市场　●——目标市场

图 4-3　产品-市场集中化型

例如，上海虹鑫物流有限公司是一家民营股份有限公司，自1998年成立之初，立足上海市区，选择“城市配送”作为业务的切入点。5 年后，在上海地区的超市配送业务已具备3000多家超市、大卖场、便利店的配送能力，24 小时全天候运作，按客户的销售要求，及时准确地将货物配送到位，确保客户的产品不断货、不脱销，成为当时上海市最大的提供物流配送服务的物流公司之一。

4. 选择专业化型

选择专业化型是指物流企业决定有选择地进入几个不同的细分市场，为不同的顾客提供各种不同的物流服务。这是一种多元化经营模式，可以较好地分散企业的经营风险。但是，采用这种模式应当十分慎重，必须以几个细分市场均有相当的吸引力为前提，如图 4-4 所示。

5. 全面进入型

全面进入型是指物流企业决定全方位进入细分市场，为所有顾客提供它们所需要的不同种类的系列服务，这是实力雄厚的物流企业取得市场领导地位所采取的模式，但在市场上比较少见，如图 4-5 所示。

	M_1	M_2	M_3
P_1	●		
P_2		●	
P_3			●

P——产品　M——市场　●——目标市场

图 4-4　选择专业化型

	M_1	M_2	M_3
P_1	●	●	●
P_2	●	●	●
P_3	●	●	●

P——产品　M——市场　●——目标市场

图 4-5　全面进入型

物流企业在运用上述 5 种策略时，一般是首先进入最有吸引力的细分市场，只是在条件和机会成熟时，才会逐步扩大目标市场范围，进入其他细分市场。

二、物流企业市场定位

（一）物流企业市场定位的概念

市场定位就是企业根据目标市场上同类产品的竞争状况，针对顾客对该类产品某些特征或属性的重视程度，为本企业产品塑造强有力的、与众不同的鲜明个性，并将其形象生动地传递给顾客，求得顾客认同。简言之，目标市场定位就是指企业决定把自己放于目标市场的何种位置上。市场定位的实质是严格区分开本企业与其他企业，使顾客明显感觉和认识二者间的差别，从而使本企业在顾客心目中占有特殊的位置。

物流企业市场定位是指物流企业通过自身的物流服务创立鲜明个性，塑造出与众不同的市场形象，使之在顾客心目中占据一定的位置，从而更好地抓住客户，赢得客户。很多国际著名的第三方物流企业都是从某一物流领域发展起来的，并且保持着这些领域的核心竞争力，如 UPS 和 Fedex 是小型包裹的限时速递专家，Exel 和 USCOS 是从仓储管理开始发展起来的。

（二）物流企业市场定位的方法

物流企业推出的每种服务产品都需要选定其特色和形象。现有产品在其原有定位已经不再具有生命力时，也需要重新做出定位决定。对服务产品的市场定位可以采用多种方法。

1. 根据具体的服务特色定位

服务特色定位是根据其本身特征，确定它在市场上的位置。这时广告宣传应侧重于介绍服务的特色，使之与竞争者的服务区别开来。在进行具体定位时，可以把构成服务内在特色的许多因素作为定位的依据，如服务质量、价格、特色等。例如，中海北方物流有限公司组建的同时拥有普货、冷藏货班列，冠名为“中国海运一号”的五定班列，凭借东北地区发达的铁路运输网，开通了大连—长春内外贸集装箱混装班列和大连—沈阳、哈尔滨等地的集装箱班列，随着哈尔滨新内陆港站的启用和长春中海内陆港站的建成运营，年处理海铁联运量将在20 000标准箱以上，这就凸显了海铁联运服务的特色。

2. 根据所提供的利益和解决问题的方法定位

服务本身的属性和由此衍生的利益、解决问题的方法，以及重点需要的满足程度也能使顾客感受到它的定位。例如，物流行业中的人性化专业物流服务的定位，“满足客户需要、做到客户想要的、发现客户将要的”服务理念。

3. 根据服务的专业性定位

为传统物流服务寻找新的拓展空间，是为该传统物流服务创造新的市场定位的好方法。例如，物流的概念传入我国之前，类似物流的行业在我国已经存在，包括仓储业、交通运输和邮政业等。但是，在进一步完善市场经济之后，就需要我们重新对物流行业进行定位，完善现代物流产业，推动物流企业发展综合性、一体化的物流服务，以满足市场经济的发展。

4. 根据使用者的类型定位

根据使用者的类型定位是指把服务产品指引给适当的潜在使用者，根据使用者的心理与行为特征及特定消费模式塑造出恰当的形象。例如，中海北方物流有限公司把物流同农业生产联系在一起，为物流产业获得了适宜的形象。中海人以先进的现代物流理念，率先在国内物流界推出了以“现代化物流产业服务于现代农业”的经营方针。在海南和大连采用“公司+农户”的方式建成投产了数万亩现代化水果蔬菜种植基地，并通过集团强大的海上实力开通了国内精品航线——海上绿色通道，反季节果菜汇集到两地物流配送基地，精加工后配送给超市，使物流产业同大众贴近。

5. 根据竞争定位

根据竞争定位是指根据竞争者的特色与市场位置，结合企业自身发展需要，将本企业的产品，或定位于与其相似的另一类竞争产品的档次，或定位于与竞争直接有关的不同属性或利益。

以上定位方法往往是相互关联的，物流企业在进行市场定位时可在综合考虑各方面因素的基础上，将各种方法结合起来使用。

第四节　物流企业市场营销组合策略

一、市场营销组合理论

市场营销组合是企业综合运用并优化组合多种可控因素，以实现其预期经营目标的活动总称。4P营销组合理论是美国市场学者尤金·麦卡锡1960年在其《基础市场营销学》中提出来的。他把市场营销的诸多要素归纳为“4P”，即产品（product）、价格（price）、地点［即渠道（place）］、促销（promotion）四大类的组合策略。4P的每一策略又由很多要素组成。企业的市场营销活动只有通过对 4P 诸因素加以科学、合理地综合运用才能取得成功。1984 年，市场营销学家菲利普·科特勒在 4P 的基础上增加了两个“P”——政治权力（political power）和公共关系（public relation），将市场营销组合的范围扩展到 6P 组合。有人提出应加入人（people）的因素，有人认为应增加公众形象（public image）、公司哲学（philosophy of film）、物流管理（physical distributing）等。这些发展并没有从根本上改变营销组合理论的核心内涵，4P 所代表的营销理念，至今仍然十分有效。

本节的物流企业市场营销组合策略就采用 4P 的营销理念，从物流服务产品策略、定价策略、分销渠道策略和促销策略 4 个方面分别进行阐述。

二、物流服务产品策略

（一）物流服务产品的概念

从一般意义上讲，服务不能被看作是“产品”，但是，为了研究的方便，学者仍然把它作为产品进行研究，将其看作一种能够开发、生产、交易、营销和消费的对象。物流服务产品是指物流企业向客户提供的能为客户创造价值的一个包含各种物流服务要素的集合，是一个整体产品的概念，而不是某一个服务要素。本书将物流服务产品分解为两个部分，即核心服务和附加服务。

1. 核心服务

核心服务是物流企业向客户提供服务的主要内容，用于满足目标客户的基本需求和期望，它体现了物流企业的最基本功能。在物流市场上，为了在竞争中取胜，尽管附加服务是必需的，但是若没能提供高质量的核心服务，物流企业就不可能生存下去。

根据日本和中国的物流定义可知，物流企业的核心服务主要包括运输、储存、配送、装卸、搬运、包装、流通加工、信息处理等基本服务功能要素。一个物流企业可以提供其中一种或多种功能组合的核心服务。例如，一个运输型物流企业可以仅提供点对点的干线运输服务，也可以围绕干线运输服务延伸服务范围，提供运输、仓储、市内配送、信息查询等相结合的物流服务。在物流业中，这些核心服务一般具有相对稳定性、根本性和同质性，没有很多空间进行差异化。

2. 附加服务

附加服务是物流企业提供核心服务满足目标客户的基本需求和期望的同时，根据客户的延伸需求，配合核心服务提供相应的延伸服务和增值服务，为客户增加便利，提高服务价值，使企业的服务同其他竞争对手的服务区分开来。

当前，市场竞争越来越激烈，在供应链环境下，物流客户往往希望将资源集中于其核心业务上，而把物流及相关的一些业务外包给物流企业，同时，希望和物流企业合作，创新物流模式，解决其商流、资金流中的一些问题。例如，天地华宇在提供主营的运输服务的同时，可以提供安全、快捷的货款回收、保价、包装、定时、定点送到家等附加服务，大大方便了客户，企业也增加了收入。因此，物流企业围绕其核心的物流服务，必须想方设法嵌入物流客户的供应链，提供各个物流环节的集成、物流与商流的集成、物流与资金流的集成等服务，为客户创造更多的价值，提升客户的竞争力。

（二）物流企业产品组合策略

1. 产品组合的概念

产品组合是指一个物流企业提供的全部服务的结构，即各种服务项目的有机组成方式。

产品组合一般包括若干产品线，每条产品线内又包括若干产品（服务）项目。一个产品项目往往具有一个特定的名称、型号或编号。

产品线是一组相似或相近的产品项目。可以把能满足同一种消费需求的，或必须放在一起使用的，或经由同一销售渠道出售的，或同时属于某价格范围的一组相关产品称为一条产品线。工业中可以按产品的品种、类别、型号划分产品线；航运企业可以按航线（或营运线路）来划分产品线；物流企业可以按提供服务的内容或物流解决方案来划分产品线。

产品组合有一定的宽度、长度、深度和关联性。宽度（或称为广度）是指一个物流企业经营的产品系列数目；长度是指一个物流企业的产品组合中包含的产品项目总数；深度是指每一个产品系列所拥有的产品项目的数目；关联性是指一个物流企业的各个产品大类在最终使用、生产条件、分销渠道等方面的密切相关程度。图 4-6 给出了产品组合中的宽度与深度的一般描述。

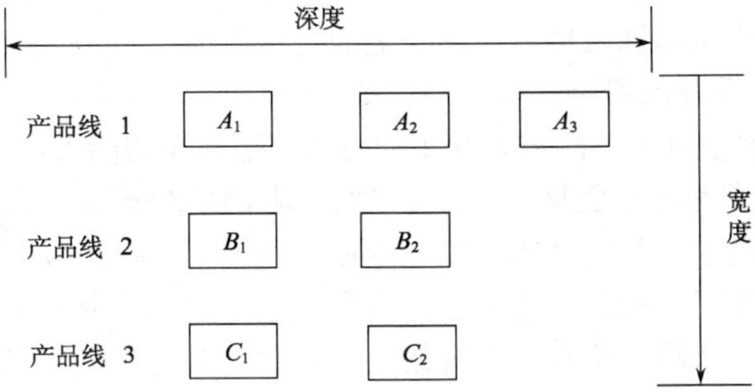

图 4-6　物流企业产品组合示意图

从图 4-6 中可以看出，产品组合为 3 个系列产品，系列 1 有 3 个产品项目，系列 2 和系列 3 各有两个产品项目，共有 7 个产品项目。即产品组合宽度为 3 个，产品系列 1 的深度为 3 个，产品系列 2 的深度为两个，产品系列 3 的深度为两个，产品组合长度为 7 个，平均深度（产品组合长度/产品组合宽度）为 2.3 个。

例如，风神物流有限公司的服务产品线有以下内容。

（1）采购物流：调达物流，产品项目数为 1。

（2）生产物流：包括工厂内物流、VMI、发动机物流，产品项目数为 3。

（3）销售物流：包括备件物流、整车仓储物流、精品加装，产品项目数为 3。

（4）流通加工：包括轮胎压装、产品包装，产品项目数为 2。

（5）保税物流：产品项目数为 1。

（6）物流器具设计：产品项目数为 1。

这表明风神物流有限公司的服务产品组合宽度有 6 个，产品组合长度为 11 个，平均深度为 1.8 个。

2. 产品组合策略

产品组合策略就是根据物流企业的目标，对产品组合的宽度、深度及关联程度进行组合决策。企业在调整产品组合时，可以针对具体情况选用以下产品组合策略。

1）扩大产品组合策略

扩大产品组合策略是开拓产品组合广度和加强产品组合深度。开拓产品组合广度是指增加一条或几条产品线，扩展产品经营范围；加强产品组合深度是指在原有的产品线内增加新的产品（服务）项目。具体方式有：①在维持原服务品质和价格的前提下，增加服务的内容。②增加不同品质和不同价格的服务。③增加与原服务相类似的服务。④增加与原服务毫不相关的其他服务。

扩大产品组合的优点是：①满足不同偏好的顾客多方面需求，提高市场占有率。②充分利用企业信誉和商标知名度，完善产品系列，扩大经营规模。③充分利用企业资源和剩余生产能力，提高经济效益。④减小市场需求变动性的影响，分散市场风险，降低损失程度。

2）缩减产品组合策略

缩减产品组合策略是削减产品线或产品项目，特别是取消那些获利小的产品，以便于集中力量经营获利最大的产品线或产品项目。缩减产品组合的方式有：①减少产品线数量，实现专业化经营。②保留原产品线，削减产品（服务）项目。③停止经营某类产品。

缩减产品组合有以下好处：①集中资源和技术力量改进保留服务的品质，提高知名度。②生产经营专业化，提高运作效率，降低运营成本。③减少资金占用，加速资金周转。④有利于企业向市场纵深发展，寻求合适的目标市场。

（三）物流企业产品品牌策略

客户（消费者）要了解企业的市场开拓能力和创造利润的能力，首先要看企业的品牌。品牌是信誉的保障。作为物流企业，客户要了解企业的信誉状况，在与企业合作之前，或在考察与合作的初始阶段，往往看的是物流企业的品牌。品牌是服务的标志。客户要了解物流企业的服务质量如何，服务特色何在，也会从企业的品牌中得出结论。由上述分析，可以形成这样的共识：市场竞争也是品牌的竞争。物流企业要赢得市场，赢得客户，就需要在创立企业品牌和服务品牌上采取实质性的举措。

1. 品牌及相关术语

1）品牌与商标

品牌是一个名称、术语、标记、符号、图案，或者是这些因素的组合。其目的是借以识别销售者所出卖的产品与服务，并使之同竞争者的产品与服务相区别。品牌的名称是品牌可读出声的部分，如中远物流、宝供物流、安得物流等。品牌的标记是品牌的可识别但读不出声的部分，像一个符号、设计，或一种别致的颜色或字母样式，均属于此类。例如，美国联邦快递的 FedEx 和联合包裹的 UPS。商标是品牌中受到法律保护的品牌或品牌的一部分，凭借商标可以保证卖者对品牌名称或品牌标记具有独家使用权。图 4-7 为一些物流企业的品牌标志。

2）品牌化

物流企业为其产品或服务规定品牌名称、品牌标志，向政府有关主管部门注册登记的一切业务活动，称为品牌化。

2. 品牌策略

1）品牌化策略

世界各国的大多数产品或服务都有规定品牌。品牌化虽然使企业增加成本费用，但正如以上所述，可以使卖主得到好处，同时也给买主带来一些利益，但也有相反的情形。20 世纪 70 年代以来，西方国家的许多制造商对某些消费品和某些药品不规定名称和品牌标志，不向政府注册登记，实现无品牌化。这种产品称为无品牌产品。无品牌产品是指在超级市场上出售的无品牌、包装简易且价格便宜的普通商品。企业推出无品牌产品的主要目的是节省包装、广告等费用，降低价格，扩大销售。所以，一些物流企业为了节约成本，在创建初期曾采用无品牌策略。

天地华宇物流有限公司　　上海佳吉快运有限公司　　德邦物流股份有限公司

风神物流有限公司　　宝供物流企业集团有限公司　　安得智联科技股份有限公司

联合包裹服务公司　　联邦快递　　北京宅急送快运股份有限公司

图 4-7　部分物流企业的品牌标志

2）家族品牌策略

物流企业如果决定了其大部分或全部产品都使用自己的品牌名称，那么还要决定其服务是分别使用不同的品牌名称，还是使用同一个或几个品牌名称。特别是大型物流集团公司业务比较复杂，为了便于客户识别，常常采用家族品牌策略。家族品牌策略常见的有以下 4 种。

（1）个别品牌名称。即企业决定其各种不同的服务分别使用不同的品牌名称。企业采用个别品牌名称决策的主要好处是：企业的整体声誉不致受某种服务的声誉影响。例如，如果某物流企业的某种服务失败了，不会给这家企业抹黑（因为这种服务用自己的品牌名称）。

（2）统一品牌名称。即企业决定其所有服务都统一使用一个品牌名称。其主要好处是：企业宣传介绍新推出的服务的费用开支较低，如果企业的名声好，其新提供的服务必然容易得到客户的认可。

（3）各大类产品单独使用不同品牌名称。采用这种策略主要是因为：企业经营许多不同类型的服务，如果都统一使用一个品牌名称，这些不同类型的服务就容易互相混淆。

（4）企业名称与个别品牌名称并用。即企业决定其各种不同的产品分别使用不同的品牌名称，而且各种产品名称前面还冠以企业名称。采取这种策略的好处是：在各种不同的新产品的品牌前冠以企业名称可以使新产品合法化，能够享受企业的信誉；而各种不同的新产品分别使用不同的品牌名称又可以使各种不同的新产品各有不同的特色。

3）品牌扩展策略

品牌扩展策略是指企业利用已成功品牌名称的声誉来推出新产品或新服务。企业采用这种策略可以节省宣传新产品或新服务的费用，使新产品或新服务能迅速、顺利地打入市场。

4）品牌重新定位策略

某一个品牌在市场上的最初定位即使很好，随着时间的推移也必须重新定位。这主要是因为以下情况发生了变化。

（1）竞争者推出品牌，把它定位于本企业品牌的旁边，侵占了本企业品牌的一部分市场，使本企业品牌的市场占有率下降。这种情况要求企业进行品牌重新定位。

（2）有些顾客的偏好发生了变化，他们原来使用本企业的品牌，现在喜欢其他企业的品牌，因而市场对本企业品牌的需求减少。这种市场情况变化也要求企业进行品牌重新定位。

物流企业要适应社会需求的发展，必须充分树立精品名牌意识，严格制定各项物流质量标准，引进先进技术手段，不断提高物流服务水平。例如，中远海运物流有限公司非常注重提升品牌价值，在单证的差错率、货物的错装、漏装等方面严格控制，在货物集中的港口实现直航，以“准班、安全、快捷”的“产品”服务于顾客，使得“COSCO”的品牌价值不断提升。

三、物流企业定价策略

价格是市场营销组合因素中十分敏感而又难以控制的因素，它直接关系着消费者对产品的接受程度，影响着市场需求和企业利润的多少，涉及生产者、经营者、消费者等各个方面的利益。价格策略对物流系统及其所提供的服务也具有重要作用。价格策略的正确与否将影响物流活动的广度、深度及其顺畅性。价格策略中对顾客的数量折扣结构将影响顾客的订货规模。适宜的折扣优惠将吸引顾客加大订货量，仓库的作业将趋向于处理大宗货物，搬运和运输作业都将变得简单而高效，这在实行配送制时尤为突出。因此，只有从营销和物流两个角度综合考虑，才能制定出一个能够满足营销和物流综合需求的定价策略。

（一）物流服务价格特点

物流服务本身也是一种产品，它是物流企业为客户的物流需求提供的一切物流活动，是以货主的委托为基础，进行独立的物流业务作业，是一种无形产品。物流服务需要在数量及质量上都使货主满意。在数量上满足货主的需求主要表现在适量性、多批次、广泛性（场所分散）；在质量上满足货主的需求主要表现在安全、准确、迅速、经济等。

物流服务的价格是指物流企业按照货主的要求对特定的货物提供物流服务的劳务价格。可包括备货服务价格；保证顾客所期望的商品数量与品种等正确输送的服务价格；保证在顾客所期望的时间内准时传递商品的服务价格和品质保证服务价格；保证顾客所期望的商品质量服务价格。

物流服务价格的特点包括以下几个方面的内容。

1. 物流服务价格是一种劳务价格

物流企业为社会提供的不是实物形态的产品，而是通过物流作业手段实现货物在空间和时间上的变动。在物流服务过程中，物流企业为货物或顾客提供了相应的劳务活动，物流服务价格就是相应的劳务价格。

劳务产品与有形商品最大的区别是：劳务产品是无形的，既不能储存也不能被调拨，只能满足一时一地发生的某种服务需求。物流企业服务产品的生产过程也是其产品的消费过程。因此，物流服务价格就是一种销售价格。换言之，物流服务价格只有销售价格一种表现形式，而不像其他有形产品有出厂价、批发价、零售价之分。同时由于物流产品的不可储存性，当物流服务需求发生变化时，只能靠调整物流服务能力来达到物流服务供求平衡。而现实中物流服务能力的调整一般具有滞后性，所以物流服务价格因供求关系而产生波动的程度往往较一般有形商品要来得大。

2. 物流服务价格是商品销售价格的组成部分

社会的生产过程不仅表现为劳动对象形态的改变，也包括劳动对象的空间转移。这样才能使物质产品从生产领域最终进入到消费领域。在很大程度上，商品的生产地在空间上是与消费者相隔离的，这就必须要经过运输等物流服务才能满足消费者对商品的实际需要。而在此过程中又必须通过价格作为媒介来实现商品的交换。这样，货物的物流服务价格就成了商品销售价格的重要组成部分。物流服务的价格会直接影响到商品的销售价格，乃至实际成交价格。

3. 物流服务价格具有按不同的服务时间或过程而有所区别的特点

商品按不同的服务时间或过程而导致最终服务时间效率不同，甚至影响商品的实际使用效用，这时就会针对不同的商品按不同交货时间规定相应的物流服务价格。以快递服务为例，次日送达的服务收费一定要高于隔日送达的收费。

4. 物流服务价格具有比较复杂的比价关系

货物所需要的物流服务有时可采用不同的物流服务手段或工具加以实现，最终达到的效果也各不相同。具体表现为所需服务货物的种类、运载数量大小、距离、方向、时间、速度等的差异。物流服务采用人工包装或机械包装，甚至无人操作的自动化包装设备进行，其所产生的时间等方面的效果是不同的。而这些差别均会影响物流成本和供求关系，在价格上必然会有相应的反映。

（二）物流企业定价方法

通常企业制定价格是一项很复杂的工作，必须综合考虑多方面的因素，如产品的市场供给、需求、成本费用、消费者预期和竞争情况等。

对于物流企业来讲，因其产品是向用户提供劳务服务，产品是无形的，因此，影响产品价格的因素相对于有形的产品（如汽车、机械设备等）来讲，就会更复杂、更难确定。为了制定好产品价格，从市场营销管理的价格策略上提高物流企业的竞争力，首先应从总体上熟悉物流企业的价格特点，灵活运用各种定价方法和技巧，才能更好地制定物流企业产品的价格。

1. 客观定价法

客观定价法是指不考虑顾客种类，先设定物流服务的单价，再乘以实际提供的服务单位数，即可得到该项物流产品的售价。例如，物流中心的计费标准是每天 3.0 元/托盘，不满 1 托盘者以 1 托盘计费，如果每日库存量为 10 托盘，则每天的存储费用是 10×3.0=30 元。物流服务的收费标准通常根据经验或市场价格来确定，但其前提条件是，该项物流产品必须可以被分割，如以小时计费或以单位面积计费。客观定价法具有连贯性和易于计费等优点。

2. 主观定价法

主观定价法是根据顾客对物流产品的感觉价值和接受程度来主观地调整物流产品的标准价格。这种定价法是将购买者对产品价值的认知而不是将售卖者的成本作为定价的关键因素。企业利用营销组合中的非价格变量来确定购买者头脑中的感知价值，并制定适当的价格与这种价值相匹配。物流产品定价的主观因素包括物流服务效率的估计；物流企业的经验和能力；物流企业的知名度；物流工作的类型和难度；物流产品的便利性和可得性；额外的特殊开销；市场价格水平；顾客对物流产品的感觉价值与接受程度。

因为第三方物流企业提供的是多样化、个性化的物流服务，其服务对象和服务状况各种各样，所以必须将主观定价法和客观定价法相结合，根据情况灵活地调整物流服务的价格。

3. 成本导向定价法

成本导向定价法是指企业依据提供物流服务的成本决定物流的价格。这是从企业的角度来确定产品的价格。这种方法的优点是“量出而入”，降本求利，计算简单。其主要方法有以下 4 种。

（1）完全成本定价法。完全成本定价法也就是成本加成定价法，即首先确定单位变动成本，再加上平均分摊的固定成本组成单位完全成本，在此基础上加上一定比例的利润，作为单位产品价格。在计算时，应先统计出总的产销量，然后在每个单位产品成本的基础上加上应纳税金和预期利润率。售价与成本的差额占成本的比例即为加成。

其计算公式为

$$P = C(1+t)(1+r)$$

式中，P 为物流产品或服务项目的单项收费或单价；C 为单位产品成本；t 为企业的纳税率；r 为企业期望的利润率。

（2）目标利润定价法。目标利润定价法也叫投资收益定价法，即根据企业的总成本和计划的总销售量，加上按投资收益率确定的目标利润额，作为定价基础的一种方法。这是从企业想达到的利润目标为出发点来制定产品价格。这种方法的优点是，有利于加强企业管理的计划性，可较好地实现投资回收计划。但这种方法要求较高，企业必须有较强的计划能力，必须测算好销售价格与期望销售量之间的关系，避免出现确定了价格而销售量达不到预期目标的被动情况。其计算公式为

$$P = C(1+r)/Q$$

式中，C 为企业的总成本；Q 为企业预计的物流业务量。

例 4-1 某公司 9 月计划周转量为 5000 千吨千米，单位变动成本为 150 元/千吨千米，固定成本为 20 万元，目标利润为 30 万元，则单位运价是多少？

解：单位运价=（固定成本+变动成本+目标利润）/预计周转量

=（200 000+150×5000+300 000）/5000

=250（元/千吨千米）

（3）盈亏临界点定价法。盈亏临界点定价法即企业按照生产某种产品的总成本和销售收入维持平衡的原则，来制定产品的保本价格的一种方法。这种方法比较适用于市场不景气的情况。其计算公式为

$$P = (F + \mathrm{CV})/Q$$

式中，P 为单位产品的保本价格；F 为企业一定时期的总固定成本；CV 为企业一定时期的总变动成本；Q 为企业预期的物流业务量。

（4）非标准服务合同定价法。非标准服务合同定价法是企业的非标准服务，无市场价可供参考计算，只能以成本为基础协商定价并签订合同的一种定价方法。这种方法有多种形式，下面介绍两种。

一是固定价格合同。物流企业为了鼓励客户长期使用自己的物流产品或服务项目，经过双方协商用一个较长时期的固定价格和固定合同的方式确定下来，在合同期内因为能源等因素引起的价格上涨给物流企业带来的成本上涨均由物流企业自己消化吸收，按照此方法定价，需要双方对未来市场有比较客观的判断和预测。

二是奖励合同。在物流运营过程中，如果确实实际运营成本超过预算成本可以实报实销，但是，如果物流提供方采取有力措施使物流实际成本低于双方的预算成本时，所节余的部分按照一定的比例奖励物流服务提供方。例如，美国惠而浦公司（Whirlpool Corporation）是大型白色家电制造商，供应商达 700 多家，每年运输的原材料和制成品超过 25 亿美元。该公司与赖德公司签订了 5 年的物流服务合同，由后者负责提供汽车运输保障服务。赖德公司在合同中保证，惠而浦公司在 1994 年进货运输方面肯定可以达到一个节省开支的比例目标，如果做不到这一点，差额部分将由它来支付。如果超过了这个目标，并使惠而浦公司的盈利超过预定水平，节省的开支将由两家公司平分。

4. 需求导向定价法

需求导向定价法是根据市场需求强度和目标市场顾客所能接受的价格水平来确定物流产品的价格。在市场需求强度大时可以适当提高价格；而在市场需求强度小时则适当降价。这种定价综合考虑了成本、产品的市场生命周期、市场购买能力、顾客心理、销售区域等因素。具体包括理解价值定价法、区分需求定价法、习惯定价法、比较定价法等。

（1）理解价值定价法。理解价值定价法即企业根据消费者对商品或劳务价值的认识制定价格的定价方法，也就是产品在顾客心目中的价值决定价格的定价法。这种定价不是以卖方的成本为基础，而是以买方对产品的需求和价值的认识为出发点。企业运用销售推广策略，特别是其中的非价格因素影响顾客，让顾客在头脑里形成一种价值观念，然后根据这种价值观念制定价格。

（2）区分需求定价法。区分需求定价法就是企业在不同季节、不同时间、不同地区，针对不同客户的适时变化情况，对价格进行修改和调整的定价方法。例如，按照物流企业从事业务运作的区域及主要物流业务的市场成交价，分线路、分车型、分业务量进行公路运输定价。区分需求定价是指某种产品并不按照边际成本的差异制定不同的价格，而是根据不同的顾客、产品的形式、时间、地点制定不同的价格。中远海运集装箱运输有限公司就是采用区分需求定价法的价格策略。集装箱运输产品的需求是一种派生的需求，而且是有弹性的，目前市场竞争激烈，加上运输成本构成项目多，难以准确计算，以及整个行业有公会组织、战略联盟的合作的基础，因此，中远海运集装箱运输有限公司对不同的市场实行不同的运价定位，采取不同的价格策略。一般而言，客户不同，运价不同，对已签约的大客户实行优惠运价的政策；季节不同，运价不同，对未签约的客户实行淡季低运价，旺季高运价的政策。

（3）习惯定价法。习惯定价法是企业按照长期被客户接受的价格来定价的一种方法。习惯定价法又称便利定价法。物价稳定的市场上有许多产品，由于人们长期购买，逐渐形成了一种习惯价格或便利价格，顾客已习惯按某一种价格购买。这种习惯的、便利的价格在物流业中较为常见。对这类产品，任何生产者要想打开销路，必须依照习惯价格或便利价格定价，即使生产成本降低，也不能轻易减价，减价容易引起消费者对产品质量的怀疑；反之，生产成本增加，也不能轻易涨价，只能靠薄利多销弥补低价的损失，否则将影响产品的销路。例如，当每千米的运输价格确定以后，即使燃料的价格发生变化，其运输价格也不轻易变动。

（4）比较定价法。比较定价法是根据对产品需求弹性的研究与市场调查来决定价格的方法。一般认为，价格高，获利则多；反之，获利就少。其实，根据市场需求情况，实行薄利多销的策略，定价虽低，销量却能增加，反而可以获得较高的利润。究竟是采取低价薄利多销还是高价高利少销的策略，可以通过对价格需求弹性的研究与市场的调查来决定。对于富有弹性的产品，可以采取降低价格的办法；对于缺乏需求弹性的产品，则应采取提高价格的办法。通过市场调查的方法，分别按高价、低价出售产品，然后计算其销量和利润，比较其利润大小，从而判断出哪种价格对企业有利。这种方法有较高的实用性，深受现代企业的青睐与欢迎。

5. 竞争者导向定价法

竞争者导向定价法是主要根据竞争者的定价水平作为物流企业自己定价的重要依据的一种定价方法。该种定价方法充分体现了物流产品的价格应该主要由市场竞争来决定的准则，通常有以下几种方式。

（1）随行就市定价。它是根据本行业的平均定价水平作为企业定价的主要依据，适合物流企业难以预测客户和竞争对手的反应，自己的定价难以决断的情况。

（2）高于竞争对手定价。高于竞争对手定价是企业制定的价格比对手高，适合实力强、形象好、物流服务质量高的企业。它也是物流企业通过价格手段区分客户和进行物流市场细分的重要工具，是企业争夺高端市场的重要营销策略。

（3）低于竞争对手定价。低于竞争对手定价是物流企业将自己的物流收费水平定得比主要竞争对手低。采用这种定价策略，一方面是因为企业的个别物流成本低于同行业的社会平均物流成本，所以才有较大的降价余地；另一方面，企业实力雄厚，纯粹是为了竞争和争夺市场占有率。一般而言，该种定价方法必然会招致竞争对手的猛烈反扑。

（4）投标定价。投标定价是指以投标竞争的方式确定产品价格的方法。这是在产品或劳务的交易中，由招标人发出招标公告，投标人竞争投标，密封递价，招标人择优选定价格。这种方法通过预期竞争者的价格，而不是自己的成本或市场需求定价。

四、物流企业分销渠道策略

（一）物流分销渠道的概念

分销渠道又称销售渠道，是指物流企业的产品或服务项目从物流商向消费者或用户转移过程中取得产品所有权或协助转移产品所有权的所有组织或个人。

物流分销渠道实际是指物流服务从供应商向客户转移所经过的通道。物流企业的分销渠道主要包括运输企业、货主、仓库、货运场站，以及各种中间商和代理商等。其起点是物流企业，终点是货主，中间环节包括为完成物流活动而进行货源组织的各种中间商，包括作为一级独立经营组织的车站、码头、机场等场站组织，航运代理、货运代理、航空代理、船务代理，以及受物流公司委托的揽货点等代理商，铁路、公路、水路航空运输公司等联运公司。

物流分销渠道的基本模式如图 4-8 所示。

图 4-8　物流分销渠道模式示意图

物流分销渠道的功能包括市场研究，服务项目推广，潜在客户探究和接触，显在客户配合、服务和支持，财务融通，风险转嫁，实体配送，合作、合资对象。

物流分销渠道的层次构成，通常如图 4-9 所示。零层渠道指没有中间机构，通常称为直接分销渠道。一层渠道含有一个中间机构，在物流市场上常指一级货代公司。二层渠道含有两个中间机构，在物流市场上常指需要经过一级、二级货代公司实现物流服务。三层渠道含有 3 个中间机构。更多层次的分销渠道较少见。

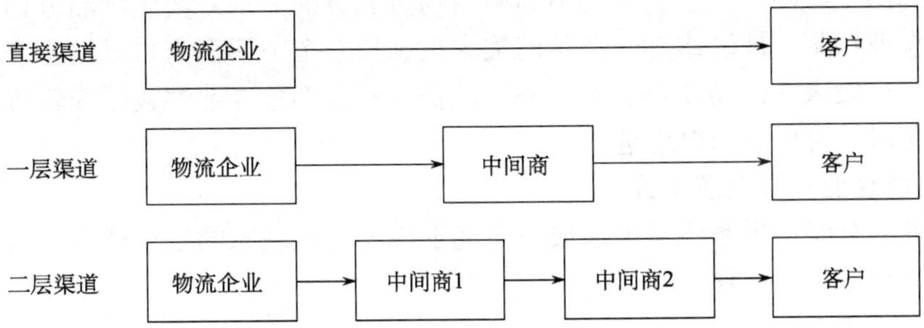

图 4-9　不同层次的物流分销渠道

（二）物流分销渠道的特点和类型

1. 物流分销渠道的特点

（1）层次少。物流服务作为物流业的产品，因为与其他产业产品的特点不同，即产品的生产与消费同时发生，所以在分销渠道的层次上，物流服务的分销渠道绝大多数为零层渠道，即直接分销渠道（产品从生产者流向最终消费者的过程中不经过任何中间商转手的分销渠道）。同时，即使存在中间商，其作用也是非常有限的。

（2）可控性强。因为物流服务分销渠道具有层次少的特点，所以在日常运作过程中，物流企业可以对自身产品的营销直接进行控制，不像其他产品的营销活动受其他因素影响过大，致使销售行为不能达到最初的营销期望。

2. 物流分销渠道的类型

1）直接渠道和间接渠道

（1）直接渠道。直接渠道又称零层渠道，是指物流企业直接将服务产品销售给客户，无须中间商参加。采用直接渠道有许多优越性：一是物流企业可以对销售和促销服务过程进行有效控制；二是可以减少佣金折扣，便于企业控制服务价格；三是可以直接了解客户需求及其变化趋势；四是便于企业开展促销活动；五是有利于企业向客户提供个性化服务。由于直接渠道具备上述优点，因此其成为目前绝大多数物流企业首选的渠道模式。另外，由于互联网的迅速发展，许多物流企业都通过这个先进的媒介进行服务的宣传和推广。例如，美国的联邦快递公司（FedEx）在 1995 年开通网站，可以使客户实时提交业务、跟踪运输情况、得知抵达时间等，这样可以直接与货主接触，了解客户需求，有利于更好地为顾客服务。

（2）间接渠道。间接渠道是物流企业通过一个或多个中间商向客户销售物流服务的渠道模式。采用间接渠道也具备一些优点：首先，采用间接渠道比直接销售投资更少，风险更小；其次，具体的代理商可以适应某一地区或某一细分市场的客户的特殊要求；再次，采用间接渠道有利于物流企业扩大市场覆盖面；最后，采用间接渠道有利于延伸信息触角，拓展信息来源。

2）长渠道和短渠道

一般来说，中间环节越少，渠道就越短，一层渠道通常称为短渠道，而中间环节越多，渠道就越长，多层渠道通常称为长渠道。这种划分，有利于营销人员集中考虑对某些中间环节的取舍，形成长、短或长短结合的多种渠道策略。

3）宽渠道和窄渠道

按渠道中每个层次的同类中间商数目的多少，分为宽渠道和窄渠道。宽渠道是指物流企业同时选择两个或两个以上的同类中间商向物流服务的需求者实施物品分销服务。窄渠道是指物流企业在某一地区或某一产品门类中只选择一个中间商为自己销售产品，实行独家分销服务。一般来说，物流企业对一些生产资料和少部分专业性较强或较贵重的消费品提供物流服务时，可采用窄渠道进行。

（三）物流企业分销渠道系统

物流企业的分销渠道系统是渠道成员之间形成的相互联系的统一体系，这一体系的形成是物流一体化运作的产物。

1. 垂直分销系统

垂直分销系统是指物流企业及其代理商组成的一种统一的联合体。这一联合体由有实力的物流企业统一支配、集中管理，有利于控制渠道各方的行动，消除渠道成员为追求各自利益而造成的冲突，进而提高成员各方的效益。垂直分销系统主要有公司式、契约式和管理式三种。

（1）公司式垂直分销系统。它是指物流企业在分销渠道中拥有属于自己的渠道成员，并可以对其进行统一管理和控制的分销渠道系统。在这个系统中，有专门的正规组织对销售过程中各个渠道成员之间可能产生的一切合作与冲突进行有效的控制。例如，中国储运总公司在推行现代企业制度过程中，建立了以资产为纽带的母子公司体制，理顺了产权关系，其所属的64个仓库遍布全国各大经济中心和港口，形成了覆盖全国、紧密相连的庞大网络，成为其跻身物流服务市场的强大基础。由于同属于一个资本系统，公司式的分销系统中各成员之间的联合极为密切，物流企业对分销的控制程度也最高。

（2）契约式垂直分销系统。它是指物流企业考虑到自身经营需要投入大量人力、物力和财力，同时又希望取得更好的经济利益或销售效果，以及对销售渠道能有良好的控制时，物流企业与其渠道成员之间以契约形式结合形成的分销系统。这一系统的紧密结合程度要低于公司式。

（3）管理式垂直分销系统。它是指不通过共同所有权或契约，而是由渠道中规模大、实力强的物流企业来统一协调物流服务销售过程中渠道成员各方利益的分销系统。

2. 横向分销系统

横向分销系统是通过本行业中各物流企业之间物流运作管理的合作，开拓新的营销机会，以提高物流效率，获得整体上的规模效益。例如，中国外运长航集团有限公司是由中国对外贸易运输（集团）总公司与中国长江航运集团有限公司于2009年3月重组成立。它的航运业务包括船舶管理、干散货运输、石油运输、集装箱运输、滚船运输等，它能够提供远洋、沿海、长江、运河全程物流服务。两个公司的整合大大加强了其在国际航运市场上的竞争力。

横向分销系统可以较好地集中各有关企业在分销方面的相对优势，从而更好地开展分销活动。例如，各企业都有自己一部分分销网络，联合起来就可同时扩大各企业的市场覆盖面；或者各企业有各自不同的分销技术优势，联合起来这些技术就得以共享。建立共有的分销渠道还能在一定的程度上减少各企业在分销渠道方面的投资，从而由于协同作用而降低了各自的经营风险，提高了分销活动的整体效益。

3. 网络化分销系统

网络化分销系统是垂直分销系统与横向分销系统的综合体。当某一企业物流系统的某个环节同时又是其他物流系统的组成部分时，以物流为联系的企业关系就会形成一个网络关系，即物流网络。这是一个开放的系统，企业可自由加入或退出，尤其在业务最忙的季节最有可能用到这个系统。物流网络能发挥出规模经济作用的条件就是物流运作的标准化和模块化。

（四）物流企业分销渠道设计策略

1. 确定分销渠道模式

分销渠道模式主要是指采用直接渠道还是间接渠道，确定分销渠道的长短、宽窄，选择具体渠道成员等。所有这些要符合企业的战略目标、营销组合策略的实施。

2. 中间商的选择

中间商的选择应该考虑如下因素：①中间商的市场范围。中间商的经营范围应该与物流服务内容和服务面相一致或具有互补性。②中间商的资金实力、财务和信用状况。③中间商的营销能力、业务管理水平和专业程度等。④中间商对物流产品和市场的熟悉和驾驭程度。⑤中间商的促销政策和技术、中间商的地域优势及预期合作程度等。

3. 确定中间商数目

确定中间商的数目有三种策略可供选择。

（1）密集分销策略。这是一种宽渠道分销策略，是指物流企业在同一渠道环节层次上，尽可能通过中间商来完成物流服务活动。该策略可以实现与市场潜在顾客的广泛接触，广告的效果也好，容易组织到更多的货源，但不易控制。

（2）选择性分销渠道。这是指物流企业在某一地区有选择地选择几个具有一定规模和丰富市场经验的中间商，从事分销活动。采用该策略有助于物流企业加强多渠道的控制，保持与中间商的良好合作关系，减少中间商之间的盲目竞争，提高渠道运转效率。

（3）独家分销商。这是一种窄渠道分销策略，主要是指物流企业在一定的市场区域内仅选择一家经验丰富、信誉良好的中间商为本企业推销产品和组合货源。双方通过合同方式规定各自权限、利润分配比例、销售费用和广告宣传费用的分摊等条款。

4. 明确分销渠道成员的权利和责任

（1）价格政策。物流企业根据制定出的价目表和折扣明细表对不同类型的中间商及任务完成情况，按照事前规定好的标准给予一定的价格折扣或优惠条件。例如，海运企业一般给代理商订舱数量一定比例的订舱佣金，如2.5%、3.75%、4.25%、5%、7.5%等。

（2）销售条件。其中最重要的是付款条件，对于提前或按期付款的中间商物流企业一般都给予一定的折扣。

（3）合理划分和确定中间商或同一地区不同中间商的业务特许经营范围。

（4）双方还应该规定广告宣传、人员培训、信息沟通等权利和责任。

五、物流企业促销策略

（一）物流服务促销的概念及特点

1. 物流服务促销的概念

物流服务促销是指物流企业在经营的过程当中，为了获得更多的客户源泉，利用各种措施和手段把本企业所能提供服务的一切有用信息，如服务的内容、方式、特色、价位等，传递给客户的一种经营活动。通过物流服务促销活动，客户可以对物流企业有一定的认识，进而才可能享用企业提供的服务。

2. 物流服务促销的特点

（1）无形的有形化。现代物流企业通过一系列的物流活动，一方面向客户提供产品运输、仓储、配送等服务，另一方面向客户提供更为重要的增值服务和信息服务等。这些物流服务都具有一定的非实体性和不可储存性的特点。针对物流服务的这些特征，在进行促销活动中，促销的手段和措施一定要注重把物流服务的无形化尽量地有形化，这样才能让物流服务的需求者更好地了解企业的产品，也才能更好地勾起他们购买产品的欲望。

（2）促销过程的长期性。由于物流企业提供的服务不像其他产品那样容易被客户所感知，这就使得服务产品的促销需要一个长期的过程。同时，也需要物流企业在促销过程中进行长期的积累和不断的努力，才能取得成功促销服务产品的效果。

（二）物流企业主要促销策略

物流企业的促销策略总体来说一般有 4 种方式。在物流企业实际的生产经营过程中，如何应用这些策略来促进物流企业的发展是十分重要的。应将各种促销策略有机搭配，使其发挥综合作用，以取得最佳的促销效果，从而实现促销目标。

1. 人员推销

人员推销是营销人员运用一定的销售技术与手段，与可能成为顾客的人交谈，介绍本企业的服务，以促进和扩大销售。在物流企业中，人员推销又称为“揽货”，是一种最直接的推销方式。

对于物流服务业来说，人员推销具有以下特别的好处。

（1）在与潜在购买者的接触中帮助他们发现自己存在的问题（即需求）。

（2）可以面对复杂的问题，不断提出解决它的合理方案。

（3）有利于发展与顾客的长期关系，而这在物流服务营销中是非常重要的。

（4）通过探讨购买问题，提供达成交易的机遇。

人员推销的弊端是劳动成本高。一个订单很少在第一次访问时就能定下来，经常需要 5 次以上的访问，因此，获得一位新顾客的成本是极高的。虽然是高成本，但对于一个物流企业而言，由于其服务产品的无形性和复杂性，个人推销常常是最有效的手段。

当物流企业以市场为导向时，其推销队伍需要以顾客为导向。推销员应当知道如何使顾客满意并为企业带来利润，应当知道如何分析销售资料，衡量市场潜力，收集市场情报，制定营销策略和计划，并熟练应用推销技术。

2. 广告

广告是广告主通过传播媒体向公众传达商品或服务的存在、特征和购买者所能得到的利益等信息，以激起顾客的注意和兴趣，促进商品销售的工具。

广告是通过大众媒体渠道与目标顾客群进行沟通宣传，媒体包括网站、电视、广播、报纸、杂志、直接信函、交通工具和张贴画等。在通过人员销售时，沟通是人对人的，广告则没有这种直接接触。人员销售是有针对性地对具体的个人或企业，广告则是针对广大公众的。

广告的特点是：广告必须有明确的广告主；广告的内容是产品、服务或观念等信息；广告的传播方式是非人员的大众传播方式；广告需要支付费用。

广告明显的好处是：因为面对的接受者很广泛，平均成本比人员销售的促进成本更低；可以反复重复；对产品特点加以介绍的广告达到的宣传目的面更宽；能提高机构的知名度。

广告的缺陷有两个：广告不灵活，不能回答潜在购买者提出的问题；因为物流服务的不可触知性，广告很难和竞争对手的信息加以区别。

3. 营业推广

营业推广是指能够在短期内迅速刺激物流需求，吸引客户，增加物流需求量的各种促销形式。营业推广在物流服务过程的各个阶段都是有效的，以用来引起注意，产生兴趣，诱发欲望，刺激购买。营业推广和其他宣传形式结合时效果更好，特别是加上广告，效果更佳。在广告活动中，使用激励措施可以改变潜在购买者对服务的兴趣和态度。

物流企业营业推广的目标有三类：客户、中间商和推销人员。例如，2018 年年初，德邦面向客户开展的促销活动“有货发德邦，开门迎好礼”，即从公告发布之日起至 3 月 31 日，关注德邦微信公众号，选择“领取优惠券”即可在活动页面领取 5 元快递优惠券 1 张和 100 元零担优惠券 1 张，新老用户均可领取。用券即享优惠。

实际上，物流服务的营业推广比制造业更简单。服务的营业推广可以很快发起，很快结束，而有形产品的营业推广就要首先预计销量，再组织生产和库存。

4. 公共关系

物流企业的公共关系是指企业为改善与社会公众的联系状况，增进公众对企业的认识、理解和支持，树立良好的企业形象而进行的一系列活动。物流企业开展公共关系有利于塑造企业形象，加强与各方面的沟通协调。开展公共关系要坚持公众利益原则、诚实信用原则、把握时机原则和奇特性原则。

通常，物流企业公共关系活动主要包括以下内容。

（1）与新闻界沟通。与新闻界交往的目的是让新闻报道那些有新闻价值的信息，吸引公众对某个人、某种产品和服务的注意。例如，一家物流公司，由当地一家专业报纸报道企业的文章要比企业所做的广告具有更大的影响力。

（2）产品宣传。产品宣传包括为宣传特定产品（服务）所进行的各种活动。

（3）公司宣传。公司宣传包括内部和外部宣传，它能促进客户对该企业的了解。企业宣传的一个重要的市场营销特征就是对员工进行宣传。例如，企业简报，通过企业员工再向客户宣传。

（4）咨询。企业就公共话题、企业定位及形象等问题向管理咨询公司或营销策划公司层咨询，以获得“外脑”的支持。

➢复习思考题

1. 物流企业市场营销的特性有哪些？
2. 物流市场细分的概念和依据是什么？
3. 物流企业应该如何选择目标市场？
4. 简述物流企业进行市场定位的方法。
5. 物流服务产品组合策略有哪些？
6. 了解 2～3 家国内外物流企业采用的市场营销策略（包括市场细分、目标市场选择、市场定位、市场营销组合），思考这些策略如何帮助企业取得市场竞争优势。

案例分析 德邦物流的促销方案——有货发德邦 开门迎好礼

一、活动内容

即日起至 3 月 31 日，关注德邦微信公众号（已关注用户无须重新关注），选择“领取优惠券”即可在活动页面领取 5 元快递优惠券 1 张和 100 元零担优惠券 1 张，新老用户均可领取（图 4-10）。用券即享优惠。

图 4-10　德邦物流网站上促销的宣传海报

二、使用时间

2018 年 2 月 24 日～3 月 31 日。

三、使用规则

请在发货时将优惠券编码提供给快递员、接货司机、营业网点人员进行验证，以便您享受优惠。

快递优惠券：限快递产品（3.60 特惠件、特准快件、标准快递）使用，开单金额每满 10 元可抵扣 1 元，最高抵扣 5 元。

零担优惠券：限零担产品（精准卡航、精准城运、精准包裹、精准汽运）使用，开单金额每满 100 元可抵扣 10 元，最高抵扣 100 元。

四、领券方式

关注[德邦]微信公众号，点击菜单栏[我]—[领取优惠券]（图 4-11）。

图 4-11　德邦物流优惠券领取方式演示

备注：

（1）每个微信账号仅可参与一次领券活动。优惠券每单限用一张，不兑现，不找零。

（2）如下单后未发货或发生退款，优惠券及相应优惠金额不予返还。

案例分析 天地华宇的促销方案——约惠春天里 惊喜送给你

一、活动时间

2018年2月1日～2018年3月31日。

二、活动对象

通过天地华宇官网、官方APP、微信服务号、阿里巴巴物流平台、慧聪物流平台、天猫、淘宝、新浪微博、支付宝服务窗、开放平台下单的客户。

三、活动内容

惊喜一：新春送欢喜，发货8折起

2月1日～3月31日通过线上指定渠道下单并成功走货，即可享受纯运费9折优惠。

2月1日～2月28日阿里诚信通会员8.9折优惠。

3月1日～3月31日阿里诚信通会员/慧聪下单客户8折，阿里普通会员8.5折优惠。

距网点30千米内免费提货（仅限阿里/慧聪物流平台）。

惊喜二：新友见面，特惠相赠

慧聪物流平台新用户首3单7折，微信新用户首次关注立赠10元优惠券。

温馨提示：

1. 部分渠道发货到北京的线路不参与此优惠活动（天地华宇官网、官方APP、微信服务号、新浪微博、支付宝服务窗、开放平台等）。
2. 此优惠不与天地华宇其他优惠同时享受（天地华宇签约客户以协议价格为准）。
3. 通过以上渠道发货，如遇3000元以内索赔，可24小时内快速赔付。
4. 如有疑问，可致电天地华宇客服热线4008086666或咨询当地门店。
5. 在法律范围内，天地华宇对此活动保留最终解释权。

问题：

1. 请比较两家公司的促销方案，说明各自的特点。
2. 这两个促销方案给您的启示有哪些？
3. 模仿这两个促销方案，策划一个针对电商平台商家的快递服务促销方案。

第五章

物流企业仓储与库存管理

【学习目标】

- 了解订单处理过程，掌握订单管理的要点
- 了解仓储作业流程，掌握入库作业组织原则，以及验收管理内容、单据处理要点
- 掌握出库作业关键点和拣选作业管理要点，了解出入库和拣选作业评价指标
- 了解储位管理流程、储位编码和货物编号规则，掌握储存策略和储位指派原则
- 了解盘点管理的内容
- 了解库存成本的构成，掌握库存管理的方法

不同类型的物流企业涉及不同的业务，如采购、运输、保管、装卸、搬运、包装、加工、配送、货代、船代和信息处理等多方面。显然，不同类型物流企业的管理除共性以外，还有其个性方面的特点，本章与第六章仅针对以配送业务为主的物流企业，介绍其业务管理的主要关键点。

第一节　物流企业订单管理

在物流企业的业务活动中，订单管理扮演着重要的角色。从本质上讲，整个物流企业的其他物流业务操作都是为了完成订单而发生的，其作业绩效影响物流企业的每项业务，而且处理订单的很多环节都直接与客户打交道。因此，订单完成的水平高低直接决定了物流企业的服务水平，订单处理作业效率在很大程度上影响着物流企业的运作效率。

一、订单处理过程

订单处理过程是指客户订单周期所涉及的各项活动。具体包括订单的接收、订单信息处理、订单履行和订单状况管理等内容。完成每项活动需要的时间取决于订货方式。商业和工业销售订单的处理过程可能不同，因此，本章以服务于商业的配送中心订单处理程序为例，介绍订单处理过程及管理要点。本节重点介绍图 5-1 中接单、订单信息处理、订单状态管理 3 个内容，发货物流作业和回库处理将在本章其他部分介绍。

（一）接单

传统订货方式主要有电话下单、传真订货、邮寄订单等，在订货和取货时，都需要记录和建档，需要人工反复输入信息和重复抄写资料。这样，不但耽误时间，作业烦琐，而且错误率大。特别是在多品种、小批量、高频率的订货条件下，要求快速配送、准确无误，往往比较困难。因此，传统订货方式不能适应形势需要，为此产生了电子订货的方式。

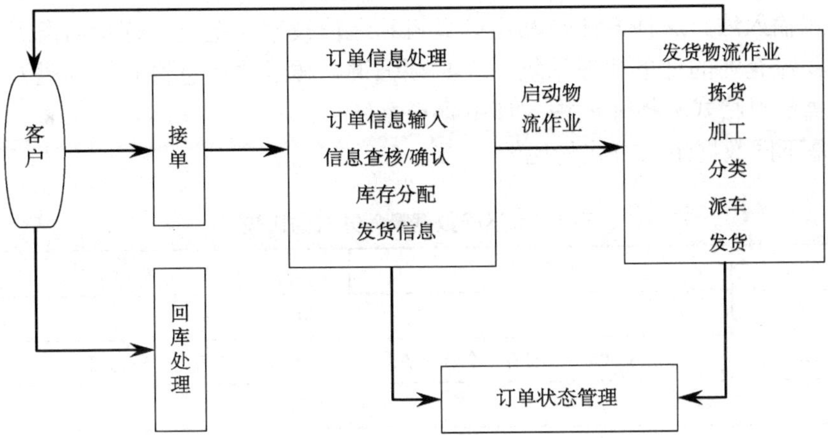

图 5-1　订单处理程序

电子订货是通过电子传递方式取代人工书写输入和传递的订货方式，即把订货信息转变成电子信息，通过网络手段进行订货。电子订货系统（electronic ordering system，EOS）是利用电子信息交换方式取代传统的下单和接单业务，是自动订货系统。

由于物流企业的出货资料通常在出货日或出货日的前一天才知道，而且出货量几乎每天都在变化。这种不确定性使物流企业的作业不能像一般制造业那样，可以将作业安排日程化、平均化，这也就是为什么物流系统常会有高峰订货时段。或许这种多变的订货特性是物流系统本身的特性，但观察高峰订货时段发生的原因，尽量避免高峰时段的产生，就有可能将物流中心的高峰订货量加以平均化。因此，在接单作业环节管理的关键点是尽量保证接单作业均衡化，即订货作业平均化，减缓订货高峰时段。

由于物流企业所服务的行业特性不同，可能会有不同的高峰订货时间，但就整体而言可以归纳出造成高峰的 3 个较常见的原因及相应的处理办法。

（1）截止到订货时间。若设定订货截止时间，在这时间的前一小时通常会出现大量订单，为避免这种巨额订单在某一时段涌入，可以将客户分类，为每类客户设定不同的订货截止时间，来分散高峰订货量。

（2）账款结算日。若设定账款结算日，则结算日的后一天也常有大量订单出现，可设定多个结算日期，以分散高峰时段的拥挤。

（3）节日或假日。在节日或假日的前后，通常也是订货量较多的时段，不过这种因季节性或因消费者需求形态引起的高峰订货量较不易控制，只能在季节变化之前由信息系统提示、工作人员预先做好迎接季节变化的物流解决方案来加强调控。

（二）订单信息处理

1. 输入订单信息

当接受订单之后，首先要把订单信息输入订单管理系统中。其输入方法如下。

（1）人工输入法。即利用人工方法把订单、用户电话、传真等订货信息输入订单管理系统。随着订单的多样化和数量的增加，会造成人工输入成本增加，效率和正确性降低。订单输入的正确性直接影响整个物流作业的效率和效益。为了提高人工输入的正确性和效率，可以采取如下措施：增加系统的提示功能和自动查核功能；利用订货簿对货物进行分类，把货物代号做成条形码，直接扫描，从而减少人工输入错误，提高效率；订货作业平均化。

（2）在线输入法。这种方法是利用计算机和通信技术，把电子订货信息通过电信网络直接输入到物流企业的订单管理系统中。必须强调，传送的信息格式必须是双方认同的格式，否则仍需经过格式转换才能进入订单管理系统。

表 5-1 是不同数据录入方式的比较。

表 5-1 不同数据录入方式的比较

特点	键盘录入	条形码扫描
速度	6 秒	0.3～2 秒
替换的错误率	每录入 300 个字符有 1 个错误字符	每录入 1.5 万亿～36 万亿字符有 1 个错误字符
编码成本	高	低
信息读取成本	低	低
优势	人工录入	出错率低 成本低 速度快 能够远距离读取信息
劣势	成本高 出错率高 速率慢	要求操作人员受过一定的教育 产生设备成本 需要处理条码图像遗失或破损的问题

注：速度的比较是以编码信息量为 12 个字符的字段为基础进行的

2. 确认订单信息

首先，要检查订单的各个基本项目。在订单信息输入前，应检查订单上的各项内容，如品名、数量、单价、包装方式、送货地点、送货日期等是否完整、是否符合要求，内容是否正确。确认清楚之后再进行输入作业。对于电子订货系统接收的订货信息也要进行检查确认。

其次，确认交易条件。具体包括以下内容。

（1）订单确认。确认订单类型，以便进行相应处理，即对不同类型的订单系统提供不同类型的处理功能。

（2）库存确认。当输入货物代号和货物名称时，系统将先检查是否缺货。如果缺货，应及时补货或提供代用品；确实无法满足订单，则要及时通知客户服务部门，及时与客户沟通协调。

（3）价格确认。不同订货量其可能售价不同，当输入客户和订货量等有关信息时，系统自动确认其价格是否相符。

（4）加工包装确认。确认客户订购的货物是否有特殊要求，如整装、分装和贴标等。

经过上述确认的订单才是最后发货的订单，才作为后续环节处理的依据。如果订单信息没确认清楚，则会影响后续环节的操作。

3. 处理订单信息

（1）生成拣选单。拣选单是拣选的重要根据。拣选单的形式设计是根据拣选作业方式和拣选系统来设计的。不同的拣选方法对应不同的拣选信息。拣选方式因所配送货物的特性而异，具体方式可见本章第二节拣选作业管理的内容。

（2）生成送货单。在配送货物时，应附上送货清单，便于客户清点验收签字。送货清单信息必须与实际发货信息一致。

（3）缺货信息。在库存分配中，对于缺货货物或缺货订单由订单管理系统提供查询或报表打印功能，便于及时处理。

（三）订单状态管理

一张订单通过订单处理、库存分配、产生出货指示后，并不意味着订单处理作业已经结束。订单上的物品是否按时出货、是否按量出货、是否已付货款、是否发生意外，以及意外情况如何处理，都是提升客户服务水平并掌握营运状况的重要因素。

要掌握订单在整个流程中的完成情况，必须先了解订单从进入系统到结束离开系统（或与系统无直接关系）的过程中，订单状态如何转换，以及系统档案如何设计。

1. 订单状态

订单进入订单管理系统后，其状态随着作业流程的进行，相应地发生变动。一般可分为下面几种状态：①已输入及已确认订单；②库存已分配订单；③已拣选订单；④已出货订单；⑤已收款订单；⑥已结账订单。

2. 订单档案

根据订单的不同状态，建立系统档案，准确地反映订单完成情况，特别是不同状态订单进行转换时的情况，以明确处理过程中各个环节的责任。如果发生异常情况，要及时处理并记录在案。系统档案通常包括以下内容：①预计销售资料及不合格资料；②已分配未出库的销售资料及缺货资料、转录资料、补送资料；③已拣选未出库销售资料；④在途销售资料；⑤销售资料；⑥历史销售资料。

3. 订单状态资料的查询打印

当订单的状态及相关档案记录完毕以后，就可以随时查询并打印订单的状况资料，如订单状态明细表、未出货订单明细表、缺货订单明细表、未取款订单、未结账订单等，这些资料为客户跟踪订单完成情况提供了依据。

4. 异常情况下的订单处理

掌握订单状态的变化并详细记录各阶段相关的档案资料后，对于订单处理过程中发生的异常情况便能采取更加及时、合理的措施，正确处理突发情况。

5. 订单资料分析

通过建立订单资料档案，并进行整理、分析，物流企业可以获得大量的商业信息。这些信息经过整理、分析，对物流企业及其客户来讲都是十分重要的。可以从物品销售量、每种物品的市场销售情况、客户等级、每位客户的订货特点、订单处理过程中每个环节的情况、每种物品的库存情况、物流中心的作业效率等方面进行分析，为物流企业及其客户今后改进经营活动提供参考。例如，联邦快递公司（FedEx）和联合包裹服务公司（UPS）都十分重视订单信息处理及跟踪，它们都能够随时告诉客户货物在起运地与目的地之间的具体位置。推动其跟踪系统发展的关键技术因素有激光条码技术、世界范围的计算机网络，以及专门设计的软件等。这两个公司的信息系统能够报告何人，何时、何地收到了货物。除电话通知以外，托运人只要掌握货物装运批号，还能通过互联网随时跟踪其在国内外的货物。

又如，戴尔计算机公司利用并且拓展了该技术的应用，他们从订单录入开始，直到客户收到货物为止，跟踪每一笔订单，一般的进程包括订单确认、信用审查、等待零配件、生产、等待承运人提货、运输途中的各阶段，客户在知道订单号码后就可以在整个订单周期中通过戴尔公司的网站查询订单履行的情况，或者利用免费电话向客户服务中心进行查询。

二、订单处理与其他相关作业系统的关系

1. 订单是整个物流业务的起点

物流企业通常在接到订单之后，才会采取相应的处理措施，开展一系列物流活动来完成订单规定的内容。也就是说，由客户端接受订货资料，将其处理、输出，然后仓库人员根据处理过的订单资料开始拣选、理货、分类、配送等一连串物流作业，最后按照订单进行装车运送。订单处理的正确性、效率性，影响到后续的作业绩效。错误的订单处理会引起错误的拣选、配送作业，以及事后的退货、补送作业。

2. 订单是整个信息流的开端

信息的产生是伴随着作业活动产生的，信息处理是为整个物流活动服务的。订单处理既是物流企业的物流业务的起点，也是整个信息流作业的起点。在物流企业的管理信息系统中，大量原始订单经过订单处理系统处理后，生成出货指示资料，转入派车管理系统进行配送路径安排及车辆指派。同时，每天的派车资料也是运费管理及车辆/行车管理系统的资料来源。另外，出货指示资料也要输入出货管理系统，进行出货资料的实际修正（拣选后）及出车时出货信息的确认。当配送完成后，出货资料经回库处理系统确认实际送货资料后，即可进入客户应收账款系统进行账款结算。由此可见，许多子系统的资料及报表都来源于订单资料，因此，订单管理系统的作业绩效关系着整个信息系统的绩效，并影响着作业处理的正确性及效率。

订单处理与相关作业系统的关系可表现在如下几个方面。

（1）库存。订单处理的重点在于如何将库存的客户所需货物最有效地进行分配。即把大量订单信息进行有效分类和汇总，使物流作业有序进行。

（2）拣选。根据订单处理信息进行拣选。为此，在处理订单时应充分考虑到拣选作业的模式和方法，使拣选作业更正确、效率最佳。为了提高自动拣选设备的效率，订单处理的输出方法和形式一定要符合自动拣选设备的要求。

（3）采购。根据订单和库存情况进行采购，特别是对于库存分配后的缺货货物应及时采购。

（4）商品促销。经常在流通业务中进行商品促销活动。为此，订单处理系统必须配合促销活动，并在订单信息中反映出价格折扣、赠品品项、数量和包装等促销信息。

（5）回库资料处理。当配送货物受到客户拒收退款时，应根据退货信息修改客户订货信息，并根据实际发货信息进行处理和回库后，方可退款。应收账款要根据对用户的实际发货信息向用户开发票并发出缴款通告，要求按时入账。

（6）配送计划。根据入账信息，派车管理系统进行配送路线规划和派车。

（7）销售分析。总结和分析历史的客户订单信息，分析货物情况，为备货和销售提供充分根据。

三、订单处理评价指标

订单处理优劣将直接影响到企业的经济效益。为此，必须通过各种评估指标对订单处理情况进行评价，不断改进不足之处，提高物流企业的运作效率和质量，提高客户满意度。

1. 平均每日订单数

平均每日订单数=订单数量/工作天数

2. 平均每订单含货品个数

平均每订单含货品个数=出货量/订单数量

3. 平均客单价

平均客单价=营业额/订单数量

如果上述三式指标数值不高，表明企业业务量不多，有待于拓展业务，谋求较大的效益。

4. 订单延误率

订单延误率=延期交货订单/订单数量

当订单延误率较高时，表示企业没有按计划交货。为此，必须对影响交货期的作业进行分析和改进。

5. 订单和订单货件的延迟率

订单延迟率=延迟交货订单数/订单数量

订单货件延迟率=延迟交货量/出货量

当订单延迟率较低，而订单货件延迟率较高时，表示对订货件数较多的用户延迟交货比率较高。解决方法是对用户进行 ABC 分析，对重点用户进行重点管理。对 A 类用户应重点投入人力和物力，确保 A 类用户能按时得到货品。

6. 货物速交率

货物速交率=12 小时内的发货订单/订单数量

若能迅速接单和缩短交货时间，并能在 12 小时内发货，说明企业管理水平较高，效益较好。为了实现这一目标，必须制定和规范快速作业流程，实现快速配送计划。

7. 退货率和折扣率

退货率=退货数/出货量或退货金额/营业额

折扣率=折扣数/出货量或折扣金额/营业额

当退货率和折扣率较高时，表示货物品质不良，致使用户不满，造成退货和打折。一般来说，退货和折扣的原因主要是在拣选时使包装损坏。因此，要加强拣选作业管理，减少货物破损率。

8. 取消订单率和意见率

取消订单率=取消订单数/订单数量

客户意见率=意见次数/订单数量

由上述两公式可知，当指标较高时，反映了货物品质不良，服务态度不佳，未按时交货。针对上述原因，应加强管理，提高服务质量，按期交货，降低成本，力求用户满意。

9. 缺货率

缺货率=缺货数/出货量

据此公式可知企业的存货控制决策是否正确。此公式表示客户订货时因库存缺货，无法接单或不能按时发货的比例。一旦缺货率太高，会使客户失去信心而流失客户。

10. 差错率

差错率=出货差错量/出货量

差错率较高，必然会导致用户不满，失去信任。造成差错的原因可能是出货作业过程中产生失误。因此，必须对各个业务环节逐一整改，加强管理。

第二节　物流企业出入库作业管理

一、仓储的功能

物流企业的仓储系统一般具备 6 项功能，即储存、检验、集中、拆装、配送和加工。具体到某个物流企业所提供的仓储服务，可以包括上述一项或几项功能。

1. 储存

仓储最显著的用途就是保护和有序地储藏存货。仓储设施种类很多，既有长期的、专业化的仓库，也有通用货物的仓库，还有暂时存放货物的仓库。货物储存的形式也多种多样，包括准备进入市场的成品，待组装的，或者需要进一步加工的半成品和原材料。储存可以调节生产与消费的关系，使它们在时间和空间上得到协调，还可以实现对运输的调节。

2. 检验

在物流过程中，为了保障储存货物的数量和质量正确无误，分清责任，维护各方面的经济利益，必须对货物及有关事项（如相关的单证）进行严格的检验，以满足生产、运输、销售及客户的要求。因此，在仓储活动中要对出入库的货物及相关单证进行严格检验。

3. 集中

运输费率的结构会影响仓储设施的使用。如果货物供应来源较多，建立货物集中地（如仓库或者货运站）的方法或许更经济，这样可以将零星货物集中成较大批量的运输单位，降低总的运输成本，如图 5-2 所示。上述情况假设买方的购买量不大，不足以保证每个供应地都采用批量运输的方式，那么运费的差别可能将足以抵消基层仓库的费用。

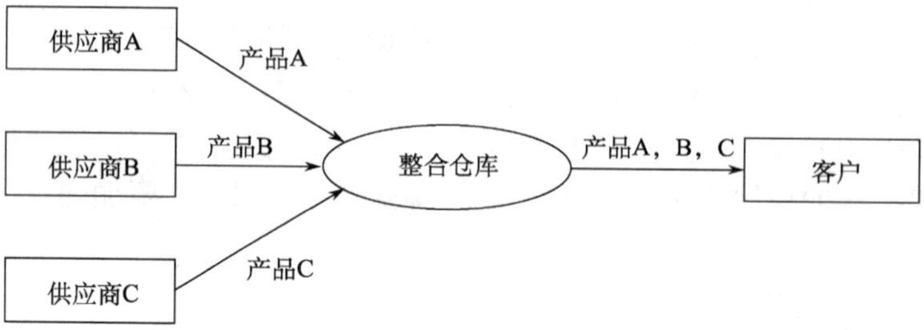

图 5-2　仓储的集中功能示意图

4. 拆装

利用仓储设施进行拆装（或换装）与利用仓储设施进行集中运输正好相反。一般情况下，将低费率大批量运输的货物运进仓库，然后根据客户的需要以小批量送到客户手中，如图 5-3 所示。

图 5-3　仓储的拆装功能示意图

拆装是中转仓库或者场地仓库的常见业务，特别是入库货物的单位运输费率高于出库货物的单位运输费率时，客户以零担批量订购时，供应商与客户之间的运输距离遥远时，拆装业务更为普遍。由于运输费率的差异，中转仓库的选址趋向于离客户近的地方，便于拆装作业。集中运输的情形刚好相反。

5. 配送

有的企业会从许多供应商那里采购产品，来供应多个客户。这样，管理人员会发现，如果建立一个仓库将产品混装在一起，可能会带来运输中的经济效益。如果没有这样的混装点，就要直接在生产地履行客户订单，由于货运量小，运输费率偏高。而在混装点则可以将各客户所需的货物通过大批量运输集中到一个地点，然后根据订单组合产品，再将混装后的货物运送到客户处，如图 5-4 所示。实际上这也是配送中心的主要功能。

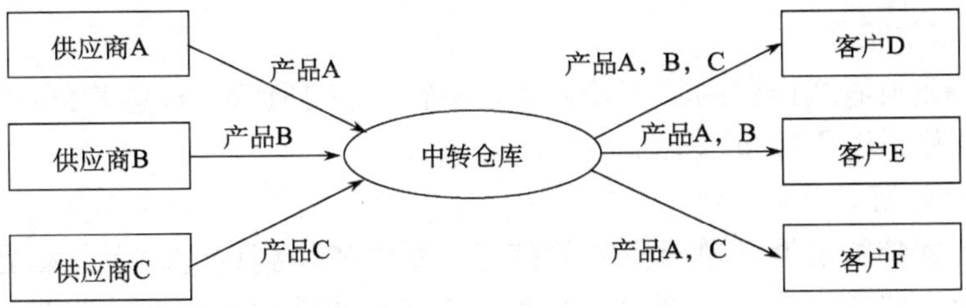

图 5-4　仓储的配送功能示意图

6. 加工

仓库可以通过承担加工或参与少量的制造活动，帮助制造企业实现生产延迟，降低制造企业的风险，更好地满足客户个性化的需要。例如，一些仓库具有包装能力或贴标签能力，可以帮助制造企业将产品的最后一道工序推迟到明确客户对该产品的具体需求时，才进行生产，像食品厂可以根据各批发商或零售商的订单要求，在仓库进行分装。

二、仓储作业流程

物流企业仓储作业流程主要包括入库作业、在库管理和出库作业，如图 5-5 所示。

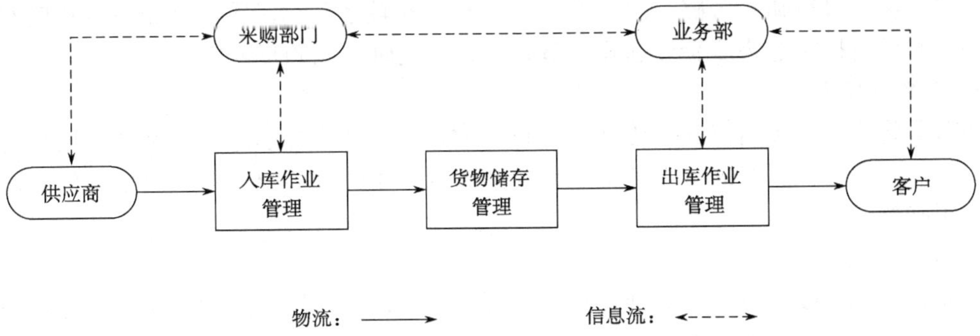

图 5-5　仓储作业流程图

1. 入库作业

入库作业是货物保管工作的基础，是在库管理的前期工作。入库作业要经过送货单据核对、接货、卸货、货物质量验收、货物分类（分标记）、货物数量核查、签发入库凭证、货物托盘堆码、入位上架、登记入账等一系列作业环节。

2. 在库管理

在库管理内容一般根据物流企业的业务、处理对象、客户要求的不同而不同，但基本都包括保管、储位管理、盘点作业、拣选作业及包装加工作业。由于不同货物的特性不同，其保管和包装加工的内容和方法差异很大，所以，本章中将不涉及。

3. 出库作业

出库作业是依据客户服务部门或业务部门开出的送货单和货物出库凭证，按其所列的货物编号、名称、规格、数量或生产日期等项目组织货物出库的一系列活动。出库作业的完成标志着货物保管工作的结束。

三、入库作业管理

（一）入库作业流程

货物入库作业是后续作业的基础和前提，入库工作的质量直接影响到后续作业的质量，其作业流程主要包括以下环节。

1. 入库作业计划

入库作业计划必须依据订单所反映的信息，掌握货物到达的时间、品类、数量及到货方式，做出卸货、储位、人力、物力等方面的计划和安排。入库作业计划的制定有利于保证整个入库流程的顺利进行，同时有利于提高作业效率，降低作业成本。

2. 入库前的准备

根据入库作业计划，做好：①储位准备。根据预计到货的货物特性、体积、质量、数量和到货时间等信息，结合货物分区、分类和储位管理的要求，预计储位，预先确定货物的理货场所和储存位置。②人员准备。依照到货时间和数量，预先计划并安排好接运、卸货、检验、搬运货物的作业人员。③搬运工具准备。根据到货货物的性能及包装、单位重量、单位体积、到货数量等信息，确定检验、计量、卸货与搬运方法，准备好相应的检验设备、卸货及码货工具与设备，并安排好卸货站台空间。④文件准备。根据到货计划，准备到货的单证核查相关文件，准备相关验收标准。

3. 接运与卸货

有些货物通过铁路、公路、水路等公共运输方式转运到达，需物流企业从相应站港接运货物，对于直接送达物流企业仓库的货物，必须及时组织卸货入库。

4. 分类与标示

在对货物进行初步清点的基础上，需按储放地点、唛头标志进行分类并做出标记。在这一阶段，要注意根据有关单据和信息对货物进行初步清理验收，以及时发现问题，查清原因，明确责任。

5. 核对单据

入库相关单据或信息主要包括送货单，采购订单，采购进货通知，供应方开具的出仓单、发票、磅码单、发货明细表等；除此之外，有些货物还有随货同行的货物质量保证说明书、检疫合格证、装箱单等；对由承运企业转运的货物，接运时还需审核运单，核对货物与单据反映的信息是否相符。

6. 入库验收

入库验收是对即将入库的货物，按规定的程序和手续进行数量和质量检验，也是保证库存质量的第一个重要的工作环节。货物的检验方式有全检和抽检两种。全检主要是数量的全检，主要针对重要的货物在批量到货或抽检发现问题时进行。对大批量到货、规格尺寸和包装整齐的货物，多数采用抽检的方式，进行抽样检查。货物检验方式一般由供货方和接货方双方通过签订协议或在合同中明确规定。

7. 入库信息处理

货物清点、验收完毕，即通过搬运码放过程进入指定储位储存，进入储存阶段。与此同时，必须进行入库过程中相关信息的处理。入库作业信息是指示后续作业的基础，因此，掌握并处理好进货信息非常重要。在这一阶段，首先必须将所有进货入库单据进行归纳整理，并详细记录验收情况，登记入库货物的储位。然后依据验收记录和其他到货信息，对库存货物保管账进行账务处理。货物验收入库，库存账面数量与库存实物数量同时增加，有些到货信息还必须及时通过单据或库存数据，反馈给本公司其他相关部门，以及供应商或客户，为财务货款结算提供依据。

（二）入库作业组织原则

入库作业作为后续作业的基础，及时、安全、准确、快速地组织货物入库就成为其作业目标，因此，在安排入库作业时必须遵循以下几个原则。

（1）尽量使入库地点靠近货物存放点，避免货物入库过程的交叉、倒流。

（2）尽量将各项作业集中在同一个工作场所进行。即在入库作业过程中，将卸货、分类、标志、验货等理货作业环节集中在一个场所完成，这样既可以减少空间的占用，也可以节省货物搬运所消耗的人力和物力，降低作业成本，提高作业速度。

（3）依据各作业环节的相关性安排活动。即按照各作业环节的相关顺序安排作业，避免倒装、倒流而引起搬运货物的麻烦，提高作业效率。

（4）将作业人员集中安排在进货高峰期，保证人力的合理安排与入库作业的顺利进行。

（5）合理使用可流通的容器，尽量避免更换。对小件货物或可以使用托盘集合包装的货物，尽量固定在可流通的容器内进行理货与储存作业，以减少货物倒装的次数。

（6）详细、认真地处理入库资料和信息，便于后续作业及信息的查询与管理。

（三）验收作业管理

1. 货物验收的标准和依据

货物验收主要是对货物数量、质量和包装进行验收，即检查入库货物数量是否与订单资料或其他凭证相符，规格、牌号等有无差错，货物质量是否符合规定要求，物流包装能否保证货物在运输和储存过程中的安全，销售包装是否符合要求。验收工作的基本要求是必须做到及时准确，即在尽可能短的时间内，准确地验收货物的数量、质量和包装。

1）货物验收的标准

为准确及时地验收货物，首先，必须明确货物验收的标准和依据，在实际入库作业过程中通常依据以下标准来验收货物：①买卖双方约定的货物接收标准；②采购合同或订单所规定的具体要求和条件；③以议价时的合格样品为标准；④以各类产品的国家品质标准或国际标准为依据。

物流企业应该根据物流客户提供的验收标准和依据进行验收。

2）确定抽检比例的依据

在验收工作中，货物通常是整批、连续到库，而且品种、规格较复杂，不可能在有限的时间内逐件查看，这就需要确定一个合理的抽查比例，验收抽查比例的大小。一般根据货物的特性、货物的价值大小、品牌信誉、物流环境等因素而定，具体可以依据和综合考虑以下条件：①供应商的质量保证体系的完善程度。②货物的理化性能。对于易碎、易腐蚀、易挥发的货物，验收中抽查的比例可适当加大。③货物价值的大小。对较贵重的货物，其验收检查的比例要大。④生产技术条件及品牌信誉。通常生产技术条件好，则产品质量稳定，品牌信誉也就越好，这类货物在进货时验收抽查的比例可以小些；反之，抽查的比例则需要大些。⑤物流环境。物流环境包括储运过程中的气候、地理环境及储运、包装条件等。货物的质量越稳定，物流环境与货物性能越相宜，验收抽查的比例可以越小。不同货物的抽查比例如表 5-2 所示。

表 5-2　货物入库数量检验的范围

指标名称	检验范围/%	备注
散装货物的检斤率	100	不清点件数
有包装的毛检斤率	100	
有包装的回皮率	5～10	
有包装的清点件数	100	
定尺钢材检尺率	10～20	
非定尺钢材检尺率	100	
贵重金属材料过净率	100	
大批量、同包装、同规格	抽查率 10～20	

2. 货物验收的内容

1）质量验收

按照货物的质量检验程序验收，然后才能决定接受或拒收。对入库货物进行质量检验的主要目的是查明入库货物的质量状况，发现问题，分清责任，确保到库货物符合订货要求。物流企业的质量验收通常可采用感官检验和仪器检验等方法。

（1）感官检验。验货人员利用感觉器官，如视觉、听觉、触觉、嗅觉和味觉，检验货物的质量，这种方法简便易行，被广泛用来检验货物的外观和表面特征。但它有一定的主观性，易受检货人员的经验、操作环境，甚至生理状态等因素的影响，具有一定的随机性。为了避免人为误差的影响，可以采用照片、实物样品等方式强化感官检验的标准程度。

（2）仪器检验法。利用各种试剂、仪器和机械设备，对货物规格、成分、技术标准等进行物理和生化的分析测定。这种方法检验准确程度高，通常应用于一些技术性能与指标要求较高的生产资料，或者于某些新产品初次进货时采用，但需要一定的设备条件和技术水平及专业技术人员，必要时可以请专业机构或专业技术人员主持。

2）包装验收

对于物流过程来说，货物包装具有保护货物、便利物流等功能，因此，包装的验收是货物入库验收的重要内容。包装验收的标准与依据主要是国家颁布的包装标准、购销双方合同或订单的要求与规定。

包装验收的具体内容如下。

（1）包装是否安全牢固。包装验收主要是对包装材料、包装完好程度等方面进行检验，如检验箱板的厚度、卡带的牢固程度、纸箱的钉距、内衬垫和外封口的严密性等。此外，还要检验货物包装有无变形、水湿、油污、生霉、虫害和货物外露等情况。

（2）包装标志、标记是否符合要求。货物包装标志、标记主要用于识别货物，方便转运，指示堆垛。包装标志、标记要符合规定的制作要求，能起到识别和指示货物的作用。

（3）包装材料的质量状况。包装材料的性能和质量状况直接关系到包装对货物的保护作用，因此必须符合规定的标准，如包装材料含水量的多少直接影响被包装物在物流过程中的质量变化，还会造成货物叠放的不稳定。对包装材料的检验主要是通过感官来初步判定包装材料是否符合物流企业的收货要求。

3）数量验收

货物到货后，收货人员必须依据送货单和有关订货资料，按货物品名、规格、等级、产地、牌号进行核对，以确保入库货物数量准确无误。在日常作业中，入库货物数量上的溢多短少是较常见的现象，而这又直接关系到物流企业库存数量的管理，因此，数量验收是配送作业中非常重要的内容。通常货物数量的验收有计件和计重两种方法。

（1）计件法。计件法包括标记计件法、分批清点法和定额装载法 3 种方法。标记计件法是在清点大批量货物入库时，对每一定件数的货物做一标记，待全部清点完毕，再按标记计算总的数量；分批清点法是在包装规则、批量不大的货物入库时，将货物按行、列或层堆码，每行、列或层堆码的件数相同，清点完后，再统一计数；定额装载法主要用来清点包装规则、批量大的货物，可以用托盘、平板车或其他装载工具实行定额装载，最后计算出入库货物的件数。

（2）计重法。计重法包括衡器称重和理论换算两种方法。衡器称重是将计重货物在衡器上称重后再进行核对的方法；理论换算主要适用于规格、长度较一致的，如批量大的五金、钢材和以根、支、颗粒为单位的散装货物的计重。

4）问题处理

如果在货物入库验收中发现问题，应该严格根据有关制度进行处理，一般可能会出现下面几种情况。

（1）当验收中发现货物质量不符合规定时，应做出详细记录，将有问题的货物单独存放，同时采取必要措施防止扩大损失，并迅速通知有关单位到现场查看，共同协商，及时做出处理。

（2）在数量检查中，计件货物一般不允许有短缺，对计重货物所发生的损益凡在规定标准以内的，仓库可按实际数量验收入库；超过规定时，也应会同交货人员做出记录，分清责任，及时处理。

（3）到货货物不能满足一次订单的全部数量、采取分批到货的，仓库要及时通知订单发出部门，或按规定将收货单据存留至规定的期限内。

（4）到货货物的到货凭证或入库凭证不齐或不符时，仓库有权拒收或要求重新办理入库凭证，将所到货物另行堆放，暂作待验处理。

（5）在验收中对有索赔期的货物，发现问题时必须认真记录，按照规定的手续，在规定的期限内，向有关部门提出索赔要求，否则责任部门对造成的损失将不承担责任。

案例 1　金属材料外观质量验看要求

（1）板材。查验截面是否有夹杂、分层，表面是否有气泡、麻面、折叠、水浸、锈蚀、凹凸等。

（2）型材。查验是否有显著的裂缝、扭转、折叠、结疤、夹杂、锈蚀、弯曲变形等。

（3）管材。查验内外表面是否有裂缝、折叠、锈蚀、丝口损伤，管壁厚薄偏差是否符合要求等。

（4）薄板。查验是否有气泡、裂缝、结疤、拉裂、外表夹杂、分层、锈蚀等。

（5）镀锌板。查验表面是否有油污、沥青、脱锌、裂缝等。

（6）金属制品。查验表面是否有斑点、毛刺、脱皮、裂缝、变形、损伤、受潮、划伤等。

案例 2　轻化工产品及建材外观质量验看要求

（1）橡胶及轮胎。查看有无发硬、发黏、龟裂、老化、发霉、水湿、掺杂、油污、划痕、修补痕迹、缺胶，气门嘴是否齐全，垫带是否完整等。

（2）包装、箱装、桶装物。查看有无渗漏、破损、残缺等。

（3）纸张。查看有无水渍、虫蛀、机械损伤、断裂、戳洞等。

（4）玻璃。查看是否受潮、发霉、破碎等。

（5）油毡。查看是否受潮、松卷、发黏、发脆、受压断裂、边口损坏等。

四、出库作业管理

出库作业内容主要包括发货前的准备工作和货物出库。

（一）出库作业流程

1. 备货作业

仓库应根据发货指令的要求，做好如下准备工作：①选择好发货的货区、货位；②检查出库货物，拆除或打开影响拣选的各种包装和覆盖物；③安排好出库货物的堆放场地；④安排好人力和机械设备；⑤准备好包装材料或标准周转箱。

仓库备货时要认真核对货物资料，核实货物，避免出错。在部分货物出库时，应按照先进先出、易坏先出、不利保管先出的原则安排出货。备货的具体要求如下。

（1）要按出库凭证、备货单所列的项目和数量进行拣选，不得随意变更。如果发现备货单上或货物数量有任何差异，必须及时通知有关管理人员，并在备货单上清楚注明问题情况，以便及时解决。

（2）备货计量一般根据货物入库验收单上的数量，整件发放不用再重新过磅或拆箱清点，对被拆散、零星货物的备货应重新过磅、清点。

（3）备好的货物应放于相应的区域，等待出库。通常货物先按总备货单备货，然后根据订单情况按发货顺序进行二次分拣，再根据装车顺序按单排列。

（4）每单备货必须注明送货地点、单号，以便发货。各单的备货之间需留出足够的操作空间。

（5）备货分拣完毕后要进行确认，并通知运输部门。

（6）出库货物应附有质量说明书，或抄件、磅码单、装箱单等附件。

2. 复核与包装作业

1）复核

为避免出库货物出错，备货后要进行复核。复核的主要内容包括：①货物名称、规格、型号、批次、数量等项目是否同出库指令所列的内容一致；②如果是成品发货，要看产品配件是否齐全，所需附随的证件是否齐全；③外观质量、包装是否完好。

复核的主要方式有 3 种——由多个保管员交叉复核、由专职复核员复核、由运输员或包装员复核，不同企业可根据自己的管理模式选择相应的复核方式。

2）包装与集装

为保证货物在装卸搬运及运输途中不受损坏，或重新组合拆散的货物，经常要对出库货物进行包装。货物的包装一定要符合以下要求。

（1）根据货物的外形特点，选择适宜的包装材料，便于包装的拆装、装卸和搬运。

（2）货物包装要符合运输的要求。包括：①包装应牢固，怕潮的货物应做防潮处理，易碎的货物应进行必要的防震包装。②包装外要有明显的标志，在目前信息技术应用广泛的情况下，包装还应有自动识别标志。标明对装卸搬运的要求及其他标志，危险品必须严格按国家规定进行包装，并在包装外部标明危险品的有关标志。利用旧包装时，应彻底清除原有标志，以免造成标志混乱，导致差错。出口产品应符合目的国的进口标准，以规避贸易风险。③不同运价的货物应尽量不包装在一起，以免增加运输成本。

（3）严禁性能抵触、互相影响的货物混合包装。

（4）包装的容器应与被包装货物体积相适应，满足物流模数的要求。

（5）要节约使用包装材料，修旧利废。

3）打标记

包装完毕后，在包装上写明收货单位、到站、发货号、本批货物的总包装件数、发货单位等，并按照客户的预定，涂刷唛头。传统的刷唛头采用黏、挂、捆、刷等方式在货物包装或捆装上加上纸质、塑料质、金属质，甚至油漆质的唛头。

3. *发放作业*

出库货物经复核、包装后，要向提货员或送货员点交。具体点交的主要内容如下。

（1）发货人员依据发货单核对备货数量，依据派车单核对提货车辆，并检查承运车辆的状况后方可将货物装车。

（2）发货人员按照派车单顺序将每单货品依次出库，并与司机共同核对出库产品型号、数量、状态等，将出库货物及随行证件向司机或提货员、送货员当面点交。

（3）对重要货物的技术要求、使用方法、注意事项交代清楚。

（4）货物移交清楚后，提货员或送货员应在出库凭证上签名并注明车号，同时发货人员签字并做好出库记录。

（5）发货人员应及时将出库信息输入仓储管理信息系统，更新库存货物的有关数据，便于信息的查询与管理，为仓储管理和库存控制提供依据。

（二）拣选作业管理

1. *拣选作业的概念*

每张客户订单中都至少包含一项货物，将这些不同种类、数量的货物从存货区域集中在一起，即拣选作业。因此，拣选是指按订单或出库单的要求，从储存场所拣出货物，并放在指定的位置的物流作业活动。

拣选的方式依自动化程度可分为自动化（如电子标签拣选、RF 拣选、IC 卡拣选）、半自动化和人工方式 3 种。目前我国的物流企业大部分处于起步阶段，除了少量企业运用自动化、半自动化设备外，大多数企业仍然采用人工方式，因此，拣选作业成为仓储活动中最耗时耗力的环节。统计资料显示，拣选作业的人力投入占整个仓库或配送中心的 40%～50%，时间投入则占 30%～40%，拣选成本则占收发货、存储和拣选的总成本的 50%左右，如图 5-6 所示。对拣选作业进一步分析，拣选作业各项动作的时间构成如图 5-7 所示。所以，认真设计拣选作业环节的每一个动作，合理设计拣选策略，严格控制拣选作业的人工投入就显得非常重要。随着社会需求向小批量、多品种方向发展，配送货物的种类和数量将急剧增加，拣选作业在物流企业作业中所占的比重越来越大，分拣系统效率的高低对整个企业的作业效率和服务水平具有重要的影响。

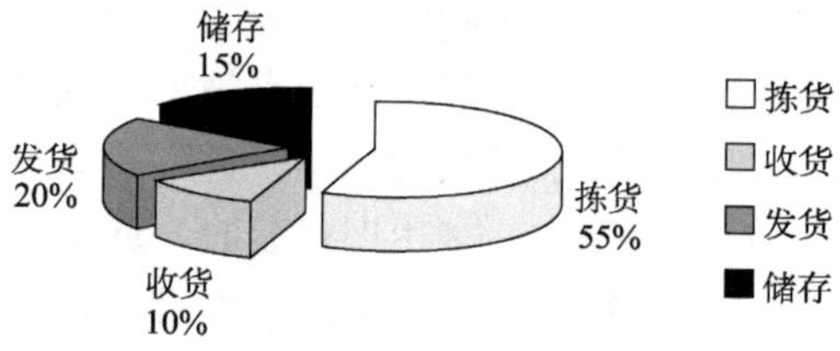

图 5-6　拣选作业的成本比例

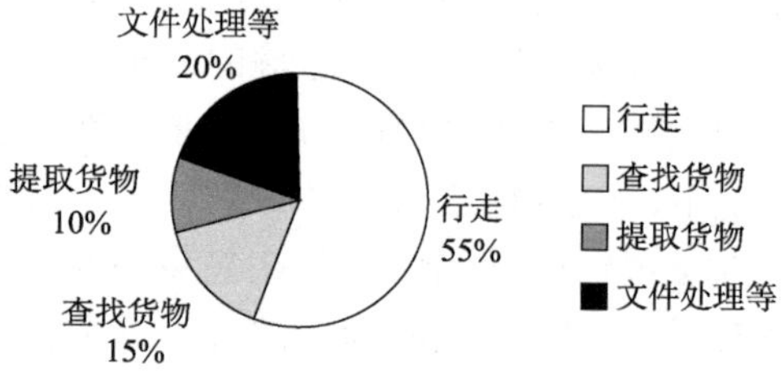

图 5-7　拣选作业各项动作的时间构成

2. 拣选作业的要求

从客户服务的方面来看，要求：①无差错地拣出正确的货物；②时间快，至少不影响后面的送货；③拣选后必要的包装和贴标签；④品种多，数量少；⑤订单跟踪等。前两项是最基本的要求，后几项是客户提出的更高要求。现代物流服务要满足客户的要求，但又要有利润，拣选作业成本在仓库作业总成本中最高，因此应认真对待。

从拣选作业本身来说，由于大部分物流企业仍然依靠人工劳动密集作业，要提高运作效率，要求做到：①不要等待——零闲置时间，通过动作时间分析、人机时间分析方式改善作业人员的动作。②不要拿取——尽量减少人工搬运，如多利用输送带、无人搬运车。③不要走动——作业人员或机械行走距离尽量缩短，分区拣选，物至人拣取或导入自动仓库等自动化设备。④不要思考——拣选作业时尽量不要有对拣选物的判断，即不依赖熟练工，且降低差错率。⑤不要寻找——加强储位管理，减少作业人员寻找的时间，如通过储位和电子标签显示的功能，自动查找，提高拣选效率。⑥不要书写——尽量不要拣选单，实现无纸化作业。当然要求要有仓储管理信息系统和 PDA 手持条形码扫描设备及机载拣选显示计算机等先进设备。⑦不要检查——尽量利用条形码由计算机检查。⑧无缺货——做好货物管理、储位管理、库存管理、拣选管理。利用计算机随时掌握安全库存量、订购时机、补货频率等状况，尽量避免缺货。

3. 拣选的策略

1）按订单拣选

这种作业方式是针对每一张订单，作业人员巡回于仓库内，一次将一个订单的所有货物从头到尾拣取并集中的方式，是较传统的拣选方式。这种方式适用于订单大小差异较大、订单数量变化频繁、季节性强、货物外形体积变化较大等情况。

订单拣选的优点为：①作业方法简单；②实施容易且弹性大；③拣选后不用再进行分类作业；④作业人员责任明确；⑤相关文件准备时间较短。缺点：①拣选区域大时，搬运系统设计困难；②货物品种多时，拣选行走路径加长，拣选效率降低。

2）批量拣选

这种作业方式是把多张订单汇集成一批，按货物类别对数量分别加总后再进行拣选，并按客户订单做分类处理。这种方式适用于订单变化较小、订单数量稳定、货物外形较规则等情况，需要进行流通加工的货物也适合批量拣取，先批量拣取再加工，然后分类配送，有利于提高拣选率及加工效率。

批量拣选的优点：①可以缩短拣选时行走搬运的距离，增加单位时间的拣选量；②适用于订单数量庞大的系统。缺点：①无法对订单快速反应，必须等订单累积到一定数量时才做一次性处理，因此，容易出现停滞现象；②批量拣选后还要进行再分配，容易出现错误。

采用批量拣选方式，可以用以下 4 个方法对订单进行分批。

（1）计算机分批法。订单汇集后，必须经过较复杂的计算机分析，将拣选路线相近的订单进行集中处理，求得最佳的订单分批，可大量缩短拣选行走和搬运的距离。优点：分批时已考虑到订单的类似性及拣选路径的顺序，使拣选效率进一步提高。缺点：所需计算机软件技术要求较高，数据处理的时间较长。

（2）总量分批法。将进行拣选作业前所有累积订单中的货物按品种类别合计总量，再根据总量进行拣选。适合固定的周期性配送。优点：一次拣出所有货物，可使平均拣选距离最短。缺点：必须经过功能较强的分类系统完成分类作业，订单数量不可过多。

（3）定量分批法。订单分批按先进先出（FIFO）的基本原则，当累计订单数到达某一预设的固定数量后，开始进行拣选作业。优点：保持稳定的拣选效率，使自动化的拣选、分类设备发挥最大功效。缺点：订单的货物总量变化不宜太大，否则会造成分类作业的不经济。

（4）时段分批法。当订单到达至出货所需时间非常紧迫时，可利用此策略开设短暂时段，如五分钟或十分钟，将此时窗中所到达的订单做成一批，进行拣选。这种分批方式较适合密集频繁的订单，可以满足紧急插单的要求。

按订单拣选和批量拣选是两种最基本的拣选策略，如果出货单数量不多，这两种方式的效率与效果都没有什么差别。但是如果在同样是大量出货的情况下比较，它们的优劣可见表 5-3。可比较的条件在于，拣选员与出货验放员数量不变，出货单数量相同。通过比较可以看出，批量拣选法在误差度上占了明显的优势，而且在大多数情况下，处理时间也比按订单拣选节省。如果转换成人力成本计算，应可节省 17%～25%的费用，或相当的工时。

表 5-3　拣选方式效率比较表

品类	每项数量	按订单拣货		批量拣货	
		时间	误差率/%	时间	误差率/%
多	多	100	3.2	65	1.1
多	少	100	1.5	85	0.4
少	多	100	2.3	96	0.1
少	少	100	0.3	112	0.1

注：时间是指每一出货单自开始拣货到验放完成的平均处理时间，在没有硬件故障的情况下比较；误差率是指出货验放时的发现数量错误次数占出货单总数的比例

按订单拣选法，在某些情况下，如出货数量少、频率少的品类（书籍），品类多、数量少但识别条件多的品类（成衣），体积小而单价高的品类（化妆品、药品、机械零件），牵涉到批号管制且每批数量不一定的品类等，能体现出它的高效性。

3）复合拣选

复合拣选是按订单拣选及批量拣选的组合，可以根据订单上的品种数量决定哪些订单适合按订单拣选，哪些适合批量拣选。

4）分类拣选

分类拣选是一次处理多张订单，并且在拣取各种货物的同时，把货物按照客户订单分开放置的方式。举例来说，一次拣取五六张订单时，每次拣选用台车或笼车带五六家客户的篮子，边拣取边按客户不同区分摆放。这样可以减少拣选后再分类的麻烦，提高拣选效率，适于每张订单量不大的情况。

5）分区、不分区拣选

不论是按订单还是批量拣选，为了进一步提高效率，都可以配合采用分区的作业策略。分区作业就是将拣选作业场地作区域划分，每一个作业员只负责拣取指定区域内的货物。而分区方式又可分为拣选单位分区、拣选方式分区及工作分区。事实上，在作拣选分区时也要考虑到储存分区的部分，必须先对储存分区进行了解、规划，才能使得系统整体的配合趋于完善。

（1）拣选方式分区。在同一拣选单位分区内，若采用不同方式或设备拣选，则按拣选方式分区。

（2）货物特性分区。根据货物原有特性来划分储存区域。

（3）拣选单位分区。按拣选单位（拣选托盘或拣选箱）来分区。

（4）储存单位分区。将相同储存单位的货物集中便可形成储存单位分区。

6）接力拣选

这种方法与分区拣选类似，首先决定拣选员各自负责的产品品种或货架的范围，各个拣选员只拣取拣选单中自己所涉及的部分，然后以接力的方式交给下一位拣选员。

7）订单分割拣选

当一张订单所订购的货物品种较多，或需要设计一个及时快速处理的拣选系统时，为了使其能在较短时间内完成拣选作业，可以利用此策略将订单切分成若干子订单，交由不同的拣选人员同时进行拣选作业，以提高拣选速度。订单分割策略必须与分区策略或接力拣选策略联合运用才能有效发挥作用。

五、出入库作业评价指标

入库作业是货物进入仓库或配送中心的第一阶段，出库作业是货物准备移出仓库或配送中心的最后阶段。这个一进一出的动作是否正确有效，将严重影响到物流企业的其他作业。因此，对于出入库货品资料的掌握特别重要。

1. 站台使用率和峰值率

$$\text{站台使用率}=\frac{\text{进/出货车次卸载停留总时间}}{\text{站台数}\times\text{工作天数}\times\text{每日工作时数}}$$

$$\text{站台峰值率}=\frac{\text{峰值车数}}{\text{站台数}}$$

若站台使用率偏高，表示站台数量不足，容易造成交通堵塞。改进方法是增加停车站台数量、增加人员、提高作业效率、减少车辆停留装卸时间。此外，若站台使用率低和站台峰值率高，表示车辆停靠站台时间不长和站台数量有余，但在峰值时间进/出货时仍然拥挤。这种现象说明没有控制好进/出货时间带。改进方法是把进/出货车辆的到达时间分开，从而避免峰值时间的产生。

2. 每人时处理进/出货量

为了评估进出人员工作量、作业效率和进/出货时间，应计算每人每小时处理的进/出货量。

$$每人每小时处理的进货量=\frac{进货量}{进货人员数\times 工作天数\times 每日进货时间}$$

$$每人每小时处理的出货量=\frac{出货量}{出货人员数\times 工作天数\times 每日出货时间}$$

$$进货时间率=\frac{每日进货时间}{每日工作时}$$

$$出货时间率=\frac{每日出货时间}{每日工作时}$$

若每人每小时处理进/出货量大，且进/出货时间率高，表示进/出货人员平均每天工作量大。当业务量超过一定时，应适当增加作业人员。当每人每小时处理进/出货量低和进/出货时间率高时，表示每日进/出货时间长，每人进/出货工作量低。造成这种情况的原因在于作业人员过多和作业人员工作效率低。改进方法是减少作业人员，提高作业人员业务水平，增加装卸效率较高的器具。若每人每小时处理进/出货量低，且进/出货时间率也低时，表示作业人员每天工作量不能满，作业人员过多。对于这种情况应适当减少作业人员。如果每人每小时处理进/出货量高，但进/出货时间率较低，表示上游进货和下游出货时间可能集中在某一段时间内，造成在此段时间作业量较大。解决方法是分散进/出货作业时间。

3. 每台进/出货设备每天的装卸货量

为了计算每台设备的工作量，必须计算其每天的装卸货量。

$$每台进/出货设备每天的装卸货量=\frac{出货量+进货量}{装卸设备数\times 工作天数}$$

如果指标数值较低，说明设备开动率差，资产过于闲置。其原因在于进/出货量低，设备数量较多。如果指标数值较高，说明每台设备效率较高。

4. 每台进/出货设备每小时的装卸货量

为了评估设备的工作效率，必须计算其每小时的装卸量。

$$每台进/出货设备每小时装卸货量=\frac{出货量+进货量}{装卸设备数\times 工作天数\times 每天进出货时数}$$

六、拣选作业评价指标

在仓储作业中，拣选作业是工作量最大的、最有弹性的一项作业活动，因此，要随时注意检查监督其运作情况，才能确保作业质量。

1. 拣选时间率

$$拣选时间率=\frac{每日拣选时数}{每天工作时数}$$

利用此公式可以衡量拣选耗费时间是否合理。拣选时间过多或过少都能影响出货量、拣选人员的数量和效率。如果拣选时间较长，容易延误出货时间。为了提高拣选效率，应充分利用拣选信息化，缩短拣选员寻货路程和时间，提高拣选准确率。此外，按 ABC 分析，合理分布货物存区，缩短步行时间，对数量大或价值高的尺寸、形状和重量基本统一的物品实行机械化、信息化和智能化管理。

2. 每人时平均拣选能力

$$每人时拣选件数=\frac{累计总件数}{拣选人数\times每日拣选时间\times工作天数}$$

利用以上指标可判断拣选人员的拣选能力。

3. 拣选能力使用率

$$拣选能力使用率=\frac{订单总数量}{每日计划拣选订单数\times工作天数}$$

这个公式表示实际拣选量与计划拣选量的比率。若此比率大于 1，表示拣选能力已充分发挥了；若此比率小于 1，说明企业尚未达到计划的拣选能力。

4. 拣选责任品项数

$$拣选责任品项数=\frac{总品项数}{拣选区域数}$$

若拣选责任品项数较大，表示每位拣选员负责的品项数多，寻货时间较多，从而降低了拣选效率。为了提高拣选效率，应适当减少每个拣选员负责的品项数，以便减少寻货时间和寻货距离。

5. 拣选品项移动距离

$$拣选品项移动距离=\frac{拣选移动距离}{订单总笔数}$$

若拣选品项移动距离值较大，表示拣选时行走距离长，耗时多，拣选效率低。解决方法是优化拣选路线，实现最佳订单分批拣选，并且利用计算机对货品搬运进行流量分析。

6. 每订单拣选成本

$$每订单拣选成本=\frac{拣选成本}{订单总数量}$$

拣选作业是仓库或配送中心的重要工作，拣选成本占比较高。一般的拣选成本有：①人工成本，如拣选工时成本。②拣选设备折旧费，如储存、搬运、信息处理设备和计算机系统等折旧费。③拣选作业的信息处理耗材，如纸张、连接线等。如果这些拣选成本较高，说明拣选设备投资过高或损耗太快，操作者效率低。改进方法是针对拣选成本较高的实际情况逐一解决，降低成本，提高效率。

7. 拣误率

$$拣误率=\frac{拣错笔数}{订单总数量}$$

通过此公式能够衡量拣选作业质量、拣选员的工作态度和细心程度。为了降低拣误率，应对拣选方式的规划、自动拣选系统的正确操作和拣选员敬业程度等方面进行改进。

第三节　物流企业储位管理

一、储位管理概述

物流企业仓库或配送中心的作业是一连串的“存”和“取”的动作组合。如何使“存”

和“取”的动作快速而有效，做到“好存好取”，就要对货物储存的位置进行有效管理，这就是储位管理。仓库储位是指库内具体存放货物的位置。通常根据仓库的结构、功能及常规业务中存储货物的特点，将仓库存货位置进行分区分位，形成储位。一般每个储位都用一个编号表示，以便于区别。储位确定并明确标示后，一般不随意改变。储位可根据储存货物的特性和数量确定其大小，大至几千平方米的散货位，小的仅有不足 1 平方米的货架上的储位。储位管理的流程如图 5-8 所示。

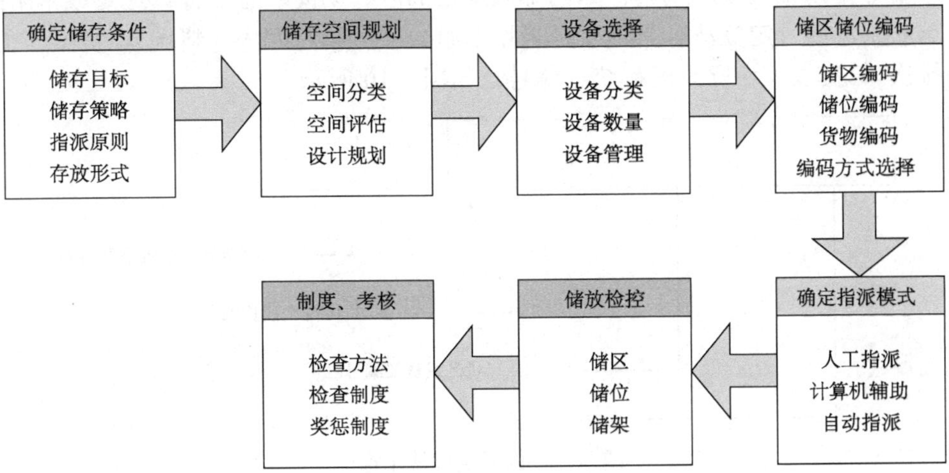

图 5-8　储位管理流程图

储位管理的目标具体体现在最大限度地利用空间、有效利用人员和设备、按照货物特性合理储存、对所有货物能做到及时存取、经济而安全地移动货物，以及良好的管理环境和工作条件 6 个方面。

二、储位编码和货物编码

为了使存取工作顺利进行，必须对储位进行编码。储位编码好比货物的地址，货物编号好比姓名。有了地址和姓名，才能准确无误地把信送到。每一种货物都有一个对应的地址和姓名，存取时才能迅速而准确地进行工作。

（一）储位编码

1. 储位编码的作用

首先，能提高收发货效率，避免差错。收发货按号存取，对识别货垛较为便利，能缩短货物进出库作业时间，减少串号和错付等现象。其次，储位编码标志明显、货位识别容易，不同货区的保管员之间开展互助就比较容易，有利于调剂进出库作业的忙闲。最后，有利于货物在库检查、盘点、对账等作业，能促进仓库账物相符。

2. 储位编码的方法

储位编码的方法可以根据仓库各自不同的建筑、设备条件与业务管理需要而定。储位编码的方法一般有区段式、品项群式、地址式三种方式。

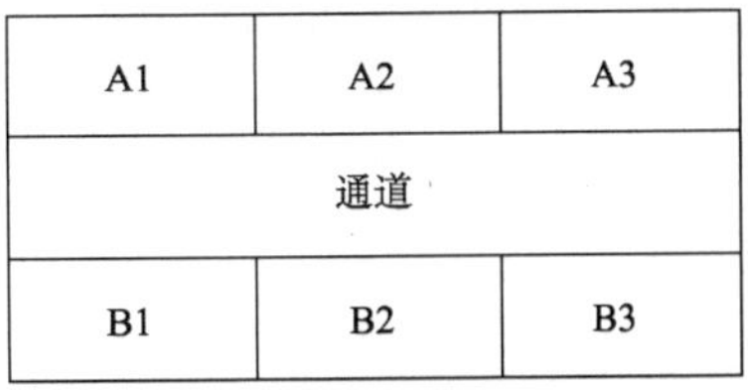

图 5-9　储区的区段式编码

（1）区段式。区段式是把保管区分成几个区段，再对每个区段编码，如图 5-9 所示。这种方式是以区段为单位，每个号码代表的储区较大。适用于单位化货物和大量货品且保管期短的货物。区域大小根据物流量大小而定。

（2）品项群式。品项群式是把一些相关性货物经过集合区分成几个品项群，再对每个品项群进行编码。这种方式适用于容易按货物群保管的场合和品牌差距大的货物，如服饰群、五金群、食品群。

（3）地址式。地址式是利用保管区中的现成参考单位，如建筑物第几栋、区段、排、行、层、格等，按相关顺序编码，如同邮政地址的区、胡同、号一样。这是较常用的编码方法，一般采用四号定位法。具体就是采用四组数字号码对库房（料场）、货架（货区）、层次（排次）、货位（垛位）进行统一编号，如图 5-10 所示。

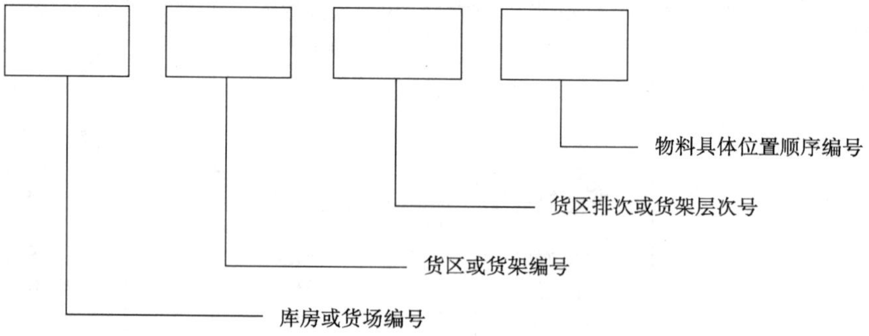

图 5-10　四号定位法示意图

例如，货架的编号采用字母和数字结合的方式，如图 5-11 所示。由于柜台有四列，因此开头字母分别是 A，B，C，D，第二个字母是次一级的分类，数字是再次一级的分类。整个仓库的空间用得比较充分，柜台的排列很整齐，通道留得比较宽敞、合理，整个仓库的布局很符合明朗化的标准要求。

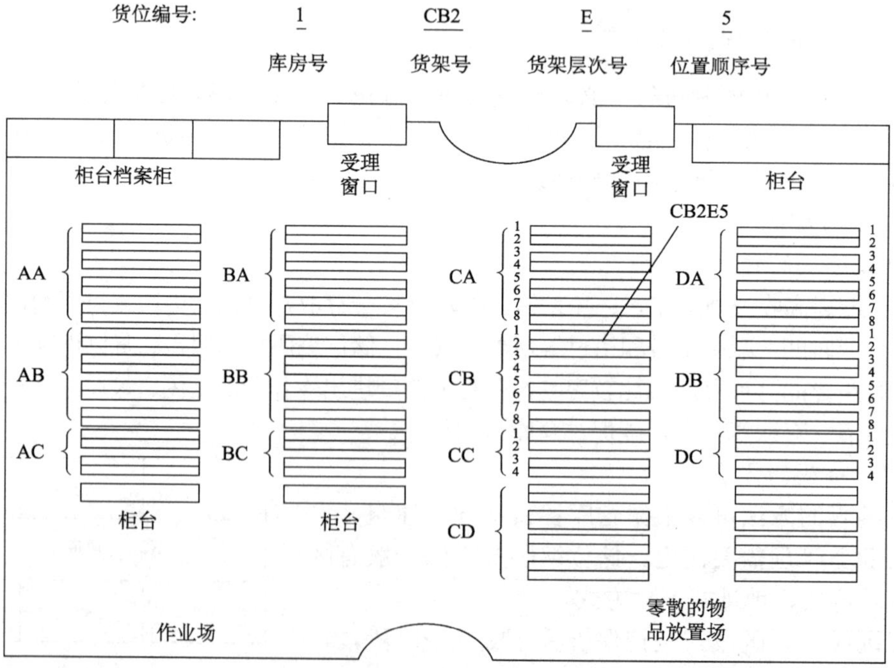

图 5-11　仓库布局与货架编号

（二）货物编号

为保证物流作业准确而迅速地进行，必须对货物进行清楚、有效的编号。编号的重要意义是对货物按分类内容进行有序编排，并用简明文字、符号或数字来代替货物的“名称”“类别”。对货物进行编号后可通过计算机进行高效率和标准化的管理。

货物编号的原则是简易性、安全性、单一性、一贯性、充足性、扩充弹性、组织性、易记性、分类展开性和计算机的易处理性。

货物编号的常用方法如下。

（1）数字顺序编号法。该方法由 1 开始一直往下编，常用于账号或发票编号，属于延展式的方法。需有编号索引，否则无法直接了解编号的意义。

（2）数字分段法。这是数字顺序编号法的变形，即把数字分段，每一段代表一类货物的共同特性。该方法要编交叉索引，但比第一种方法容易查询，如图 5-12 所示。

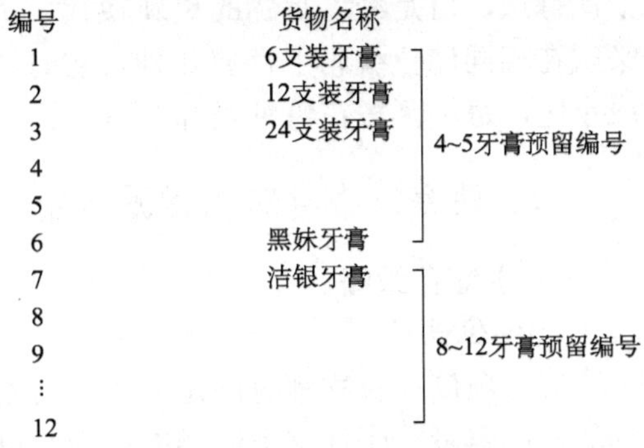

图 5-12　数字分段法货物编号

（3）分组编号法。该编号法把货物特性分成多个数字组，每个数字组代表货物的一种特性。每一个数字的位数多少要视实际需要而定。这种方法使用较广。

例如：

类别	形状	供应商	尺寸
07	5	006	110

其编号意义如表 5-4 所示。

表 5-4　分组编号示意表

货物	类别	形状	供应商	尺寸大小	意义
编号	07				饮料
		5			圆筒
			006		统一
				110	100×200×400

（4）暗示编号法。这是用数字和文字组合来编号，它暗示了货物内容。此法易记忆又不易让外人知道。

例如，货物编号为 BY005WB10 的意义如表 5-5 所示。

表 5-5　暗示编号示意表

货名	尺寸	颜色与形式	供应商
BY	005	WB	10

表 5-5 中 BY 表示自行车（bicycle）；005 表示大小型号为 5 号；W 表示白色（white）；B 表示小孩型（boy’s）；10 表示供应商代号。

（三）储位编码与货物编号的应用

为使储位管理更加合理，应对储位进行分类标示。即在每个储位上用大字标明货物名称、货号、储位、条形码，以便知道货物的存放地点。保管空间照明要好。对于名称和货号接近、容易混淆的物品，可在每个储位的上方和下方标牌上醒目地记录储位编号、品名、货号。有时还用颜色进行区分，达到醒目的目的。

尽量不要在相同的储位编码中存放几种不同的货物。若在一个储位编码中存放多种货物，而这些货物仅用一些简单名称、货号来区分排列，初期可根据名称、货号标示顺序来依次拣选，可是经过货物的更新换代、货物顺序的变化，就很难找到应拣取的货品。如果必须在相同储位编码中存放几种货物时，可采用储位切割的方法，即用隔板把储位空间分成小区，每小区按花色种类标明货号。

三、储存策略与储位指派原则

（一）储存策略

1. 定位储存

每一项储存货物都有固定储位，货物之间不能互用储位，因此，必须规定好每一项货物的储位容量，而且这个量不能小于其可能的最大库存量。

1）采用定位储存的条件

（1）储区安排时要考虑货物的尺寸及重量，且不适宜随机储放时。

（2）储存条件对货物储存非常重要时。例如，有些货物必须控制温度。

（3）有重要货物需要保护时。

（4）由管理或其他政策规定某些货物必须分开储放时。例如，肥皂、化学原料和药品。

（5）易燃，严格规定储放于一定高度以满足保险标准及防火法规时。

2）定位储存的优缺点及适用情况

优点：每项货物都有固定的储存位置，这样方便拣选人员熟悉货物储位；货物的储位可按周转率大小（或畅销程度）安排，以缩短出入库搬运距离；可针对各种货物的特性调整储位，将不同货物特性间的相互影响减至最小。

缺点：储位容量必须按各项货物的最高在库量设计，因此，储区空间平时的使用率较低。

总之，定位储放容易管理，所需要的总的搬运时间较少，但却需要较多的储存空间。定位储存适用于仓库空间大，库存货物数量少、品种较多的情况。

2. 随机储存

随机储存是指每一个货物被分配的储存位置都是由随机过程产生的，而且可以经常改变。也就是说，任何品种可以被存放在任何可利用的位置上。该随机原则一般是由储存人员按习惯来存放，并且通常与“靠近出口”的原则综合使用，按货物入库的时间顺序放在靠近出入口的储位。

1）随机储存的优缺点

优点：由于储位共用，只需按所有库存货物的最大在库量设计即可，储区的空间利用率较高。

缺点：货物的出入库管理及盘点工作较困难；周转率高的货物可能被存放在离出入口较远的位置，增加了出入库的搬运距离；具有相互影响特性的货物可能放在相邻的位置上，造成货物的损坏变质或发生危险。

2）适用情况

储位系统采用随机储存方式后，能使货架空间得到最有效的利用，减少需要的储位数目。根据模拟研究的结果，随机储存系统与定位储存相比，可节省35%的移动储存时间、增加30%的储存空间，但不利于货物的拣选作业。因此，随机储存方式适用于库房空间有限，并且货物种类少或体积较大的情况。

运用计算机协助随机储存的记忆管理，就能较好地避免随机储存造成的操作困难。由计算机记录仓库中每项货物的储存位置，则不仅可以在进出货时查询储位，也可以借助于计算机来调配进货储存的位置空间，依计算机所显示的各储区的储位剩余空间来决定货物的存储安排，必要时也能调整货物的储存位置。

3. 分类储存

所有的储存货物可以按照一定特性进行分类，每一类货物都有固定的存放位置，而同属于一类的不同货物又按一定的规则来分配储位。分类储存通常按货物的相关性、流动性，货物尺寸、重量、特性来分类。

1）分类储存的优缺点

优点：便于存取畅销品，具有定位储存的各项优点；各分类储存区域可根据货物特性重新设计，有助于货物的在库管理。

缺点：储位必须按各项货物最大在库量设计，因此储区空间的平均利用率较低。

2）适用情况

分类存储比定位储存更有弹性，但也与定位储存有同样的缺点。因而较适用于以下情况：相关性较大的货物，而且经常被同时订购；产品尺寸相差较大的货物；周转率差别较大的货物。

4. 分类随机储存

每一类货物有固定存放的储区，但在各类储区内，每个储位的分配是随机的。

分类随机储存的优点：具备分类储存的部分优点，又可节省储位数量，提高储区利用率。缺点：货物出入库管理及盘点工作的难度较高。

分类随机储放具有分类储存和随机储存的特点，需要的储存空间介于二者之间。如果运用计算机管理储位，同样能较好地降低操作的难度。

（二）储位指派原则

（1）面对通道原则。即货物面对通道来保管，将可识别的标号、名称等面向通道，使货物易于辨识，使货物的存、取容易，且有效率地进行。

（2）货物尺寸原则。即在储位指派时，要同时考虑货物体积大小及货物的整批形状，以便能提供适当的空间满足某一特定需要。所以在储存货物时，要有不同大小位置的变化，用以容纳一切不同大小的货物和不同的容积。如果不考虑储存货物单位大小，有可能造成储位空间太大而浪费空间，或者太小而无法存放货物。一般将体积大的货物存放于方便拿取和搬运的位置。

（3）重量特性原则。即按照货物重量的不同来决定储放货物保管位置的高低。一般而言，重物应保管于地面上或货架的下层位置，而重量轻的货物则在货架的上层位置；若以人手进行搬运作业时，人腰部以下的高度用于保管大型货物，而腰部以上的高度则用来保管重量轻的货物或小型货物。此原则对采用货架，尤其是人手搬运的作业有很大的意义。

（4）货物特性原则。货物特性不仅涉及货物本身的危险及易腐性质，同时也可能影响其他特性，因此在仓库储位指派时必须考虑。例如：①易燃易爆货物必须放在具有高度防护作用的建筑物内，安装适当防火隔间，并储存在温度较低的阴凉处。②易窃货物，必须装在有加锁的笼子、箱、柜或房间内。③易腐品要储存在冷冻、冷藏或其他特殊的设备内。④易污损品可使用帆布套等覆盖。⑤怕潮湿和易霉变、易生锈的货物应放在较干燥的库房内。⑥一般货物要储存在干燥及管理良好的库房内，以满足客户的存取需要。

四、仓储空间利用评价指标

1. 可供保管面积率

可供保管面积率是指扣除通道后货品的可保管面积占整个储区的比例。这个比例大小说明储区内通道占的面积大小。在满足物流作业需要的条件下，储区通道宽度小一些为好。

$$可供保管面积率=\frac{可保管面积}{储区面积}$$

2. 储位容积利用率和单位面积保管量

$$储位容积利用率=\frac{存货总体积}{储区总容积}$$

$$单位面积保管量=\frac{平均库存量}{可保管面积}$$

由上述两个公式判断储位规划及货架使用是否合理。若储位容积利用率和单位面积保管量偏低，说明每一个储位有重量限制，在库品的重量太重，制品不能堆叠太高，或者摆放太密。另外，存货量较少会导致储位过剩。

若储位容积利用率低，单位面积保管量很高，说明在库品体积小，但存货量较多。为此不能把多种品种物品放在同一储位上，否则降低了储位容积利用率。

若储位容积利用率高，单位面积保管量低，说明在库品体积较大，或者货架高度较低，没有充分利用储区高度，导致单位面积货品储存量偏低。

3. 平均每品项所占储位数

$$平均每品项所占储位数=\frac{货架储位数}{总品项数}$$

根据实际经验，平均每品项所占储位数在0.5～2时，拣选人员易于巡货，并迅速取出物品。

第四节　物流企业盘点管理

一、盘点作业的目的

盘点是指为确定仓库内现存货物的实际数量、品质状态和储存状态的清点，是仓储管理工作的控制反馈过程。货物在仓储过程中，常常因不断进出库，或存放不当、存放过久等导致货物数量、质量发生变化，与账上记录不符。因此，在规定的时间实施盘点是十分必要的。

盘点是一个综合性的管理工作，其目的有以下内容。

（1）为了确定现存量，并修正账实不符产生的误差。货物在一段时间不断接收与发放后，容易产生误差。这些差异必须在盘点后立即查出错误的原因，并予以更正。

（2）为了计算企业的损益。企业的损益与总库存金额有相当密切的关系，而库存金额又与库存量及其单价成正比。因此，为了能准确地计算出企业实际的损益，就必须针对现有数量加以盘点。

（3）为了稽核货物管理的绩效，使出入库的管理方法和保管状态变得清晰。例如，呆滞品和废品的处理状况、存货周转率、货物的保养维修都可以通过盘点发现问题，从而提出改善的方法。

二、盘点的主要内容

（1）查核货物的账面数量与实际数量是否一致。核对数量是下一步对金额进行核对的基础，也是库存管理的需要。

（2）核查各类货物的进出库方面有无差错，以及是否按照先进先出的原则出货。

（3）检查货物的保管状态，发现保管、保养中存在的问题，及时改进。具体包括：货物的堆放及维护情况；有无超储积压、短缺、变质、损坏等情况；不合格及退货的货物处理情况；仓库设备、储存容器、安全设施是否损坏等。

三、盘点作业的方法

（一）按盘点的对象分类

1. 账面盘点

账面盘点又称为永续盘点，就是把每天入库及出库货物的数量及单价，记录在计算机或账簿上，而后不断地累计加总，算出账面上的库存量及库存金额。

2. 现货盘点

现货盘点也称实地盘点（实盘），也就是实地去点数、调查仓库内货物的库存数，再依货物单价计算出库存金额的方法。如果要得到最正确的库存情况并确保盘点无误，最直接的方法就是确定账面盘点与现货盘点的结果是否完全一致。如有账实不符的现象，就应分析、寻找错误原因，划清责任归属。

（二）按实施盘点的时间分类

1. 定期盘点

定期盘点是指对各项货物在固定的时间内进行盘点，一般在期末。例如，每月月末一次、每季度季末一次、每半年一次、每年年终一次等。

由于期末盘点是将所有货物一次点完，其工作量大，要求严格。通常采取分区、分组的方式进行，其目的是明确责任，防止重复盘点、漏盘。分区就是将整个储存区域划分成一个个责任区，不同的区由专门的小组负责盘点。

一个小组通常需要 3 个人：一人负责清点数量并填写盘存单；另一人复查数量并登记复查结果；第三人负责核对前两次盘点数量是否一致，对不一致的结果进行检查。待所有盘点结束后，再与计算机或账面上反映的数量进行核对。

2. 不定期盘点

不定期盘点是指没有固定时间，而是根据实际需要对所实存的货物进行局部区域的盘点。

3. 动态盘点法

动态盘点法是对有动态的货物，即发生过出入库的货物，及时核对该批货物余额是否与账、卡相符的一种方法。

4. 循环盘点法

循环盘点法是将货物逐区逐类连续盘点，或在某类货物达到最低存量时即启动加以盘点。

循环盘点法通常是对价值高或重要的货物进行盘点的一种方法。因为这些货物属于重要货物，对库存条件的要求比较高，一旦出现差错，不但会影响企业的经济效益，而且有损企业形象。在仓储管理过程中广泛使用的是ABC分类管理法，对货物按其重要程度科学地对其进行分类，对重要的货物进行重点管理，加强盘点，防止出现差错。因为循环盘点只对少量货物盘点，所以通常只需保管人员自行对库存资料进行盘点即可，发现问题及时处理。

目前，国内多数配送中心和仓库都使用计算机来处理库存账务，当账面库存数与实际库存数发生差异时，很难断定是记账有误还是实际盘点中出现错误，所以可以采取“账面盘存”与“实地盘存”相结合的方法进行盘点。

四、盘点作业的流程

盘点作业流程如图5-13所示。

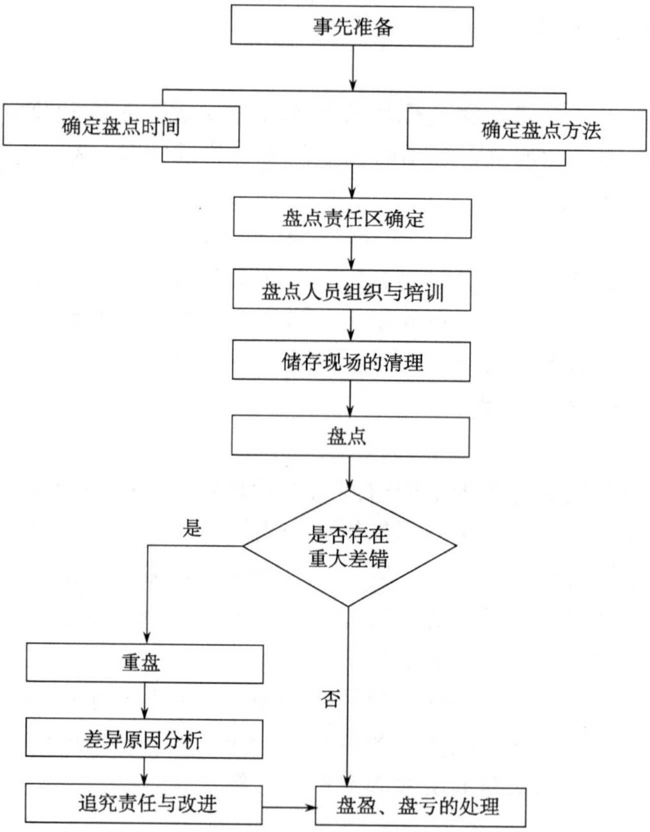

图5-13　盘点作业流程

（一）盘点前的准备

盘点前的准备工作是否充分，关系到盘点作业能否顺利进行。事先对可能出现的问题及盘点工作中易出现的差错进行周密的研究和准备是相当重要的。准备工作主要包括以下内容。

（1）确定盘点的程序。

（2）确定盘点时间。视货物性质来确定周期，最好利用连续假期。一般情况下，A 类重要货物每天或每周盘点一次，B 类货物每 2～3 周盘点一次，C 类货物每月盘点一次。

（3）确定盘点方法。因盘点场合、要求不同，盘点的方法也有差异。为符合不同状况的产生，盘点方法的决定必须明确，以使盘点时不致混淆。

（4）确定并培训盘点人员。由于盘点作业必须动用大批人力，通常盘点当日应停止任何休假，并于一周前安排好出勤计划。经过训练的人员必须熟悉盘点用的表单。盘点前一日最好对盘点人员进行必要的指导，如盘点要求、盘点常犯错误及异常情况的处理办法等。盘点、复盘、监盘人员必须经过训练。盘点人员按职责分为填表人、盘点人、核对人和抽查人。

（5）准备好盘点所用的表格及库存资料，且盘点人员熟悉盘点表格。如果采用人员填写方式，则需要准备盘点表和红色、蓝色圆珠笔。盘点用的表格必须事先印制完成。

（6）配合会计进行货物财务决算，以便对货物账和财务账进行对比盘点。

（7）对盘点时货物的进出进行控制。需盘点的货物应分类堆放整齐，并设置盘点单；盘点时应办理完盘点之前的收发业务；盘点期间所来货物应单独存放，并于盘点后入库。

（二）初盘、复盘

1. 初盘

在正式盘点之前，仓管人员应先进行盘点并填写盘点单，以便于正式盘点工作的顺利进行。

2. 复盘

对货物的盘点一般采用实地盘点法。盘点时应注意：①仓库保管人员必须在场，协助盘点人员盘点；②按盘点计划有步骤地进行，防止重复盘点或漏盘；③盘点过程中一般采用点数、过秤、量尺、技术推算等方法来确定盘点数量。

（三）盘点报告、结果处理

1. 盘点报告

（1）根据盘点数量和账存数量编制盘点报告。

（2）确定盘盈盘亏量。

（3）追查盘盈、盘亏的原因。

2. 盘点结果处理

面对盘点发现的问题，应该本着不回避矛盾，积极解决问题的态度来处理，具体包括：①查明差异，分析原因；②认真总结，加强管理；③上报批准，调整差异。

五、盘点作业评价指标

1. 盘点数量误差率和盘点品项误差率

为了加强库存管理，确保物流企业效益，必须加强库存盘点工作。盘点数量误差率和盘点品项误差率公式为

$$盘点数量误差率=\frac{盘点误差量}{盘点总量}$$

$$盘点品项误差率=\frac{盘点误差品项数}{盘点品项数}$$

通过以上两个公式可以研究发生盘点误差的主要原因。如果两项误差率过高，则说明在库管理不佳。如果盘点数量误差率高，而盘点品项误差率小，说明发生误差的货品品项

数少，但发生误差品项的数量都较大。改进方法是判断负责此货物品项的人员是否尽职尽责，货物置放区域是否得当。当盘点数量误差率低，而盘点品项误差率较高时，表示发生误差的货物种类增多了。解决方法是适当减少货物品类，加强货物在库管理。

2. 平均盘差品金额

$$平均盘差品金额=\frac{盘点误差金额}{盘点误差量}$$

如果平均盘差品金额较高，表示高价位货物的误差较大，即高价位货物流失量严重。这会对企业利益造成较大损失，必须通过 ABC 分析，找出 A 类货物并加强管理。

第五节　物流企业库存管理

一、库存管理概述

（一）库存与库存管理的概念

库存是指处于储存状态的物品。一般来说，企业在销售阶段为了能及时满足顾客的需要，避免发生缺货或延期交货现象，需要有一定的成品库存。在采购和生产阶段，为了保证生产过程的连续性，需要有一定的原材料和零部件库存。物流企业可以从这两个方面入手为企业提供库存管理服务。

库存管理是指对库存货物的管理。库存管理与仓储管理既有区别又有联系。仓储管理主要是指对仓库和仓储作业的管理，库存管理主要是对库存货物数量控制的管理。但是，二者之间又是紧密联系的，仓储管理和库存管理都属于物流企业的主要工作，它们都围绕如何保证仓库的正常运转而展开。

（二）库存管理目标

库存管理的目标主要有两个：一是保证供应；二是降低成本。首先是保证供应，不出现缺货情况。对于物流企业而言，就是要保证其生产型客户生产不中断，保证销售型客户有货供应，不会流失顾客。但是，如果盲目地追求供应不间断而增加库存量，就会带来库存积压的风险，还会增加仓储管理的成本，并存在库存积压而产生损失的可能性。因此，库存管理要采取适当的措施，在保证供给的同时，尽量降低成本，通过科学的管理方法在二者之间寻求最佳的平衡。

（三）库存管理的作用

1. 加快库存周转

库存周转是否迅速是企业成本、效率问题中的重要一环。库存对于企业的意义，在于它能够满足生产或流通对商品的需要。这种满足必须是适量的、适时的。通过物流企业帮助企业管理库存，提高库存管理水平，加快库存周转，不仅能为企业节约库存资金的占压，还能节约仓储管理费用，并降低库存风险和库存损耗。这是物流企业在专业化分工中具备的独特优势之一。

2. 提高服务水平

由于市场竞争日益加剧，企业必须不断提高其服务水平才能保持和提高竞争力。许多企业采取的一个策略就是使产成品库存靠近客户以利于及时交货，尤其对于可替代性很高的产品，这种策略尤为重要。另外，为了防止缺货，物流企业通常保持一定数量的库存作为缓冲，即安全库存，以防止在运输或订货方面出现问题而影响生产和销售。安全库存的数量将根据延迟交货的概率及原材料的使用数量来确定。物流企业还要根据客户的特殊性制定库存管理制度和方法，努力满足客户的多样性需求。

3. 控制库存水平

不适时和不适量的库存是企业经济利益受损的主要原因。这些情况一旦发生，或者造成缺货，会影响企业的正常经营；或者造成高库存，增加了企业的成本，降低了企业的利润。要做到适时适量，就要进行库存控制，因此，库存管理的核心问题就是库存控制。物流企业为企业提供专业化的库存管理服务，将库存控制在合理的水平上，帮助企业减少不必要的库存，降低成本，促进产品的销售，从而提高企业的竞争力。

二、库存成本构成

库存成本一般可以分为以下 3 个主要部分。

（一）库存持有成本

库存持有成本是指为保有和管理库存而需承担的费用开支。具体可分为运行成本、机会成本和风险成本 3 个方面。

（1）运行成本。主要包括仓储成本。库存越高，仓储面积越大，仓储成本也越高。此外，运行成本还包括仓库中的设备投资成本和日常运作费用（如水、电、人工费等）。

（2）机会成本。主要是库存所占用的资金所能带来的机会成本。库存作为企业的资产是通过占用企业的流动资金而获得的，任何企业都需要有一定的资金投资回报率，即库存占用的资金不用于库存而是去经营其他投资所能获得的平均收益，这一比例因行业和企业的不同而有所不同，一般为 10%～16%。企业因为要持有一定的库存成本而丧失了流动资金所能带来的投资收益，即库存的机会成本。

（3）风险成本。首先是保险费用，为了减少库存的损失，大多数企业会为其库存的商品投保；其次，企业可能会因为库存的不合理存放而造成损耗或报废，如食品过期、存放过程中破损、产品滞销、失窃等，这些都属于库存的风险成本。

（二）订购成本

订购成本是指企业为了得到库存而需要承担的费用。表现为订货成本，包括与供应商之间的通信联系费用、差旅费、货物的运输费用等。订购的次数越多，订货成本就越高。如果库存是企业自己生产的，则订购成本体现为生产准备成本，即企业为生产一批货物而进行的生产线改线的费用。

（三）库存缺货成本

库存缺货成本是指由于库存供应中断而造成的损失。包括原材料供应中断造成的停工损失、产成品库存缺货造成的延迟发货损失和销售机会丧失所带来的损失、企业采用紧急采购来解决库存的中断而承担的紧急向外采购成本等。

三、库存控制方法

库存控制是在保障供应的前提下，使库存货物的数量最少所进行的有效管理的经济技术措施。库存控制的重点是对库存量的控制，具体要解决 3 个方面的问题：①确定库存检查周期；②确定订货时间；③确定订货批量。

（一）定量控制法

定量控制法又称定量订货法，是指当库存量降低到一定的水平（订货点）时，按照已经计算好的固定数量（一般以经济订货批量 EOQ 为标准）进行订货补充的一种库存管理方式。当库存量下降到订货点时，马上按预先确定的订货批量（Q）发出货物订单，经过一定的时间收到货物，库存水平上升，如图 5-14 所示。采用定量控制法，必须预先确定订货点和订货批量，既要满足客户的库存需求，又要使总成本最低。

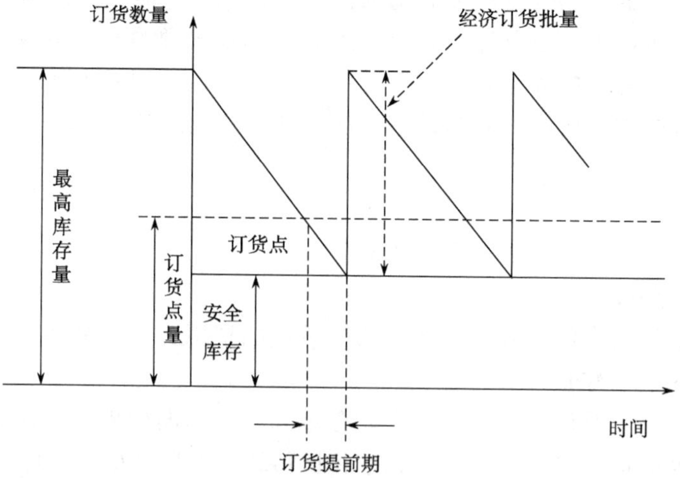

图 5-14　定量控制法示意图

1. 订货点的确定

订货点在库存控制理论中是一个决策变量，是控制库存水平的关键因素。如果订货点取得过高，会导致库存量过大，占用资金多，库存费用高；如果取得太低，则可能导致缺货损失。因此，订货点要取得适度。

1）影响适度订货点的因素

（1）订货提前期。它是指从发出订单到所订货物运回入库所需要的时间，该值的大小取决于路途的远近和运输工具速度的快慢。

（2）平均需求量。它表示库存消耗的快慢。

（3）安全库存。物流企业为了应对各种突发情况，如需求发生变化、货订不到、运输中断等，而设置的库存量。

2）订货点的计算

（1）在需求和订货提前期确定的情况下，不需要设置安全库存，订货点公式为

$$订货点=订货提前期\times 日平均需求量$$

式中，日平均需求量=全年需求量÷360（假设 1 年按 360 天计算）。

上式中订货提前期按照天数计算，也可以按周、月计算，那么平均需求量也要相应改为周或月的需求量。

例 5-1　已知某仓库每年出库某货物 18 000 箱，订货提前期为 7 天。求订购点。

解：订货点=7×(18 000÷360)=350（箱）

（2）在需求或订货提前期不确定的情况下，需要设置安全库存，并且需要运用数理统计方法计算安全库存量，因此，订货点的确定就较为复杂，一般公式为

$$订货点=平均需求量\times 最大订货提前期+安全库存$$

式中，$安全库存=安全系数\times\sqrt{最大订货提前期}\times 需求变动值$。

上式中，安全系数可以根据缺货概率，可查表 5-6 得到。最大订货提前期是指所有超过正常的订货提前期时间中最长的一次订货提前期时间，一般按天数计算，也可按周或月计算。需求变动值可以用下列两种方法计算。

表 5-6　安全系数表（部分）

缺货概率/%	30.6	27.4	24.2	21.2	18.4	15.9	13.6	11.5	9.7	8.1
安全系数值	0.5	0.6	0.7	0.8	0.9	1.0	1.1	1.2	1.3	1.4
缺货概率/%	6.7	5.5	5.0	4.5	3.6	2.9	2.3	1.8	1.4	0.8
安全系数值	1.5	1.6	1.65	1.7	1.8	1.9	2.0	2.1	2.2	2.3

在统计资料期数较少时，计算公式为

$$需求变动值=\sqrt{\frac{\sum(y_i-\overline{y})^2}{n}}$$

式中，y_i为各期需求量实际值；$\overline{y}$为各期需求量实际均值。

例 5-2　某货物在过去 3 个月中的实际需求量分别为：1 月 126 箱，2 月 110 箱，3 月 127 箱。求该货物需求变动值。

解：$\overline{y}=(126+110+127)\div 3=121$（箱）

$$需求变动值=\sqrt{\frac{(126-121)^2+(110-121)^2+(127-121)^2}{3}}=7.79$$

在统计资料期数较多的情况下，计算公式为

$$需求变动值=\frac{最大需求量-最小需求量}{d_2}$$

式中，d_2为随统计资料期数多少（样本多少）而变动的常数，可查表 5-7 得到。

表 5-7　随统计资料期数而变动的 d_2

n	2	3	4	5	6	7	8	9	10	11	12	13
d_2	1.128	1.693	2.059	2.326	2.534	2.704	2.847	2.970	3.078	3.173	3.258	3.336
$1/d_2$	0.886 5	0.590 7	0.485 7	0.429 9	0.394 6	0.369 8	0.351 2	0.336 7	0.324 9	0.315 2	0.306 9	0.299 8
n	14	15	16	17	18	19	20	21	22	23	24	
d_2	3.407	3.472	3.532	3.588	3.640	3.689	3.735	3.778	3.820	3.858	3.896	
$1/d_2$	0.293 5	0.288 0	0.283 1	0.278 7	0.274 7	0.271 1	0.267 7	0.264 7	0.261 8	0.259 2	0.256 7	

例 5-3　某仓库中某货物某年各月份需求量实际值如表 5-8 所示，最大订货提前期为两个月，缺货概率根据经验统计为 5%。求该货物的订货点。

表 5-8　月需求量资料表

月份	1	2	3	4	5	6	7	8	9	10	11	12	合计
需求量/箱	162	173	167	180	181	172	170	168	174	168	172	165	2 052

解：平均月需求量=2052÷12=171（箱）。

缺货概率为5%，查表得：安全系数=1.65。

统计资料期数为12，查表得 d_2=3.258。

需求变动值=(181−162)÷3.258=5.832（箱）。

订货点=171×2+1.65×2×5.832=356（箱）。

结论：当该货物的库存量下降到356箱时就应该发出订货。

2. 订货批量的确定

在定量控制中，还需要确定另一个重要的决策变量，即订货批量。订货批量是指一次订货所订的货物数量。订货批量的高低不仅直接影响库存量的高低，还直接影响货物供应的满足程度。订货批量过大，虽然能够充分满足用户的需求，但是会导致库存量增大，库存费用增多，成本增加；订货批量太小，虽然能够降低库存量，但难以保证满足用户的需求，可能导致缺货损失。因此，订货批量也应该适度。

1）影响订货批量大小的因素

（1）需求速度。需求速度越高，说明用户的需求量越大，因此，订货批量也越大。

（2）经营费用。主要包括订货费用和储存费用。在确定订货批量时，需要综合考虑发生的各种费用，根据使总费用最省的原则来确定最经济的订货批量。

2）订货批量的计算

在定量控制法中，对于每一个具体的品种而言，每次订货批量是相同的，所以，对每个品种都要制定一个订货批量，通常可以经济订货批量作为订货批量。

经济订货批量（economic order quantity，EOQ）模型就是通过平衡订货成本和储存成本，确定一个最佳的订货数量来实现最低总库存成本的方法。通过EOQ模型所求得的最佳订货数量就是经济订货批量。

根据需求和订货到货间隔时间等条件是否处于确定状态，EOQ模型可分为确定条件下的模型和概率统计条件下的模型。由于概率统计条件下的EOQ模型比较复杂，在此只介绍确定条件下的经济订货批量模型。

（1）理想的EOQ模型。理想的EOQ模型在所有EOQ模型中是最简单的一个。理想的EOQ模型建立在以下假设条件的基础上：①只涉及一种产品；②年需求量可知；③需求率为常数；④存货价格不变，不存在相关的折扣问题；⑤生产提前期不变；⑥各批量单独运送接收。

理想的经济订货批量的计算公式为

$$Q^* = \sqrt{\frac{2RK}{h}} = \sqrt{\frac{2RK}{CH}}$$

式中，Q^*为经济订货批量；R为需求速度；K为每次订货费用；h为单位货物单位时间储存费用；C为货物单价；H为单位时间储存费率。

例 5-4 某仓库A产品年需求量为16 000件，单位产品年保管费为20元，每次订货费用为400元，求经济订购批量。

解：$$Q^* = \sqrt{\frac{2 \times 16000 \times 400}{20}} = 800 \text{（件）}$$

注意：采用这种方法确定的订货批量，在实际操作中还需进行调整，使其尽可能接近一个包装单元，或者是它们的倍数，这样便于发货和配送运输。

（2）EOQ模型的延伸。在实际应用中，必须根据实际情况对EOQ模型进行修正。这些实际情况有数量折扣、缺货情况下的购买延迟、价格上涨和多品种等。如果需要详细了解这些内容，请参阅运筹学中的存储论部分。

3. 定量控制法的优缺点

1）优点

（1）控制参数一经确定，则实际操作就变得简单了。实际中，经常采用双堆法来处理。双堆法就是将某商品库存分为两堆，一堆为经常库存，另一堆为订货点库存，当经常库存消耗完开始使用订货点库存时就开始订货，不断重复操作。这样可减少经常盘点库存的次数，方便可靠。

（2）当订货量确定以后，商品的验收、入库、保管和出库业务可以利用现有规格化器具和计算方式，有效地节约搬运、包装等方面的作业量。

（3）充分发挥了经济批量的作用，可降低库存成本，节约费用，提高经济效益。

2）缺点

（1）要随时掌握库存动态，严格控制安全库存和订货点库存，占用了一定的人力和物力。

（2）订货模式过于机械，不具有灵活性。

（3）订货时间不能预先确定，对于人员、资金、工作业务的计划安排不利。

（4）受单一订货的限制，对于实行多品种联合订货采用此方法时还需灵活掌握处理。

（二）定期控制法

定期控制法又称定期订货法，是指按预先确定的订货间隔期间进行订货，以补充库存的一种库存管理方式。企业根据过去的经验或经营目标预先确定一个订货间隔期间，每经过一个订货间隔期间就进行订货，每次订货数量都不同，如图 5-15 所示。定期控制法是从时间上控制订货周期，从而达到控制库存量目的的方法。只要订货周期控制得当，既可以不造成缺货，又可以控制最高库存量，从而达到库存费用最小的目的。该方法的关键是要设定订货周期和最高库存量。

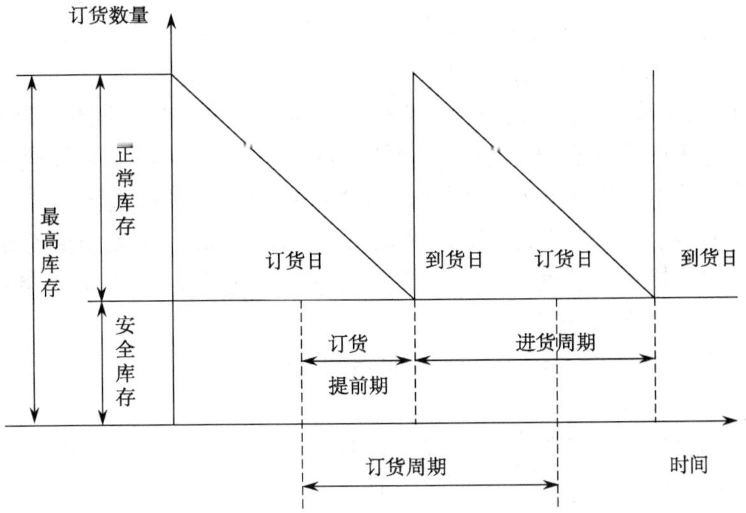

图 5-15　定期控制法示意图

1. 订货周期的确定

在定期控制法中，需要确定订货周期。订货周期决定着订货的时机，它相当于定量控制法中的订货点。但是与定量控制法的订货间隔期不同，定量控制法的订货间隔期可能不等，而定期控制法的订货间隔期总是相等的。订货周期的长短直接决定了最高库存量的大小，进而决定了库存费用的大小。订货周期过长，库存水平就会过高；订货周期过短，则订货批次太多，订货费用增加。因此，订货周期应该定得适当。

通常以订货过程中发生的总费用最小为原则来制定定期控制法的订货周期。我们可以先写出订货过程总费用函数，然后对其变量求一阶导数，并使其等于 0，从而求出经济订货周期 T。在一般情况下，经济订货周期的计算公式为

$$T=\sqrt{\frac{2K}{Rh}}$$

式中，T 为经济订货周期；R 为需求速度；K 为每次订货费用；h 为单位货物单位时间的储存费用。

在实际应用中，订货周期可以根据具体情况进行调整。例如，可以根据企业的生产周期来调整订货周期，也可以结合人们比较习惯的时间单位，如周、旬、月等来确定订货周期，从而与企业的生产计划、工作计划等相吻合。

2. 最高库存量的确定

确定了订货周期以后，就要确定最高库存量。定期控制法的最高库存量必须满足 $T+T_k$ 期间的需求量，同时，考虑到随机发生的不确定库存需求，再设置一个安全库存量，其公式为

$$Q_{\max}=\bar{R}(T+\overline{T_{\mathrm{k}}})+Q_{\mathrm{s}}$$

式中，$Q_{\max}$ 为最高库存量；$\bar{R}$ 为 $(T+\overline{T_{\mathrm{k}}})$ 期间的库存需求速度的平均值；T 为订货周期；$\overline{T_{\mathrm{k}}}$ 为平均订货提前期；Q_{s} 为安全库存量。

3. 订货批量的确定

定期控制法的每次订货数量是不固定的，订货批量的多少是由当时的实际库存量的大小决定的。实际库存量是指检查库存时仓库实际拥有的能够用于销售的全部货物的数量。它不仅包括当时存于仓库中的货物数量，还包括已订未到货物数量（订货点时的在途到货量）和已经售出而尚未发货的待出货数量。订货批量的计算公式为

订货批量=最高库存量−现有仓库中的库存量−已订未到货物数量+待出货数量

上式中现有仓库中的库存量、已订未到货物数量和待出货数量是检查库存时实际所得的数据，每次检查的值可能不一样，因此，每次计算的订货批量也不一样。

例 5-5 某种货物一个月订货一次，平均每日需求量 60 件，安全库存量 400 件，平均订货提前期为一周，提出订货时盘点的实际库存量为 800 件，原订购下期到货的期货合同有 500 件。求该种货物下月的订购批量。

解： 下月的订购批量=(30+7)×60+400−800−500=1320（件）

4. 定期控制法的优缺点

（1）优点：①通过订货数量调整，减少超储；②周期盘点比较彻底、精确，避免了定量控制法每天盘存的做法，减少了工作量，提高了工作效率；③库存管理的计划性强，有利于工作计划的安排，实行计划管理。

（2）缺点：①安全库存量设置得较大，因为它的保险周期（$T+T_k$）较长，而且，（$T+T_k$）期间的需求量也较大，需求标准偏差也较大，需要较大的安全库存量来保证库存需求；②每次订货的批量不固定，无法制定出经济订货批量，因而运营成本较高，经济性较差。

（三）ABC 分类管理法

1. ABC 分类管理法的概念

ABC 分类管理法又被称为库存重点管理法。它起源于 ABC 分析法，是 1951 年由美国电气公司的迪克首先在库存管理中倡导和应用的。ABC 技术体现了 80/20 法则的基本思想。

一般来说，企业的库存种类繁多且价格不尽相同，有的库存品种不多但是价值很高，而有的库存品种很多但价值不高。企业库存物流系统资源的有限性决定了对所有库存品种均给予相同程度的重视和管理是不可能的，也是不切实际的。而对库存品种进行分类管理，并将管理重点集中在重要的库存品种上，会使库存管理系统的资源得到更有效的利用。ABC 分类管理法就是根据库存品种在技术经济方面的主要特征，对库存进行分类排队，分清重点和一般，从而有区别地进行库存管理的技术，它是一种简洁便利而又科学有效的技术方法。

在分类排队中，ABC 分类管理法将货物分为 A、B、C 三类。一般来说，A 类货物种类占全部库存货物种类总数的 10%左右，而其需求量却占全部货物总需求量的 70%左右；B 类货物占 20%左右，其需求量大致为总需求量的 20%左右；C 类货物种类占 70%左右，而需求量只占总需求量的 10%左右。当然，ABC 分类并不仅局限于将库存分为三类，可以根据企业的实际需要进一步细分。但经验表明，库存品种的分类超过五类反而会使库存控制成本上升。

ABC 分类管理法的应用在储存管理中会较容易取得以下成效：①压缩了总库存量；②解放了被占压的资金；③使库存结构合理化；④节约了管理力量。

在进行 ABC 的库存品种分类时，除了上述货物总需求量指标外，还可以使用库存资金占用量、销售量、销售额、库存周转率、订货提前期、缺货成本等指标。但企业经常使用的指标是库存消耗额指标，即利用库存中每一品种的年消耗额（库存产品的年消耗量×库存品种单价）占企业总库存物资年消耗额的比重进行 ABC 类库存品种的划分。将年消耗额高的划归为 A 级，次高的划归为 B 级，低的划归为 C 级。

2. ABC 分类管理法的一般步骤

ABC 分类管理法的一般步骤：①收集数据；②处理数据；③制作 ABC 分析表；④根据 ABC 分析表确定分类；⑤绘制 ABC 分析图。

例 5-6　某公司库存货物有 50 个品种，下面对这 50 种货物进行分类。

第一步，收集数据。根据 ABC 分析需要，收集这 50 种货物的单价、年需用量。

第二步，处理数据并制作 ABC 分析表。根据收集的数据进行相关数据的计算并汇总，按表 5-9 的内容进行处理，处理结果如表 5-9 所示。

表 5-9　库存货物分析表

货物编号	单价/元	年需用量	年需用额/元	占需用总额比例/%	年需用额累计/元	占需用总额比例累计/%	分类结果
1	675	100	67 500	29.8	67 500	29.8	A
2	45	1 000	45 000	19.9	112 500	49.6	A
3	11	3 360	36 960	16.3	149 460	65.9	A
4	3	4 779	14 337	6.3	163 797	72.3	A
5	19	542	102 98	4.5	174 095	76.8	A
6	6	1 681	10 086	4.4	184 181	81.2	B

续表

货物编号	单价/元	年需用量	年需用额/元	占需用总额比例/%	年需用额累计/元	占需用总额比例累计/%	分类结果
7	26	250	6 500	2.9	190 681	84.1	B
8	255	25	6 375	2.8	197 056	86.9	B
9	2	2 935	5 870	2.6	202 926	89.5	B
10	7.4	400	2 960	1.3	205 886	90.8	B
11	30	98	2 940	1.3	208 826	92.1	B
12	2.5	1 000	2 500	1.1	211 326	93.2	B
13	16	142	2 272	1.0	213 598	94.2	B
14	32	65	2 080	0.9	215 678	95.1	B
15	18.5	100	1 850	0.8	217 528	95.9	B
16	22	80	1 760	0.8	219 288	96.7	C
17	4	340	1 360	0.6	220 648	97.4	C
18	1	1 013	1 013	0.4	221 661	97.8	C
19	0.4	1 840	736	0.3	222 397	98.1	C
20	1	719	719	0.3	223 116	98.4	C
⋮	⋮	⋮	⋮	⋮	⋮	⋮	⋮
50	0.2	10	2	0.0	226 685	100.0	C

第三步，根据 ABC 分析表确定分类，分类结果如表 5-10 所示。

表 5-10　库存货物 ABC 分类汇总表

分类	品种数/个	占全部品种数比例/%	年需用额/元	占需用总额比例/%
A	5	10	174 095	76.8
B	10	20	43 433	19.2
C	35	70	9 157	4
合计	50	100	226 685	100

从表 5-10 中 ABC 分类结果可知，A 类货物品种占总品种数的 10%，但其年需用额占需用总额的百分比却高达 76.8%，因此，对 A 类货物应实行重点管理。

3. ABC 分类管理法的管理策略

在对库存货物进行 ABC 分类后，应根据企业的经营策略对 ABC 三类货物采取不同的管理策略。

（1）A 类货物品种少而占用资金多，是企业日常控制的重点。控制 A 类货物的主要措施是：①精确计算每次订货量和再次订货量，严格按预定的数量、时间组织订货，适当减少每次订货数量和安全库存量，相应增加订货次数，尽量使实际库存处于较低水平，以节约储存费用。②采用定期订货控制法，对库存货物实行定期检查和实地盘点，及时、准确地掌握实际库存量、未来需要量、订货点等各种情况，以保证日常控制工作的正常进行。③密切注意市场变动，认真进行市场预测和经济分析，尽可能使每次订货量符合实际需要，力求避免多储和少储。同时，还应加强库存监督，随时了解库存状况，防止出现缺货现象。

（2）B 类货物的品种数和占用资金量处于“中间”状态，对其控制不必像 A 类货物那么严格，可以适当加大安全库存量以防紧急情况发生。但也不宜过于宽松，一般按大类确定订货数量和储备定额，并注意生产经营中的轻重和采购难易程度。

（3）C类货物数量较多而占用资金较少，如果像A类货物那样认真管理，费力不小，所获得的经济效益却不明显，所以对其控制可粗略一些。一般采用定量订货控制，集中采购，并适当扩大储备定额、安全库存量和每次订货数量，相应减少订货次数。

四、库存管理评价指标

1. 库存周转率

$$库存周转率=\frac{出货量}{平均库存量}$$

$$库存周转率=\frac{营业额}{平均库存金额}$$

以上两式都表示库存周转率。如果周转率高，库存周转期短，表示用较少的库存完成了同样的工作，减少了积压资金。资金使用率越高，利润也相应增加。

2. 库存掌握程度

$$库存掌握程度=\frac{实际库存量}{标准库存量}$$

由上式可知，若库存掌握程度大于 1，表示实际库存量超出标准库存，说明标准库存量制定得太低；若实际库存量太高，则存货没有得到有效控制；若库存掌握程度小于或等于1，表示实际库存量控制在预想的范围内。

3. 库存管理费率

$$库存管理费率=\frac{库存管理费用}{平均库存量}$$

一般的库存管理费用包括：①仓库租金；②仓库管理费：入/出库验收、盘点和整理等工作的人工费、保安费、仓库照明费、空调费、设施和设备的维修费；③保险费；④损耗费，如品质恶化、破损损失和盘点损失等费用；⑤货物陈旧化费用，如用户退回流行商品和季节品等过时费用。

由公式可知，当库存管理费率过高时，表示没有很好控制库存管理费用，使物流成本增加。为了降低物流管理成本，必须对库存管理费进行逐项研究，力求降低各项成本。

➢复习思考题

1. 简述订单处理的过程。
2. 绘出出入库作业流程图，并简要说明各业务环节的工作内容。
3. 比较分析各种拣选策略的优缺点。
4. 调查一个配送中心，了解储位管理的意义、原则和分区方法。
5. 调查一个物流企业，了解盘点管理的重要性和基本程序、方法。
6. 论述定期控制法和定量控制法的基本原理。
7. 调查一个仓库或配送中心，了解ABC分类库存管理法的意义及基本思路。

➢计算题

1. 某货物全年需求量为12 000件，单价20元，年储存费率为12%，每次订购费用平均64元。求该种货物的经济订货批量。

2. 某种货物 20 天订货一次，平均每日需求量 50 件，安全库存量 150 件，平均订货提前期为 5 天，提出订货时盘点的实际库存量为 300 件，原订购下期到货的期货合同有 100 件。求该种货物下月的订购批量。

3. 已知某货物最大订货提前期为 3 个月，月平均需求量为 150 个，安全系数为 1.65，每月需求量的偏差为 15 个。请计算再订货点。

案例分析 心怡科技：国内最大的第三方电商仓储物流企业

广东心怡科技物流有限公司（以下简称心怡科技）成立于 2004 年，是全球领先的第三方电商物流供应链企业，阿里巴巴集团旗下天猫超市仓储管理服务的核心提供商，天猫国际跨境物流运营主体。经过 13 年的耕耘和努力，心怡科技已发展成为多家世界 500 强及国内外知名企业提供仓配一体化服务的国家 4A 级物流企业，服务网络覆盖全球 388 个城市，在国内有 83 处分支机构和办事处，管理仓库面积超过 180 万平方米。同时，心怡科技在 2014 年开启全球化布局，目前已在美国、中国香港、日本、韩国、澳大利亚、荷兰、英国、法国、德国、俄罗斯、意大利、印度尼西亚、新加坡、马来西亚、泰国、越南、中国台湾等国家和地区建立全资控股子公司，为国内外商家提供跨境进出口物流服务、海外品牌直采等一体化服务。

科技是心怡发展的驱动力，自主开发 WMS、WCS、OMS、TMS 系统，并实现产品化，是国内第一家研发机器人并投入实际应用的第三方电商供应链服务企业，运用大数据为企业提供服务。在未来，心怡立志于打造亚洲最大的智慧仓储物流服务体系，智能化+平台化是心怡未来发展的战略目标。

一、跨境业务

（一）跨境进口物流

国家允许跨境进口电商开始，心怡科技就已经布局广州、杭州、郑州、上海四大保税仓，以及美国、中国香港、日本、韩国、澳洲、荷兰、英国、法国、德国等海外仓。心怡科技是天猫国际最早引入的物流合作伙伴，也是唯一一家既能提供多个国内保税仓物流解决方案，又能提供海外仓集货服务的核心战略合作伙伴。2017 年菜鸟网络科技有限公司在杭州的第一个跨境自营大仓招标项目，心怡科技是唯一中标的物流企业。心怡科技能提供国内保税仓 BBC、海外仓集货及直邮、个人物品、快件等多种物流解决方案，为大平台提供个性化定制方案。

（二）跨境出口物流

心怡科技现今已拥有位于美国（洛杉矶、北卡、纽约）、日本、韩国、澳大利亚、荷兰、俄罗斯等国家的 17 个重要仓配中心，优化结合智能海外仓储与配送服务，搭建全球配、同洲配、同城配的综合跨境物流服务网络，同时提供国内出口转运仓服务，实现大幅降低运输风险及成本、更快时效、清关便捷等优势。同时提供国内出口转运仓，多渠道营销方案策划等增值服务，为客户提供完善的一站式跨境出口物流解决方案。

（三）跨境供应链服务

心怡科技建立 17 个海外全资控股子公司，超过数十人的专业采购团队，直接与当地品牌方接洽，确保货源正品及质量。目前为天猫直营等国内 TOP 10 的电商平台及微商提供海外品牌 B2B 直采，覆盖化妆品、母婴、保健、食品、日化、3C 电子等品类。秉着合作共赢的发展原则，心怡科技获得了各大电商平台及品牌商的一致认同，并荣获天猫国际 2017 年度最佳供应商奖。

二、仓配一体化服务

（一）仓储服务

天猫最大仓储服务合作商，13 年电商仓储运营经验，汇聚国内电商仓储自动化、智能化领域专业人才，为客户量身定制电商仓储自动化、智能化解决方案。具体包括以下内容。

（1）仓储规划设计：仓储设计咨询及设备选择，定制个性化运营解决方案。

（2）精细化仓内运作流程：KPI 考核，SOP&WI，5S&VM，成本管控，MDI。

（3）专业运营管理：OJT 师带徒培训计划，TWI 物流改善指导，全国人力资源整合。

（4）系统平台：自主研发物流信息管理系统，提供智能分仓、销售辅助分析、物流跟踪、大数据分析。

（二）运输配送服务

在国际、国内及区域厂房之间，将货物从制造厂运送至仓库和经销商、商店或最终使用者。心怡科技致力于为客户提供干线运输、全网快递、落地配等智能化整体解决方案。

1. 心怡科技与运配供应商达成战略合作，通过云仓整合、分仓货量调整等降低物流成本。

2. 全程可视化、内部拼车、GPS、出库扫描、配送优化、仓间调拨、就近补货、B2C 与 B2B。

3. 整合供应链环节，提升整个物流体系的可控性。

（三）行业解决方案

心怡科技集合全球领先的科技物流技术和庞大的全球供应链体系这两大优势，不断致力于搭建可实现全球配的综合跨境物流服务网络，为各行业提供一站式供应链解决方案。心怡科技已发展成为多家世界 500 强及国内外知名企业提供仓配一体化服务的国家 4A 级物流企业，量身订制专业而可靠的供应链解决方案。主要面向石油化工、直销、快销、美妆、服装等行业，以及天猫超市、云集等主流电商平台等提供供应链解决方案。

三、供应链金融

（一）订单融资模式

订单融资模式如图 5-16 所示。

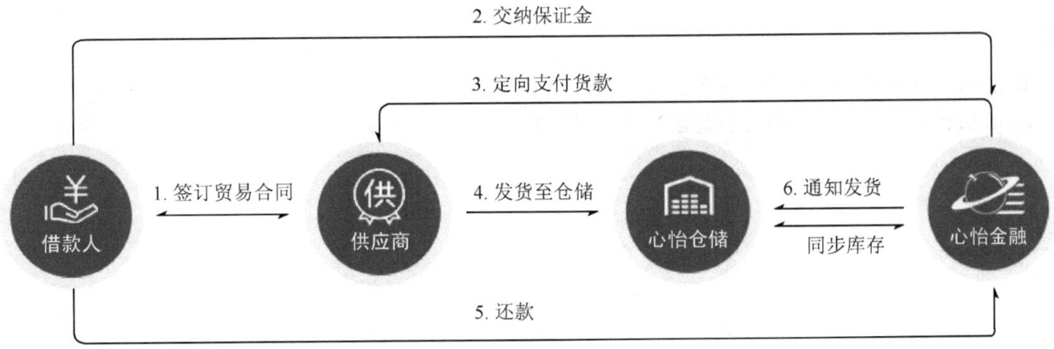

图 5-16　订单融资模式

日利率 0.03%起，额度 5 万元起，期限 30～180 天

（二）存货融资模式

存货融资模式如图 5-17 所示。

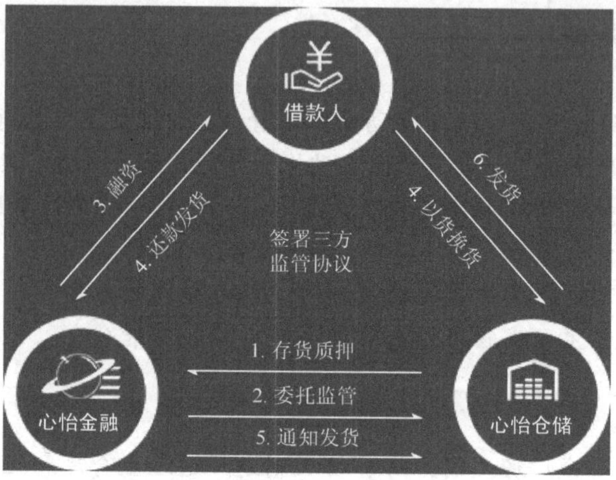

图 5-17　存货融资模式

日利率 0.03%起，额度 5 万元起，期限 30～180 天

（三）心意保融资模式

心意保融资模式如图 5-18 所示。

图 5-18　心意保融资模式

日利率 10%起，额度 0 元起，期限 30/60/180 天；

资料来源：http: //www.alog.com/

问题：

1. 心怡科技提供的产品与服务有哪些特点？
2. 心怡科技开展这些业务可能会遇到哪些风险？

第六章

物流企业配送与运输管理

【学习目标】

- 理解配送及配送中心的概念、功能
- 掌握配送作业流程及配送服务质量管理的方法及内容
- 理解配送运输的概念及作业流程
- 了解配送线路类型，掌握配送线路优化的基本方法
- 了解配送运输车辆的选择，掌握配载方法
- 了解配送运输作业的评价内容

第一节　配送中心概述

一、配送及配送中心的概念

中华人民共和国国家标准《物流术语》（2006 年）将配送（distribution）定义为："在经济合理区域范围内，根据用户要求，对物品进行拣选、加工、包装、分割、组配等作业，并按时送达指定地点的物流活动。"

配送活动通常是由配送中心来进行安排和操作的。按照《物流术语》，配送中心是指从事配送业务且具有完善信息网络的场所或组织，应基本符合下列要求：主要为特定客户或末端客户提供服务；配送功能健全；辐射范围小；提供高频率、小批量、多批次配送服务。

配送作业的总体目标可以简单地概括为 7 个恰当，即在恰当的时间、恰当的地点和恰当的条件下，将恰当的产品以恰当的成本和方式提供给恰当的客户。

配送是按客户提出的要求，包括货物的品种、质量、规格、数量、送达时间要求等进行备货、送货。它比一般的输送活动的内涵要大得多。从环节上看，配送既包括货物运输，同时还融合着集货、存储、分货、拣选、配货等活动，有些货物的配送活动还常常附带着加工。从运动程序上看，配送贯穿着如下几种操作：收集市场供求信息、备货、运送货物，并在送货前对运货工具和送货路线进行选择，以此优化运输。因此，配送是小范围、综合性的物流活动。

二、配送中心的主要功能

（1）备货功能。配送中心进货或备货是配送的准备工作，包括筹集货源、订货或购货、集货及有关的质量检查、结算、交接等。配送的优势之一是可以集中用户的需求，进行一定规模的备货。

（2）储存功能。配送中心的储存有储备和暂存两种形态。储备是按一定时期的配送经营要求形成的对配送的资源保证。这种类型的储备数量较大，储备结构也较为完善，视货源及到货情况，可以有计划地确定周转储备及安全储备结构和数量。暂存是具体执行配送时按分拣配货要求，在理货场地所做的少量的储存工作。

（3）配组功能。配货、编组是发货前最主要的前置工作。配货是指配送作业人员根据订单要求，从储存的货物中将用户所需的货物分拣出来，放到发货场指定的位置，以备发货；编组是指零星集货、批量进货等对各种资源的搜集工作及对货物的分整、配备工作。

（4）分拣功能。分拣是完善送货、支持送货的准备性工作，是不同的配送企业在送货时进行竞争和提高自身经济效益的必然延伸。

（5）集散功能。在单个用户数量不能达到车辆的有效运输负载的情况下，存在如何集中多个企业的货物，再进行发运，以提高卡车的满载率，降低运输费用成本的问题。通过经济、高效的组织储运，配送中心发挥集货中心、分货中心的职能。

（6）加工服务功能。配送加工是流通加工的一种，它主要满足顾客需求。越来越多的客户希望减少货物的流通加工工作，因而往往要求配送中心把货物贴好标签，并分类进行商业包装，再配送到指定地点，有时候甚至会直接上货架。配送加工可以减轻生产企业负担，提高生产效率、运输效率和配送质量。

（7）送货功能。配送中心的前置工作可以简单、可以复杂，但是最终目标是将物品按照准确的时间送达准确的客户。送货过程包括线路选择、送货信息反馈等活动。

三、配送中心的作业流程

配送中心的作业流程是指配送中心活动过程在运动时所形成的基本工作顺序（图 6-1）。配送中心作业流程一般包括：进货→验收→入库→存放→拣取→包装→分类→出货→检查→装货→送货等活动。在这些企业活动执行过程中还会产生一系列表单及信息，每一类作业活动都必须纳入相应的管理系统中。

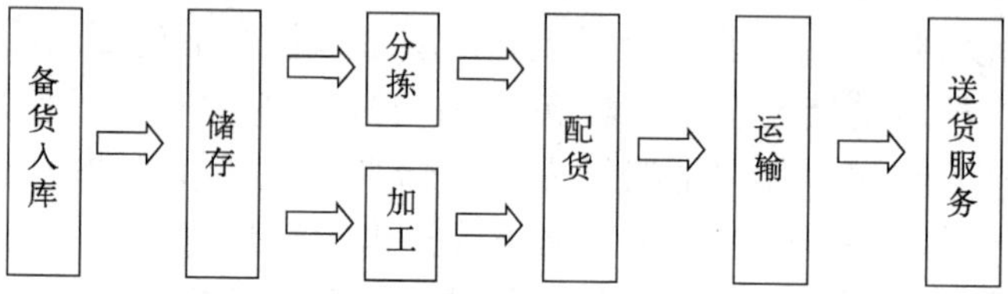

图 6-1　配送中心作业流程示意图

四、配送服务质量管理

（一）配送服务质量的概念

配送质量是指反映配送活动中满足客户明确和隐含需要的能力的特性总和。配送的功能表现在正确的地方得到正确的商品，保证质量和准时。配送活动有极强的服务性质，整个配送过程的质量目标就是其服务质量。配送服务质量的具体衡量指标是时间、成本、数量和质量。

（二）EIQ 分析

EIQ 分析对于配送服务质量管理是基础性的工作，它可以管理和控制配送所有的流程与工作。EIQ 的具体含义为：

E——订单或客户（order entry）；

I——商品的品项（item）；

Q——客户订货量或商品的出货量（quantity）。

主要分析项目包括以下 4 个方面。

（1）订单量（EQ）分析：单张订单出货数量的分析。

（2）订单物料项数（EN）分析：单张订单出物料项数的分析。

（3）品项数量（IQ）分析：每一单品项出货总数量分析。

（4）品项受订次数（IK）分析：每单一品项出货次数分析。

EIQ 分析的过程举例如下：假设配送中心有 I_1，I_2，I_3，I_4，I_5，I_6 共 6 项商品；服务的客户有 E_1，E_2，E_3，E_4 共 4 个客户。表 6-1 中的数字代表订货数量，可以是整栈板、整箱或单品等。

表 6-1　EIQ 分析

品项	E_1	E_2	E_3	E_4	合计
I_1	3	2	1	5	IK=4，IQ=11
I_2	5	3	2	3	IK=4，IQ=13
I_3	0	1	2	1	IK=3，IQ=4
I_4	1	3	3	3	IK=4，IQ=10
I_5	2	7	2	3	IK=4，IQ=14
I_6	3	3	2	5	IK=4，IQ=13
合计	EQ=14 EN=5	EQ=19 EN=6	EQ=12 EN=6	EQ=20 EN=6	

注：IK=4，意思是 I_1 商品在所有订单中，有 4 次出货；IQ=11，意思是 I_1 商品在所有订单中，出货总量为 11；EQ=14，意思是 E_1 订单出货量为 14；EN=5，意思是 E_1 订单出了 5 个品项，其中 I_3 没有出

根据表 6-1 的资料，整理出每项商品 IK，IQ 的数据和每位客户 EQ，EN 的数据。

如果对客户订单量（EQ）进行分析：订货量最多的是 E_4，其次是 E_2，最少的是 E_3。那么按客户订货量大小先后排行，进行 ABC 分析，E_4 为 A 类客户，E_2 和 E_1 为 B 类客户，E_3 为 C 类客户。EQ 分析可以对配送中心的进出货暂存区进行合理规划，决定包装纸箱的大小和安排拣货顺序。

如果对商品品项数量（IQ）进行分析：出货量最多的是 I_5，其次是 I_2 和 I_6，最少的是 I_3。那么按商品品项出货量大小先后排行，进行 ABC 分析，I_5 为 A 类商品，I_2，I_6，I_1，I_4 为 B 类商品，I_3 为 C 类商品。IQ 分析有助于物流设备的选择、批量拣货、商品的营销预测及拣货作业人力的安排。一般 A 类商品应该尽量规划放在靠门口及通道的位置，C 类商品则规划于角落的位置，B 类商品则介于两者之间。另外，在料架的陈列上，使用栈板式料架时，A 类商品规划于第一层容易存取的地方，而 C 类商品则规划在料架最高层的地方。

因此，掌握 EIQ 分析资料能改善配送作业，提高配送效率。

（三）配送服务质量管理的内容

配送服务质量管理的内容包括交货时间，配送加工，紧急配送、夜间配送、指定配送及假日配送，司机服务态度，提供信息服务等。

1. 交货时间

交货时间是指从客户下订单开始，包括订单处理、库存检查、理货、加工、装车、卡

车配送到达客户手上的这一时间段。这一时间段可长可短，一般几小时至一星期送达。如果缩短交货时间，则配送成本会提高。

除了交货时间外，还需合理安排送货频度。目前，依商品特性的不同可分为一天两次、一天一次、两天一次、三天一次、四天一次等。最常见的是一天一次及两天一次的配送频度。一般以 EQ 分析中的 ABC 分类来决定配送的频度。例如，原则上 A 级厂商的订货量较大则每天配送，而 B 级厂商的订货量中等则两天配送一次，C 级厂商的订货量较小则三天配送一次或四天配送一次。

2. 配送加工

配送加工的主要内容包括粘贴价格标签、粘贴进口商品的中文说明、年节礼盒的包装、量贩店的最低购买量的收缩包装、商品品质检查等服务。

3. 紧急配送、夜间配送、指定配送及假日配送

为了提供更完善的服务品质，除提供全年 365 天无休息服务外，还应提供紧急配送、夜间配送及指定时间配送等项目，直至客户满意为止。

4. 司机服务态度

在配送服务品质中，司机服务态度也是要注意的因素之一。现在的司机服务态度已有相当大的进步，会与顾客打交道强化感情，逐渐树立了配送专业司机的形象。

5. 提供信息服务

有些配送服务提供商向零售业及制造业提供物流方面的建议，作为他们调整经营策略的参考。例如，把 EIQ 资料提供给零售商，使零售商不必花费高额的经费去建立一套营销分析管理系统，因为 EIQ 资料相当于零售商的销售时点信息系统（point of sale，POS）。

第二节　配送运输管理

一、配送运输的概念

配送运输是指将需配送的货物使用汽车或其他的运输工具从供应点送至顾客手中的活动。可能是从工厂等生产地仓库直接送至客户手中，也可能通过批发商、经销商或由配送中心、物流中心转送至客户手中。配送运输通常是一种短距离、小批量、高频率的运输形式。单从运输的角度看，它是对干线运输的一种补充和完善，属于末端运输、支线运输，以高质量的服务为目标，尽可能满足客户需求。配送不是单纯的运输或送货，而是运输与其他活动的组合，除了各种运、送活动以外，还要从事大量的集货、分货、配货、配装等工作，是配与送的结合。

影响配送运输效果的因素有很多。动态因素有车流量变化、道路施工、配送客户的变动、可供调动的车辆变动等；静态因素有配送客户的分布区域、道路交通网络、车辆运行限制等。各种因素互相影响，很容易造成送货不及时、配送路径选择不当、贻误交货时间等问题。因此，对配送运输的有效管理极为重要，如果管理不当不仅影响配送效率和信誉，而且将直接导致配送成本上升。

二、配送运输作业流程

配送运输基本作业流程如图 6-2 所示。

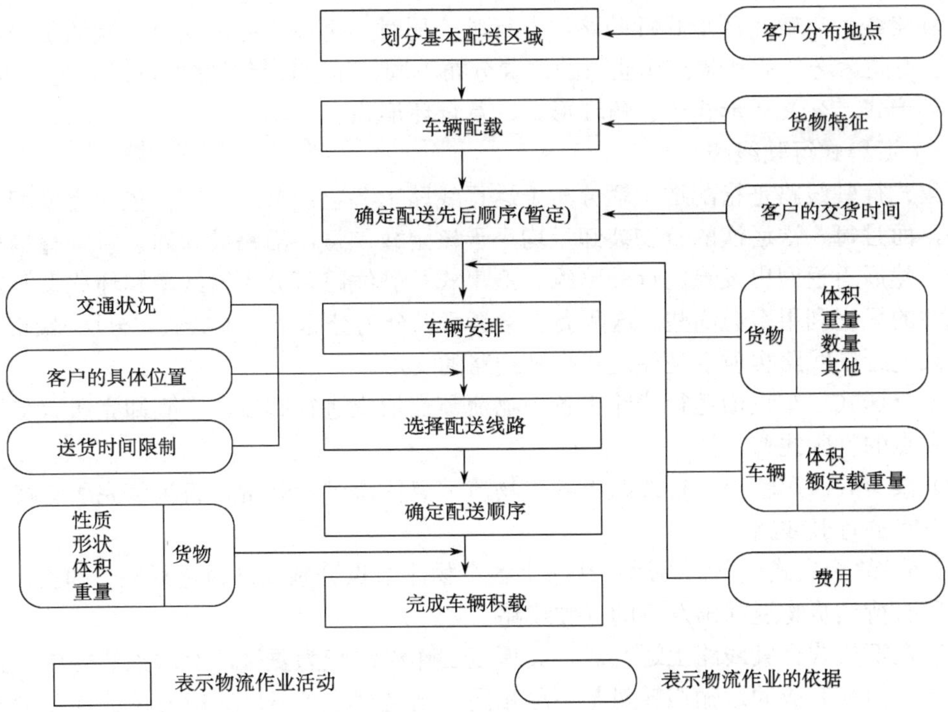

图 6-2　配送运输基本作业流程

三、配送线路类型

在组织车辆完成货物的运输工作时，通常存在多种可供选择的行驶线路。车辆按不同的行驶线路完成同样的运送任务时，车辆的利用情况不同，相应的配送效率和配送成本也会不同。因此，选择时间短、费用省、效益好的行驶线路是配送运输组织工作中的一项重要内容。在道路运输网分布复杂、物流节点繁多的情况下，可以采用运筹学方法利用计算机来辅助确定车辆最终的行驶线路，以保证车辆高效运行。下面主要介绍几种基本的车辆行驶线路。

（一）往复式行驶线路

一般是由一个供应点对一个客户的专门送货。从物流优化的角度看，其基本条件是客户的需求量接近或大于可用车辆的核定载重量，需专门派一辆或多辆车一次或多次送货。可以说，往复式行驶线路是指配送车辆在两个物流节点间往复行驶的线路类型。根据运载情况，具体可以分为三种形式。

（1）单程有载往复式线路。这种行驶线路因为回程不载货，因此，其里程利用率一般不到 50%。

（2）双程部分有载往复式线路。车辆在回程过程中有货物运送，但货物不是运到线路的终点。这种线路因为回程部分有货可卸，里程利用率较前者有了较大提高，大于 50%但小于 100%。

（3）双程有载往复式线路。车辆在回程运行中全程载有货物运到终点，其里程利用率为 100%。

（二）环形式行驶线路

环形式行驶线路是指配送车辆在由若干物流节点组成的封闭回路上进行的连续单向运

行的行驶路线。车辆在环形式行驶路线上行驶一周时，至少应完成两个运次的货物运送任务。由于不同运送任务其装卸作业点的位置分布不同，环形式行驶路线可以分为4种形式，即简单环形式、交叉环形式、三角环形式、复合环形式。

（三）汇集式行驶线路

汇集式行驶线路是指配送车辆分布于运行线路上各物流节点之间，依次完成相应的装卸任务，而且每一次运次的货物装卸量均小于核定载重量，沿路装或卸，直到整量车装满或卸空，然后再返回出发点的行驶路线。汇集式行驶线路可分为直线型和环线型两类，一般环线型的里程利用率会高些。这两类线路都可以分为分送式、聚集式、分送-聚集式。汇集式直线型行驶线路实质上是往复式行驶线路的变形。

（1）分送式。车辆沿运行线路上各个物流节点依次进行卸货，直到卸完所有待卸货物返回出发点的行驶线路。

（2）聚集式。车辆沿运行线路上各个物流节点依次进行装货，直到装完所有待装货物返回出发点的行驶线路。

（3）分送-聚集式。车辆沿运行线路上各个物流节点分别或同时进行装、卸货，直到装或卸完所有待运货物返回出发点的行驶线路。

车辆在汇集式行驶线路上运行时，其调度工作组织较为复杂，有时虽然完成了指定的运送任务，但其完成的运输周转量却不尽相同，这是因为车辆所完成的运输周转量与车辆沿线上各物流节点的绕行次序有关。

四、配送线路优化设计

（一）配送线路优化设计的意义及原则

配送是近距离、小批量，品种比较复杂，按用户需求搭配品种和数量的服务体系。从配送中心把货物送到所需的各个客户手上，有很多不同的路线选择方案。选择合理的配送线路对企业和社会都具有重要的意义。

为将货物送给客户，需要从一个或多个配送中心组织配送运输。一般地，连接一个或多个配送中心和一个或多个配送目的地存在一个道路交通网，如何在这张道路交通网上综合考虑各线路车流量、道路状况、客户的分布状况、配送中心的选址、车辆额定载重量及其他车辆运行限制等因素，找出一条最佳的运输线路解决方案，达到节省运行距离、运输时间和运行费用的目的，就是线路优化设计的意义所在。

进行配送线路优化时必须有明确的目标，遵循基本的原则。配送线路方案目标的选择可以从以下几个方面来考虑。

1. 配送效益最高或配送成本最低

效益是企业追求的主要目标，可以简化为用利润来表示，即企业以利润最大化作为目标；成本对企业效益有直接的影响，选择成本最低化作为目标值与前者有着直接的联系。当有关数据容易得到和计算时，就可以用利润最大化或成本最低作为目标值。

2. 配送里程最短

如果配送成本与配送里程相关性较强，而与其他相关性较弱时，配送里程最短的本质就是配送成本最低，这时可考虑用配送里程最短作为目标值，这样就可以大大简化线路选择和车辆调度方法。当配送成本不能通过里程来反映时，如道路收费、道路运行条件严重影响成本，单以最短路程作为目标就不合适。

3. 配送服务水平最优

如果准时配送要求成为第一位，或需要牺牲成本来确保服务水准，则应该在成本不会失控的情况下，以服务水准为首选目标。这种成本的损失可能从其他方面弥补回来，如优质的服务可以采取较高的价格策略。

4. 配送劳动的消耗最小

配送劳动的消耗最小，即以物化劳动和活劳动消耗最小为目标。在许多情况下，如劳动力紧张、燃料紧张、车辆及设备较为紧张的情况下，限制了配送作业的选择范围，就可以考虑以配送所需的劳动力、车辆或其他有关资源作为目标值。

配送路线方案的目标实际上是多元的，但考虑到制订方案所选择的目标值应当容易计算，一般要尽可能选择单一化的目标值，这样容易求解，实用性较强。

配送路线方案目标的实现过程受到很多约束条件的限制，因而必须在满足约束条件的限制下取得成本最低或线路最短或消耗最小等目标。常见的约束条件有：①收货人对货物品种、规格和数量的要求；②收货人对货物送达时间或时间范围的要求；③道路运行条件对配送的制约，如单行道、城区部分道路对货车通行的限制；④车辆最大装载能力的限制；⑤车辆最大行驶里程数的限制；⑥司机的最长工作时间的限制；⑦各种运输规章的限制等。

（二）配送线路优化设计的方法

如上所述，在从货物的配送中心输送到货物配送目的地的过程中，由于配送中心数量和客户收货地点的数量不同，配送线路的优化计算也不同。

1. 一对一配送

一对一配送是由一个供应点到一个客户的配送。在这种配送运输模式中，要求选择最短的配送路线，实现高效率的配送。在这种情况下，问题就归结为"最短路问题"。

1）基本概念

给出一个图 $A=(V, E)$，其中 $V=\{1,2,\cdots,n\}$ 是图中节点的集合，连接两个节点 V_i 和 V_j 的有向线段称为弧，记为（V_i，V_j），E 为图中全体弧的集合。图 A 中的每一段弧（V_i，V_j）都对应一个非负数 w_{ij}，称为弧（V_i，V_j）的权，w_{ij} 可以是点 V_i 到点 V_j 的距离，或者行车时间，或者运费等，记为 $W=\{w_{ij} \mid (V_i,V_j)\in E\}$，$G=(V, E, W)$被称为网络。

对于给定的网络 $G=(V, E, W)$，设 P 是 G 中从点 V_i 到点 V_j 的一条有向路，它通常由若干条首尾连接的弧组成。我们把这些弧的权的和称为有向路 P 的权，并记为 $W(P)$。最短路问题就是要在 G 中所有从 V_i 到 V_j 的路中找出一条权最小的路 P_{ij}，$W(P_{ij})=\min\{W(P)\}$。如果找到了这样的一条路 P_{ij}，即将 $W(P_{ij})$记为 $d(i,j)$。如果 V_1 为起点，又将 $d(1,j)$简记为 $d(j)$。

2）不含负权的有向网络中最短路的求法

寻求最短路的基本思想是从起点 V_1 出发，逐步向外探寻，按规则对所有节点进行标号。标号分两类，一类是永久标号，表示从 V_1 到该点的最小权，并把这个最小权写在方框中置于节点上方。设将已获得永久标号的节点集合记为 X_k，则其余节点为第二类标号节点，即临时标号的节点，它们组成的集合记为 $Y_k(Y_k=V-X_k)$。现在再从 Y_k 中找出一点 V_r，该点的临时标号是 Y_k 中各点的最小者，将其并入 X_k 组成 $X_{k+1}=X_k\cup\{V_r\}$。反复这样的过程，直至最后一个节点也并入永久标号节点的集合 X_n。具体过程如下。

第一步，令 $d(1)=0$，在起点 V_1 上方标上永久标号$\boxed{0}$。这时 $X_1=\{1\}$，$Y_1=\{2,3,\cdots,n\}$。

对 Y_1 中的每一点都标上临时标号 $d(j)(j=2,3,\cdots,n)$。注意：$d(j)$为点 V_1 到点 V_j 的最小权，如果点 V_j 与 V_1 不相邻，则认为 $d(j)=+\infty$（暂不标在点上方）。

第二步，求出 Y_1 中所有临时标号的最小者。不妨设 $d(2)=\min\{d(j)\}(j=2,3,\cdots,n)$，则将点 V_2 并入 X_1，得到 $X_2=X_1\cup\{2\}=\{1,2\}$，并将$\boxed{d(2)}$标在点 V_2 上方。与此同时，将 Y_2 中的每一点标上临时标号。

第三步，设已求得 X_k 和 Y_k，若还有节点不在 X_k 中，则继续求点 V_1 到 Y_k 中各点的最小权，并把它标在点上方。求 Y_k 中各点的最小权的方法如下。

设点 $V_j\in Y_k, X_k$ 中与 V_j 相邻的节点有 $V_i,V_p,\cdots,V_q$，则点 V_j 的最小权为 $d(j)=\min\{d(m)+w_{mj}\}$，其中 $m\in\{i,p,\cdots,q\}$。若 X_k 中没有节点与 V_j 相邻，则认为 $d(j)=+\infty$。这样，便可以比较出 Y_k 中临时标号的最小者。不妨设 $d(k+1)$为 Y_k 中最小的临时标号，则将点 V_{k+1} 并入 X_k，得到 X_{k+1}。如果 X_{k+1} 包含了全部节点，则终止运算，否则继续进行第 3 步。

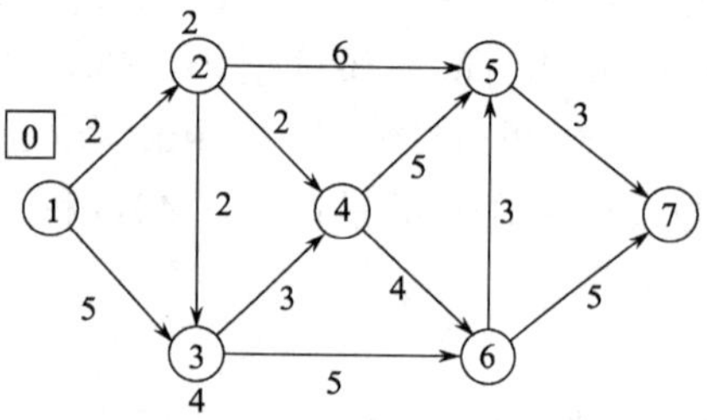

图 6-3　各点间距离关系及第一次标号后的情况

例 6-1　有$1,2,3,\cdots,7$七个节点，节点间的距离及关系如图 6-3 所示，求从点 1 到点 7 的最短路径和最小距离。

解：（1）给点 1 标上永久标号$\boxed{0}$，这时 $X_1=\{1\}$，$Y_1=\{2,3,\cdots,7\}$。将 Y_1 中各点标上临时标号。由于点 2 和点 3 与点 1 相邻，它们的临时标号分别为 2 和 4［注意：$d(3)$是由点 1 到点 3 的最小距离，所以 $d(3)=4$］，而其余节点与点 1 不直接相邻，它们的最小距离 $d(j)=+\infty(j=4,5,6,7)$，暂时都不标出（图 6-3）。

（2）Y_1 中各节点的最小临时标号为 $d(2)=2$，于是将点 2 并入 X_1，并在其上标以$\boxed{2}$，则 $X_2=\{1,2\},Y_2=\{3,4,\cdots,7\}$。$Y_2$ 中点 3、点 4、点 5 与 X_2 中的节点相邻，它们的临时标号分别为 $d(3)=d(2)+w_{23}=2+2=4$，$d(4)=d(2)+w_{24}=2+2=4$，$d(5)=d(2)+w_{25}=2+6=8$，点 6 和点 7 的临时标号均为$+\infty$（图 6-4）。

（3）$d(3)=d(4)=4$ 为 Y_2 中的最小临时标号。将点 3 和点 4 并入 X_2，则 $X_3=\{1, 2, 3, 4\}$，$Y_3=\{5, 6, 7\}$。点 5、点 6 的临时标号分别为 $d(5)=\min\{d(2)+w_{25}, d(4)+w_{45}\}=\min\{2+6, 4+5\}=8$，$d(6)=\min\{d(3)+w_{36}, d(4)+w_{46}\}=\min\{4+5, 4+4\}=8$，而 $d(7)=+\infty$（图 6-5）。

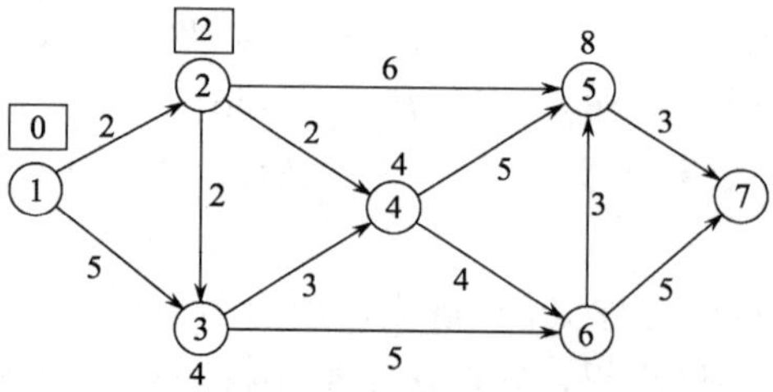

图 6-4　第二次标号后

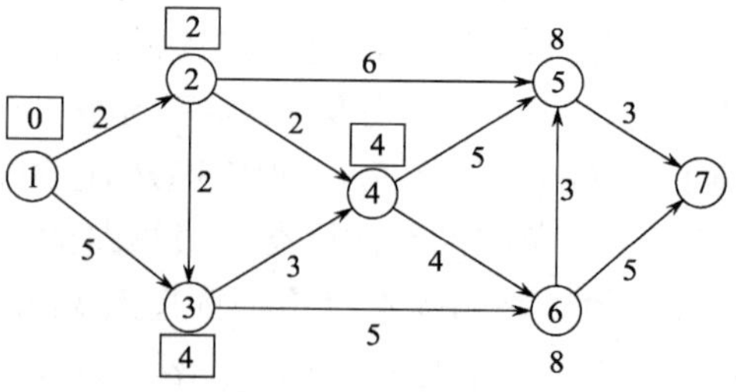

图 6-5　第三次标号后

（4）经第四次、第五次标号后，得到的最后结果如图 6-6 所示。再用粗箭线标出每一个节点获得永久标记的路径，即可看出，由点 1 到点 7 的最短路径为①→②→⑤→⑦，最小距离为 11。

实际上，图 6-6 还给出了由点 1 到各节点的最短路径和最小距离，只需沿着图中的粗线行进就行了。例如，到点 6 的最短路径就是①→②→④→⑥，最小距离就是点 6 的永久标号 8。

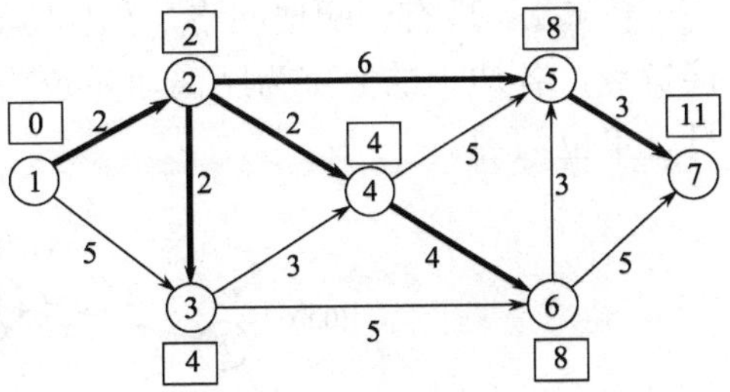

图 6-6　最后结果

2. 一对多配送

一对多配送是指由一个供应配送点往多个客户货物接收点的配送。这种配送运输模式要求同一条线路上所有客户的需求量总和不大于一辆车的额定载重量。其基本思路是：由一辆车装载所有客户的货物，沿一条优选的线路，依次逐一将货物送到各个客户的货物接收点，既保证客户按时送货又节约里程，节省运输费用。

解决这种模式的优化设计问题可以采用节约里程算法（节约算法）。

1）节约算法的基本思想

近年来，由于小批量、多批次的及时配送方式的发展，运输费用正在逐年提升，许多企业的运费已经超越了库存费用。选择有效的配送路线已经成为控制物流成本的主要措施。现代企业已经普遍接受了一种观点，即有效的配送路线实际上是保证货物准时到达客户指定点，并且尽可能减少运输的车次和运输的总里程的路线。在这种指导思想下，节约算法已经成为选择配送路线的主要方法，并受到国内外物流界的青睐。

2）节约算法的具体步骤

第一步，形成一个初始解。形成初始解时，需要满足所有顾客的需求，而且所有的约束条件，如容量的限制、车辆总数的限制等也得到满足。初始解可以由具体运载限制的最近邻点法求得。

形成初始解后，可以得到每个车辆的一个初始的运输方案，$T_k=\{0,i,\cdots,j,0\}$，其中，k 表示车辆的标号；i，j 表示顾客的标号；0 表示配送中心 P。

第二步，进行节约度的计算。通常以 Δc_{ij} 表示节约度，也称为节约量。

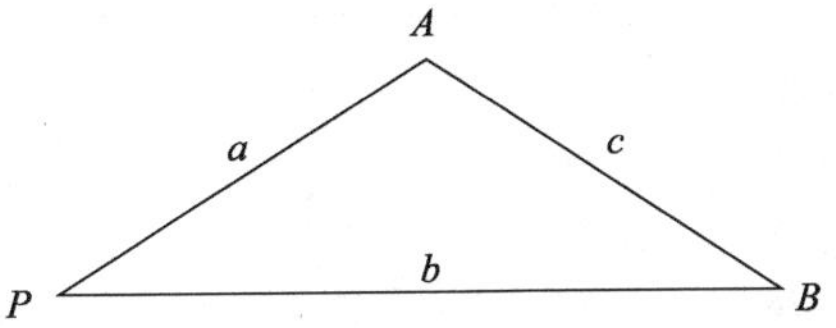

图 6-7　节约算法的基本思想示意图

如图 6-7 所示，假设 P 为配送中心，A 和 B 为客户接货点，各点相互的道路距离分别用 a，b，c 表示。比较两种运输路线方案：一是派两辆车分别为客户往 A 和 B 点送货，总的运输里程为 $2(a+b)$；二是将 A 和 B 两地的货物装在同一辆车上，采用巡回配送的方式，总的运输里程为 $a+b+c$。若不考虑道路特殊情况等因素的影响，第二种方式与第一种方式的路程差为 $2(a+b)-(a+b+c)$，按照三角形原理可以看出，第二种方式比第一种方式节约的里程数为 $a+b-c$。节约算法就是按照以上原理对配送网络的运输路线优化计算的。两种方案相比，按以下公式计算节约度，然后对计算结果进行升序排列。

$$\Delta c_{AB}=c_{PA}+c_{PB}-c_{AB}$$

$$\Delta c_{ij}=c_{i0}+c_{0j}-c_{ij},\quad i,j=1,2,\cdots,n\text{，且 } i\neq j$$

第三步，进行回路的合并。从升序排列的节约度序列中的最上面的值开始，执行下面的步骤。对于一个已知的 Δc_{ij}，先判断这两个关系到 i 和 j 的回路是否存在合并的可能性。如果一个回路以（0，j）开始，一个回路以（i，0）结束，则该回路可以合并，并进行下面的合并操作：删除两个回路中的部分路径（0，j）和（i，0），然后引入新的连接（i，j），得到新的回路 $(0,\cdots,i,j,\cdots,0)$。

例 6-2 现有一配送网络，如图 6-8 所示。图中 P 为配送中心，其余 A～I 为各客户的接货点，各边上的数字为距离，单位为千米；括号里的数字为需输送到各接货点的货物数量，单位为吨。

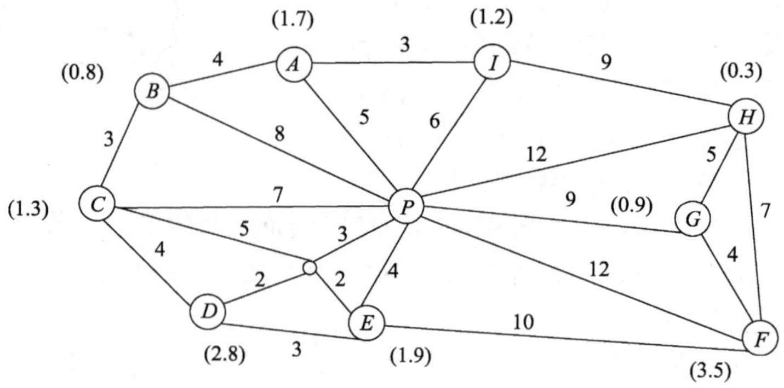

图 6-8 配送网络图

假设该配送中心有最大载重量为 2 吨和 5 吨的两种货车，并限制车辆一次运行线路距离不超过 35 千米。

解：第一步，利用前面所述的最短路径法求出网络各节点的最短距离，计算结果见表 6-2。

表 6-2 网络节点的最短路径 单位：千米

	P								
A	5	A							
B	8	4	B						
C	7	7	3	C					
D	5	10	7	4	D				
E	4	9	10	7	3	E			
F	12	17	20	17	13	10	F		
G	9	14	17	16	14	13	4	G	
H	12	12	16	19	17	16	7	5	H
I	6	3	7	10	11	10	16	14	9

第二步，根据表 6-2，计算各用户之间的节约里程，见表 6-3。

表 6-3 用户之间的节约里程数 单位：千米

	A							
B	9	B						
C	5	12	C					
D	0	6	8	D				
E	0	2	4	6	E			
F	0	0	2	4	6	F		
G	0	0	0	0	0	17	G	
H	5	4	0	0	0	17	16	H
I	8	7	3	0	0	2	1	9

第三步，对节约里程按大小顺序进行排列，结果见表 6-4。

表 6-4　节约里程排序结果　　单位：千米

序号	连接点	节约里程	序号	连接点	节约里程
1	*F—G*	17	12	*E—F*	6
2	*F—H*	17	13	*A—C*	5
3	*G—H*	16	14	*A—H*	5
4	*B—C*	12	15	*B—H*	4
5	*A—B*	9	16	*C—E*	4
6	*H—I*	9	17	*D—F*	4
7	*A—I*	8	18	*C—I*	3
8	*C—D*	8	19	*B—E*	2
9	*B—I*	7	20	*C—F*	2
10	*B—D*	6	21	*F—I*	2
11	*D—E*	6	22	*G—I*	1

初始解：从 *P* 向各个接货点配送，共有 9 条，总的运行距离为 136 千米，需要 2 吨货车 7 辆，5 吨货车两辆，如图 6-9 所示。

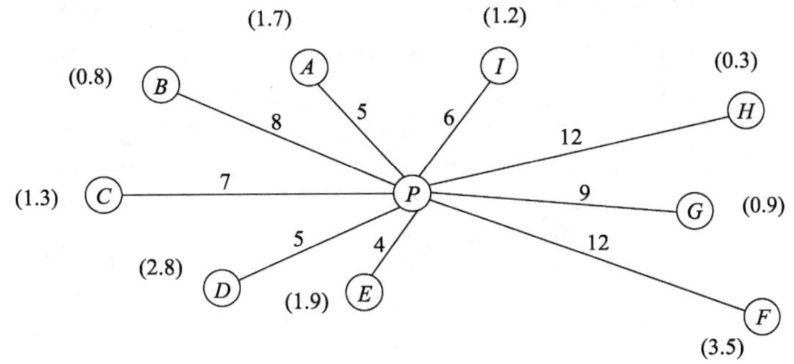

图 6-9　初始解结果

一次解：按照节约里程的大小顺序，连接 *F—G*，*F—H*，如图 6-10 所示。

总运行距离=2×(6+5+8+7+5+4)+9+4+7+12=102（千米）

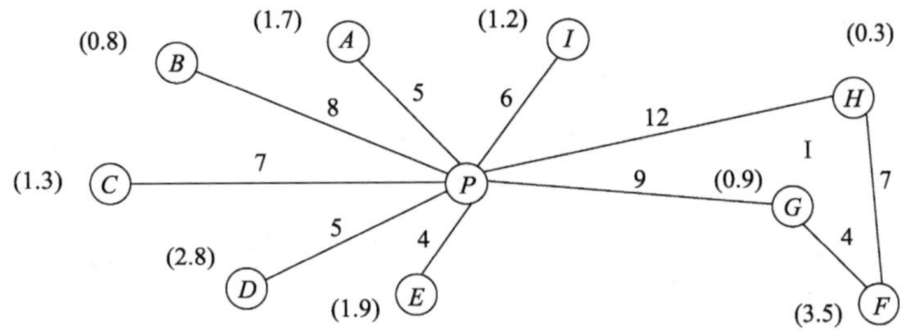

图 6-10　二次解结果

总运行距离为 102 千米，配送线路 7 条，需要 2 吨货车 5 辆，5 吨货车两辆，其中，配送线路 1 的运行距离为 32 千米，装载量为 4.7 吨。

三次解：连接 B—C，A—B，H—I，但因为 H—I 加入配送线路 I 后，超过车辆最大载重量 5 吨，所以不予连接，如图 6-11 所示。此时，总的配送线路为 5 条，总运行距离为 81 千米，需要 2 吨配送货车两辆，5 吨配送货车 3 辆。其中，配送线路 II 的运行距离为 19 千米，装载量为 3.8 吨。

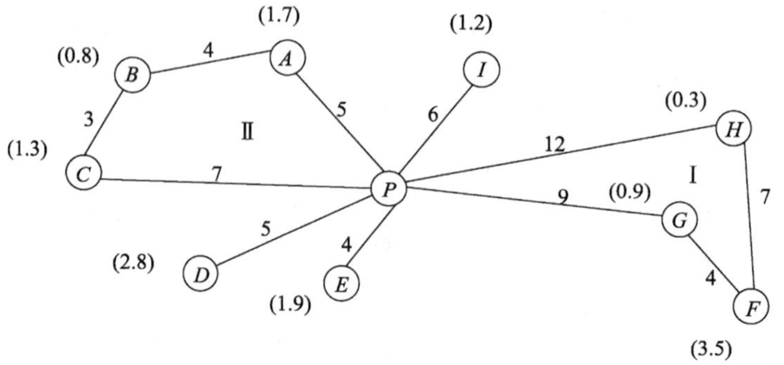

图 6-11　三次解结果

四次解：连接 A—I 到配送路线 II，如图 6-12 所示。总的配送路线为 4 条，总运行距离为 73 千米，需 5 吨货车 3 辆，2 吨货车 1 辆。

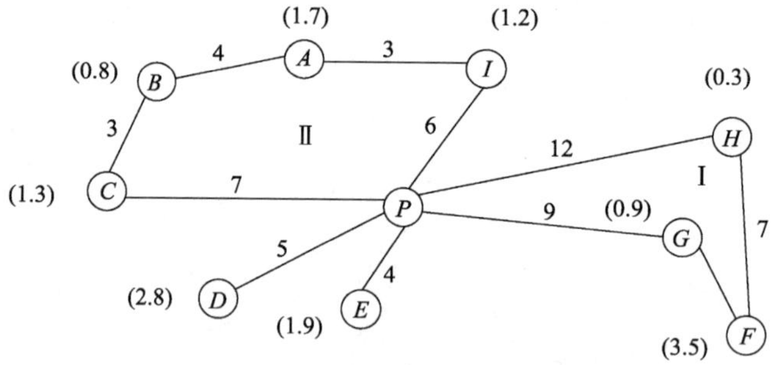

图 6-12　四次解结果

最终解：由于受配载的限制，配送路线不再添加新的节点，连接 D—E。这样就完成了全部的配送路线的设计，总共有 3 条配送路线，总运行距离为 67 千米，需要 2 吨货车 0 辆，5 吨货车 3 辆。其中，配送线路 I 运行距离为 32 千米，装载量为 4.7 吨；配送线路 II 运行距离为 23 千米，装载量为 5 吨；配送线路III运行距离为 12 千米，装载量为 4.7 吨，如图 6-13 所示。

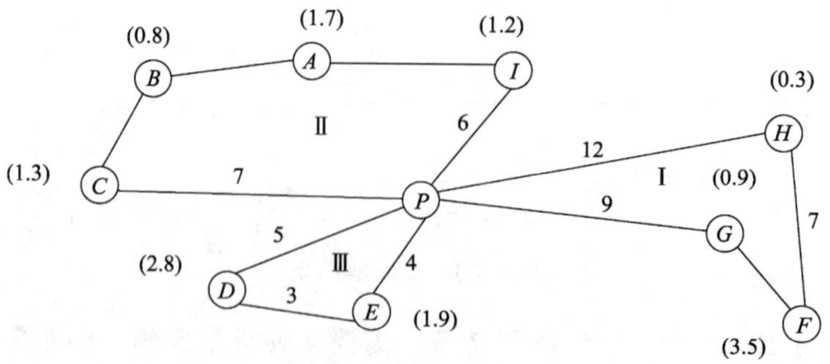

图 6-13　最终解结果

3）节约法需考虑的因素和注意事项

（1）适用于顾客需求稳定的配送中心。

（2）各配送路线的负荷要尽量均衡。

（3）要充分考虑道路运输状况。

（4）预测需求的变化及发展趋势。

（5）考虑交通的状况。

（6）可利用计算机软件求解最优解。

3. 多对多配送

多对多配送是指多个供应点向多个客户的配送运输。在这种配送运输模式中根据供与销是否平衡又分为两种。

1）供销平衡模式

供销平衡模式可以用数学语言描述。设有 m 个产地 $A_i(i=1,2,\cdots,m)$ 供应同一种物资，产量分别为 $a_i(i=1,2,\cdots,m)$ 单位；有 n 个销地 $B_j(j=1,2,\cdots,n)$ 消耗同一物资，销量分别为 $b_j(j=1,2,\cdots,n)$ 单位。总产量与总销量相等。第 i 个产地运到第 j 个销地单位物资运价为 $c_{ij}(i=1,2,\cdots,m;\ j=1,2,\cdots,n)$ 。如何调运使运费最小。

用 $x_{ij}(i=1,2,\cdots,m;\ j=1,2,\cdots,n)$ 表示从第 i 个产地调运给第 j 个销地的物资单位数量。该问题可归纳为如下的数学模型：

$$\min\{z\}=\sum_{i=1}^{m}\sum_{j=1}^{n}c_{ij}x_{ij}$$

$$\text{s.t.}\begin{cases}\sum_{j=1}^{n}x_{ij}=a_i(i=1,2,\cdots,m)\\ \sum_{i=1}^{m}x_{ij}=b_j(j=1,2,\cdots,n)\\ \sum a_i=\sum b_j,x_{ij}\geqslant 0(i=1,2,\cdots,m;\ j=1,2,\cdots,n)\end{cases}$$

2）供销不平衡模式

前面阐述了产销平衡的运输问题，但在实际运输配送的物流活动中，往往是产销不平衡的情况比较多。所谓产大于销是指总产量大于总销量。产大于销可以看成是产地有库存，记 $x_i(n+1)$ 为产地的 A_i 库存量，可看成增加了一个销地，而就地库存的运价为零，这样不平衡问题就化成了平衡问题。同样，需求大于产量时，可虚设一个产地，其虚产量为总需求与原总产量的差，把问题化为产销平衡问题。

产销平衡和产销不平衡问题是多个供应点向多个接货点供货时遇到的问题，也是配送优化调度的问题。具体算法可参考运筹学的相关内容。

五、运输计划编制

运输计划编制即车辆运行路线和时间安排。它是车辆运行路线选择问题的延伸，需要考虑车辆设备资源、司机工作时间、客户接货时间等诸多因素。

（1）每个停留点规定的提货数量和送货数量。

（2）所使用的多种类型的车辆的载重量和载货容积各不相同。

（3）车辆在路线上休息前允许的最大的行驶时间（如美国运输部安全条款规定至少 8 小时要有 1 次休息）。

（4）停留点规定的在一天内可以进行的提货的时间。

（5）可能只允许送货后再提货的时间。

（6）司机可能只能在一天的特定时间内进行短时间的休息或进餐。

这些约束条件使问题复杂化，甚至使人们难以去寻求最优化的解，因此，车辆调度员应灵活考虑上述无法量化的因素，安排出相对满意的运行线路和运行时间。

假设配送运输车辆是从一个仓库出发，向多个停留点送货，然后在同一天内返回到该仓库，要安排一个满意的运行路线和时间。针对这种情况，许多物流企业在长期的实际工作经验中提炼出了下列八大原则。

（1）将相互接近的停留点的货物装在一辆车上。运送车辆的运行路线应将相互接近的停留点串起来以便停留点之间的运行距离最小化，这样运行时间也会达到最小化。

（2）将集中在一起的停留点安排在同一天送货。当停留点的送货时间是在一周的不同天数进行时，应将集中在一起的停留点安排在同一天送货，这样可以有助于使所需的服务车辆数量最小化，以及一周中的车辆运行时间和距离最小化。

（3）运行路线从离仓库最远的停留点开始。合理的运行路线应从离仓库最远的停留点开始将集聚区的停留点串起来，然后返回仓库。一旦确认了最远的停留点之后，送货车辆应满载贴近这个关键停留点的一些停留点的货物。这辆运货车满载后，再选择另一个最远的停留点，按此程序进行下去，直至所有停留点的货物都分配给运货车辆。

（4）一辆运货车顺次途经各停留点的路线要成泪滴状，路线不应交叉。

（5）最有效的运行路线通常是使用大载重量的送货车辆的结果。最好是使用一辆载重量大到能将路线上所有停留点所要求的货物都装载的送货车，这样可将服务区停留点的总的运行距离或时间最小化。

（6）提货应混在送货过程中进行，而不要在运行线路结束后再进行。这样可以减少交叉路程量。提货混在送货过程中进行的程度取决于送货车辆的形状、提货量，以及所提到的货物对车辆内后续送货通道的影响程度。

（7）对偏离集中停留点线路远的单独的停留点可应用另一个送货方案。例如，可以使用小载重量的车辆专门为这些停留点送货，或者是租用车辆为这些停留点送货。

（8）应当避免停留工作时间太短的约束。停留点工作时间太短常会迫使途经停留点的顺序偏离理想的状态。由于停留点的工作时间约束一般不是绝对的，如果它影响到合理的送货路线，则可以与停留点商量，调整其工作时间或放宽其工作时间约束。

第三节　配送运输车辆管理

运输车辆是实现运输的工具，良好的运输方案需要有相应的运输工具的支持，特别是现代的物流系统，更强调物流的一体化设计和运作，运输车辆是物流硬件设施的重要组成部分。合理地选择和配备车辆，正确地认识车辆装载规律，先进的车辆配套系统，是物流企业高效运作的重要保证。

一、配送及运输车辆的选择

对于物流企业，车辆的选择分为两个方面：一是车辆的购置，二是车辆的租赁和选用。

相对于车辆租赁和选用来说，车辆的购置程序更复杂，需要考虑的问题更全面。我们以车辆的购置来论述车辆选择的注意事项。车辆的购置一般应考虑以下因素。

（1）车辆形式的确定。物流企业运输货物的类别决定了所购置的车辆的形式。例如，冷冻冷藏食品运输车辆要选择冷藏车，一般货物只需选择箱式车。而为了节约成本，也有些物流企业购置敞篷式平板车用于批量货物的运输。但随着食品安全的要求和运输规范的提高，城市物流，特别是快速消费品的物流，使用箱式货车是必然趋势。

（2）车辆吨位的确定。对于单位货物的运输成本，车辆越大，承载能力越强，每次运输的单位货物运输费用越低。所以，在可能情况下，选择大吨位的车辆进行运输是降低成本的好方法。但选择大吨位车辆运输受到很多条件的限制：第一，订单批量的限制，一个或几个客户的运输量在路线排定以后达不到一定的吨位，使用大承载能力的车辆无疑是一种浪费；第二，交通法规的限制，城市对车辆都有时间和吨位的限制，一般不允许大吨位的车辆在白天进入市区送货。所以，车辆吨位的确定一定要权衡各种条件，选择恰当的承载能力的车辆。

（3）车辆箱体体积的确定。选择车辆箱体体积要根据运输货物的比重确定。运输较重的货物，如冷冻货品、饮料等，应选择箱体较小，或者标准配置的车辆箱体。如果运输货物的比重较轻，应选择箱体较大的车辆。对于物流企业而言，管理者应考虑尽可能少地配备车辆，最大地发挥车辆的运输能力，有限的车辆用于运输重量、比重、温度要求不同的货物。

（4）车辆标准的确定。物流企业选择车辆，要按照标准化的原则。这里包含两方面的含义：一是在标准的车辆系列中选择合适物流企业的系列车辆，车辆品种尽可能少；二是车辆的配置、尺寸、侧门等要求要统一。标准化的车辆系列和配置是物流企业运输高效化的保证，能增加车辆的替代性，减少维修成本。

二、车辆配载的要求

车辆的装载是运输管理的工作内容之一，合理的装载不但是安全行驶的保证，防止货物损坏、避免货物倒塌的条件，而且可以增加装载空间的利用率。对车辆装载的要求有以下几点。

（1）货物的稳定性要求。车厢中的货物在运输途中应当避免相互碰撞，采取防止倒塌的措施。一般采用薄膜缠绕将整托盘货物固定，或使用固定带将货物与箱体相连。总之，采取措施防止因为车辆行驶中的颠簸、转弯而引起货物倒塌或相互碰撞现象的发生。

（2）货物装载的重心位置。车辆装载虽然不像船舶装载一样需要计算货物装载后货物重心的位置，但货物的装载重心应该是运输装载的基本注意事项之一。第一，货物的重心应靠下。当装载不同货物的时候，重量较重的货物应放在下面。第二，货物中心应靠前。当装载不同货物的时候，重量较重的货物应放在车厢的前面。

（3）对有温度控制的货物的装载，要为冷机的冷却循环提供空间。货物上部不能顶到车厢顶板，前后要留有冷风循环的空间。冷藏车厢地板一般有风循环槽。如果没有风循环槽，要用托盘运输来提供风循环空间。

（4）对有特殊要求的货物要按位置摆放。例如，长途运输调味酱类的货物要尽可能不放在车厢后部，避免长距离颠簸造成产品油水分离。圆形货物的运输要避免货物在车厢内滚动，同时避免车厢开门时落下伤人。

三、车辆配载的方法

物流企业服务的对象经常是众多的客户和各种不同的货物品种，尤其是以配送业务为主的物流企业，配送的货物种类繁多，特性各异，在运送过程中其操作工艺和作业要求不可能完全一样，为确保配送服务质量，应选择适宜的配送车辆类型，而且为了降低配送运输成本，需要充分利用资源，对货物进行装车调配、优化处理，充分利用车辆的容积和载重量，同时考虑卸货的先后顺序，做到满载满装，提高车辆的利用率。

车辆的配载问题可以用数学模型描述：设车辆的额定载重量为 C，可用于配送 n 种不同的货物，货物的单位重量分别为 $W_1,W_2,\cdots,W_n$。每一种货物分别对应于一个价值系数，用 $P_1,P_2,\cdots,P_n$ 表示，它表示货物价值、运费等。设 X_k 表示第 k 种货物的装入量，则装货问题可表示为

$$F_{\max}(X)=\sum_{k=1}^{n}P_kX_k$$

$$\sum_{k=1}^{n}W_kX_k\leqslant C$$

$$X_k\geqslant 0(k=1,2,3,\cdots,n)$$

上述问题可以用运筹学中的动态规划法求解，即把每装入一件货物作为一个阶段，把装货问题转化为动态规划问题，具体步骤如下。

第一步，装入第 1 种货物 X_1 件，其最大价值为

$$F_1(W)=\max P_1X_1$$

式中，$0\leqslant X_1\leqslant[C/W_1]$，方括号表示取整数。

第二步，装入第 2 种货物 X_2 件，其最大价值为

$$F_2(W)=\max\{P_2X_2+F_1(W-W_2X_2)\}$$

式中，$0\leqslant X_2\leqslant[C/W_2]$。

第 n 步，装入第 n 种货物 X_n 件，其最大价值为

$$F_n(W)=\max\{P_nX_n+F_{n-1}(W-W_nX_n)\}$$

式中，$0\leqslant X_n\leqslant[C/W_n]$。

寻找最优解方案的次序与计算顺序相反，由最后一个阶段向第一个阶段进行。由此方法得出的结果是车辆装载重量的最优化。但车辆运输除重量限制以外，体积限制也是一个重要的方面。一般来说，如果能同时实现运输的体积和重量装载的最大化，就是装载的最优解。通常配载问题会受到多方面因素的影响，用大量时间去求运输车辆载重和体积同时最优的解是不切合实际的。重量或体积任何一项指标达到最大，而另一指标达到 70%以上，一般就可以认为是满意的解。

例 6-3 某配送中心有载重量 8 吨的货车，需要从配送中心输送重量分别为 3 吨、3 吨、4 吨、5 吨的货物到客户的接货中心，问如何配载才能充分利用货车的运载能力？假设货物的价值系数分别为 3、3、4、5（本题以物品重量作为价值系数）。

解：根据前面的讨论，将本题的装货划为 4 个阶段，利用动态规划求解。第一阶段至第四阶段的计算表格分别如表 6-5～表 6-8 所示。

表 6-5　第一阶段计算表格

W	0	1	2	3	4	5	6	7	8
X_1	0	0	0	1	1	1	2	2	2
$F(W)$	0	0	0	3	3	3	6	6	6

表 6-6　第二阶段计算表格

W	X_2	$W-W_2X_2$	$P_2X_2+f_1(W-W_2X_2)$	$f_2(W)$
0	0	0	0+0	0
1	0	1	0+0	0
2	0	2	0+0	0
3	0	3	0+3	3
	1	0	3+0	
4	0	4	0+3	3
	1	1	3+0	
5	0	5	0+3	3
	1	2	3+0	
6	0	6	0+6	6
	1	3	3+3	
	2	0	6+0	
7	0	7	0+6	6
	1	4	3+3	
	2	1	6+0	
8	0	8	0+6	6
	1	5	3+3	
	2	2	6+0	

注：W 为车辆可利用载重量假设；X_1 为第 1 种货物装载件数；$f(W)$为价值系数[$f_1(W)=PX_1=3X_1$]

表 6-7　第三阶段计算表格

W	X_3	$W-W_3X_3$	$P_3X_3+f_2(W-W_3X_3)$	$f_3(W)$
0	0	0	0+0	0
1	0	1	0+0	0
2	0	2	0+0	0
3	0	3	0+3	3
4	0	4	0+3	4
	1	0	4+0	
5	0	5	0+3	4
	1	1	4+0	
6	0	6	0+6	6
	1	2	4+0	
7	0	7	0+6	7
	1	3	4+3	
8	0	8	0+6	8
	1	4	4+3	
	2	0	8+0	

表 6-8　第四阶段计算表格

W	X_4	$W-W_4X_4$	$P_4X_4+f_3(W-W_4X_4)$	$f_4(W)$
8	0	8	0+8	8
	1	3	5+3	

寻找最优解方案的次序与以上计算过程相反，由第四阶段向第一阶段反推。由第四阶段计算表格（表 6-8）可以看出，价值的最大值为 $f_4(W)=8$，对应 $X_4=0$，$X_4=1$。当 $X_4=0$ 时，表示第四种物品装入零件，第三列数字表示装入第四种物品后，剩余的由其他物品补充。例如，当 $X_4=1$ 时，第四种物品本身的重量为 5，其余三种物品的装载量为 3。在第三阶段计算表格（表 6-7）中，$W=3$ 时，对应 $f_3(W)=3$，$X_3=0$，第三列数字显示其余两类物品装入量为 3。在第二阶段计算表格（表 6-6）中，当 $W=3$ 时，$f_2(W)=3$，对应的 $X_2=0$，或者 $X_2=1$，其余物品（在此指第一种物品）装入量为 3 或 0。在第一阶段的计算表格（表 6-5）中，当 $W=3$ 时，对应 $X_1=1$，当 $W=0$ 时，$X_1=0$。总之，得到两组最优解为

$$X_1=1，X_2=0，X_3=0，X_4=1$$

$$X_1=0，X_2=1，X_3=0，X_4=1$$

当 X_4 取“0”时，以此类推可以得到第三组的最优解，即

$$X_1=0，X_2=0，X_3=2，X_4=0$$

以上三组解对应的装载量都为 8 吨。

四、车辆调度的方法

车辆调度部门是配送运输的指挥中心，是根据客户的需求、配送中心的配送资源（包括车辆、司机出勤等）、道路运输网情况，综合规划调度，对运输作业做出合理安排和指派，并对整个作业过程进行监控管理，保证高质量、高效率的运输作业管理过程。为保证调度工作的质量，需要做到统一领导、指挥，分级管理分工负责；从全局出发统筹规划管理；保证均衡、超额完成生产计划任务；避免运输车辆送货回程空驶。

1. 车辆调度的一般方法

根据客户所需货物、配送中心站点及交通线路的布局不同，采用定向专车运行调度法、循环调度法、交叉调度法等；如果运输任务较重，交通网络较复杂，为合理调度车辆的运行，可利用运筹学线性规划的方法，如最短路径法、表上作业法、图上作业法等。

2. 车辆调度的优化方法

货运车辆优化调度问题可根据不同性质具体分为以下几类。

（1）按照运输任务分为纯装问题、纯卸问题及装卸混合问题。

（2）按照车辆载货状况分为满载问题和非满载问题。满载问题是指货运量多于一辆车的容量，完成所有任务需要多辆运输车辆；非满载问题是指车的容量大于货运量，一辆车即可满足货运要求。

（3）按照车辆类型分为单车型问题和多车型问题。

（4）按照车辆是否返回车场分为车辆开放问题和车辆封闭问题。车辆开放问题是指车辆不返回其出发车场，车辆封闭问题是指车辆必须返回其出发车场。

（5）按照优化的目的可分为单目标优化问题和多目标优化问题。

（6）按照有无休息时间要求可分为休息时间的调度和无休息时间的调度问题。

实际中的车辆优化调度问题可能是以上分类中的一种或几种的综合。

求解车辆优化调度问题的方法可以分为精确算法、启发算法和智能算法。精确算法主要有分支定界法等；启发式算法主要有构造算法、两阶段法（C-W 算法）等；智能算法主要有神经网络法、遗传算法和模拟退火算法等。

第四节　配送运输评价

一、运输评价与跟踪

现代物流企业的重要标志之一是快速的信息传递系统，体现在运输管理中显得更加突出和必要。利用信息手段可以让运输过程信息共享，减少信息滞后所带来的影响，为客户提供更好的信息服务，也便于对整个运输过程进行监控。运输管理的信息系统主要由几大部分组成。

（1）对车辆路线进行管理的路线优化系统。

（2）车载营运记录仪（黑匣子）。

（3）对车辆位置进行监控的全球定位系统。

其中，路线优化系统是在派车之前对货物运输路线做整体规划，力求做到合理安排运输路线；而车载营运记录仪和全球定位系统则是在车辆运输途中，对货物运输状况进行追踪和控制，及时掌握货物的到达情况。以下主要介绍全球定位系统和车载营运记录仪的应用。

（一）全球定位系统

全球定位系统（global position system，GPS）是利用通信卫星、地面控制系统和信号接收机对跟踪对象进行动态定位的系统，它能对静态、动态对象进行动态空间信息的获取。在物流服务的实际运作中，GPS 在对运输车辆的实时监控上起着重要作用。通过安装在车辆上的全球定位仪，可以实时获取车辆的位置信息，包括经纬度、速度、方向等，这些信息通过无线通信系统传送到物流企业总部，并显示在电子地图上。企业总部可以利用这些信息掌握整体运作情况，并对车辆运用进行优化配置，提高运用效率，节约物流成本。同时客户经授权也可以通过互联网监控运送自己货物车辆的位置，如果货物运输需要临时变化线路，可以随时指挥调动。

GPS 在物流活动中的应用举例如下。

1. 车辆运转信息传递

车辆运转信息可以通过 GPS 及时传递。车辆的行驶速度、保温车辆的车厢内部温度、车辆运行的各种参数等信息，可以由事先设定的时间和数字采集间隔方式自动传递给物流企业控制中心。物流企业控制中心将收集到的信息进行处理并保存，也可以作为诊断车辆故障的依据。

2. 业务信息传递

物流企业可以通过 GPS 系统传递文字和语音信息。随时将信息传递给行驶中的车辆，可以帮助驾驶员避开道路拥挤情况，绕开险情，可以将客户的临时需求及时传递给驾驶员。同时驾驶员也可以将运营中的信息及时报告给物流企业控制中心，如货物的情况、车辆的运营状态等。

3. 车辆位置信息传递

物流企业配置 GPS 系统，公司可以随时掌握运营车辆的位置信息，快速调配运力，对运营中发生的问题给予快速的反馈，避免车辆故障给客户造成时间延误、断货等不良影响。车辆本身也可以通过所在位置的信息，选择最佳的运输路线，避免绕行。

（二）车载营运记录仪

1. 车载营运记录仪的基本功能

车载营运记录仪（俗称黑匣子）是国外于20世纪60年代开发，早期用于记录高档轿车运行状况的技术。其在20世纪80年代开始引入我国。物流企业可以运用它对运输生产的各个环节进行管理，主要包括车辆运行的记录和驾驶人员的跟踪、评价管理。

此外，尽管应用运输管理信息系统在一定程度上实现了计算机自动化管理，但还存在着大量的数据需要人工输入，尤其是汽车运输过程中产生的动态数据，包括每辆车每天的出发时间、返回时间、中途停车次数及其时间、行驶里程、车速、油耗等数据。由于人工录入带来的误差将使这些数据的真实性、可靠性不能得到保障，数据的更新速度也较慢，从而使运输管理信息系统的可用性大大降低。一般来讲，车载营运记录仪具备以下基本功能。

（1）将车辆运行的状态完整地记录下来，包括行驶速度、油耗、停歇时间、紧急情况时驾驶员操作动作等，还可以根据客户需求增加车厢温度、加油量、车厢开门次数等一系列功能。

（2）当车辆回到货场时，将车辆营运信息卡记录的信息输入计算机中，进行存档处理。车载营运记录仪也可以和GPS连接，将车辆运转信息及时传递给物流企业控制中心管理系统。

（3）车载营运记录仪一般与车辆管理系统共同使用，可以进行车辆营运管理。通过对车辆行驶是否超速、车辆维修费用、油耗等一系列指标进行统计，对驾驶员的工作表现进行真实的记录和评定，作为奖惩的依据。

2. 以车载营运记录仪为自动数据终端的运输企业综合管理系统

为了解决好物流企业在管理过程中对车辆行车过程中的动态数据的收集、汇总、分析和统计，以及解决好如何使这些动态数据能够及时、准确和有效地自动用于企业管理的各个环节（如调度、计划、人事管理、销售、服务等），我国已经开发出了以车载营运记录仪为动态数据采集终端，以计算机网络为后台管理平台的陆路运输企业自动化综合管理系统。

这种综合管理系统是以汽车行驶记录仪记录的车辆基本行驶数据为基础，根据物流企业自身特点及其管理模式，提供整个运输过程全方位各个环节的管理。系统充分利用现代化网络技术和数据库技术，实现企业级数据共享。系统将在企业内部局域网上建立网络数据库，从基层站点到高层管理，各层管理者都可以通过局域网内的任何一台计算机进入运输管理系统进行添加、修改、查看等各项管理工作。一台计算机上的数据操作在企业内部其他任何联网的计算机上都可以看到。管理人员将记录仪记录在IC卡上的车辆行驶数据通过局域网内一台计算机读入服务器上的数据库中，这时在局域网内所有计算机上均可看到新读入的数据。对于集团下属分公司型企业，还可以通过互联网实现数据通信，进一步简化报表数据上报过程。

二、配送运输作业评价指标

配送与运输作业的评估内容包括人员负担、车辆负荷、配送规划、时间效益、配送成本和配送质量等。

1. 人员负担

$$人均配送量=\frac{出货量}{配送人数}$$

$$人均配送距离=\frac{配送总距离}{配送人数}$$

$$人均配送重量=\frac{配送总重量}{配送人数}$$

$$人均配送车次=\frac{配送总车次}{配送人数}$$

通过上述 4 个公式可以充分了解配送人员的工作量和作业贡献，根据实际情况可随时调整配送人员数量。

2. 车辆负荷

$$每车吨千米数=\frac{配送总距离\times总吨数}{配送车辆总数}$$

$$每车配送距离=\frac{配送总距离}{配送总车数}$$

$$每车配送重量=\frac{配送总重量}{配送总车数}$$

通过上述公式可以评估配送车辆的负荷大小，从而决定是否增减车辆。最佳车辆负荷大小应根据实际情况来确定。

3. 空车率

$$空车率=\frac{空车行走距离}{配送总距离}$$

当空车率较高时，表示没有充分遵循“回程顺载”的原则，提高了配送成本。为了减少空车率，应该提高回程顺载率，加强“回收物流”的管理。

4. 配送车辆开动率

$$配送车辆开动率=\frac{配送总车次}{车辆数量\times工作天数}$$

通过此公式可以观察车辆的利用率。如果利用率过高，则应该增加车辆；如果利用率太低，则应减少车辆数量或增加配送货物。

5. 配送平均速度

$$配送平均速度=\frac{配送总距离}{配送总时间}$$

利用这个公式可以评估配送路线是否最佳。

6. 时间效益

$$配送时间比率=\frac{配送总时间}{配送人数\times工作天数\times每天工作时数}$$

$$单位时间配送量=\frac{出货量}{配送总时间}$$

$$单位时间生产能力=\frac{营业额}{配送总时间}$$

通过上述公式可以分析单位时间的贡献率。

7. 配送成本

$$配送成本比率=\frac{车辆配送成本}{物流总费用}$$

$$每吨配送成本=\frac{车辆配送成本}{配送总重量}$$

$$每车次配送成本=\frac{车辆配送成本}{总配送车次}$$

$$每公里配送成本=\frac{车辆配送成本}{总配送距离}$$

通过这些公式可以分析配送成本，从而采取措施，降低成本，提高效益。

8. 配送延误率

$$配送延误率=\frac{配送延误车次}{配送总车次}$$

为了企业信誉，确保交货时间是较为重要的。如果配送延误率较高，其原因可能是车辆故障、交货配送延误、路况不良等问题，需要针对具体原因逐一进行改进。

➢复习思考题

1. 简述配送中心的主要功能有哪些，并绘出配送中心作业流程图。
2. 试用 EIQ 分析法分析一个配送中心的订单情况。
3. 请举例说明配送服务质量管理的主要内容。
4. 根据某个配送中心的业务，说明配送车辆的购置一般应考虑哪些因素。
5. 简述车辆配载的要求。

➢计算题

1. 大陆卡车运输公司（Transcontinental Trucking Company）计划安排从法布罗到德卢斯（Duluth）的干线运输路线。因为行车时间和距离紧密相关，所以公司调度员希望能找到最短路径。图 6-14 给出了城市间的干线公路及相应的里程网络图。根据图 6-14，利用最短路径法找出最短行车路线。

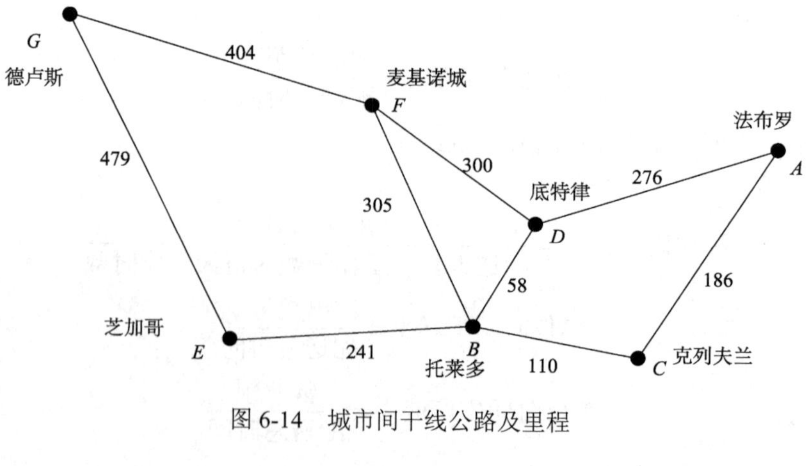

图 6-14　城市间干线公路及里程

2. 图 6-15 为某配送中心的配送网络，图中 P 点为配送中心，A～J 为配送客户，共 10 位客户，括号内为配送货物吨数，线路上的数字为道路距离，单位为千米。现配送中心有额定载重量分别为 2 吨和 4 吨两种厢式货车可供送货，规定每次运行距离为 30 千米，试用节约算法设计最佳送货路线。

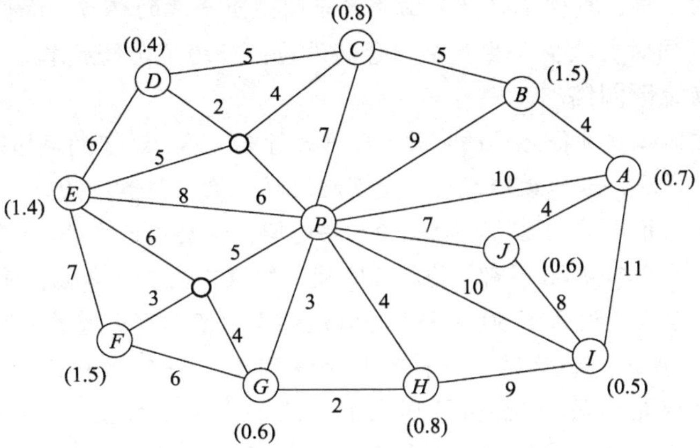

图 6-15　某配送中心的配送网络示意图

案例分析　江西三志物流有限公司甩挂运输

江西三志物流有限公司是江西省最大的第三方物流企业之一。多年来，该公司致力于推动企业从传统物流业向现代物流业转型升级，积极参与现代物流业的高端竞争，实现了企业的转型发展。其“一线两点”与“一点多线”的甩挂运输模式在全国物流行业“甩”出了名声。

一、“甩”出运价最低水平

过去一般大货车，司机等候装货、卸货就要大半天，等待的时间足够再跑一趟。推行甩挂运输后，货车被分成牵引车与挂车两个部分，到达目的地后，牵引车直接卸下挂车，拉上另一辆已经装好货物的挂车即可上路。甩挂模式可有效提升项目运输效率，主要体现在减少装卸车牵引车的装卸等待时间，从而有效增加牵引车载重行驶里程，提高单车周转量，实现绿色发展、循环发展、低碳发展。

以南昌至济南线为例，全程 1050 千米，在传统模式下，一个月的时间内顶多往返 4 次，而在甩挂运输方式下，由于装卸时间的节省，一个月可以往返 11 次。根据公司测算，甩挂运输比单车运输降低成本 40%左右，减少油耗 30%左右。

不仅如此，该公司还全面推广“一车多挂”“一点多线”的甩挂运输模式，减少了物流公司的车辆配置数量，降低了车辆采购成本。以南昌至济南线为例，如需双向每日发 1 辆车，在未实行甩挂运输作业以前，需要配置 5～6 辆车，而使用甩挂运输后，采用的是循环模式，只需配置两辆牵引车、4～6 辆挂车即可满足需求。购车成本直接降低一半以上。

目前，三志物流吨千米运价约为 0.17 元，远远低于业内 0.3 元左右的水平。凭借运力周转快、运输成本低的优势，三志物流发展势头强劲，已经成为江西省物流行业中的佼佼者。2011 年，该公司 90%的货物运输由甩挂作业车辆完成，全年完成甩挂运输 6600 余趟，发送运量 53.6 万吨；零担业务运输量达 120 万吨，运输规模居南昌市首位；公司全年完成营业收入 7.2 亿元。

二、“甩”出企业“零库存”

南昌某制药公司刚刚从生产线输出的一箱箱药品被直接装到了三志物流的挂车上，为该公司节省仓储面积，降低搬运、仓储和包装成本。相关研究表明，我国一般工业从产品出厂经过装卸、储存、运输等各个物流环节到消费者手中的流通费用占商品价格的50%左右。三志物流先后和江中制药、江铃汽车、汇仁集团、仁和集团等30多家企业形成长期合作关系，将空的厢式挂车直接“甩”在企业生产线的末端，生产企业直接将产品装至车厢，满足了生产企业生产过程“零库存”的需求，减少了将产品由生产车间搬至仓库的环节，降低了厂内搬运装卸费用、时间和破损率，同时也减少了生产企业仓储设施，节约了仓储成本。

三、“甩”出物流新网络

企业开展甩挂运输必须具备充足的货源、良好的行车道路、适宜的运输范围等条件，而发挥自身优势，整合物流资源，选择最佳线路，是实施甩挂运输的关键。为此，从2007年开始，三志物流先行先试，全面推广甩挂运输。短短的5年时间，该公司已在30多个省（市）设立了分公司，拥有大型干线运输车辆80多部，拖板140块，短驳车辆210多辆，员工2000多人，开通了110多条全国直达专线，设立了50余个甩挂货运站点，基本形成覆盖全国的甩挂运输网络。

推行甩挂运输，货源、公路网、车辆和场地等因素“一个都不能少”，规模越大、网点越多，甩挂运输的优势越明显。该公司计划在未来几年完成全国35个重点城市的网点布局，形成1000多条专线的甩挂运输网络，在加大对甩挂运输的推介、为客户做好物流服务的同时，努力成为客户销售网络的服务者和信息提供者，不断增加甩挂运输的市场占有率。

资料来源：http: //www.chinawuliu.com.cn/zhxw/201212/04/198978. shtml

问题：

1. 请问甩挂运输与普通的一车一挂运输方式有何不同？
2. 甩挂运输的经济效益和社会效益体现在哪些方面？

案例分析　货运车辆在途监控管理方案

上海慧物智能科技有限公司基于RFID/NFC技术，致力于防盗防伪、物品识别与追溯领域的产品研发和系统集成。公司注册于国家级创业园区上海交通大学慧谷高科技中心。

在物流活动中，物流商品运输途中的安全问题，运输途中的监控和管理，由于技术上的不可操作性，长期以来属于空白状态。如何有效地保证物品运输途中的安全，有效防止运输途中对商品的更换、掺杂、以次充好等作弊行为，是长期困扰我们的难题。公司提出一种基于RFID物联网技术的智能门控来开关车厢后门的解决方案。

一、系统应用概况

（一）系统应用背景

近年来，随着物流行业的飞速发展，物流运输行业的各种问题及管理瓶颈也日益凸显。车辆管理不善，司机作弊、盗货、换货掺假等现象频发，货物状态不能实时查询，车辆不能定位跟踪，货物安全更是得不到保证。面对激增的订单及顾客需要高水平的服务和具有竞争力的价格需求，如何以正确的成本和正确的条件去保证正确的客户在正确的时间和正确的地点得到正确的产品，成为物流企业追求的最高目标。

（二）系统构成

1. 主控板：处理各类状态信息，控制门控闭合，将信息整理传给通信模块。

2. 智能门控：根据主控板控制信号控制门的开合，并将状态信息（包括门的开合状态、锁头的状态）反馈给主控板。

3. GPS模块：获取地理位置信息，防止车门在非指定地点被开启。

4. RFID 模块：获取身份卡信息，便于主控板记录并判断刷卡人身份和权限。

5. RFID 卡：也称身份卡，对使用者来说就是简单的“刷卡”动作，简化开门步骤，降低使用难度，卡内存有身份信息。

6. 通信模块：将主控板传来的各类信息上传给后台服务器，有 GPRS 和 3G 两种通信方式可选。

7. 后台服务器：收集各车传回来的数据，对非正常情况进行报警提示，并生成各类统计报表。

二、系统原理

1. 车辆到达指定卸货地点后，工作人员刷卡，主控板获取身份卡 ID 后记录该 ID 同时通过 GPS 获取地理位置信息，并将开锁控制信号发给智能门控，完成开门，然后将身份卡、地理位置、开门时间等信息通过 GPRS 或 3G 通信模块上传给后台服务器。

2. 关门时，智能门控将门闭合的信息发给主控板，主控板将关门时间、地理位置信息上传给后台服务器。

3. 智能门控的锁头状态信息是为了防止门闭合但锁头被人为堵住，造成门并未真正关死，这时系统会自动将该异常情况上传后台服务器，报警提示。

4. 后台服务器根据设定条件判断是否异常，发出警示；统计生成各类报表；查询各类信息。

三、系统优点

1. 操作方便：对一般现场操作人员要求不高，只要刷卡就能开门，降低人员要求和培训成本。

2. 责任明确：自动记录时间、地点、人物、动作，所有操作都有记录，各环节都能明确到个人。

3. 安全可靠：智能门控可靠性高，难以破坏，且暴力打开后，锁头在闭合状态而门在开合状态下，系统会自动将异常上传后台服务器报警。在断电情况下，主控板后备电池继续供电，并将断电信息上传后台服务器报警。

4. 实时反馈：所有的信息都及时上传后台服务器，能及时知道各车运行情况和操作异常。

5. 车辆跟踪：根据各车开门记录，可以简单地跟踪车辆到达时间。

通过行车轨迹、门控开锁记录，本系统杜绝了因为运输途中而造成的货物损失、丢失、掺假换现象；实时查询车辆运行情况，实现科学调度管理；物联网管理，安全，便捷，实时、有效提升物流企业竞争力。

四、系统效益分析

物流运输在途监控管理系统可实现车辆物货精确定位，实时监控、车门权限管理，车门开锁记录等，高效调度，让一切尽在掌控之中不再是物流企业管理者的奢望。该系统成功服务于物流、水力、电力、燃气等行业。先后与中国物联网协会、上海市水务局、国家电网公司、中国衡器协会等密切合作。产品在中石油、中石化、南方电网、新奥能源、贵州燃气、山西东义煤气化集团等一批国家级企业及民营企业中得到广泛应用。

资料来源：上海慧物智能科技有限公司

问题：

1. 物流运输在途监控管理系统如何保证物品运输途中的安全？
2. 该方案是否需要进一步改进？如何改进？

第七章

物流企业财务管理

【学习目标】

- 掌握物流企业财务管理的概念和内容
- 理解并掌握货币时间价值的概念及计算方法
- 掌握物流企业筹资管理的目的和内容
- 了解物流企业主要的筹资渠道和筹资方式
- 掌握物流企业资金成本的计算
- 了解物流企业投资的概念和投资管理的目标
- 掌握物流企业投资决策的各项指标
- 了解物流企业的利润构成和利润分配程序
- 掌握物流企业财务分析的内容

第一节　物流企业财务管理概述

一、物流企业财务管理的概念及内容

物流企业财务管理是对物流企业资金运动全过程进行决策、计划和控制的管理活动。其实质是以价值形式对企业的生产经营全过程进行综合性的管理。

物流企业财务管理的内容贯穿在物流企业完整的资金运动之中。物流企业的资金运动包括资金的筹集、投资、使用和分配等方面，具体包括如下内容。

1. 筹资

物流企业筹集资金是物流企业筹措和集中经营活动所需资金的财务活动，是物流企业资金运动的起点。在筹资过程中，物流企业一方面要预测筹资的总规模，以保证投资和营运所需要的资金；另一方面要通过筹资渠道和筹资方式的选择，确定合理的筹资结构，使筹资的代价降低而风险不变甚至降低。

2. 投资

物流企业取得资金后，必须将其投入使用，以谋求取得良好的经济效益。物流企业投资是指物流企业以现金流出来获得未来收益的行为。物流企业投资管理是对物流企业的投资活动实施控制，以期在风险既定的前提下，以最小的投入获得最大产出，或者以最小的风险和投入获得既定收益的行为。

3. 营运资金管理

广义的营运资金是指物流企业占用在流动资产上的资金，即所谓的流动资金。狭义的

营运资金指流动资产与流动负债的差额，又称净营运资金。对营运资金进行管理就是对流动资产和流动负债进行管理。主要包括加快现金、存货和应收账款的周转速度，尽量减少资金的占用，降低资金占用成本；利用商业信用解决资金短期周转困难的问题，同时在适当的时候向银行借款，利用财务杠杆，提高权益资本报酬率。

4. 成本管理

成本费用管理（以下简称成本管理）是指对物流企业经营过程中各项费用的发生和对成本的形成进行的预测、计划、控制、核算和分析评价等管理工作，以此来节约费用的行为。就其经济实质来看，成本费用是产品价值的重要组成成分，是 C（不变资本）$+V$（可变资本）两部分价值的等价物；从资金运动过程来看，它反映的是物流企业经营过程和资产使用中的资金耗费。

5. 分配管理

物流企业通过投资过程（包括对内投资和对外投资）取得收入，并取得相应的价值增值。分配是对投资成果的分配。广义的分配是指对收入和利润进行分割和分派的过程，而狭义的分配仅指对利润的分配。物流企业应按照国家有关规定合理分配，才能获得最大的长期利益。

6. 财务分析

财务分析是在财务报表反映物流企业财务状况和经营成果的基础上，运用科学的方法对相关财务指标进行比较，并对物流企业的偿债能力、运营能力和盈利能力做出评价，以使企业经营管理者、投资者、债权人及国家财税机关掌握企业财务活动规律和进行相关决策的一项财务管理工作。财务分析有利于物流企业经营管理者进行经营决策和改善经营管理，有利于企业投资者做出投资决策和债权人制定信用政策，有利于国家财税机关等政府部门加强税收征管和进行宏观调控。

本章侧重于介绍筹资管理、投资管理、利润分配和财务分析，营运资金管理和成本管理分别参见企业财务管理和物流成本管理的相关教材，在此不再赘述。

二、货币时间价值

（一）货币时间价值的概念

货币时间价值是指货币的拥有者因放弃对货币的使用而根据其时间的长短所获得的报酬。例如，企业将所拥有的货币存入银行、购买债券、出借给其他单位而获得的利息，或出租给其他单位而获得的租金，在假设没有通货膨胀和风险的情况下，就是企业因放弃对这笔货币的使用而根据其时间的长短所获得的时间价值。

货币时间价值可以用绝对数表示，也可以用相对数表示，即以利息额和利息率来表示。但在实际财务活动中，对这两种表示方法并不进行严格的区分，通常以利息率计量。货币时间价值的表现方式有现值（present value）和终值（future value）两种，现值是货币的现在价值，终值是货币的现在价值在一定期限后的本息和。

（二）货币时间价值的计算

在财务决策分析中，要应用货币时间价值，就必须首先弄清楚“终值”和“现值”两个特定概念。终值是指一定量货币按规定利率折算的未来价值；现值是指一定量未来的货币按规定利率折算的现在价值。在银行存款中，前者叫“本利和”，后者叫“本金”。两者之间的差额就是货币的时间价值。

1. 复利终值与现值的计算

复利是计算利息的一种方法，即每经过一个计息期，要将所生利息加入本金再计算利息，逐期滚算，俗称“利滚利”。根据国际惯例，货币时间价值一般按照复利方式进行计算。

1）复利终值的计算

复利终值是指若干期后包括本金和利息在内的未来价值，即本利和。也就是一笔投资按一定的复利利率计息，从而在未来某一时间获得的货币总额。其计算公式为

$$FV_n = PV(1+i)^n = PV \cdot FVIF_{i,n}$$

式中，FV_n 为复利终值；PV 为复利现值；i 为利息率；n 为计息期数；$(1+i)^n$ 或 $FVIF_{i,n}$ 为复利终值系数。

上式中复利终值系数 $FVIF_{i,n}$ 可以通过查复利终值系数表（表 7-1）来获得。

表 7-1　不同利息率下 1 元的复利终值系数简表

时间（n）＼利息率（i）	5.00%	6.00%	7.00%	8.00%	9.00%	10.00%
1	1.050	1.060	1.070	1.080	1.090	1.100
2	1.102	1.124	1.145	1.166	1.188	1.210
3	1.158	1.191	1.225	1.260	1.295	1.331
4	1.216	1.262	1.311	1.360	1.412	1.464
5	1.276	1.338	1.403	1.469	1.539	1.611
6	1.340	1.419	1.501	1.587	1.667	1.772
7	1.407	1.504	1.606	1.714	1.828	1.949
8	1.477	1.594	1.718	1.851	1.993	2.144
9	1.551	1.689	1.838	1.999	2.172	2.385
10	1.629	1.791	1.967	2.159	2.367	2.594

例 7-1　将 100 元存入银行，利息率为 10%，查表 7-1 得复利终值系数为 1.611。5 年后的终值是多少？

解：$FV_5=PV \cdot (1+i)^5=100\times 1.611=161.1$（元）

2）复利现值的计算

复利现值是指以后年份收到或支出资金的现在的价值，即将来某个时点上的一笔资金按一定利率折合为现在（时点 0）的资金价值。由终值求现值称为贴现，在贴现时使用的利息率叫贴现率。其计算公式为

$$PV = FV_n \cdot (1+i)^{-n} = FV_n \cdot PVIF_{i,n}$$

上式中$(1+i)^{-n}$或 $PVIF_{i,n}$ 称为复利现值系数或贴现系数，该系数可以通过查复利现值系数表（表 7-2）来获得。

表 7-2　不同贴现率下 1 元的复利现值系数简表

时间（n）＼利息率（i）	5.00%	6.00%	7.00%	8.00%	9.00%	10.00%
1	0.952	0.943	0.935	0.926	0.917	0.909
2	0.907	0.890	0.873	0.857	0.842	0.826
3	0.864	0.840	0.816	0.794	0.772	0.751
4	0.823	0.792	0.763	0.735	0.708	0.683

续表

利息率（i） 时间（n）	5.00%	6.00%	7.00%	8.00%	9.00%	10.00%
5	0.784	0.747	0.713	0.681	0.650	0.621
6	0.746	0.705	0.666	0.630	0.596	0.564
7	0.711	0.665	0.623	0.583	0.547	0.513
8	0.677	0.627	0.582	0.540	0.502	0.467
9	0.645	0.592	0.544	0.500	0.460	0.424
10	0.614	0.508	0.508	0.463	0.422	0.386

例 7-2 某人计划在 3 年以后得到 400 元，利息率为 8%，查表 7-2 得复利现值系数为 0.794。现在应存金额是多少？

解：$PV=FV_3 \cdot (1+i)^{-3}=400\times 0.794=317.6$（元）

2. 年金终值和现值的计算

年金是指一定时期内每期相等金额的收付款项。折旧、利息、租金、保险费等均表现为年金的形式。

年金按付款方式可分为普通年金或后付年金、即付年金或先付年金、延期年金和永续年金。

1）普通年金终值和现值的计算

后付年金是指每期期末有等额收付款项的年金，犹如零存整取的本利和，它是一定时期内每期末等额收付款项的复利终值之和。在现实生活中，这种年金最为常见，因此，又称为普通年金。

普通年金终值是一定时期内每期期末等额收付款项的复利终值之和。

普通年金现值是一定期间每期期末等额的系列收付款项的现值之和。

计算公式为

$$\text{普通年金终值：} FVA_n = A\sum_{t=1}^{n}(1+i)^{t-1} = A \cdot FVIFA_{i,n}$$

$$\text{普通年金现值：} PVA_n = A\sum_{t=1}^{n}\frac{1}{(1+i)^t} = A \cdot PVIFA_{i,n}$$

式中，A 为年金数额；i 为利息率；n 为计息期数；t 为计息年份；FVA_n 为普通年金终值；PVA_n 为普通年金现值；$\sum_{t=1}^{n}(1+i)^{t-1}$ 或 $FVIFA_{i,n}$ 为年金终值系数；$\sum_{t=1}^{n}\frac{1}{(1+i)^t}$ 或 $PVIFA_{i,n}$ 为年金现值系数。

同样年金终值系数和年金现值系数可以分别通过查表 7-3 和表 7-4 获得。

表 7-3 不同利息率下 1 元的年金终值系数简表

利息率（i） 时间（n）	5.00%	6.00%	7.00%	8.00%	9.00%	10.00%
1	1.000	1.000	1.000	1.000	1.000	1.000
2	2.050	2.060	2.070	2.080	2.090	2.100
3	3.152	3.184	3.215	3.246	3.278	3.310
4	4.310	4.375	4.440	4.506	4.573	4.641
5	5.526	5.637	5.751	5.867	5.985	6.105

续表

时间（n） \ 利息率（i）	5.00%	6.00%	7.00%	8.00%	9.00%	10.00%
6	6.802	6.975	7.153	7.336	7.523	7.746
7	8.142	8.394	8.654	8.923	9.200	9.487
8	9.549	9.897	10.260	10.637	11.028	11.436
9	11.027	11.491	11.978	12.488	13.021	13.579
10	12.578	13.181	13.816	14.487	15.193	15.937

表 7-4　不同贴现率下 1 元的年金现值系数简表

时间（n） \ 利息率（i）	5.00%	6.00%	7.00%	8.00%	9.00%	10.00%
1	0.952	0.943	0.935	0.926	0.917	0.909
2	1.859	1.833	1.808	1.783	1.759	1.736
3	2.723	2.673	2.624	2.577	2.531	2.487
4	3.546	3.465	3.387	3.312	3.240	3.170
5	4.336	4.212	4.100	3.993	3.890	3.791
6	5.076	4.917	4.766	4.623	4.486	4.355
7	5.786	5.582	5.389	5.206	5.033	4.868
8	6.463	6.210	5.971	5.747	5.535	5.335
9	7.108	6.802	6.515	6.247	5.995	5.759
10	7.722	7.360	7.024	6.710	6.418	6.145

例 7-3　每年年底存入银行 100 元，存款利率为 8%，查表 7-3 得年金终值系数为 5.867。第 5 年年末年金终值为多少？

解：$FVA_5=A \cdot FVIFA_{8\%,5}=100\times5.867=586.7$（元）

例 7-4　现在存入一笔钱，准备在以后 5 年中每年末得到 100 元，如果利息率为 10%，查表 7-4 得年金现值系数为 3.791。现在应存入多少钱？

解：$PVA_5=A \cdot PVIFA_{10\%,5}=100\times3.791=379.1$（元）

2）先付年金终值和现值的计算

先付年金是指在一定时期内，各期期初等额的系列收付款项。它与普通年金的区别仅在于付款时间的不同。

普通年金是最常用的，因此，年金终值和现值的系数表是按普通年金编制的，为了便于计算和查表，必须根据普通年金的计算公式推导出先付本金的计算公式。

n 期先付年金终值和 n 期后付年金终值之间的关系可以用图 7-1 加以说明。

n 期先付年金现值与 n 期后付年金现值之间的关系可以用图 7-2 加以说明。

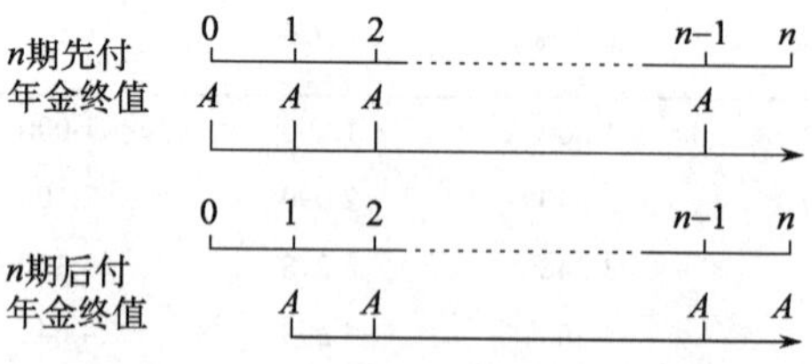

图 7-1　先付年金终值计算示意图

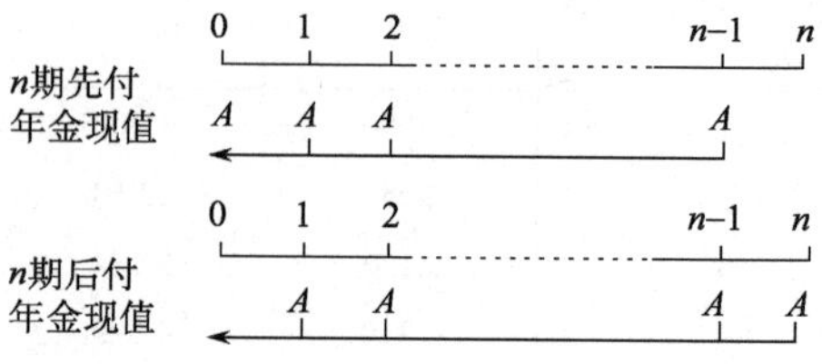

图 7-2　先付年金现值计算示意图

计算公式为

先付年金终值：$XFVA_n=A \cdot FVIFA_{i,n} \cdot (1+i)=A \cdot FVIFA_{i,n+1}-A$

先付年金现值：$XPVA_n=A \cdot PVIFA_{i,n} \cdot (1+i)=A \cdot PVIFA_{i,n-1}+A$

例 7-5 某人每年年初存入银行 1000 元，银行存款年利率为 8%。第 10 年年末的本利和应为多少？

解：$V_{10}=1000\times FVIFA_{8\%,10}\times(1+8\%)=1000\times 14.487\times 1.08=15\ 645$（元）

$V_{10}=1000\times(FVIFA_{8\%,11}-1)=1000\times(16.645-1)=15\ 645$（元）

例 7-6 某企业租用一设备，在 10 年中每年年初要支付租金 5000 元，年利息率为 8%。这些租金的现值是多少？

解：$V_0=5000\times PVIFA_{8\%,10}\times(1+8\%)=5000\times 6.710\times 1.08=36\ 234$（元）

$V_0=5000\times(PVIFA_{8\%,9}+1)=5000\times(6.247+1)=36\ 234$（元）

3）延期年金现值的计算

延期年金是指在最初若干期没有收付款项的情况下，后面若干期有等额的系列收付款项。假定最初有 *m* 期没有收付款项，后面 *n* 期有等额的系列收付款项，这种延期年金现值计算示意图如图 7-3 所示。其计算公式为

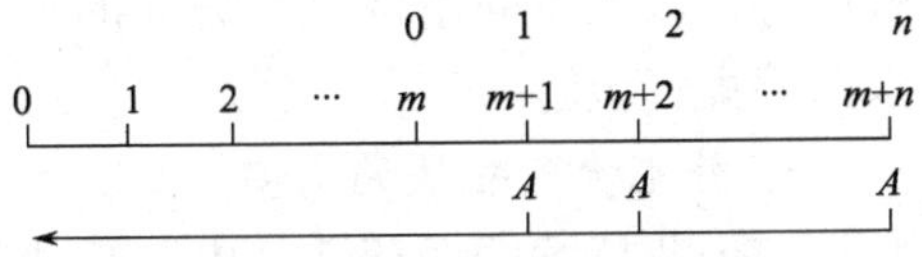

图 7-3 延期年金现值计算示意图

$$V_0=A \cdot PVIFA_{i,n} \cdot PVIF_{i,m}=A \cdot PVIFA_{i,m+n}-A \cdot PVIFA_{i,m}$$

例 7-7 某企业向银行借入一笔款项，银行贷款的年利息率为 8%，银行规定前 10 年不用还本付息，但从第 11 年至第 20 年每年年末偿还本息 1000 元。这笔款项的现值应为多少？

解：$V_0=1000\times PVIFA_{8\%,10}\times PVIF_{8\%,10}=1000\times 6.710\times 0.463=3107$（元）

$V_0=1000\times(PVIFA_{8\%,20}-PVIFA_{8\%,10})=1000\times(9.818-6.710)=3107$（元）

4）永续年金现值的计算

永续年金是指无限期支付的年金。西方有些债券为无期债券，这些债券的利息可以视为永续年金，优先股因为有固定的股利而又无到期日，因而，优先股可以看成永续年金。另外，期限长、利率高的年金现值，可以按永续年金现值的计算公式，计算其近似值。其计算公式为

$$V_0 = A \cdot \frac{1}{i}$$

例 7-8 某永续年金每年年底的收入为 800 元，利息率为 8%。求该项永续年金的现值。

解：$V_0 = 800\times\frac{1}{8\%}=10000$（元）

第二节 物流企业筹资管理

一、物流企业筹资管理概述

（一）物流企业筹资、筹资管理的概念

资金是每一个企业顺利开展活动的保证，物流企业也不例外。物流企业筹资是指物流企业为了满足其经营活动，保证物流活动的顺利开展而向外部有关单位或个人，以及从物流企业内部筹措和集中经营所需资金的财务活动。

筹资管理是指在筹资活动中，发挥财务人员的能力，按照有关的政策、法律和法规，采取科学的方法对企业的筹资活动进行规划、组织和控制，保证企业以最小的成本获得最合适的资金，为实现企业价值最大化的财务目标服务。

（二）物流企业筹资的目的

物流企业筹资的基本目的是使企业自身正常生产经营与发展。企业在不同发展阶段和不同的业务要求下有着各自的特定的筹资目的，我们可以把筹资的目的大致分为以下几个方面。

1. 创建的需要

新创办物流企业、子公司，原有的企业新建某个项目、物流分部或分公司等，都需要一定的资金作为保证。

2. 发展的需要

在企业经营活动中，不断出现经营方向的变动，改建原有的经营设施，改良各类固定资产等，以及不断出现经营方向的扩大、兼并收购其他企业等行为，由此产生对资金的需求而筹集资金。

3. 补充资金短缺的需要

在企业持续的经营活动中，需要筹集资金来补足财务中出现的资金短缺问题。企业的经营活动中，资金运动在不停地循环，但是往往由于各种原因，这种资金的流动可能出现预期外的时间差，造成流动资金短缺，这时候就需要再筹集一定的资金来补足短缺。

4. 偿还债务的需要

一般而言，企业总是利用一定的负债进行生产经营，负债都有一定的到期日，到期必须归还。如果债务到期而现金不足，则必须预先安排筹集资金，以满足偿债对现金的需求。偿债性筹资可分为两种情况：一是调整性偿债筹资，即企业虽有能力支付到期旧债，但为了调整资金结构，仍然筹集资金，以便使资金结构更加合理，这是主动的筹资策略；二是恶化性的偿债筹资，即企业现有支付能力已不足以偿还到期旧债，被迫筹资还债。这种情况说明财务状况已有恶化。

5. 调整资金结构的需要

资金结构的调整是企业为了降低筹资风险、减少资金成本而对资本与负债间的比例关系进行的调整，资金结构的调整属于企业重大的财务决策事项，同时也是企业筹资管理的重要内容。资金结构调整的方式有很多，如为增加企业权益资金比例而增加资本，为提高股权资本收益率和降低资金成本而增加负债，为合理调整结构而进行资本有效配置等，这些都是为了提高企业筹资效益而进行的筹资活动。

（三）物流企业筹资管理的目标

任何企业为了保证生产的正常进行和扩大再生产的需要，必须具有一定数量的资金。企业的资金可以从多种渠道，用多种方式来筹集。不同来源的资金，其可使用时间的长短、附加条款的限制、资金成本的大小，以及筹资的风险等都不相同。因此，物流企业筹资管理的目标是：在满足经营所需的情况下，预测物流企业需要的合理资金量，并通过选择合理的筹资方式和筹资渠道，确定理想的资金结构（包括负债资金与权益资金、长期资金与短期资金的比例关系），在不断降低资金成本的前提下，使风险与收益（资金成本）达到均衡。

（四）物流企业筹资渠道和方式

物流企业的筹资活动需要通过一定的渠道，并采用一定的方式来完成。筹资渠道是指取得资金的来源，它揭示了资金来源的方向和通道；而筹资方式是指取得资金的具体形式，它揭示了企业筹资的手段。

1. 筹资渠道

1）国家财政资金

国家财政资金是我国国有物流企业的重要资金来源。例如，在中国物流企业百强之列的中国远洋物流有限公司、中邮物流有限责任公司等，都有一定的国有资金。

国家财政资金与其他资金相比具有来源稳定、资金量充足的特点。

2）银行信贷资金

银行对物流企业的贷款也是物流企业资金的重要来源。它包括商业性贷款、政策性贷款等。银行资金来源有个人储蓄、企业存款等，财力雄厚，贷款方式能灵活适应企业的各种需要，且有利于加强宏观调控，它是物流企业资金的主要供应渠道。

3）非银行金融机构资金

非银行金融机构包括保险公司、信托投资公司、信用合作社、证券公司、租赁公司、物流企业集团财务公司等不以银行命名，但也从事相应金融服务的金融企业。这些金融机构的资金力量比专业银行要小，目前只起辅助作用。但这些金融机构的资金供应比较灵活方便，且可以提供其他方面的服务，今后将有广阔的发展前途。

4）其他法人单位投入资金

其他法人单位投入资金主要体现在以下两个方面：一是其他单位通过联营、入股、合资、合作等形式对物流企业的投资；二是物流企业在购销业务中形成债券债务关系而造成的债务人对债权人的短期资金占用。随着市场经济的发展和股份制、股份合作制企业的大量出现，其他法人单位投入的资金将在物流企业资金来源中发挥主渠道作用。

5）个人资金

个人资金主要来自本企业职工和城乡居民的投资。职工入股可以更好地体现劳动者与生产资料的直接结合，有些物流企业则向城乡居民发行股票、债券等。这是物流企业筹资的一种补充。

6）物流企业自留资金

物流企业自留资金是指物流企业通过有效的经营活动产生了盈利，并从盈利中保留一部分资金不予分配，从而形成的物流企业内部的资金供应渠道。物流企业自留资金的多少首先取决于物流企业所实现利润的多少，其次取决于物流企业的利润分配政策。

7）外商资金

外商是指境外及我国香港、澳门、台湾地区投入的资金。我国实行对外开放以来，中外合资经营企业、中外合作经营企业和外资企业陆续建立。通过吸收外资的方式不但可以满足物流企业对资金的需求，而且能够引进先进的技术和管理经验，促进物流企业技术的进步和服务水平的提高。联合国贸易和发展会议的世界投资报告显示，我国吸引的境外投资目前居全球第二位。例如，敦豪（DHL）、联邦快递（FedEx）、联合包裹（UPS）、天地快运（TNT）等跨国物流巨头在进入中国市场时，无一例外地都选择了与中国国内企业建立合资公司开展业务，如 DHL 与中外运、FedEx 与大田等。

2. 筹资方式

1）吸收直接投资

吸收直接投资是指物流企业根据现代企业制度，按“共同投资，共担风险、收益，共享利润”的原则吸收来自于国家、其他企业、个人和外商的资金。这种筹资方式是非股份制企业筹集权益资本的重要形式。以直接投资方式投资给企业的出资者是物流企业的所有者。

吸引直接投资的形式有吸引国家投资和吸引联营投资。

吸收直接投资的出资方式主要有现金投资、实物投资、知识产权投资和土地使用权投资等。

2）发行股票

股票是股份有限公司为筹集资金而发行的有价证券，是持有人拥有公司股份的入股凭证，用来证明持股人在股份公司中拥有的所有权。发行股票能使大量社会游资得到集中和运用，并能把一部分消费资金转化为生产资金，它是物流企业筹集长期资金的一个重要途径。

股票的类型主要有优先股和普通股。优先股是物流企业为筹集资金而发行的一种混合型证券，兼有股票和债券的双重属性，优先股持有者在企业盈利和剩余财产分配上享有优先权。目前，我国的股份公司中鲜有发行优先股的。普通股是股份公司依法发行的具有管理权的股利不固定的股票。普通股具备股票的一般特征，是股份公司资本结构中最基本的部分。无特殊说明，股票均指普通股。普通股股东享有的权利包括公司管理权、选举权和被选举权、分享公司盈余权、优先购买其他股东出让的股票和认购公司新增股本的权利、出售或转让股票的权利和剩余财产要求权等。物流企业利用普通股筹资的优点是风险较小，没有还本付息的压力，有利于增加公司信誉，筹资限制少。但是，普通股的方式资金成本较高，而且容易分散企业的控制权。

3）银行借款

银行借款是物流企业与银行签订借款合同，向银行借入款项，到期还本付息的筹资方式。银行借款按期限可分为长期借款、中期借款和短期借款。

银行借款筹资的优点是筹资速度快、筹资成本低。但是，银行借款的财务风险大，限制条件多，筹资数量有限。

4）发行债券

债券是企业按照法定程序发行，约定在一定期限内还本付息的有价证券。它代表债券持有者和企业之间的一种债务关系。企业发行债券一般不涉及企业资产所有权、经营权，企业债权人对企业的资产和所有权没有控制权。

债券按是否存在抵押担保可分为信用债券、抵押债券和担保债券。债券的发行价格有三种：等价债券、折价债券和溢价债券。

债券的基本特征有：①期限性。各种公众债券在发行时都要明确规定归还期限和条件。②偿还性。企业债券到期都必须还本付息，不同的公司债券有不同的偿还级别，如果公司破产清算，则按优先级别先后偿还。③风险性。如果公司经营不稳定，风险较大，则债券的可靠性就较低，债券持有人受损失的可能性就比较大。④利息率。发行债券要事先规定好利息率，通常债券的利息率是固定的，与企业的经营效果无关，无论经营如何都得按时、按固定利息率向债权人支付利息。

发行债券的筹资成本低，控制权不会转移，并且发行的债券具有财务杠杆作用。但是，发行债券的筹资风险高、限制条款多、筹资金额有限。

5）商业信用

物流企业商业信用是交易中提供服务的时间和款项结算时间的分离。它是物流企业在资金紧张的情况下，为保证生产经营活动的连续进行，采用延期支付购货款和预收销货款而获得短期资金的一种形式。

使用商业信誉筹资的优点是：商业信用无须办理正式筹资手续，在对方没有规定现金折扣或规定折扣而本企业享受到折扣时，无须负担筹资成本等。但是商业信用使用期限短，且放弃折扣所付出的成本高。

6）租赁

租赁是一种以一定费用借贷实物的经济行为，即企业依照契约规定通过向资产所有者定期支付一定量的费用，从而长期获得某项资产使用权的行为。现代租赁按其形态主要可以分为两大类：融资性租赁和经营性租赁。融资性租赁是指承租方通过签订租赁合同获得资产的使用权，然后在资产的经济寿命周期内按期支付租金。融资性租赁是一个典型的企业资金来源，属于完全转让租赁。经营性租赁是不完全转让租赁，它的租赁期较短，出租方负责资产的保养和维修，费用按合同规定的支付方式由承租方负担。

租赁筹资速度快、限制条件少、设备淘汰风险小、财务风险小、税收负担轻。但是租赁的筹资成本较高。

需要指出的是，在各类筹资渠道与筹资方式之间存在一定的对应关系，如表 7-5 所示。

表 7-5　筹资渠道与筹资方式关系表

筹资方式	筹资渠道	资金成本	财务风险	资金类型
吸引直接投资	国家、企业、个人、外商等	很高	很低	权益资金
发行股票	国家、企业、个人、外商等	很高	很低	权益资金
银行借款	银行等	较低	较高	负债资金
发行债券	企业、个人等	较低	较高	负债资金
商业信用	企业等	低	一般	负债资金
租赁	企业、租赁公司等	高	一般	负债资金

（五）物流企业筹集的资金的种类

1. 权益资金和负债资金——按所筹资金的性质分类

权益资金是企业依法筹集并长期拥有、有权自主调配运用的资金。该资金的所有权归企业，资金所有者凭借其所有权参与企业的经营管理和利润分配，并对企业承担有限责任。这部分资金可采取吸收直接投资、发行股票、留存收益等方式进行筹措。

负债资金是企业依法筹措并依约使用、按期偿还的资金。负债资金属于企业的债务，企业的债权人有权按期索取其权益，但无权参与企业的经营管理。企业对负债资金要承担按期付息和到期还本的义务。该资金来源于银行和非银行金融机构、社会等渠道，一般采用银行借款、发行债券、商业信用、租赁等方式进行筹措。

两者各有优点。权益资金筹资的优点：权益资金属于主权资金，是永久性资金，无须偿还，没有固定的利息负担，与负债资金相比风险较小。负债资金筹资的优点：负债资金筹资的资金成本较低，不分散物流企业的控制权，可以使所有者获得财务杠杆收益。

2. 长期资金和短期资金——按所筹资金期限的长短分类

长期资金是指期限在一年以上的资金。长期资金通常采用吸收直接投资、发行股票、发行债券、长期借款、融资租赁等方式来筹措。

短期资金是指期限在一年以内的资金。短期资金一般通过短期借款、商业信用、发行融资债券等方式来筹措。

二、资金成本

（一）资金成本的概念

物流企业资金成本是指物流企业为筹措和使用一定量的资金而付出的全部费用。它代表的是一种“极限利率”，即资金成本是一个投资项目必须获得的最低收益率，以证明分配给这个项目的资金是合理的。

资金成本一般包括用资费用和筹资费用。用资费用是指物流企业在使用资金中所支付的费用，如股利、利息等，其金额与使用资金的数额及时间长短成正比。用资费用在资金使用过程中频繁发生。筹资费用是物流企业为筹集到资金而支付的费用，如申请费用、借款手续费、证券发行费等，其金额与资金筹措有关，而与使用资金的数额多少及时间长短无关。

资金成本可以用绝对数表示，也可以用相对数表示。资金成本用绝对数表示，是指物流企业为筹集和使用一定量的资金而付出的筹资费用和用资费用的总和。资金成本用相对数表示，是指物流企业为筹措和使用一定量的资金而付出的用资费用与筹得的资金之间的比率，即资金成本率。人们常说的资金成本就是指资金成本率，其计算公式为

$$\text{资金成本率}=\frac{\text{用资费用}}{\text{筹资总额}-\text{筹资费用}}\times 100\%$$

$$\text{资金成本率}=\frac{\text{用资费用}}{\text{筹资总额}\times(1-\text{筹资费用率})}\times 100\%$$

式中，$\text{筹资费用率}=\frac{\text{筹资费用}}{\text{筹资总额}}\times 100\%$。

公式中，分母（“筹资总额–筹资费用”）中的“筹资费用”属于一次性费用（即在筹措资金时一次支付的费用），在使用过程中不再发生，因此，它不同于经常性的用资费用，在估算资金成本时，不能用$\frac{\text{用资费用}+\text{筹资费用}}{\text{筹资总额}}$来代替$\frac{\text{用资费用}}{\text{筹资总额}-\text{筹资费用}}$。“筹资费用”是在筹资时一次支付的，可视为筹资数额的一项扣除，因此，“筹资总额–筹资费用”实际上为“筹资净额”。

资金成本有多种形式，通常使用的有个别资金成本（如债券成本、普通股成本等）和资金综合成本。资金成本是物流企业财务管理中的一个重要概念，它对物流企业的筹资管理、投资管理，甚至整个经营管理都有着极其重要的作用。

（二）各种要素资金成本的计算

一般情况下，我们将物流企业的资金来源区分为四大要素：债务（含债券及借款）、优先股本、普通股本和留存收益。下面将分别介绍这些资金要素各自的成本（也称为个别资金成本）。

1. 债务成本

债务成本是指物流企业全部长期债务的资金成本（短期资金来源往往没有或只有很少资金成本，且占用时间有限，所以筹资决策中往往不加考虑），具体包括长期借款成本和债券成本。筹资费用的发生直接减少了资金总额，使得债务成本增加。按照国际惯例和各国

所得税法规定，一般允许债务的利息在物流企业所得税前列支，这就降低了债务的税后成本，因此，债务成本的计算公式中必须考虑此因素。

负债筹集的资金通常有银行长期借款和债券两大类。

1）银行长期借款资金成本率

$$长期借款资金成本率=\frac{长期借款额\times年利率\times(1-所得税税率)}{长期借款额\times(1-筹资费用率)}$$

例 7-9 某物流公司计划本年度向银行借款 800 万元，年利率为 5%，筹资费用率为 0.3%。该公司所得税率为 25%。该公司银行借款的资金成本率是多少？

解：$银行借款资金成本率=\frac{800\times5\%\times(1-25\%)}{800\times(1-0.3\%)}=3.76\%$

2）债券资金成本率

$$债券资金成本率=\frac{债券面值\times票面利率\times(1-所得税税率)}{发行价格\times(1-筹资费用率)}$$

例 7-10 某物流公司发行总面值为 1000 万元的公司债券，按面值发行，票面利率为 6.5%，期限为 3 年，发行费用为发行价格的 2%。每年年末付息一次，到期还本。公司所得税税率为 25%。该公司债券的资金成本率是多少？

解：$债券资金成本率=\frac{1000\times6.5\%\times(1-25\%)}{1000\times(1-2\%)}=4.97\%$

注意：债券发行价格有等价、溢价和折价三种。发行时，票面利率大于市场利率，属于溢价发行；票面利率小于市场利率，属于折价发行；票面利率等于市场利率，属于等价发行。债券利息按面值（本金）和票面利率确定，但债券的筹资额应按实际发行价格确定。一般情况下，债券成本高于同期长期借款成本。这主要是因为债券利率水平及筹资费用率均高于长期借款。

2. 优先股的资金成本率

优先股的股利是固定的，且作为权益资金，它不存在抵税作用，因而，优先股资金成本率的计算与负债资金成本率的计算仅在分子上面有差别。即

$$优先股资金成本率=\frac{优先股面值\times股利率}{优先股发行价格\times(1-筹资费用率)}$$

例 7-11 物流公司计划按面值发行公司优先股，面值为 500 万元，规定每年的股利率为 7.25%，筹资费率为 4%。则公司优先股的资金成本率是多少？

解：$优先股资金成本率=\frac{500\times7.25\%}{500\times(1-4\%)}=7.55\%$

优先股筹资额应按优先股的发行价格确定。

由于优先股股利在所得税后支付，不涉及所得税扣减问题，在计算优先股成本时，无须调整税率。另外，当公司破产清算时，优先股持有人的求偿权在债权人之后，因此，优先股成本一般高于债券成本。

3. 普通股的资金成本率

确定普通股成本通常比确定债务成本及优先股更困难一些。这是因为支付给普通股股东的股利的数额难以确定，即普通股股东的收益是由物流企业税后收益额及物流企业所采

用的股利分配政策等因素综合决定的。因此，普通股股利一般是一个变量，普通股股东每年所得到的股利可能不同。

普通股筹资额应按普通股的发行价格确定。一般按以下两种方法计算普通股资金成本。

（1）如果普通股的股利数额相同，即采用固定股利政策。其计算公式为

$$普通股资金成本率=\frac{年股利}{股票发行价\times(1-筹资费用率)}$$

例 7-12 某物流公司按面值发行普通股 700 万元，预计第一年的股利率为 12%，以后每年股利固定，筹资费用率为 5%。该公司普通股的资金成本率是多少？

解：$普通股资金成本率=\frac{700\times12\%}{700\times(1-5\%)}=12.6\%$

（2）如果普通股的股利按固定比率 G 增长，则计算公式为

$$普通股资金成本率=\frac{第一年股利}{股票发行价\times(1-筹资费用率)}+G$$

式中，G 为年股利增长率。

例 7-13 某物流公司通过发行普通股股票筹集资金，共发行 1200 万股的普通股股票，每股面值为 1 元，发行价为每股 2.5 元，下一年度的股利率为 13%，以后每年增长 4%，发行费用为实收金额的 5%。该普通股的资金成本率是多少？

解：$普通股资金成本率=\frac{1200\times13\%}{1200\times2.5\times(1-5\%)}+4\%=9.47\%$

4. 保留盈余的资金成本率

物流企业一般都不会把全部盈余以股利形式分给股东，所以，保留盈余是企业资金的一种重要来源。企业保留盈余，等于股东对企业进行追加投资，股东对这部分投资与以前缴给企业的股本一样，也要求有一定的报酬，所以，保留盈余也要计算成本。保留盈余成本的计算与普通股基本相同，但不用考虑筹资费用，其计算公式如下。

1）固定股利政策

$$保留盈余成本率=\frac{年股利}{股票发行价}$$

2）增长股利政策

$$保留盈余成本率=\frac{第一年股利}{股票发行价}+股利增长率$$

总之，物流企业的权益资金的成本高于负债资金的成本，债券的成本高于借款的成本，股票的成本高于债券的成本。因为普通股和保留盈余的风险最大，所以要求的报酬率也相应较高，其资金成本也是较高的。

（三）综合资金成本的计算

由于物流企业各种资金要素的成本有高有低，任何一种资金成本都不能代表公司的资金成本水平。只有按加权平均方法计算出的全部资金平均成本才能代表公司的资金成本水平，也才能成为选择投资项目的取舍率。所以，综合资金成本是物流企业以各种资金占全部资金的比重为权数，对各要素资金成本进行加权平均后确定的，因此，又称加权平均资金成本。

综合资金成本是由资金要素成本和加权平均权数两个因素决定的。其计算公式为

$$K_w = \sum_{j=1}^{n} K_j W_j$$

式中，K_w 为综合资金成本（即加权平均成本）；K_j 为第 j 种资金来源的资金成本；W_j 为第 j 种资金来源占全部资金来源的比重，即权数。

例 7-14 某物流公司共有长期资金（账面价值）4500 万元，其中，长期借款 300 万元，债券 1500 万元，优先股股本 500 万元，普通股股本 1850 万元，留存收益 350 万元，其资金成本率分别为 5.36%、7.56%、12.58%、14.52%和 15.12%。则该公司的综合资金成本是多少？

解：第一步，计算各种资金占全部资金的比重。

长期借款：$\frac{300}{4500}\times 100\%=6.67\%$

公司债券：$\frac{1500}{4500}\times 100\%=33.33\%$

优先股本：$\frac{500}{4500}\times 100\%=11.11\%$

普通股本：$\frac{1850}{4500}\times 100\%=41.11\%$

留存收益：$\frac{350}{4500}\times 100\%=7.78\%$

第二步，计算加权平均资金成本。

$$\begin{aligned} K_w &= 5.36\%\times 6.67\% + 7.56\%\times 33.33\% + 12.58\%\times 11.11\% \\ &\quad + 14.52\%\times 41.11\% + 15.12\%\times 7.78\% \\ &= 0.36\% + 2.52\% + 1.40\% + 5.97\% + 1.18\% \\ &= 11.43\% \end{aligned}$$

总之，资金成本是选择资金来源、拟订筹资方案、进行筹资决策的主要依据；资金成本是评价投资项目、比较投资方案和进行追加投资决策的主要经济指标；资金成本还可以作为评价物流企业经营业绩的基础。

第三节　物流企业投资管理

一、物流企业投资管理概述

（一）投资的概念

从财务活动的进程来看，物流企业取得资金后应进行资金投放与使用，以取得投资效益。在企业的财务活动中，投资是价值创造的关键环节，占据了最重要的单位。投资是指某经济主体投入一定数额的货币或其他资产以期在未来获得收益的行为。从特定企业的角度来看，物流企业投资就是物流企业投入一定的资金以期获得收益的经济活动。

（二）物流企业投资的目的

任何一种投资都是有目的的。通常物流企业投资会以实现某一目标为前提。具体来说，物流企业投资的目的主要有以下内容。

（1）生存目的。物流企业实施的各类投资是为了正常经营活动的开展。它是企业为了生存下去的一种本能活动。例如，一个物流企业为了正常物流业务的开展，投资改建原有的仓储设施。

（2）效益目的。这是大部分物流企业投资的核心目的。在充分考虑风险的情况下，一定量的投资能够为物流企业带来很大的资本增值额，这部分增值额成为企业提高经济效益的重要保障。例如，物流企业投资建设货物中转站，购买其他企业的债券等。

（3）战略目的。战略目的主要是物流企业希望通过投资实现相关市场的开拓、对某类资源和企业的控制，以及对风险的防范。例如，国外的一些物流企业为了实现对不熟悉市场进行扩张目的，往往通过合资、合营和横向跨国兼并的方式来扩大本企业在不熟悉市场上的经营规模和范围。

（三）物流企业投资管理的目标

企业无论是对内还是对外投资都是为了获取利润，取得投资收益。但企业在进行投资的同时，也必然会遇到投资项目可能成功或失败，投资既可能收回也可能收不回，投资既可能赚较多的钱，也可能只赚较少的钱的情况。所有这些都表明：投资会产生投资风险。因此，物流企业投资管理的目标是进行投资项目的可行性研究，力求提高投资报酬，降低投资风险，保障企业的可持续发展。

（四）物流企业投资活动的分类

科学合理地对物流企业投资活动进行分类，有利于物流企业认清投资的性质，加强投资管理，提高经济效益。投资按不同的标准可以分为以下几个类别。

1. 实物投资和金融投资——按投资对象分类

实物投资是指物流企业投资于具有实物形态的资产，如房地产、机器设备等。物流企业进行实物投资，收益相对较为稳定，但总体收益率较低。

金融投资是指物流企业投资于以货币价值形态表示的各类金融资产，如股票、债券、外汇和金融衍生产品等。进行金融投资，物流企业不仅可以获得投资利润，还可以获得资本利得收益，其投资收益率较高。但由于金融资产是一种无形的抽象的资产，其价值具有不稳定性，金融投资存在的风险也比较高。

2. 直接投资和间接投资——按投资与企业生产经营的关系分类

直接投资是指投资者与投资企业和项目直接联系在一起的投资行为。在直接投资中，投资者将货币资金直接投入投资项目，形成实物资产，或者直接购买现有的企业。通过直接投资，投资者可以拥有全部或一定数量的企业资产及经营的所有权，直接进行或参与投资的经营管理，从而对投资企业具有全部或者较大的控制力。

间接投资也称证券投资。它是指投资者以其资本购买国债、公司债券、金融债券或公司股票等，以预期获得一定收益的投资方式。

这二者的实质性区别在于：直接投资的资金所有者和资金使用者是统一的，而间接投资的资金所有者和使用者是分离的。

3. 对内投资和对外投资——按资金投放的方向分类

对内投资是指把资金投放到物流企业自身的生产经营中，形成物流企业的固定资产、无形资产等的投资；对外投资是指物流企业以现金、实物、无形资产购买股票、债券等有价证券的形式对其他单位的投资。对内投资都是直接投资，对外投资主要是间接投资，也可以是直接投资。

4. 长期投资和短期投资——按投资期限的长短分类

短期投资又称流动资产投资，是指能够并且准备在一年以内收回的投资，主要是指对货币资金、应收款项、存货、短期有价证券等的投资。长期投资则是一年以上才能收回的投资，主要是指对厂房、机器设备等各类固定资产的投资，也包括对无形资产和长期有价证券的投资。由于长期投资中固定资产所占的比重最大，长期投资有时专指固定资产的投资。

二、物流企业投资决策

物流企业投资包括直接投资和间接投资。其中，直接投资是指把资金投放于生产经营性资产，以便获取利润的投资。直接投资是企业投资的主体部分，是物流企业取得利润的基本前提，是维持物流企业再生产的必要手段，正确地做出直接投资决策，对增加企业利润、降低企业风险具有十分重要的意义。因此，本节将重点介绍直接投资的决策内容，间接投资的内容请参见企业财务管理的相关教材。

（一）现金流量

1. 现金流量的概念

企业直接投资中的现金流量是指与投资决策有关的现金流入、流出的数量。企业无论是把资金投在企业内部形成各种资产，还是投向企业外部形成联营投资，都需要用特定指标对投资的可行性进行分析，而这些指标的计算都是以投资项目的现金流量为基础的。因此，现金流量是评价投资方案是否可行时必须事先计算的一个基础性数据。这里的“现金”是广义的概念，它不仅指各种货币资金，而且还包括投资项目支出和收入的非货币性资源的变现价值。

2. 现金流量的构成

投资决策中的现金流量一般由以下 3 个部分构成。

（1）初始现金流量。初始现金流量是指开始投资时发生的现金流量，一般包括：①固定资产上的投资，包括固定资产的购入或建造成本、运输成本、安装成本等。②流动资产上的投资，包括对材料，在产品、产成品的现金等流动资产上的投资。③其他投资费用，指与长期投资有关的职工培训费、谈判费、注册费用等。④原有固定资产的变价收入，主要是指固定资产更新时对原有固定资产进行变卖所得的现金收入。

（2）营业现金流量。营业现金流量是指投资项目投入使用后，在其寿命周期内由于生产经营所带来的现金流入和流出的数量，一般以年为单位计算。现金流入一般是指现金营业收入，现金流出是指营业现金支出和交纳的税金。这部分的现金流量一般产生在项目各经营期的期末。

如果一个投资项目的每年销售收入等于营业现金收入，付现成本（指不包括折旧的成本）等于营业现金支出，那么，年营业净现金流量（net cash flow，NCF）的计算公式为

$$每年净现金流量(NCF)=每年营业现金收入-付现成本-所得税$$

$$每年净现金流量(NCF)=税后净利+折旧$$

（3）终结现金流量。终结现金流量是指投资项目完结时所发生的现金流量，主要包括：①固定成本的残值收入或变价收入；②原有垫支在各种流动资产上的资金的收回；③停止使用的土地的变价收入等。

3. 现金流量的计算

例 7-15 顺达物流公司准备购入一设备以增强其物流业务处理能力。现有甲、乙两个方案可供选择。甲方案需投资 10 000 元，使用寿命为 5 年，采用直线法计提折旧，5 年后设备无残值。5 年中每年的销售收入为 6000 元，每年的付现成本为 2000 元。乙方案需投

资 12 000 元，另外，在第一年垫支营运资金 3000 元，采用直线折旧法计提折旧，使用寿命也为 5 年，5 年后残值收入为 2000 元。5 年中每年的销售收入为 8000 元，付现成本第一年为 3000 元，以后随着设备陈旧，将逐年增加修理费 400 元。假设所得税率为 40%。要求计算两个方案的现金流量。

解：为计算现金流量，先计算两个方案每年的折旧额。按直线法折旧，年折旧费计算公式为

$$年折旧费=\frac{固定资产原值-固定资产残值}{使用年限}$$

$$甲方案每年折旧额=\frac{10\ 000}{5}=2000（元）$$

$$乙方案每年折旧额=\frac{12\ 000-2000}{5}=2000（元）$$

下面先用表 7-6 计算两个方案的营业现金流量，然后，再结合初始现金流量和终结现金流量编制两个方案的全部现金流量表，如表 7-7 所示。

表 7-6　投资项目的营业现金流量计算表　　单位：元

t	1	2	3	4	5
甲方案：					
销售收入(1)	6000	6000	6000	6000	6000
付现成本(2)	2000	2000	2000	2000	2000
折旧(3)	2000	2000	2000	2000	2000
税前净利(4)=(1)–(2)–(3)	2000	2000	2000	2000	2000
所得税(5)=(4)×40%	800	800	800	800	800
税后净利(6)=(4)–(5)	1200	1200	1200	1200	1200
营业现金流量(7)=(1)–(2)–(5)=(3)+(6)	3200	3200	3200	3200	3200
乙方案：					
销售收入(1)	8000	8000	8000	8000	8000
付现成本(2)	3000	3400	3800	4200	4600
折旧(3)	2000	2000	2000	2000	2000
税前净利(4)=(1)–(2)–(3)	3000	2600	2200	1800	1400
所得税(5)=(4)×40%	1200	1040	880	720	560
税后净利(6)=(4)–(5)	1800	1560	1320	1080	840
营业现金流量(7)=(1)–(2)–(5)=(3)+(6)	3800	3560	3320	3080	2840

表 7-7　投资项目现金流量计算表　　单位：元

t	0	1	2	3	4	5
甲方案：						
固定资产投资	–10 000					
营业现金流量		3 200	3 200	3 200	3 200	3 200
现金流量合计	–10 000	3 200	3 200	3 200	3 200	3 200

续表

t	0	1	2	3	4	5
乙方案：						
固定资产投资	−12 000					
营运资金垫支	−3 000					
营业现金流量		3 800	3 560	3 320	3 080	2 840
固定资产残值						2 000
营业资金回收						3 000
现金流量合计	−15 000	3 800	3 560	3 320	3 080	7 840

表 7-6 和表 7-7 中，t=0 代表第一年年初，t=1 代表第一年年末，t=2 代表第二年年末……

为了简化计算，一般都假定各年投资在年初一次进行，各年营业现金流量看作是各年年末一次发生，把终结现金流量看作是最后一年年末发生的。

（二）物流企业投资决策的方法

在物流企业投资决策中，主要依据一定的方法对各种投资方案做出评价，并选取根据评价指标所得到的最优方案开展项目投资活动。

投资决策指标是评价投资方案是否可行或孰优孰劣的标准。在物流企业投资决策中，常用的评价指标包括两大类：静态评价指标和动态评价指标。

1. 静态评价指标

静态评价指标是指不考虑货币时间价值的评价指标。常见的静态评价指标包括投资回收期和投资报酬率。

1）投资回收期

投资回收期（payback period，PP）是指不考虑货币的时间价值，以营业现金净流量收回全部初始投资所需要的时间。一般以年为单位，是一种运用很久、很广的投资决策指标。

投资回收期的计算因每年的营业净现金流量是否相等而有所不同。

（1）每年的营业净现金流量（NCF）相等，其计算公式为

$$投资回收期=\frac{原始投资额}{每年NCF}$$

（2）每年的 NCF 不相等，其计算公式为

$$\sum_{k=1}^{n} I_k = \sum_{k=1}^{n} Q_k$$

上式要求解出变量 k，即最小的一个满足等式的 k。如果需要解出的 k 在两个整数之间，则可将收益和时间看成是线性关系，从而求解出 k 的小数部分。

例 7-16 根据表 7-7 中顺达物流公司的资料分别计算甲、乙两个方案的投资回收期。

解：甲方案每年的营业净现金流量相等，则

$$甲方案的投资回收期=\frac{10\,000}{3200}=3.125（年）$$

乙方案每年的营业净现金流量不相等，则应先计算其各年年末尚未回收的投资额，如表 7-8 所示。

表 7-8　年末尚未回收的投资额表　　单位：元

年份	每年净现金流量	年末尚未回收的投资额
0	−15 000	−15 000
1	3 800	11 200
2	3 560	7 640
3	3 320	4 320
4	3 080	1 240
5	7 840	—

$$\text{乙方案的投资回收期}=4+\frac{1240}{7840}=4.16\text{（年）}$$

注意：投资回收期的概念容易理解，计算比较方便，但这一指标没有考虑货币的时间价值，没有考虑回收期满后的现金流量状况。

例如，假设有两个方案的预计现金流量，如表 7-9 所示，要求计算两方案回收期并比较优劣。

表 7-9　现金流量表

年份	0	1	2	3	4	5
A 方案现金流量	−10 000	4 000	6 000	4 000	4 000	4 000
B 方案现金流量	−10 000	4 000	6 000	6 000	6 000	6 000

两个方案的回收期相同，都是 2 年，如果用回收期进行评价，似乎两者不相上下，但实际上 B 方案明显优于 A 方案。

2）平均报酬率

平均报酬率（average rate of return，ARR）是投资项目寿命周期内平均的年投资报酬率，又称平均投资报酬率。其计算公式为

$$\text{平均报酬率}=\frac{\text{平均现金流量}}{\text{原始投资额}}\times 100\%$$

例 7-17　现仍以上述顺达物流公司的实例（表 7-6 和表 7-7）说明平均报酬率的计算。

解：$\text{甲方案平均报酬率}=\frac{3200}{10\,000}\times 100\%=32\%$

$$\text{乙方案平均报酬率}=\frac{(3800+3560+3320+3080+7840)\div 5}{15\,000}=28.8\%$$

在采用平均报酬率指标时，应事先确定一个企业要求达到的平均报酬率（或称必要平均报酬率）。在进行决策时，只有高于必要平均报酬率的方案才能入选，而在有多个方案的互斥选择中，则选用平均报酬率最高的方案。

平均报酬率的优点：简明、易算、易懂。缺点：没有考虑资金的时间价值，第一年的现金流量与最后一年的现金流量被看成具有相同的价值，所以，有时会做出错误的决策。

2. 动态评价指标

动态评价指标是指考虑了货币时间价值因素的评价指标。常见的动态评价指标包括净现值、获利指数和内部报酬率。

1）净现值

投资项目投入使用后的净现金流量，按资金成本或企业要求达到的报酬率折算为现值，减去初始投资以后的余额，叫净现值（net present value，NPV）。其计算公式为

$$\mathrm{NPV}=\left[\frac{\mathrm{NCF}_1}{(1+K)^1}+\frac{\mathrm{NCF}_2}{(1+K)^2}+\cdots+\frac{\mathrm{NCF}_n}{(1+K)^n}\right]-C=\sum_{t=1}^{n}\frac{\mathrm{NCF}_t}{(1+K)^t}-C$$

式中，NPV 为净现值；NCF_t 为第 t 年的净现金流量；K 为贴现率（资金成本或企业要求的报酬率）；n 为项目预计使用年限；C 为初始投资额。

净现值还有另外一种表述方法：净现值是从投资开始至项目寿命终结时所有一切现金流量（包括现金流出和现金流入）的现值之和。其计算公式为

$$\mathrm{NPV}=\sum_{t=0}^{n}\frac{\mathrm{CFAT}_t}{(1+K)^t}$$

式中，n 为开始投资至项目寿命终结时的年数；CFAT_t 为第 t 年的现金流量；K 为贴现率（资金成本或企业要求的报酬率）。

净现值法的决策规则：在只有一个备选方案的采纳与否决策中，净现值为正者则采纳，净现值为负者则不采纳；在有多个备选方案的互斥选择决策中，应选用净现值是正值中的最大者。

净现值的计算步骤如下。

第一步，计算每年的营业净现金流量。

第二步，计算未来报酬的总现值。又分三步：①将每年的营业净现金流量折算成现值。如果每年的 NCF 相等，则按年金法折成现值；如果每年的 NCF 不相等，则先对每年的 NCF 进行贴现，然后加以合计。②将终结现金流量折算成现值。③计算未来报酬的总现值。

第三步，计算净现值。其计算公式为

净现值=未来报酬的总现值−初始投资

例 7-18 现仍以顺达物流公司的资料为例（表 7-6 和表 7-7），假设资金成本为 10%，要求分别计算两个方案的净现值并比较优劣。

解：（1）甲方案的 NCF 相等，则

$$\begin{aligned}\mathrm{NPV}_{甲}&=\text{未来报酬的总现值}-\text{初始投资额}\\&=\mathrm{NCF}\times\mathrm{PVIFA}_{k,n}-10\,000\\&=3200\times\mathrm{PVIFA}_{10\%,5}-10\,000\\&=3200\times3.791-10\,000\\&=2131.2(\text{元})\end{aligned}$$

（2）乙方案的 NCF 不相等，列表（表 7-10）计算。

表 7-10　乙方案计算表

年份	各年的 NCF(1)	复利现值系数 $\mathrm{PVIF}_{10\%,n}$(2)	现值(3)=(1)×(2)
1	3 800	0.909	3 454
2	3 560	0.826	2 941
3	3 320	0.751	2 493

续表

年份	各年的 NCF(1)	复利现值系数 $PVIF_{10\%,n}$(2)	现值(3)=(1)×(2)
4	3 080	0.683	2 104
5	7 840	0.621	4 869
未来报酬的总现值		15 861	
减：初始投资		15 000	
净现值		861	

从上面的计算中我们可以看出，两个方案的净现值均大于零，都是可取的。但甲方案的净现值大于乙方案，所以顺达物流公司应选用甲方案。

净现值法考虑了货币时间价值，能够反映各种投资方案的净收益，是一种较好的方法。但净现值法并不能揭示各个投资方案本身可能达到的实际报酬率是多少。要解决这个问题，可以采用内部报酬率（内含报酬率）来反映投资项目的真实报酬。

2）获利指数

获利指数（profitability index，PI）又称现值指数，是指投资项目未来报酬的总现值与初始投资额的现值之比。其计算公式为

$$获利指数=\left[\frac{NCF_1}{(1+K)^1}+\frac{NCF_2}{(1+K)^2}+\cdots+\frac{NCF_n}{(1+K)^n}\right]\div C$$

$$获利指数=\frac{未来报酬的总现值}{初始投资额}$$

获利指数法的决策规则：在只有一个备选方案的采纳与否决策中，获利指数大于或等于 1，则采纳，否则就拒绝。在有多个方案的互斥选择决策中，应采用获利指数超过 1 最多的投资项目。

获利指数的计算步骤如下。

第一步，计算未来报酬的总现值，这与计算净现值所采用的方法相同。

第二步，计算现值指数，即根据未来的报酬总现值和初始投资额之比计算获利指数。

例 7-19 现仍以顺达物流公司的资料（表 7-6 和表 7-7）为例，要求分别计算两个方案的获利指数并比较优劣。

解：

$$甲方案的现值指数=\frac{未来报酬的总现值}{初始投资}=\frac{12\,131.2}{10\,000}=1.21$$

$$乙方案的现值指数=\frac{未来报酬的总现值}{初始投资}=\frac{15\,861}{15\,000}=1.06$$

甲、乙两个方案的现值指数都大于 1，所以两个方案都可进行投资，但因甲方案的现值指数更大，所以应采用甲方案。

获利指数考虑货币时间价值，能真实反映投资项目的盈亏程度，获利指数用相对数来表示，因此，有利于在初始投资额不同的投资方案之间进行对比。但获利指数这概念不便于理解。

3）内部报酬率

内部报酬率（internal rate of return，IRR）又称内含报酬率，是使投资项目的净现值等于零的贴现率。

内部报酬率实际上反映了投资项目的真实报酬，目前越来越多的企业使用该项指标对投资项目进行评价。其计算公式为

$$\frac{NCF_1}{(1+r)^1}+\frac{NCF_2}{(1+r)^2}+\cdots+\frac{NCF_n}{(1+r)^n}-C=0$$

式中，NCF_t为第 t 年的现金净流量；r 为内部报酬率；n 为项目使用年限；C 为初始投资额。

内部报酬率法的决策规则：采用内部报酬率进行单一方案决策时，只有计算出的内部报酬率大于或等于企业的资本成本或必要报酬率时方案才可行；采用内部报酬率进行多个备选方案择优决策时，选用内部报酬率超过资本成本或必要报酬率最多的投资项目。

内部收益率的计算步骤可分以下两种情况。

（1）如果每年的 NCF 相等，则计算步骤如下。

第一步，计算年金现值系数，公式为

$$\text{年金现值系数}=\frac{\text{初始投资额}}{\text{每年NCF}}$$

第二步，查年金现值系数表，在相同的期数内，找出与上述年金现值系数相邻近的较大和较小的两个贴现率。

第三步，根据上述两个邻近的贴现率和已求得的年金现值系数，采用插值法计算该投资方案的内部报酬率。

（2）如果每年的 NCF 不相等，则计算步骤如下。

第一步，先预估一个贴现率，并按此贴现率计算净现值。如果计算出的净现值为正数，则表示预估的贴现率小于该项目的实际内部报酬率，应提高贴现率，再进行测算；如果计算出的净现值为负数，则表明预估的贴现率大于该方案的实际内部报酬率，应降低贴现率，再进行测算。经过如此反复测算，找到净现值由正到负，并且比较接近于零的两个贴现率。

第二步，根据上述两个邻近的贴现率，再用插值法计算出方案的实际内部报酬率。

例 7-20 现仍以顺达物流公司的资料（表 7-6 和表 7-7）为例，要求分别计算两方案的内部报酬率并比较优劣。

解：（1）由于甲方案每年的 NCF 相等，因而，计算如下

$$\text{年金现值系数}=\frac{\text{初始投资额}}{\text{每年NCF}}=\frac{10\,000}{3200}=3.125$$

查年金现值系数表，第 5 期与 3.125 相邻近的年金现值系数为 18%～20%，现用插值法计算得

$$\begin{array}{ll} \text{贴现率} & \text{年金现值系数} \\ \left.\begin{array}{l}\left.\begin{array}{l}18\% \\ ?\%\end{array}\right\}x\% \\ 20\%\end{array}\right\}2\% & \left.\begin{array}{l}\left.\begin{array}{l}3.127 \\ 3.125\end{array}\right\}0.002 \\ 2.991\end{array}\right\}0.136 \end{array}$$

$$\frac{x}{2}=\frac{0.002}{0.136}$$

$$x=0.03$$

甲方案的内部报酬率=18%+0.03%=18.03%。

（2）乙方案的每年 NCF 不相等，因而必须逐次测算。

先按 10%的贴现率进行测算，净现值为正数；便把贴现率提高到 12%，进行第二次测

算，净现值仍为正数；于是把贴现率调高到 14%进行测算，净现值为负数。说明该项目的内部报酬率一定在 12%～14%（表 7-11）。

表 7-11　净现值测算表

单位：元

时间（t）	NCF_t	测试 10%		测试 12%		测试 14%	
		复利现值系数 $PVIF_{10\%,t}$	现值	复利现值系数 $PVIF_{12\%,t}$	现值	复利现值系数 $PVIF_{14\%,t}$	现值
0	−15 000	1.00	−15 000	1.00	−15 000	1.00	15 000
1	3 800	0.909	3 454	0.893	3 393	0.877	3 337
2	3 560	0.826	2 940	0.797	2 837	0.769	2 738
3	3 320	0.751	2 493	0.712	2 364	0.675	2 241
4	3 080	0.683	2 104	0.636	1 958	0.592	1 823
5	7 840	0.621	4 869	0.576	4 515	0.519	4 069
NPV	—	—	860	—	68	—	−796

利用插值法计算得

$$\begin{array}{cc}\text{贴现率} & \text{净现值}\\ \left.\begin{array}{l}\left.\begin{array}{l}12\%\\ ?\%\end{array}\right\}x\%\\ 14\%\end{array}\right\}2\% & \left.\begin{array}{l}\left.\begin{array}{l}68\\ 0\end{array}\right\}68\\ -796\end{array}\right\}864\end{array}$$

$$\frac{x}{2}=\frac{68}{864}$$

$$x=0.16$$

乙方案的内部报酬率=12%+0.16%=12.16%。

由以上计算两个方案的内部报酬率可以看出，甲方案报酬率较高，所以甲方案效益比乙方案好。

内部报酬率的优点是考虑了货币时间价值，可以从动态的角度直接反映投资项目的实际收益水平，不受行业基准收益率高低的影响，比较客观；其缺点是计算过程复杂，尤其是当经营期大量追加投资时，有可能导致多个 IRR 出现。

第四节　物流企业利润分配

一、物流企业营业收入及利润的构成

（一）物流企业营业收入的构成

企业通过营业收入获得现金，并在抵付成本、费用和各种税金之后得到企业的净收益，实现企业的价值增值。

物流企业营业收入是指企业通过物流业务活动所取得的收入，包括运输、储存、装卸、搬运、包装、流通加工、配送等业务取得的收入总额。它由主营业务收入和其他业务收入构成。

主营业务收入是指企业为完成其经营目标所从事的经常性活动实现的收入。物流企业的主营业务是为客户提供运输、储存、装卸、配送等物流服务。因此，物流企业主营业务收入是从事运输、储存、装卸、配送和管理等业务活动所取得的收入。该部分收入一般占企业总收入的较大比重，对企业的经济效益产生较大影响。

其他业务收入是指企业为完成其经营目标所从事的与经常性活动相关的活动实现的收入。对于物流企业而言，包括：①车辆维修收入。物流企业的辅助生产部门可能对外提供一定的服务，当其为企业外部提供车辆及相关设备的维修、保养服务时也可获得一定的收入。②材料销售收入。物流企业向外单位销售一定的库存材料、辅助材料和燃料等获得的收入。③固定资产出租收入。物流企业向外单位提供车辆、仓库和装卸搬运设备的租借服务时所获得的租金收入。④无形资产转让收入。物流企业向外单位转让某种专利技术、商标或其他无形资产时获得的收入等。

（二）物流企业利润的构成

物流企业利润是物流企业在一定时期经营活动后的最终成果，是收入扣除成本费用后的余额，是企业的净收益。一个企业的利润总额由三部分构成：营业利润、对外投资净收益和营业外净收益（表 7-12）。

利润的表示方法有以下几种。

1. 营业利润

物流企业的营业利润是指物流企业从事物流业务活动而取得的利润，它是物流企业利润的重要来源。营业利润等于主营业务利润加其他业务利润减去营业费用、管理费用和财务费用以后的余额，具体计算公式如表 7-12 所示。

2. 利润总额

物流企业的利润总额由营业利润、投资净收益、补贴收入和营业外净收入等构成（表 7-12）。

表 7-12　物流企业利润总额构成

构成部分	含义	计算公式
营业利润	是企业从事生产经营活动所取得的利润	营业利润=主营业务利润+其他业务利润–管理费用–财务费用
投资净收益	指企业对外投资收益扣除对外投资损失后的数额	投资净收益=对外投资收益–对外投资损失
营业外净收益	指与企业生产经营无直接关系的各项收入	营业外净收入=营业外收入–营业外支出
补贴收入	指政府提供的各种专项资金补贴	

3. 净利润

净利润是指物流企业在本会计期实现的利润总额扣减所得税后的金额。企业的所得税是根据应纳税所得额与规定的税率计算的，其计算公式为

$$所得税=应纳税所得额\times税率$$

应纳税所得额是纳税人每一纳税年度的收入总额减去准予扣除项目后的余额。其计算公式为

$$应纳税所得额=收入总额-准予扣除项目金额$$

其中，收入总额包括经营收入、财产转让收入、利息收入、租赁收入、特许权使用费收入、股息收入和其他收入。准予扣除的项目指与纳税人取得收入有关的成本、费用、税金和损失等。

二、物流企业利润分配程序

利润分配是对企业所实现的经营成果在各个方面之间进行的分配。作为分配基础的企业利润，可能是指扣除所得税前的利润，也可能指扣除所得税后的净利润。物流企业

在确定了所得税前的利润总额后，首先要弥补未超过 5 年的以前年度的亏损，再将这部分剩余的利润总额按国家有关规定进行调整并缴纳所得税。缴纳所得税后的利润即为企业的净利润。

一般物流企业的净利润分配程序如下。

（1）用于抵补被没收的财务损失，支付违反税法规定的各项滞纳金和罚款。

（2）弥补超过用所得税前利润弥补期限、按规定可用税后利润弥补的亏损。

（3）按税后净利润扣除前两项以后的 10%计提法定盈余公积金。公积金包括法定盈余公积金和任意盈余公积金两种。它是企业在净利润中提取的积累资金，是企业用于防范和抵御风险、补充资本的重要资金来源。公积金从性质上看属于企业所有者权益。

（4）按规定计提公益金。公益金是企业从净利润中提取的用于企业职工集体福利的资金，其提取比例按公司章程或董事会决议确定。

（5）向投资者分配利润。向投资者分配的利润是投资者从企业获取的投资收益。企业应当在弥补亏损、提取公积金和公益金之后才能向投资者分配利润。如果企业当年无利润一般不得向投资者分配利润。企业以前年度未分配的利润，可以并入本年度向投资者分配。

要注意的是，企业以前年度亏损未弥补完，不得提取盈余公积金和公益金；在提取盈余公积金和公益金以前，不得向投资者分配利润。

不同形式和经营方式的企业都必须遵循上述利润分配程序，但对于股份制企业，在提取公益金之后，应先支付优先股股利，然后再提取任意盈余公积金，最后支付普通股利。

第五节　物流企业财务分析

一、物流企业财务分析的概念

物流企业财务分析是以收集、审查与企业财务状况有关的信息为起点，以偿债能力和盈利能力的分析为重点，对企业的财务状况、经营成果及未来的发展趋势做出综合评价的一种方法。

物流企业财务分析的目的是通过评价企业的财务状况和经营成果，揭示企业经营活动中存在的矛盾，为改善经营管理提供方向和线索，为投资者、债权人和经营者的决策提供帮助。通过检查企业预算完成情况，考察经营管理人员的业绩，为完善合理的激励机制提供帮助。

二、物流企业财务分析的内容及方法

（一）物流企业财务分析的内容

不同的利益主体由于利益倾向的差异，在分析时会有不同的侧重点。企业投资者进行财务分析的主要目的是评价企业的经营状况和经营成果，考核企业经营管理人员的工作业绩；企业债权人进行财务分析的主要目的是评价企业短期债务和长期债务的偿还能力，了解和掌握企业资产负债率等比率指标，保证债权的安全和收回；经营者本身也需要对财务状况作出全面及时的分析，评价企业的财务成果，衡量企业当前的财务状况，预测企业未来的盈利能力。

虽然不同的主体出于不同的目的对财务分析的要求各有侧重，但也有其共同点。总体来说，物流企业财务分析主要包括以下内容。

（1）分析企业的偿债能力。偿债能力可分为短期偿债能力和长期偿债能力。偿债能力分析主要用于分析企业权益的结构，估量对债务资金的利用程度，制定企业的筹资策略。

（2）评价企业资产的营运能力。分析企业资产的分布情况和周转使用情况，测算企业未来的资金需要量。

（3）评价企业的盈利能力。分析企业利润目标的完成情况和不同年度盈利水平的变动情况，预测企业盈利前景。

（4）从总体上评价企业的资金、实力。分析各项财务活动的相互联系和协调情况，揭示企业财务活动方面的优势和薄弱环节，找出、改进财务管理工作的主要矛盾。

（二）物流企业财务分析的方法

1. 比率分析法

比率分析法是利用会计报表及相关财会资料中两项相关数值的比率，揭示企业财务状况和经营成果的一种分析方法。比率分析法采用相对值对比，能够深入揭示企业财务活动的内在矛盾，因此，在财务分析中广泛运用。

常见的财务比率有：①相关比率，是同一时期会计报表及有关财会资料中两项相关数值的比率。这类比率包括反映偿债能力的比率、反映营运能力的比率、反映盈利能力的比率和反映贡献能力的比率。②结构比率，是会计报表中某项目的数值与各项目总和的比率。这类比率揭示了部分与整体的关系，通过不同时期结构比率的比较还可以揭示其变化趋势。存货与流动资产的比率、流动资产与全部资产的比率等都属于这类比例。③动态比率是会计报表及相关财会资料中某项目不同时期的两项数值的比率。这类比率又分为定基比率和环比比率，可分别从不同的角度揭示某项财务指标的变化趋势和发展速度。

2. 比较分析法

比较分析法是通过某项财务指标与性质的指标评价标准进行对比，揭示企业财务状况和经营成果的一种分析方法。

运用比较分析法时，相互比较的经济指标必须是同一性质的，或者是同一类别的指标，这样才具有可比性。一般而言，应做到指标的计算口径、计价基础和时间单位都保持一致。

3. 趋势分析法

趋势分析法是利用报表提供的资料，将各期实际指标与历史指标进行定基对比和环比对比，揭示企业财务状况和经营成果变化趋势的一种分析方法。

4. 因素分析法

企业的经济指标是综合指标，一项指标的变动往往受多种因素的共同影响。在进行财务分析时，经常需要了解某项指标变动受哪些因素的影响，它的影响程度有多大。因素分析法有连环替代法和差额计算法两种。

5. 结构分析法

结构分析法是将企业会计报表中某一关键项目的数字作为共同尺度，计算该项目各个组成部分占共同尺度的百分比，揭示各个组成部分的相对地位和总体结构的一种分析方法。

三、物流企业财务分析的基础

物流企业财务分析主要依据企业的会计核算资料和财务报告，并以财务报告为主。财务报告是现代物流企业向政府部门、投资者、债权人等与本企业有利害关系的组织或个人提供的，反映本企业在一定时期内的财务状况、经营成果，以及影响企业未来经营发展的经济事项的文件，主要包括资产负债表、利润表、现金流量表、其他附表和财务状况说明书。其中，资产负债表、利润表和现金流量表应用得比较广泛。

1. 资产负债表

资产负债表是反映公司某一特定日期（月末、年末）全部资产、负债和所有者权益情况的会计报表（表 7-13）。它是一张静态财务报表。它的基本结构是"资产=负债+所有者权益"。这个会计恒等式在任何情况下都是成立的。等式左边反映的是公司所拥有的资源，右边反映的是公司的不同权利人对这些资源的要求。

表 7-13　资产负债表样本

资产	负债与所有者权益
流动资产	流动负债
现金	应付账款
有价证券	应付票据
应收账款	应付费用
存货	
对外长期投资	长期负债
股票投资	公司债券
债券投资	长期借款
其他投资	
对内长期投资	所有者权益
固定资产	投入资本
无形资产	资本公积金
其他资产	保留盈余
资产合计	负债与所有者权益合计

在分析资产负债表时，资产要素方面要分别对流动资产、长期投资、固定资产、无形资产等进行分析；负债要素方面，要对流动负债和长期负债进行分析；股东权益的分析主要包括股本、资本公积、盈余公积和未分配利润 4 个方面。

根据资产负债表的资料和分析结果，可以看出公司资产的分布状态、负债和所有者权益的构成情况，以此来评价公司资金营运、财务结构是否正常、合理；分析公司的流动性或变现能力，以及长期、短期债务数量及偿债能力，评价公司承担风险的能力。利用表 7-13 提供的资料还有助于计算公司的获利能力，评价公司的经营绩效。

2. 利润表

利润表反映了物流企业在某一段时间内的获利情况（表 7-14）。它是一张动态财务报表。利润表是依据"利润=收入–费用"来编制的，主要反映一定时期内公司的营业收入减去营业支出之后的净收益。

表 7-14　利润表样本

销售收入
减：变动成本
固定现金成本
固定非现金成本（如折旧）
息税前盈余
减：利息
税前利润
减：所得税
税后利润
减：普通股股利
保留盈余

利润表包括两个方面：一是反映公司的收入及费用，说明公司在一定时期内的利润或亏损数额，据此分析公司的经济效益和盈利能力，评价公司的管理业绩；二是反映公司财务成果的来源，说明公司的各种利润来源在利润总额中占的比例，以及这些来源之间的关系。它与资产负债表的一个显著区别是，每一新的会计年度开始时，利润表上的各账户都会被结平，其余额为零。

通过利润表分析可以考核物流企业利润计划完成情况，分析企业实际的盈利水平及利润增减变化的原因，预测利润的发展趋势，为投资者及企业管理者等各方面提供决策依据。利润表也是计算投资利润率和投资利税率的基础和依据。

3. 现金流量表

现金流量表是以“净现金流量=现金流入−现金流出”为根据编制的，通过现金和现金等价物的流入和流出情况，反映物流企业在一定时期内的经营活动、投资活动和筹资活动的动态情况的财务报表，从动态上反映现金的变动情况（表 7-15）。

表 7-15　现金流量表样本

项目	行次	金额
一、经营活动产生的现金流量		
销售商品、提供劳务收到的现金	1	
收到的税金返还	3	
收到的其他与经营活动有关的现金	8	
现金流入小计	9	
购买商品、接受劳务支付的现金	10	
支付给职工及为职工支付的现金	12	
支付的各项税费	13	
支付的其他与经营活动有关的现金	18	
现金流出小计	20	
经营活动产生的现金流量净额	21	
二、投资活动产生的现金流量		
收回投资所收到的现金	22	
取得投资收益所收到的现金	23	
处置固定资产、无形资产和其他长期资产收回的现金	25	
收到的其他与投资活动有关的现金	28	
现金流入小计	29	
购置固定资产、无形资产和其他长期资产所支付的现金	30	
投资所支付的现金	31	
支付的其他与投资活动有关的现金	35	
现金流出小计	36	
投资活动产生的现金流量净额	37	
三、筹资活动产生的现金流量		
吸收投资所收到的现金	38	
借款所收到的现金	40	

续表

项目	行次	金额
收到的其他与筹资活动有关的现金	43	
现金流入小计	44	
偿还债务所支付的现金	45	
分配股利、利润或偿付利息所支付的现金	46	
支付的其他与筹资活动有关的现金	52	
现金流出小计	53	
筹资活动产生的现金流量净额	54	
四、汇率变动对现金的影响	55	
五、现金及现金等价物净增加额	56	

现金流量表是计算物流企业内部报酬率、财务净现值和投资回收期等反映投资项目盈利能力指标的基础。现金流量信息能够表明企业经营状况是否良好，资金是否紧缺，企业偿债能力大小，从而为投资者、债权人和企业管理者提供非常有用的信息。

四、物流企业财务分析的指标体系

物流企业财务分析按照分析的目的不同可以分为偿债能力分析、营运能力分析、盈利能力分析和综合财务分析等。

（一）物流企业偿债能力分析

物流企业偿债能力是指公司偿还各种到期债务的能力。物流企业偿债能力分析主要是通过研究企业资产负债表中各项目的结构关系及各项目的变动情况，确定企业财务状况是否健康，偿债能力是强还是弱。通过这种分析可以揭示物流企业的财务风险。偿债能力分析主要分为短期偿债能力分析和长期偿债能力分析。

1. 短期偿债能力分析

短期偿债能力是物流企业偿付流动负债的能力。流动负债是将在一年内或者超过一年的一个营业周期内需要偿付的债务，包括短期借款、应付及预收款项、应付票据、应交税金、应交利润、应付股利，以及短期内到期的长期负债。这部分债务对物流企业的财务风险有较大影响，如果不能及时偿还，就可能使物流企业面临倒闭的风险。

用于分析物流企业短期偿债能力的主要指标有流动比率、速动比率、现金比率、现金流量比率和到期债务本息偿付比率等。

1）流动比率

流动比率是物流企业某一时期流动资产与该期流动负债的比率。流动资产是指在一年或长于一年的一个营业周期内变现或运用的资产，主要包括现金、短期投资、应收及预付款项和存货。它代表企业每偿还一元的流动负债有多少流动资产作为偿还的保证，它是衡量企业短期偿债能力最常用的比率之一。其计算公式为

$$流动比率=\frac{流动资产}{流动负债}$$

流动比率值越大，说明企业的短期偿债能力越强，并表明企业具有充足的营运资金；

反之，流动比率值越小，则说明企业的短期偿债能力越强，营运资金不足。根据国际标准，流动比率在 2 左右比较合适。

2）速动比率

流动比率在评价物流企业短期偿债能力时存在一定的局限性。如果流动比率较高，但流动资产的流动性较差，则物流企业的短期偿债能力仍然不强。在流动资产中，短期有价证券、应收票据、应收账款的变现力均比存货强，存货需经过销售才能转变为现金，如果存货滞销，则其变现就成问题，所以存货是流动资产中流动性相对而言较差的。一般来说，流动资产扣除存货后的资产称为速动资产，主要包括现金（即货币资金）、短期投资、应收票据、应收账款等。速动资产与流动负债的比率称为速动比率。速动比率代表企业每偿还一元的流动负债有多少速动资产作为偿还的保证。它是衡量企业短期偿债能力常用的比率之一。其计算公式为

$$速动比率=\frac{速动资产}{流动负债}$$

速动比率反映了物流企业短期内可变现资产偿还短期内到期债务的能力，是对流动比率的补充。一般认为，速动比率应维持在 1 左右较为理想。如果速动比率大于 1，说明企业有足够的能力偿还短期债务，但同时也说明企业拥有过多的不能获利的现款和应收账款；如果速动比率小于 1，企业将依赖出售存货或举新债偿还到期债务，这就可能造成急需出售存货带来的削价损失或举新债形成的利息负担。

3）现金比率

现金比率是物流企业的现金类资产与流动负债的比率。这里所说的现金资产包括企业所拥有的现金和现金等价物。它是速动资产扣除应收账款之后的余额。现金比率能够准确地反映公司的直接偿付能力。其计算公式为

$$现金比率=\frac{(现金+现金等价物)}{流动负债}$$

一般认为，现金比率维持在 0.25 以上，说明物流企业有较为充裕的直接偿付能力。它是对短期偿债能力要求最高的指标。但如果这个比率过高，可能意味着物流企业拥有过多的获利能力较低的现金类资产，企业的资产未能得到有效的利用。

4）现金流量比率

现金流量比率是物流企业经营活动现金净流量与流动负债的比率。其计算公式为

$$现金流量比率=\frac{经营活动现金净流量}{流动负债}$$

现金流量比率越高，表明企业短期偿债能力越好；反之，现金流量比率越低，则表明企业短期偿债能力越差。

5）到期债务本息偿付比率

到期债务本息偿付比率是经营活动产生的现金净流量与本期到期债务本息的比率，它主要衡量本年度内到期的债务本金及相关的现金利息支出可由经营活动所产生的现金来偿付的程度。其计算公式为

$$到期债务本息偿付比率=\frac{经营活动现金净流量}{本期到期债务本金+现金利息支出}$$

该项比率越高，保障程度越高，物流企业的偿债能力也越强。如果该指标小于 1，表明物流企业经营活动产生的现金不足以偿付本期到期的债务本息。

2. 长期偿债能力分析

长期偿债能力是指物流企业偿还长期负债的能力。反映物流企业长期偿债能力的财务比率主要有资产负债率、股东权益比率、权益乘数、负债权益比率、有形净值债务率、偿债保障比率、利息保障倍数和现金利息保障倍数等。

1）资产负债率

资产负债率也称负债比率、举债经营比率，是指物流企业负债总额与资产总额的比率，它反映了物流企业的资产总额中有多大比重是通过举债而得到的。它用来衡量企业利用债权人提供资金进行经营活动的能力，反映债权人发放贷款的安全程度。其计算公式为

$$资产负债率=\frac{负债总额}{资产总额}\times 100\%$$

资产负债率越低，说明企业的长期偿债能力越好，债权人所得到的保障程度就越高。一般来讲，企业的资产总额应大于负债总额，资产负债率应该小于 100%。如果企业的资产负债率较低（50%以下），说明企业有较好的偿债能力和负债经营能力；如果企业的资产负债率等于甚至大于 100%，说明企业资不抵债，可能破产。

2）股东权益比率与权益乘数

股东权益比率又称所有者权益比率或净资产权益比率，该指标是股东权益总额对资产总额的比率，反映了所有者提供的资本在总资产中占的比重，反映了物流企业的基本财务结构是否稳定。其计算公式为

$$股东权益比率=\frac{股东权益总额}{资产总额}\times 100\%$$

股东权益比率应当适中。如果股东权益比率过小，表明企业过度负债，容易削弱公司抵御外部冲击的能力；而股东权益比率过大，则意味着企业没有积极地利用财务杠杆来扩大经营规模。

股东权益比率的倒数称为权益乘数，即资产总额是股东权益的多少倍。该乘数越大，说明股东投入的资本在资产中所占比重越小。其计算公式为

$$权益乘数=\frac{资产总额}{股东权益总额}$$

3）负债权益比率与有形净值债务率

负债权益比率，也称产权比率或负债对所有者权益的比率，是指负债总额与所有者权益总额的比率。其计算公式为

$$负债权益比率=\frac{负债总额}{股东权益总额}$$

它反映了债权人所提供资金与股东所提供资金的对比关系，该比率越低，说明企业长期财务状况越好，债权人贷款的安全越有保障，物流企业财务风险越小。

为了进一步分析股东权益对负债的保障程度，可以保守地认为无形资产不宜用来偿还债务，所以出现了有形净值债务率。其计算公式为

$$有形净值债务率=\frac{负债总额}{股东权益总额-无形资产净值}$$

该比率越低，说明物流企业财务风险越小。

4）偿债保障比率

$$偿债保障比率=\frac{负债总额}{经营活动现金净流量}$$

一般认为，该比率越低，物流企业偿还债务的能力越强。

5）利息保障倍数与现金利息保障倍数

$$利息保障倍数=\frac{税前利润+利息费用}{利息费用}$$

$$现金利息保障倍数=\frac{经营活动现金净流量+现金利息支出+付现所得税}{现金利息}$$

一般来说，物流企业的利息保障倍数至少要大于 1，以上两个财务指标究竟是多少时才说明物流企业偿付利息的能力强，并没有一个确定的标准，通常要根据历年的经验和行业特点来判断。

（二）物流企业营运能力分析

物流企业的营运能力反映了物流企业的资金周转状况，对此进行分析可以了解物流企业的营运状况和经营管理水平。资金周转状况好说明物流企业的经营管理水平高，资金利用效率高。评价物流企业营运能力常用的财务指标有存货周转率、应收账款周转率、流动资产周转率、固定资产周转率、总资产周转率等。

1. 存货周转率

存货周转率是指物流企业一定时期的销售成本与平均存货的比率。它是衡量物流企业购货、生产、销售各环节管理效率的综合性指标。其计算公式为

$$平均存货=\frac{期初存货余额+期末存货余额}{2}$$

$$存货周转率=\frac{销售成本}{平均存货}$$

$$存货周转天数=\frac{360}{存货周转率}=\frac{平均存货\times 360}{销售成本}$$

在正常情况下，存货周转率越高，说明存货周转越快，营运资金占用越少。但是存货周转率过高，也可能说明经营管理方面存在一定的问题，如存货水平过低、批量太小等。对存货周转率的分析，必须综合物流企业的实际情况，充分考虑诸多因素的影响。

2. 应收账款周转率

应收账款周转率是指物流企业赊销收入净额与应收账款平均余额的比率，是反映物流企业应收账款回收速度和管理效率的指标。其计算公式为

$$应收账款周转率=\frac{赊销收入净额}{应收账款平均余额}$$

$$应收账款平均收账期=\frac{360}{应收账款周转率}=\frac{应收账款平均余额\times 360}{赊销收入净额}$$

$$赊销收入净额=销售收入-现销收入-（销售退回+销售折让+销售折扣）$$

式中，$应收账款平均余额=\frac{期初应收账款+期末应收账款}{2}$。

应收账款周转率越高，表明物流企业应收账款的变现速度快，账龄期限短，可以减少

收账费用和坏账损失。同时也说明企业资产流动性强，短期偿债能力强，从而增加企业流动资产的投资收益。但应收账款周转率不宜过高，否则不利于企业扩大销售和提高产品的市场占有率。

3. 流动资产周转率

流动资产周转率反映了物流企业流动资产的周转速度，即流动资产的利用效率。其计算公式为

$$流动资产周转率 = \frac{销售收入}{流动资产平均余额}$$

式中，$流动资产平均余额 = \frac{流动资产期初余额 + 流动资产期末余额}{2}$。

流动资产周转率越高，说明流动资产创造的收入越多，实现的价值越高，物流企业的盈利能力就越强，表明以相同的流动资产完成的周转额越多，流动资产利用效果越好。

4. 固定资产周转率

固定资产周转率是用来反映固定资产周转情况的主要指标。其计算公式为

$$固定资产周转率 = \frac{销售收入}{固定资产平均净值}$$

$$固定资产平均净值 = \frac{期初固定资产净值 + 期末固定资产净值}{2}$$

式中，固定资产净值=固定资产原值−累计折旧。

一般情况下，固定资产周转率高，表明企业固定资产利用充分，投资得当，结构合理，能够充分发挥效率。

5. 总资产周转率

总资产周转率又称总资产利用率，是销售收入与资产总额的比率。它是综合评价企业全部资产经营质量和利用效率的重要指标，反映出企业单位资产创造的销售额，体现企业在一定期间全部资产从投入到产出周而复始的流转速度，全面反映物流企业全部资产的管理质量和利用效率。其计算公式为

$$总资产周转率 = \frac{销售收入}{资产平均总额}$$

式中，$资产平均总额 = \frac{期初资产总额 + 期末资产总额}{2}$。

总资产是由流动资产、固定资产、长期投资和无形资产 4 部分组成的。总资产周转率的高低取决于 4 项资产的利用效率。总资产周转率越高，表明物流企业资产经营管理得越好，取得的销售收入越多，资产的利用率越高。

（三）物流企业盈利能力分析

盈利能力是指物流企业赚取利润的能力。赚取利润是企业存在的首要目标，因而对企业的盈利能力分析至关重要。反映企业盈利能力的指标主要有销售利润率、成本费用利润率、资产利润率、资本金利润率和股东权益报酬率等。

1. 销售利润率

销售利润率又称主营业务利润率，是指物流企业利润总额与主营业务收入之间的比率。

它是衡量物流企业主营业务收入的收益水平的指标。这一指标可以反映企业每百元的主营业务收入所取得的利润额。其计算公式为

$$主营业务利润率=\frac{利润总额}{主营业务收入净额}\times 100\%$$

主营业务利润率越高，说明物流企业的盈利能力越强，一定量的主营业务收入所获得的收益越多；反之，主营业务利润率越低，说明物流企业的盈利能力越差，一定量的主营业务收入所获得的收益越少。

2. 成本费用利润率

成本费用利润率是指物流企业利润总额与成本费用总额的比率。它是衡量物流企业发生的成本费用支出所获得收益的指标。其计算公式为

$$成本费用利润率=\frac{利润总额}{成本费用总额}\times 100\%$$

成本费用利润率越高，说明成本费用支出所获得的收益越多，物流企业在增收节支、增产节约等管理工作中成效越显著；反之，则说明企业成本费用支出所获得的收益越少，管理工作中存在问题。

3. 资产利润率

资产利润率又称总资产利润率，是物流企业利润总额与资产平均总额的比率。它是衡量物流企业资产综合利用效果的指标，也是考核物流企业利用权益获得收益的指标。其计算公式为

$$资产利润率=\frac{利润总额}{平均资产总额}\times 100\%$$

式中，$资产平均总额=\frac{期初资产总额+期末资产总额}{2}$。

资产利润率越高，说明物流企业资产利用效果越好，获取收益的能力越强，经营管理水平越高；反之，资产利润率越低，说明物流企业资产利用效果越差，获取收益的能力越弱，经营管理水平越低。

4. 资本金利润率

资本金利润率是指物流企业的利润总额与资本金总额的比率。它是衡量投资者投入资本的获利能力与企业经营管理状况的综合指标。资本金是指物流企业的所有者权益。其计算公式为

$$资本金利润额=\frac{利润总额}{资本金总额}\times 100\%$$

资本金利润率越高，说明资本金带来的利润越多，资本金的利用效果越好；反之，则说明资本金的利用效果较差。

5. 股东权益报酬率

股东权益报酬率反映了物流企业获取投资报酬的高低。该比率高，说明物流企业的获利能力强。其计算公式为

$$股东权益报酬率=\frac{净利润}{(期初股东权益+期末股东权益)\div 2}\times 100\%$$

此外，针对股份制物流企业的盈利能力的分析还有普通股每股盈余、普通股每股股利、市盈率等指标。

（四）物流企业综合财务分析

物流企业综合财务分析是将偿债能力、盈利能力和营运能力等方面的分析纳入一个有机的整体之中，全面地对物流企业的经营状况、财务状况进行分析，从而对企业经济效益的优劣做出准确的评价和判断。

对于企业财务能力进行综合分析的方法有很多，其中杜邦财务分析法应用比较广泛。

杜邦财务分析法是利用各财务指标之间的内在关系，对企业综合财务管理及经济效益进行系统分析评价的方法。它的实质是逐层分解财务比率，而并非去建立新的财务指标。对于杜邦分析法成功应用的关键不在于指标的计算，而在于对指标的理解和分析。

1. 杜邦分析法的指标

（1）净资产收益率。它是杜邦分析法的核心指标。净资产收益率又称资本报酬率、净资产报酬率或资本净利率。

（2）资产净利率。其计算公式为

$$资产净利率=净利润/资产平均总额$$

或

$$资产净利率=主营业务净利率\times 资产周转率$$

（3）主营业务净利润。其计算公式为

$$主营业务净利润=净利润/主营业务收入净额$$

（4）总资产周转率。它揭示出了物流企业资产实现主营业务收入的综合能力。

（5）权益乘数。它反映了所有者权益同总资产的关系。权益乘数为资产权益率的倒数，也可以表示为

$$权益乘数=1/(1-资产负债率)=资产总额/(资产总额-负债总额)$$

2. 杜邦财务分析法的使用领域

（1）定期或不定期的财务分析。可以将影响净资产收益率的各个关键因素的逻辑关系体现在净资产收益率这个综合性的指标里；财务分析人员可以逐层对公司财务进行分析。

（2）结合预算管理的方法可以分析实际情况和预算内情况的差异。

（3）结合历史资料可以分析实际的变化发展情况。

3. 杜邦分析图

杜邦财务分析法的这个体系可以用图 7-4 表示出来。通过图 7-4 不难看出，杜邦财务分析法利用了一个简单的指标净资产收益率就把企业的整体财务状况层层分解出来。

4. 杜邦财务分析法的评价

1）杜邦财务分析法的优点

第一，能比较全面地反映公司的财务状况。杜邦财务分析法的核心指标“净资产收益率”可以分解为主营业务净利率、资产周转率和权益乘数 3 个指标。而这 3 个指标又分别涉及公司盈利能力、营运能力和偿债能力，因而杜邦财务分析法比较全面地反映了一个公司的财务状况。

第二，易查明各项财务指标变动的影响因素。根据杜邦分析图可以看出，杜邦体系自上而下层层解剖落实，不仅可以揭示出各项财务指标间的结构关系，还可以查明各项指标变动的影响因素。

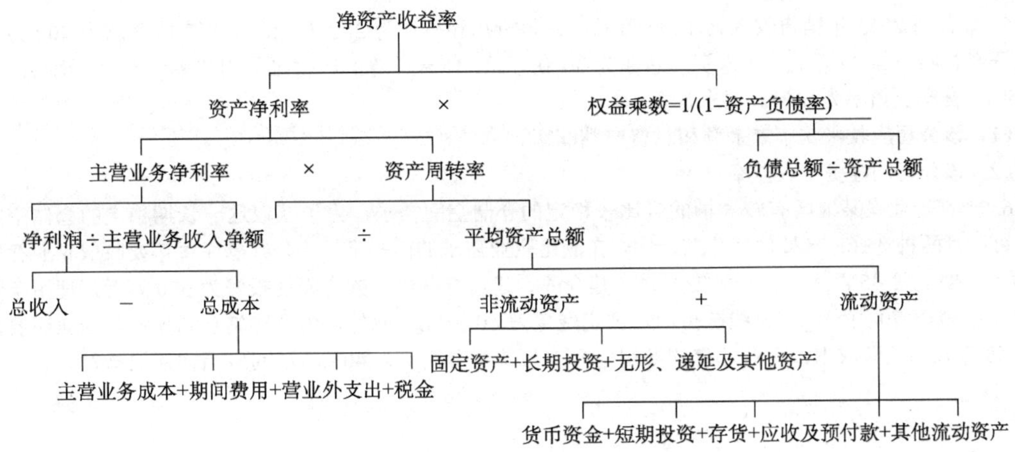

图 7-4　杜邦分析图

第三，帮助企业实现财务目标。杜邦财务分析法对各种影响因素的分析为决策者优化财务管理工作，提高企业经营效益提供了思路。提高资本净利率的根本在于扩大销售、节约成本、优化投资配置、加速资金周转、优化资金结构、确立风险意识等。在此基础上，管理者希望通过改善净资产利润率，最终实现企业价值最大化的财务目标。

2）杜邦财务分析法的缺点

第一，杜邦财务分析法不能考虑对利润的分配信息，无法体现管理者对发放股利的态度，从而无法全面直观地反映出企业所采取的财务政策。

第二，单独的杜邦财务分析法无法体现企业的发展状况。对于企业的发展状况通常采用增长率和增长额的方式来反映，但是杜邦财务分析法只对某一期的财务状况实施了分析而没有考虑企业财务指标的动态变化。

第三，杜邦财务分析法应用的信息主要来自于企业的资产负债表和利润表，它在分析过程中没有考虑企业当期现金流量的情况，无法体现现金流量对企业财务状况造成的影响。

➢复习思考题

1. 试述物流企业财务管理要遵循的原则。
2. 思考物流企业财务管理和其他类型企业财务管理的不同之处。
3. 以一家大型的物流企业为例，分析其筹资渠道和筹资方式。
4. 在物流项目投资决策中，动态的评价指标主要有哪些？试举例说明其中的一个指标。
5. 试述杜邦财务分析法的含义及其优缺点。

➢计算题

1. 某人在 2013 年 1 月 1 日存入银行 1000 元，年利率为 10%。要求计算：每年复利一次，2016 年 1 月 1 日存款账户余额是多少？

2. 某公司发行总面额 1000 万元、票面利率为 12%、偿还期限 5 年、所得税率为 33%的债券，该债券发行价为 1200 万元、发行费率为 3%。求该债券资本成本率。

3. 某公司发行普通股 600 万元，预计第一年股利率为 14%，以后每年增长 2%，筹资费用率为 3%。求该普通股的资本成本率。

4. 在第 2 题、第 3 题的基础上，假设上述为同一家公司，长期资金总额为 1800 万元，其中，债券 1200 万元，普通股 600 万元，请计算该公司的综合资金成本率是多少？

5. 某公司 2013 年销售收入为 1200 万元，销售折扣和折让为 200 万元，年初应收账款为 400 万元，年初资产总额为 2000 万元，年末资产总额为 3000 万元。年末计算的应收账款周转率为 5 次，销售净利率为 25%，资产负债率为 60%。要求计算：

（1）该公司应收账款年末余额和总资产利润率。

（2）该公司的净资产收益率。

6. 一家企业在某地区有较大量的且比较稳定的仓储空间需求，为了获取这一长期稳定的仓储空间，企业可以有两种选择：一种使用公共仓库，在满足企业需求的前提下，该公共仓库每年要收取企业存储费 60 万元，搬运费 45 万元；另一种方案是自建仓库，建造企业需要的仓库的投资为 670 万元，使用年限为 10 年，净残值 70 万元，以直线法折旧，法定残值为 60 万元，此外，为了实施仓储作业，企业还要付出每年 58 万元的运营成本。企业选定的贴现率为 10%，所得税率为 40%。请问应当如何抉择？

第八章

物流企业信息管理

【学习目标】

- 掌握物流信息的概念、分类与功能
- 理解物流信息系统的概念、目标、特点、一般功能
- 熟悉典型物流企业管理信息系统的构成和主要功能
- 了解物流企业信息系统设计与开发的基本原则及其流程
- 了解物流企业信息系统设计与开发的主要方法

第一节　物流信息系统概述

一、物流信息

（一）物流信息的概念与分类

物流信息是反映物流中各种活动内容的资料、图像、数据、文件的总称。物流信息是指物流活动中各个环节生成的信息，一般是随着从生产厂家到消费者的物流活动的产生而产生的信息流，与物流过程中的运输、保管、装卸、包装等各种职能有机结合在一起，是整个物流活动顺利进行所不可缺少的。

物流系统中的信息种类多、跨地域、涉及面广、动态强，尤其是运作过程中受自然、社会的影响很大。根据对物流信息研究的需要，可以从以下几个方面对物流信息进行分类。

1. 按信息的来源分类

（1）外部信息。它是指在物流活动以外发生但是提供给物流活动使用的信息，包括供货人信息、客户信息、订货合同信息、交通运输信息、市场信息、政策信息，还有来自于企业内部生产、财务等部门的与物流有关的信息。通常外部信息是相对而言的，对物流子系统，来自于另一个系统的信息可以称为外部信息。例如，仓储系统从运输系统获得的运输信息也可以称为仓储系统的外部信息。

（2）内部信息。它是来自于物流系统内部的各种信息的总称，包括物流流转信息、物流作业层信息、物流控制层信息和物流管理层信息。这些信息通常是用来协调物流系统内部人、财、物活动的重要依据，也具有一定的相对性。

2. 按物流信息的变动分类

（1）固定信息。它通常具备相对稳定的特点，有如下 3 种形式：一是物流生产标准信息。这是以指标定额为主题的信息，如各种物流活动的劳动定额、物资消耗定额、固定资产折旧等。二是物流计划信息。物流活动中在计划期内已定任务所反映的各项指标，如货

物年计划吞吐量、计划运输量等就是物流计划信息。三是物流查询信息。在一个较长的时期内很少发生变更的信息，如国家和主要部门颁布的技术标准，物流企业内部的人事制度、工资制度、财务制度等就是物流查询信息。

（2）流动信息。它是指物流系统中经常发生变动的信息。这种信息以物流各作业统计信息为基础，如某一时刻物流任务的实际进度、计划完成情况、各项指标的对比关系等。

3. 按物流信息的作用分类

（1）计划信息。它是指尚未实现的但已当成目标确认的一类信息，如物流量计划、运输计划、仓库吞吐量计划、车皮计划，与物流活动有关的国民经济计划、工农业产品产量计划等，甚至是带有作用性质的（如协议、合同、投资等）信息。只要是尚未进入具体业务操作的，都可以归入计划信息中。这种信息的特点是带有稳定性，信息更新速度较慢。此类信息对物流起着非常重要的战略指导作用，是物流企业战略决策或大的业务决策必不可少的依据。

（2）控制及作业信息。它是指物流活动过程中发生的信息，带有很强的实时性，是掌握物流活动状况不可缺少的信息，如库存产品种类、库存量、载运量、运输工具状况、物价、运费、投资在建情况、港口发运情况等。这种信息的特点是动态性非常强，更新速度快，信息的时效性很强，往往是此时非常有价值的信息，过后就变得毫无价值了。这种信息的主要作用是用以控制和调整正在进行的物流活动和指导下一步要进行的物流活动，以实现对过程的控制和对业务活动的微调。这是管理工作必不可少的信息。

（3）统计信息。它是指物流活动结束后，对整个物流活动的一种总结性、归纳性的信息。这种信息是一种恒定不变的结果，有很强的资料性。上一年度发生的物流量、物流种类、运输方式、运输工具使用量、装卸量，以及与物流有关的工农业产品产量、内外贸易数量等都属于这类信息。统计信息有很强的战略价值，它的作用是正确掌握过去的物流活动规律，指导物流战略发展和制订计划。

（4）支持信息。它是指能对物流计划、业务、操作产生影响或有关的市场、文化、科技、产品、法律、教育、民俗等方面的信息，如市场信息、物流技术的革新、物流人才需求等。这些信息不但对物流战略发展有价值，而且也对控制、操作起到指导、启发的作用，是可以从整体上提高物流水平的一类信息。

4. 按信息的加工程度分类

（1）原始信息。它是指未加工的信息，是信息工作的基础，也是最有权威的凭证性信息。原始信息是加工信息可靠性的保证。

（2）加工信息。它是指对原始信息进行各种加工、各个层次处理之后的信息，是原始信息的提炼、简化和综合。可大大缩小信息量，并将信息梳理成规律性的东西，便于使用。

5. 按物流活动领域分类

按物流的不同领域分类的信息是具体指导物流各个领域活动的。由于活动性质有区别，信息也有所不同，一般有运输信息、仓储信息、装卸信息等，还可细化为集装箱信息、托盘交换信息、库存量信息、火车运输信息、汽车运输信息等。

（二）物流信息的功能

物流中的信息流有两种：一种信息流先于物流产生，它控制着物流产生的时间、流动的大小和方向，指导、控制和调整物流；另一种信息流是与物流同步产生的，它们反映了物流的状态。前者是计划信息流或者协调信息流，后者为作业信息流。

物流信息除了反映物品流动的各种状态外，更重要的是控制物流的时间、方向、大小和发展进程。无论是协调流还是作业流，物流信息的总体目标都是要把物流涉及企业的各种具体活动综合起来，加强整体的能力。一般来说，物流信息具有如下功能。

（1）市场交易活动的功能。交易活动主要指记录接货内容、安排存储任务、作业程序选择、指定价格及相关人员查询等。物流信息的交易作用就是记录物流活动的基本内容，主要特征是程序化、规范化与交互化，强调整个信息系统的效率性和集成性。

（2）业务控制功能。物流服务水平和质量，以及现有管理个体和资源的管理，要由信息系统来进行相关的控制，利用信息系统来控制业务操作和管理资源，并建立完善的考核指标体系来对作业计划和绩效进行评价和鉴别，保证物流服务水平和质量。

（3）工作协调功能。在物流运作中，加强各部门不同种类的信息集成与流通，有利于提高工作的时效性，提高工作的质量与效率，降低劳动强度。

（4）支持物流决策和战略定位功能。物流信息系统管理协调工作人员和管理层的活动评估与成本收益分析，有助于更好地进行决策，同时强调对物流信息系统的信息进行整合，辅以多维数据分析、数据仓库与数据挖掘技术，支持决策和战略定位。

二、物流信息系统

（一）物流信息系统的概念与目标

物流信息系统是物流企业按照现代管理思想、理念，以信息技术为支撑所开发的信息系统。可以将物流信息系统理解为用系统的概念、思想和方法，以电子计算机为基本信息处理手段，以现代通信设备为基本传输工具，通过对与物流相关的信息进行加工处理达到对物流、资金流的有效控制和管理，并为企业提供信息服务和决策支持的人机系统。物流信息系统以物流信息传递的标准化和实时化、存储的数字化，物流信息处理的计算机化等为基本内容。

现代物流企业作为一种服务性企业所提供的服务必须满足社会经济发展的需要，所以，实施物流信息系统设计的长期战略目标就是要帮助物流企业适应激烈的市场竞争环境和物流产业的进步，满足全球经济一体化和电子商务发展对企业的要求，整合物流信息资源和社会物流资源。具体来说，在系统分析的基础上设计的物流信息系统应实现如下预期目标。

（1）大幅提升公司形象，建立物流的现代化信息管理体制。

（2）促进各部门间的协同作业，规范并优化企业内部各办事机构的业务流程，实现无纸化办公。

（3）明确各物流与作业环节负责人的责任和义务，达到公司内部各部门、员工使用权限明了的目的，杜绝互相推诿的现象。

（4）有效管理各业务流程，提供各物流管理与作业的信息与数据，实现库存最小化并保证实物配送等物流环节之间的协调一致，全面降低企业运作成本，提高物流的整体经济效益，大幅拓展物流业务，争取企业利润最大化，进一步提高企业的竞争力。

（5）实现对物流全过程的监控，方便地提供货物跟踪信息，及时掌握物流运营状况，提高自身对异常物流业务的应变能力。

（6）开发决策支持系统，为企业决策层提供图形化、报表化的业务分析数据，能够对未来的公司业务发展、客户需求发展、市场发展做出预测。

（7）建设企业 Internet/Intranet 网络平台，通过 Internet 实现全天候实时服务，实现各用户之间信息的共享和高速传递，充分满足客户的各种需求，使客户能够方便、及时地通过 Internet 在线查询业务状态，大大加强与客户联系的紧密度，全面提升客户服务水平。

（8）预留标准的 EDI 数据接口和其他各种接口，实现与海关、货主等关系部门的数据共享和交换，以及物流系统和 GPS 系统、专业的企业财务管理系统、企业 ERP 系统等的对接。

（二）物流信息系统的特点

作为辅助物流企业进行事务处理、为管理决策提供信息支持的物流信息系统具有以下基本特点。

1. 开放性

为实现物流企业管理的一体化和资源共享，物流信息系统应具备可与公司内部其他系统（如财务、人事等管理系统）相连接的性能。此外，系统不仅要在企业内部实现数据的整合和顺畅流通，还应具备与企业外部供应链各个环节进行数据交换的能力，实现各方面无缝连接。另外，系统还需考虑与国际通行的标准接轨。例如，目前国际上在运输领域已推行一系列 EDI 标准，物流系统应具备与这些标准接轨的开放性特征。

2. 可扩展性和灵活性

物流信息系统应具备随着企业发展而发展的能力。在建设物流信息系统时，应充分考虑企业未来的管理及业务发展的需求，以便在原有系统的基础上建立更高层次的管理模块。现在整个社会经济发展非常快，企业的管理及业务的变化也很快，这就要求系统能跟着企业的变革而变革。若物流企业进行了流程再造，原先的系统不能适应新的流程了，企业还需要再进行投资，重新对新的流程进行管理信息系统的建设，这就会造成资源的极大浪费。

3. 安全性

内联网（Intranet）的建立、Internet 的接入使物流企业的触角延伸得更远、数据更集中，但安全性的问题也随之而来。在系统开发的初期，这个问题往往被人们忽略，但随着系统开发的深入，特别是网上支付的实现、电子单证的使用，安全问题成为物流信息系统的首要问题。

1）内部安全性问题

资料的输入、修改、查询等功能应根据实际需要赋予不同部门的人适当的权限，若资料被超越权限的人看到或修改容易造成企业商业机密的泄露或数据的不稳定。例如，公司的客户资料被内部非业务人员看到并泄露给企业的竞争对手，运费等费用被别有用心的员工篡改，都会对企业造成极大的损失。内部安全性问题可通过对不同的用户授以不同的权限、设置操作人员进入系统的密码、对操作人员的操作进行记录等方法加以控制。

2）外部安全性问题

系统在接入 Internet 后，将面临遭受病毒、黑客或未经授权的非法用户等攻击而导致系统瘫痪的威胁，也可能遭受外来非法用户的入侵并窃取公司的机密，甚至数据在打包通信时在通信链路上遭到接获等，因此，系统应具备足够的安全性以防这些外来的侵入。外部安全性问题可通过对数据通信链路进行加密、监听，设置 Internet 与 Intranet 之间的防火墙等措施加以实现。

4. 协同性

物流信息系统应具备一定的协同能力。

（1）与客户的协同。例如，系统应能与客户的 ERP 系统、库存管理系统实现连接，系统可定期给客户发送各种物流信息，如库存信息、货物到达信息、催款提示等。

（2）与企业内部各部门之间的协同。例如，业务人员可将客户、货物的数据输入系统中，并实时供商务人员制作发票、报表；财务人员可根据业务人员输入的数据进行记账、控制等处理。

（3）与供应链上的其他环节的协同。例如，通过网络与船公司、仓储、铁路、公路等企业实现信息传输。

（4）与社会各部门的协同。例如，通过网络与银行、海关、税务机关等实现信息即时传输。与银行联网，可以实现网上支付与网上结算，还可以查询企业的资金信息；与海关联网，可以实现网上报关、报税。

5. 动态性

系统反映的数据应是动态的，可随着物流的变化而变化，能实时地反映货物流的各种状况，支持客户、公司员工等用户在线动态查询。这就需要公司内部与外部数据通信及时、顺畅。

6. 快速反应

系统应能对用户、客户的在线查询、修改、输入等操作做出快速和及时的反应。在市场瞬息万变的今天，企业只有跟上市场的变化才能在激烈的市场竞争中生存。物流信息系统是物流企业的数字神经系统，系统的每一神经元渗入到供应链的每一末梢，每一末梢收到的刺激都能引起系统的快速、适当的反应。

7. 信息的集成性

物流过程涉及的环节多、分布广，信息随着物流在供应链上的流动而流动，信息在地理上往往具有分散型、范围广、数量大等特点。信息的管理应高度集成，同样的信息只需要一次输入，以实现资源共享，减少重复操作，减少差错。目前大型的关系数据库通过建立数据之间的关联可帮助实现这一点。

8. 支持远程处理

物流过程往往包括的范围广、涉及不同的部门并跨越不同的地区。物流信息系统应支持远程的业务查询、输入、人机对话等事务处理。

9. 检测、预警、纠错能力

为保证数据的准确性和稳定性，系统应在各模块中设置一些检测小模块，对输入的数据进行检测，以便把一些无效的数据排斥在外。例如，集装箱箱号在编制时有一定的编码规则（如前 4 位是字母，最后一位是检测码等），在输入集装箱箱号时，系统可以根据这些规则设置检测模块，提醒并避免操作人员输入错误信息。又如，许多公司提单号不允许重复，系统可在操作人员输入重复提单号时发出警示并锁定进一步的操作。

（三）物流信息系统的主要功能及功能层次结构

1. 物流信息系统的主要功能

物流信息系统实现对物流服务全过程的管理。系统以运输和仓储为主线，管理到取货、集货、包装、库存、装卸、分货、配货、加工、信息服务、送货等物流服务的各环节，控制物流服务的全过程。具体而言具备以下功能。

1）集中控制功能

本功能主要对物流全过程进行监控，具体包括业务流程的集中管理、各环节的收费管理、各环节的责任管理、各环节的结算管理、各环节的成本管理、运输环节的管理、仓储环节的管理、统计报表系统等，通过对各环节数据进行统计与分析，得出指导企业运营的依据。

2）运输流程管理功能

本功能主要是针对运输流程的 4 个环节而实施的接单管理、发运管理、到站管理、签收管理和运输过程的单证管理，如路单管理、报关单管理、联运提单管理和海运提单管理等。

3）车、货调度管理功能

本功能可以解决运输过程中的货物配载、车辆调度、车辆返空等问题。通过使用本系统，能够更好地利用集装箱的运输空间，更合理地进行车辆的调度，并能圆满地解决大型运输集团中各分公司的车辆返空问题。

4）仓储管理功能

本功能针对货物的入库、出库、在库进行管理，其中在库管理是指对库中作业的管理——特指货物的包装、拆卸、库中调配、配货、拣选等典型的物流服务。通过对出入库货物数量进行计算，可以得出准确的货物结存量。此外，还可以根据物流订单信息进行库存的预测管理。

5）统计报表管理功能

统计报表管理功能是物流信息系统中最主要的信息输出手段，是企业决策者和客户了解业务状况的依据。它既可以提供动态的统计报表，也可以提供多种特定的统计报表，如货物完整率报表、时间达标率报表、延期签收统计报表、业务量分析图、财务结算统计表、物流企业年度经营情况总结报表等。

6）财务管理功能

管理物流业务中和费用相关的各种数据，并建立物流系统和专业财务系统的数据接口。

7）客户查询功能

为客户提供灵活多样的查询条件，使得客户可以共享物流企业的信息资源，如货物的物流分配状况、货物的在途运输情况——实时的货物跟踪、货物的库存情况、货物的结存情况、货物的残损情况、货物的签收情况等。

8）客户管理功能

物流服务是以客户为中心的服务，所以对于任何一个物流系统来说，客户管理系统是必不可少的。它主要由以下 3 部分组成：托运人管理（包括货主、货代、生产商等）、收件人管理（包括销售商等）、中间承运人管理（即经营主体对各经营人的管理，包括物流集团企业的下属各公司、联运中的其他运输团体，如船舶公司、船运代理、航空代理等）。

2. *物流信息系统功能层次结构*

物流信息系统是把各种物流活动联结在一起的通道，一般建立在 4 个层次上：数据库管理层、管理控制层、决策分析层和战略管理层，见图 8-1。

1）数据库管理层

对于现代物流企业而言，其数据库系统是物流信息系统启动物流活动的最基本的层次。物流信息系统每天要产生和处理大量数据，在数据的使用过程中，有的数据使用后仍有价值，特别是经过处理的数据，如需再次使用则需要储存。数据库的功能是将收集加工的物流信息以数据库的形式加以储存。

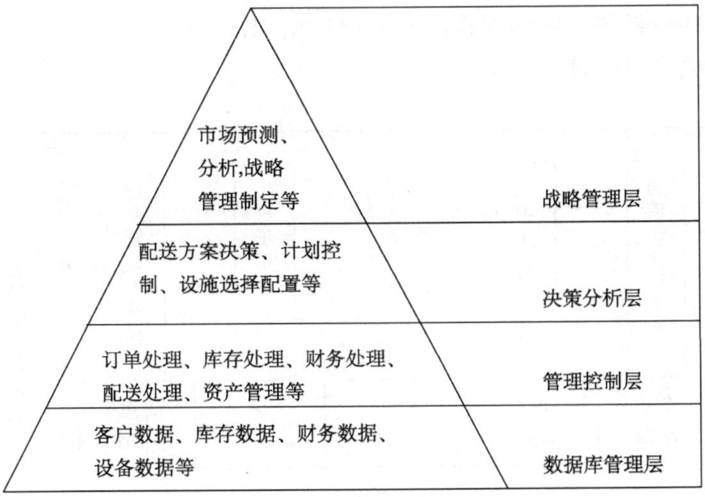

图 8-1　物流信息系统的功能层次图

2）管理控制层

管理控制要求把主要精力集中在功能衡量报告上。功能衡量对于提高物流服务水平和资源利用等管理信息反馈来说是必要的。因此，管理控制以可估计的、策略的、中期的焦点问题为特征，它涉及评价过去的功能和鉴别各种可选择方案。

普通的功能衡量包括财务成本分析、顾客服务评价、作业衡量、质量指标等。功能衡量对物流企业非常重要，一般客户都希望通过物流企业服务，能对物流系统进行综合性分析，提供更多的物流信息与客户共享，客户可以把这些信息与自身的信息系统集成，为企业决策提供市场及物流信息。

现代物流系统是否能够在物流系统运作中随时鉴别出异常情况也是很重要的。有超前活力的物流系统还应该有能力根据预测的需求与预期的入库数预测未来存货短缺情况。

3）决策分析层

决策分析是指信息系统需要辅助物流企业决策，以协助管理人员鉴别、评估和比较物流战略或策略上的可选方案。与管理控制不同的是，决策分析的主要精力集中于评估未来策略的可选方案，因此，需要相对的灵活性，以便于在较广的范围内选择。典型的决策分析功能包括车辆日常工作计划、存货管理、设施选址，以及作业比较和成本效益评价。

4）战略管理层

战略管理层的主要精力集中在信息支持上，一起开发和提炼物流战略，这也是决策分析的延伸。物流信息系统制定战略层次，必须把 3 个较低层次的数据与企业外部环境反映的各种信息（如宏观经济政策、市场需求变化趋势等）相结合，以评估各种战略的利弊及前景。

（四）物流信息系统的基本组成

物流信息系统由硬件和软件两大部分组成（图 8-2）。硬件部分包含了计算机硬件设备、网络通信基础设施和各种物流工具，软件部分包含了操作系统、通信协议、数据库和业务处理系统等，运行在底层的硬件设施和各种物流工具之上。其中，物流信息系统的软件层又可分为物流企业子系统、运输工具子系统、现场子系统、用户子系统、行业管理子系统等多个子系统，这些子系统分别拥有自己的专用数据库，同时也有一些公用数据运行于公用数据库之上，构成共用信息平台。

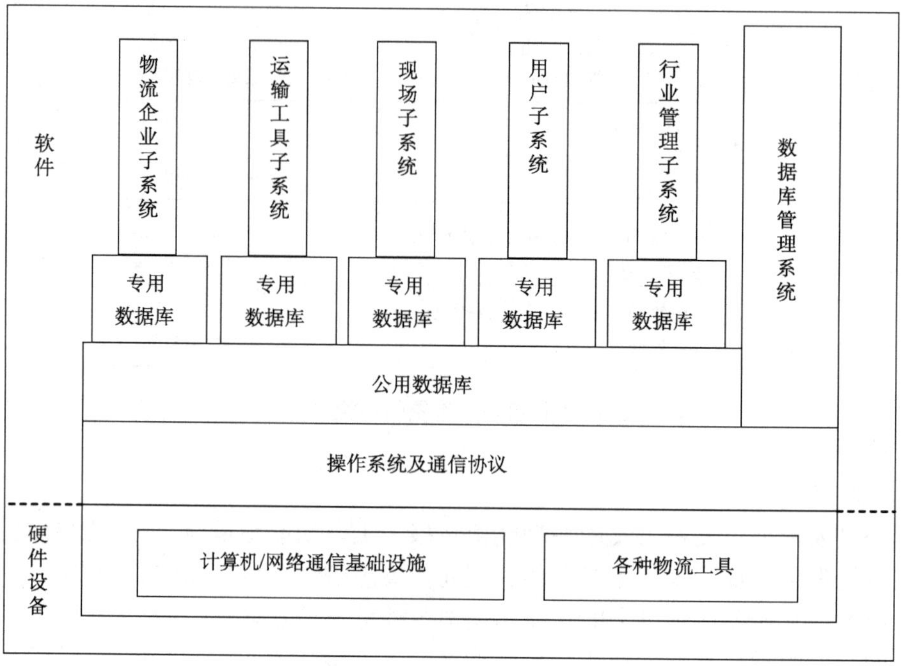

图 8-2　物流信息系统的组成

（1）物流企业子系统。以运输和仓储为主线，管理取货、集货、包装、库存、装卸、分货、配货、加工、信息服务、送货等物流服务的各个环节，控制物流服务的全过程，以提高物流企业战略竞争优势、提高物流效益和效率为目的，支持物流企业的高层决策、中层控制和基层运作，如库存管理系统、配送系统、采购订货系统等。

（2）运输工具子系统。由安装于运输工具（如火车、轮船、飞机等）之上的信息接收、发送及采集设备所组成，通过与现场子系统、行业子系统、物流企业子系统的通信，实现对车辆等运输工具及货物的监测、跟踪等功能，如运输工具识别系统、货物数据采集系统等。

（3）现场子系统。分布于道路、仓库和场站的物流设备、管理系统等，用来对物流信息进行采集，以及在车辆和货物与行业管理子系统、物流企业子系统之间提供信息交流，如现场收费管理信息系统。

（4）用户子系统。为用户提供查询功能的子系统，包括为一般远程用户提供物流服务委托、信息查询及货物跟踪等服务，如信息查询系统、供方信息查询系统等。

（5）行业管理子系统。从政府相关部门和物流枢纽等行业管理的角度来定义，该系统主要为在各种物流模式下的各类物流企业提供相关的公共物流信息支撑，如为物流活动中参与的各方提供货物、运输工具等的管理、跟踪、识别等服务（火车车辆跟踪与识别系统和船舶交通管理系统），提供商品、企业信息，提供金融结算、信用等服务（税务综合管理系统、海关报关清关系统、银行结算系统）。

各子系统之间的关系如图 8-3 所示，各子系统之间的通信结构如图 8-4 所示。

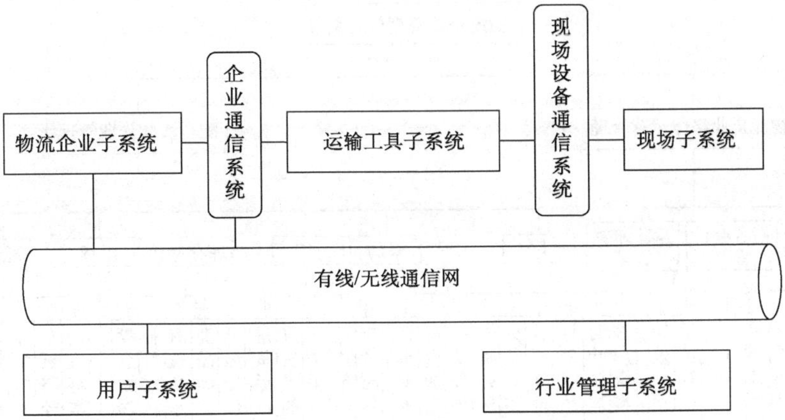

图 8-3　各子系统之间的关系

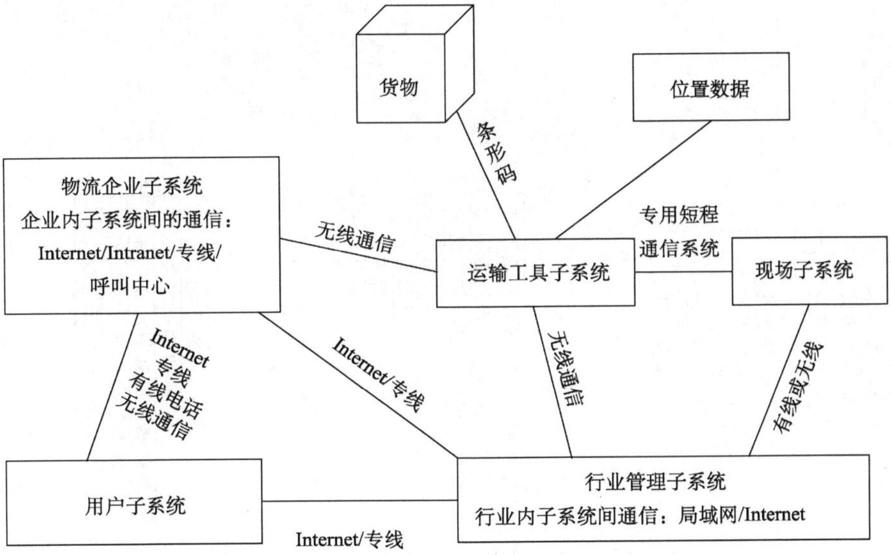

图 8-4　各子系统之间的通信结构

第二节　典型的物流企业管理信息系统

不同类型的物流企业涉及不同的物流业务，需要构建不同的物流企业管理信息系统。受篇幅限制，本节以配送业务为主的物流企业为例，介绍物流企业管理信息系统的构成及主要功能。

针对本教材第五章和第六章介绍的物流企业业务流程和主要物流功能，物流企业管理信息系统中的子系统可分为两大类：配合实体作业管理的子系统和针对物流企业整体运营管理的子系统。其中，配合实体作业管理的子系统具体包括订单管理、采购管理、进货管理、库存储位管理、出货管理、配送管理和退货管理 7 个子系统，针对物流企业整体运营管理的子系统具体包括设备管理、财务会计管理和运营绩效管理 3 个子系统。物流企业管理信息系统功能模块架构如图 8-5 所示。

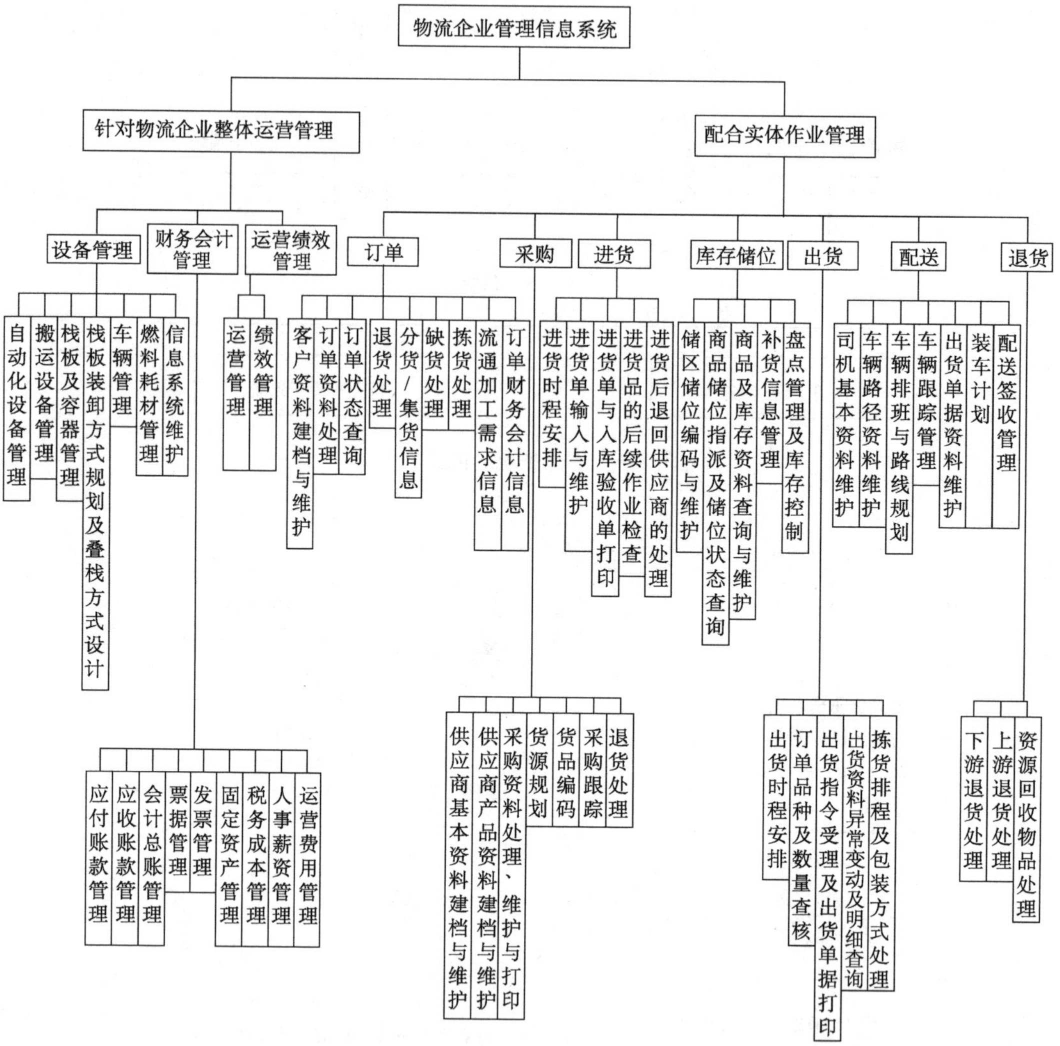

图 8-5 物流企业管理信息系统功能模块架构

一、订单管理子系统

订单是物流企业运作的重要驱动力，其他物流业务活动都围绕订单展开，因此，订单管理对于物流企业而言至关重要。设立订单管理子系统是为了处理物流企业从接到顾客订单到完成顾客订单需求过程中所有有关客户与订单的资料集结、核查、分析、维护、单据处理等工作。订单管理子系统主要功能有提供物流企业订单拣取、客户服务查询及异常处理等服务，使顾客可以适时、适地、适量、准确地收到货品，并对顾客提供货物的即时消息。此外，在缺货时也可以依制定原则调货、分货，并对缺货的订单进行处理，使客户的损失降到最低，提高顾客满意度。

订单管理子系统包含一组有关订单处理操作的功能模块，即客户资料档案建立与维护、订单资料处理、订单状态查询、缺货处理、退货处理、拣货处理、分货/集货信息、流通加工需求信息和订单财务会计信息。

另外，它涉及的作业还包括客户订单的处理，包括出库和入库订单的处理，进而进行相应的订单处理生成入库计划和出库计划；EDI 数据转换，即当客户通过 EDI 方式直接与物流企业进行订单数据交换时完成相应的数据格式转换。

二、采购管理子系统

采购管理主要负责的是与上游供应商之间的交互业务，该模块设计的目的在于向采购人员提供一套快速、准确的工具来向合适的供应商适时适量地下达采购请求，以使商品能在出货之前准时入库，并避免缺货和过多库存情况发生。采购管理子系统的主要功能有：商品需求数量的统计、供应厂商的询价、交易条件的讨论、经济订货批量的计算，以及针对货品需求项目向供应商下达采购订单和跟踪行为等。因此，该系统关系到公司的库存管理绩效和进货成本，所以对公司的财务及信誉非常重要。

采购管理子系统包含的功能模块有供应商基本资料的建档与维护，供应商产品资料的建档与维护，采购资料处理、维护与打印，货源规划，采购跟踪，货品编码，退货处理等。

采购管理的重点有：①库存控制，应尽量在避免缺货情况的前提下，降低安全库存，减少库存成本；②交货日期控制，应注意采购单交货日期，必要时进行跟踪行为；③厂商信息收集，收集各个供应商的报价、交货期，以及质量保证与信誉等资料。

三、进货管理子系统

进货是指货物到达仓储区，经过接运、验收、分拣，码放至相应的货位，并完成交割手续的过程。入库作业按作业顺序分为两部分：预入库和实际入库。入库管理子系统主要对这两个作业的资源和数据进行管理。

预入库信息的处理一般都用来作为入库装卸平台排程、入库人力资源及机械设备资源分配时的参考。其数据来源包括两个方面：一是采购单上的预定入库日期、入库商品项目、入库数量等信息，二是供应商预先通知的进货日期、商品及入库数量。信息均取自采购管理子系统。

实际入库作业则发生在采购交货时，需要输入的信息包括采购单号、厂商名称、商品名称和数量等，一般都可由输入采购单号来查询商品名称、内容及数量是否符合采购内容，并用于确定入库装卸平台，而后由理货人员确定卸货地点及摆放方式，并将商品进行堆码存放。理货人员检验后修正采购单数据，将其状态标记为已入库，将以上信息记入库存入库表，并核加库存量。

进货管理子系统包含的功能模块有进货单输入与维护、进货单与入库验收单打印、进货时程安排、进货后续作业检查、进货后退回供应商的处理等。

物流企业进货作业的流程如图 8-6 所示。

四、库存储位管理子系统

库存管理和储位管理是物流企业业务管理的重要组成部分。库存储位管理子系统主要负责商品入库后的货物检验和复核，仓储区、货位的安排，货物在库保管维护、码放、备货、盘点，以及执行存货的追踪管理、储位管理和到期日期管理。其主要功能包括货位指定、盘点管理、库存控制三大部分。库存储位管理子系统的主要意义在于建立有效管理各种库存商品的能力，配合储存实体模块的进行，完成一系列目标。例如，采购数量及时间的控制、仓库储位的有效利用、各种商品数量的控制、货品进出仓库的控制，以及及时提供库存相关信息。

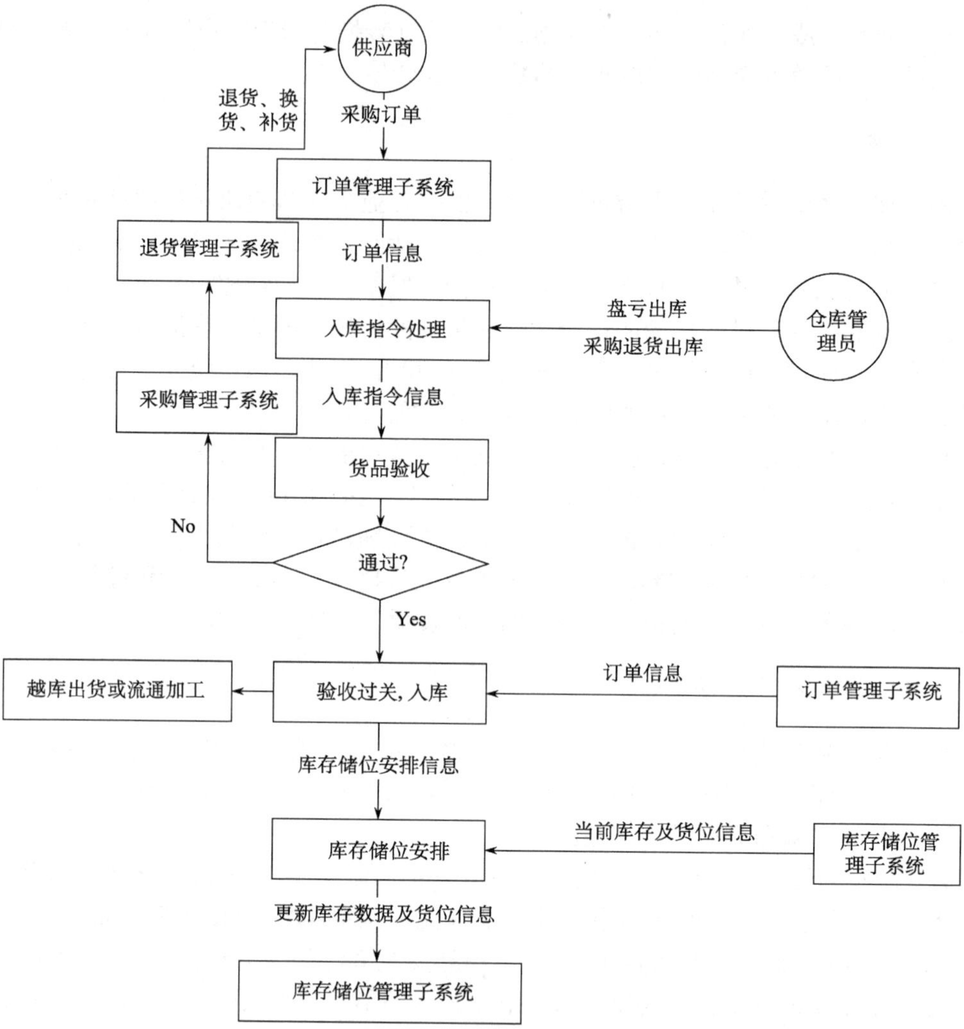

图 8-6　进货作业流程图

库存储位管理子系统包含的功能模块有储区储位编码与维护、商品及库存资料查询与维护、商品储位指派及储位状态查询、盘点管理及库存控制、补货信息管理等。

五、出货管理子系统

出货管理子系统服务的对象主要是客户，与客户管理关系密切，在“一切为了顾客”的服务宗旨下，如果能有效掌握出货状况，可大大提高服务水平，对公司内部管理也有相当大的帮助，且可提升公司运营效益。出货管理子系统的功能包括出货资料准备，商品集中、包装、分类、确认，指定运送车辆等作业过程中的信息处理，如客户服务查询、出货资料分析查询、紧急出货管理、出货优先顺序管理、出货异常状况管理、特殊包装查询等。出货管理子系统以客户指定的送货日为依据，核对订单与出货数量，并考虑有无紧急出货的订单需求，分配机器、人力及车辆等资源。

出货管理子系统包含的功能模块有订单品种及数量查核、出货指令受理及出货单据打印、拣货排程及包装方式处理、出货时程安排、出货资料异动及明细查询等。

出货作业的流程如图 8-7 所示。

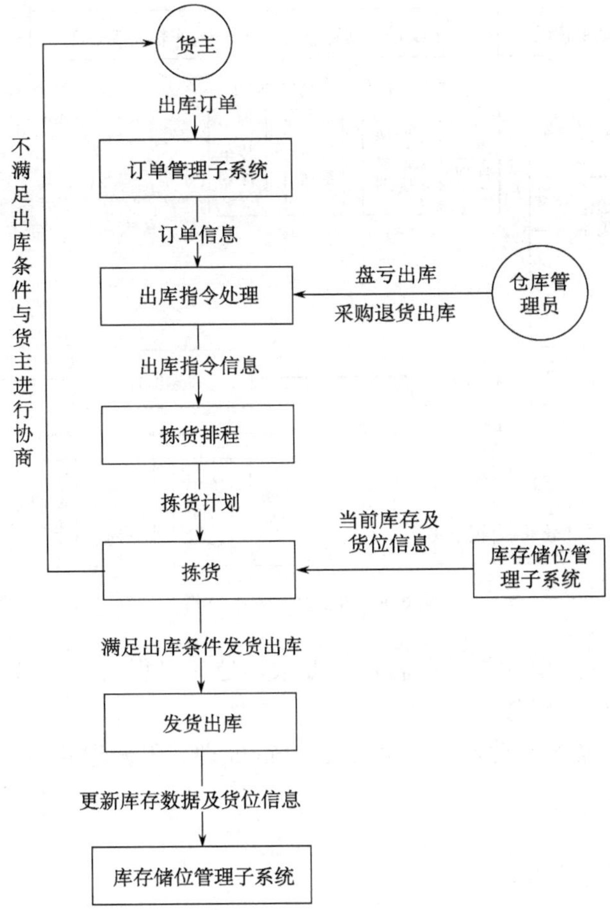

图 8-7　出货作业流程图

六、配送管理子系统

配送作业是指物流企业将被订购的商品使用合适的交通运输工具适时、准确地送达顾客手中的过程，主要目的在于克服供应商和客户之间在空间上的距离。配送作业主要包含安排运送车辆、实际配送作业及运送过程中的追踪管理，因此，配送管理子系统主要用于与出库商品实际的运输交付过程中相关的派车、配载、运输、签收等作业活动的管理，如选择配送车辆的种类、排定配送次序、选择有效的装车方式、求取最短的输送路线、最快的配送实效和最低的配送成本等。

配送管理子系统包含的功能模块有司机基本资料维护、车辆路径资料维护、装车计划、车辆排班与路线规划、车辆追踪管理、配送签收管理、出货单据资料维护等。

配送作业的流程如图 8-8 所示。

七、退货管理子系统

物流企业的退货作业因退货需求产生来源的不同，可分为上游退货和下游退货两种。上游退货由物流企业发起，因物品过期或质检不过关或数量过多，而由物流企业退回上游供应商或直接进行销毁；下游退货由物流企业的客户发起，因配送人员运送的商品发生损坏、滞销、地点或数量送错或包装物回收等，必须将货品自客户处取回送返物流企业处理。

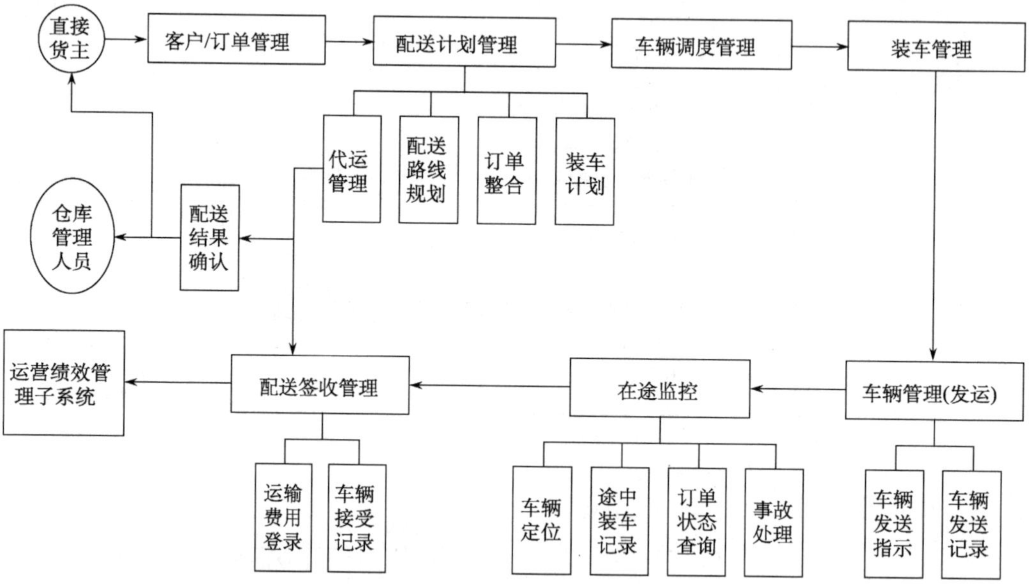

图 8-8　配送作业流程图

退货管理子系统的主要功能是配合厂商要求，处理退货商品，提高下游顾客满意度并尽量做好环保，提高公司声誉。

退货管理子系统包含的功能模块有上游退货处理、下游退货处理、资源回收物品处理等。

八、财务会计子系统

财务会计子系统主要由财务会计部门使用，与其他部门的关联主要有：①由进货管理子系统产生的入库信息查询供应商所送来的应付款单，并依此进行付款；②由出货管理子系统产生的出货单，制作应收账款单并收取账款。该子系统将物流企业每日的交易逐笔记录下来，以供报税、股东或投资人咨询或参考。另外，它还制作各种财务报表作为运营绩效管理子系统运作的参考。

财务会计子系统包含的功能模块有应付账款管理、应收账款管理、票据及发票管理、税务成本管理、人事薪资管理、固定资产及运营费用管理、会计总账管理等。

九、运营绩效管理子系统

运营绩效管理子系统通过库存储位管理子系统、配送管理子系统及财务会计子系统的交互取得运营绩效信息，此外，还可以从外部获得各种市场信息来指定并调整各种运营政策，而后将政策内容及执行方针通知各部门，并将物流企业的运营资料提供给外部客户参考。该子系统是由高级主管所设计的，主要用来制定各类管理策略，把信息的反馈作为策略、管理及实施方法的修正依据。

运营绩效管理子系统包含的功能模块有运营管理（如销售策略计划、物流成本分析、车辆管理政策、物流费用制定等）、绩效管理（如业务人员管理、客户管理、供应商管理、订单处理绩效评价、库存管理评价、内部物流作业管理分析、设备及人员管理分析等）。

第三节 物流企业信息系统的设计与开发

一、物流企业信息系统的设计与开发策略

1. 总体规划，分步开发，递进完善

物流企业信息系统的建设是一个复杂大系统的实施过程，必须通过总体规划，结合已有系统的改造，采用分步开发和实施递进完善的策略。优先发展企业迫切需要通过信息化来解决问题的模块或子系统，以及对企业发展极其重要的公共信息基础设施及子系统，为企业的信息化提供一个基础，然后逐步推进。

2. 以物流企业的需求为导向

物流企业是信息化的主要参与者和使用者，物流企业信息化必须是物流企业有需求，必须要有物流企业积极参与才能实现。物流企业的需求是进行物流信息系统建设最为重要的动力，因此，物流信息系统必须满足物流企业的需求，解决企业的实际问题，才能获得企业的积极参与。

二、物流企业信息系统设计与开发的基本原则

1. 可靠性原则

在正常情况下，运行的可靠性实际上是指系统的准确性、稳定性。一个好的物流信息系统在正常情况下能够达到系统设计的预期精度要求，不管输入的数据如何复杂变化，只要在系统设计的范围内，都能输出满意的结果。稳定性是指在系统的环境发生一定程度的变化时，系统仍能正常运行。

非正常情况下系统的可靠性实际上是指系统的灵活性，是指在硬件的个别电路或元器件发生不大的故障，软件的某一部分受到病毒的侵袭和运行环境发生超出正常情况下允许的变化范围的情况下仍能正常运行的性能。一个灵活的物流信息系统在遇到上述所说的情况时能按某种预先设计的方式做出适当的应急性的处理。

2. 完整性原则

完整性原则即根据物流企业的实际需要，制定的目标功能是完整的。为了保证开发系统的完整性，要制定出相应的规范，如数据格式规范、报表文件规范、文档资料规范等，保证系统开发过程中的完整性。

3. 经济性原则

经济性原则即在软件开发过程中，在达到预期效果的条件下尽量使费用最小化。

三、物流企业信息系统设计与开发的流程

（一）总体规划阶段

根据用户的需求、业务过程、现实环境（包括技术、经济、资源、基础条件等方面），分析系统开发的可行性，进行概念设计和最高层次的逻辑设计，制定系统总体规划的实施方案。

总体规划是系统开发的最重要阶段，一旦有了好的系统规划，就可以按照数据处理系统的分析和设计持续进行工作，直到系统的实现。物流信息系统的总体规划基本上可分为4个基本步骤。

1. 定义管理目标

确立各级管理的同一目标，局部目标要服从总体目标。

2. 定义管理功能

确定管理过程中的主要活动和决策。

3. 定义数据分类

在定义管理功能的基础上，把数据按支持一个或多个管理功能分类。

4. 定义信息结构

确定信息系统各个部分及其相互数据之间的关系，导出各个独立性较强的模块，确定模块实现的优先关系，即划分子系统。

（二）系统分析阶段

系统分析是系统开发的基础，是理解企业的需求，详细了解原有系统的业务处理状况，进行功能、需求和限制的分析，综合各种因素，提出一个切实可行的系统建设方案。

（三）系统设计阶段

系统设计可分为 3 个步骤：系统设计、系统编程、系统调试。系统设计是依据分析阶段提供的资料确定系统方案，要求根据该方案来设计系统的功能模块，设计出各模块之间的输入和输出及存储信息的方式，为系统编程提供详细的资料。系统编程是在系统设计的基础上编写程序。系统调试是用计算机网络进行物流信息处理，包括录入、分类、排序、比较通信、存储和检索。

（四）建立系统模型

1. 确定系统目标

在调查分析的基础上进一步明确目标，把整个工作规定在合理的范围之内。

2. 进行功能分析，划分子系统和功能模块

功能分析以详细调查和业务流程为依据，根据系统内部各功能间的相互关系将系统划分为若干个子系统，每个子系统又由若干个功能模块所组成，然后绘出系统、模块的功能结构图。

3. 明确新系统的数据处理方式

数据处理方式可分为成批处理方式和联机实时处理方式两种，可根据对数据源和系统功能的分析进行选择。

4. 选择软件和外部设备

根据数据处理的内容与规模、数据处理速度、主存容量和外围设备的要求来选择软件与外部设备。

四、物流企业信息系统设计与开发的方法

（一）结构化生命周期法

结构化生命周期法把物流信息系统开发视为一个生命周期，所有物流信息系统开发过程都可以划分为 6 个主要阶段，各阶段还可以划分为多个工作步骤。

1. 系统开发准备阶段

当现行系统不能适应新环境的要求时，用户提出开发新系统的要求。有关人员进行初步调查，然后组成新系统开发领导小组，制订新系统开发的进度和计划，负责新系统开发中的一切工作。

2. 调查研究和可行性研究阶段

系统分析员采用各种方式进行调查研究，摸清现行系统的组成、组织分工、业务流程、资源及薄弱环节等，绘制现行系统的有关图表，在此基础上与用户协商讨论，提出初步的信息系统目标，并进行系统开发的可行性研究，提交可行性报告。

3. 系统分析阶段

系统分析阶段是新系统的逻辑设计阶段。系统分析员在对现行系统进行调查研究的基础上，使用一系列图表工具进行系统的目标分析，划分子系统和功能模块，构造出新系统的逻辑模型，确定其逻辑功能要求，交付新系统的逻辑设计说明书。

4. 系统设计阶段

系统设计阶段的基本任务有总体设计（模块设计、硬件配置设计）和详细设计（代码设计、数据库设计、输入设计、输出设计、处理过程描述），并建立新系统的物理模型。

5. 系统实施阶段

系统实施是新系统付诸实践的阶段，主要是实现系统设计阶段所完成的新系统物理模型。为了保证程序和系统的顺利运行，硬件和软件人员首先要进行计算机系统设备的安装和调试工作，其次程序员根据程序模块进行程序的设计和调试工作。

6. 系统维护和评价阶段

系统维护的内容包括系统处理过程、程序、文件、数据库，甚至某些设备和组织的变动。系统的评价主要是指系统开发后期的评价，旨在将新系统与预期目标进行比较，不同的指标综合体现在用户的满意程度上。

结构化生命周期系统开发方法的优点是强调系统开发过程的整体性和全局性，强调在整体优化的前提下考虑具体的分析设计问题。该方法严格地区分开发阶段，一步一步地进行系统分析和设计，每一步工作都及时进行总结，发现问题及时反馈和纠正，能避免开发过程的混乱。但是，它的开发周期过长，缺乏一定的灵活性，并且由于开发设计的目标比较明确，不能很好地适应开发过程中的环境和需求的变化。

（二）快速原型法

使用快速原型法开发物流信息系统的思想是在知道用户的基本需求以后，先建造一个原始模型系统，然后根据用户的需求在一定时间内不断地进行原始模型的运行、修改，直到用户满意为止。然而，快速构造模型、修改原型的关键是必须有高性能的支持原型的构造工具，没有构造工具，原型法的所有优点都不可能实现。

用快速原型法开发物流信息系统大致可分为以下 4 个阶段。

1. 确定用户的基本需求

系统开发人员根据用户的基本需求来确定哪些要求是可以实现的，哪些要求是做不到的，所需要的数据是否可以得到，同时估算出开发原型的成本。

2. 开发初始原型

开发初始原型的目的是建立一个符合用户基本信息需求的交互式系统。初始原型仅仅反映用户的基本要求，并不要求完善。

3. 利用原型进一步明确用户需求

这一阶段是整个开发过程的关键。用户通过亲自使用原型，从而了解其信息需求，得到满足的程度及存在的问题。开发人员一方面记录系统存在的不足，同时也要进一步弄清用户对系统的最终要求。

4. 修正和改进原型

开发人员根据系统和用户需求对初始原型进行修改、扩充和完善，同时循环 3、4 个阶段，直到用户满意为止。

快速原型法的优点是开发周期短，开发成本低，需求或设计不正确时可及时修改，用户始终参与开发，能及时修正错误；缺点是对于大系统、复杂系统，直接使用原型方法比较困难。开发过程管理难度大，开发人员很容易用原型取代系统分析。

➢复习思考题

1. 物流运作过程中会产生哪些信息？如何进行分类？
2. 如何运用系统的观念组织和管理这些信息？
3. 如何运用现代科技手段来管理这些信息？举出不同物流活动涉及的管理信息系统。
4. 试述如何进行物流信息系统设计与开发。

案例分析 易通物流管理信息系统

一、项目背景

易通物流管理信息系统是一个中小物流企业信息化的成功案例。易通交通信息发展有限公司易通物流分公司是一家快速成长的第三方物流企业，公司从正式开始运作以来，业绩每年以翻一番的速度迅速发展，目前已经达到年营业额 2000 多万元、运送货物 400 多万件、送达城市 300 多个的规模。易通物流分公司的快速发展不仅得益于第三方物流市场需求的发展，更离不开信息系统的支持。

易通物流对信息系统的需求经历了从单一到全面、从模糊到清晰的发展过程。易通物流信息系统的应用从总体上来说分为以下 4 个阶段。

（1）最初的系统只解决运单的录入和汇总数据的统计查询。

（2）逐步包含委托、集货、调度、出入库、运输、配送、签收各环节的数据录入和统计查询。

（3）完善调度、出入库、运输监控功能，实现网上功能。

（4）进一步进行数据挖掘与系统对接。

二、系统结构

易通物流管理信息系统分为物流管理子系统、车辆运输管理子系统、出入库管理子系统和企业门户网站四大部分。

1. 物流管理子系统

（1）基础委托单信息的录入，支持电话、传真、互联网等多种形式。

（2）客户资料建档，包括客户业务信息、客户信用、客户投诉、客户基础信息、合作状况评价等。

（3）业务流转过程中相关数据的录入，包括在库相关信息、在途相关信息、费用信息，分别由不同岗位的责任人完成，便于出现问题进行责任追究。

2. 车辆运输管理子系统

（1）司机、车辆基础档案的管理。

（2）车辆固定成本、可变费用的管理。

（3）行车安全管理。

（4）行车效率的管理（路单管理）。

3. 出入库管理子系统

（1）货物的入库数量、时间、完好情况的记录。

（2）货物的出库数量、时间、完好情况的记录。

（3）支持仓库网络分布情况下对货物的统计、汇总。

（4）支持针对不同权限的客户分库区、分品种的库存货物查询。

（5）实现上述各项功能的网上查询服务。

4. 企业门户网站

作为物流公司对外宣传和同客户沟通的工具，物流企业门户网站主要提供网上查询、网上委托、网上交易等职能。

三、系统特点

1. 体系

（1）采用 B/S+C/S 模式和 *n* 层体系结构，全面支持 Internet 和移动通信。

（2）模块化设计，可根据不同的客户需求灵活配置各模块。

（3）界面友好统一，任何用户稍加培训就可以轻松上手。

（4）极高的数据处理能力，完善的数据备份机制，保证数据有效、准确。

（5）支持群集技术和离线处理，支持窄带（电话线）条件下的数据传输和实时应用。

（6）简单、集中的系统维护，保证系统稳定、安全运行，降低系统维护成本。

2. 应用

（1）源于物流企业的实践，同时结合国内实际情况，蕴涵成功物流企业先进的管理思想和运作模式。

（2）完善的物流业务管理能力，支持各种成本核算方法、单品管理、票据全程跟踪和历史动态业务数据查询。

（3）支持工作流管理和各部门（如生产、销售、服务）之间的全面协同工作。

（4）全程无纸化作业，物流服务企业与发货方、供货方之间通过该系统都可以畅通、迅捷地了解到所需的数据信息。

（5）开放式接口，易于构建和管理国内外其他应用系统的动态数据交换。

问题：

1. 根据本案例的提示，讨论一般物流企业管理信息系统的功能主要包括哪些。
2. 讨论管理信息系统与物流企业经营管理的关系。
3. 信息系统如何促进物流业务的发展？如何提升物流企业的管理水平？

案例分析 深圳某港口设备状态管理项目

一、客户需求

客户是国内吞吐箱量领先的大型现代化国际集装箱码头，已经拥有成熟的管理机制。近年国内集装箱码头不断增加，该集装箱码头在积极开拓国际、国内航线业务的同时，也在内部进行精细化管理，进行了一系列以节能减排、提升效率为目的的技术改造，因此，该集装箱码头希望建设一套港口设备状态管理系统，将码头的起重机设备、冷箱系统、配电系统、作业照明系统等在统一平台上实现实时监控和管理，其功能需求如下。

（1）对码头100多台大型桥式起重机设备的作业数据和设备参数进行实时采集。

（2）对码头的冷箱、配电、供水、作业照明等各类设施的运行状态和数据进行实时数据采集。

（3）系统服务器对数据进行处理，以图形方式进行实时展现，用户可以以WEB浏览方式实时监控。

（4）采集数据压缩存储在工业数据库中，可以进行提取、状态回放，以及作业数据的统计查询。

（5）提供码头设备、设施作业数据的统计分析、报表输出功能，为码头的维修、调度和管理人员提供决策分析的基础。

二、方案实现

深圳市航天华拓科技有限公司通过与客户进行沟通，明确客户需求后设计了以目前GE公司的组态软件平台Cimplicity为开发平台，以Proficy Historian工业数据库为数据存储平台，以Global View为发布平台的建设方案，通过工业总线对桥式起重机设备上的PLC设备上的数据进行读取，并在以SCADA服务器、数据库服务器和发布服务器组成的系统平台上进行处理、展现和存储。系统架构图如图8-9所示。

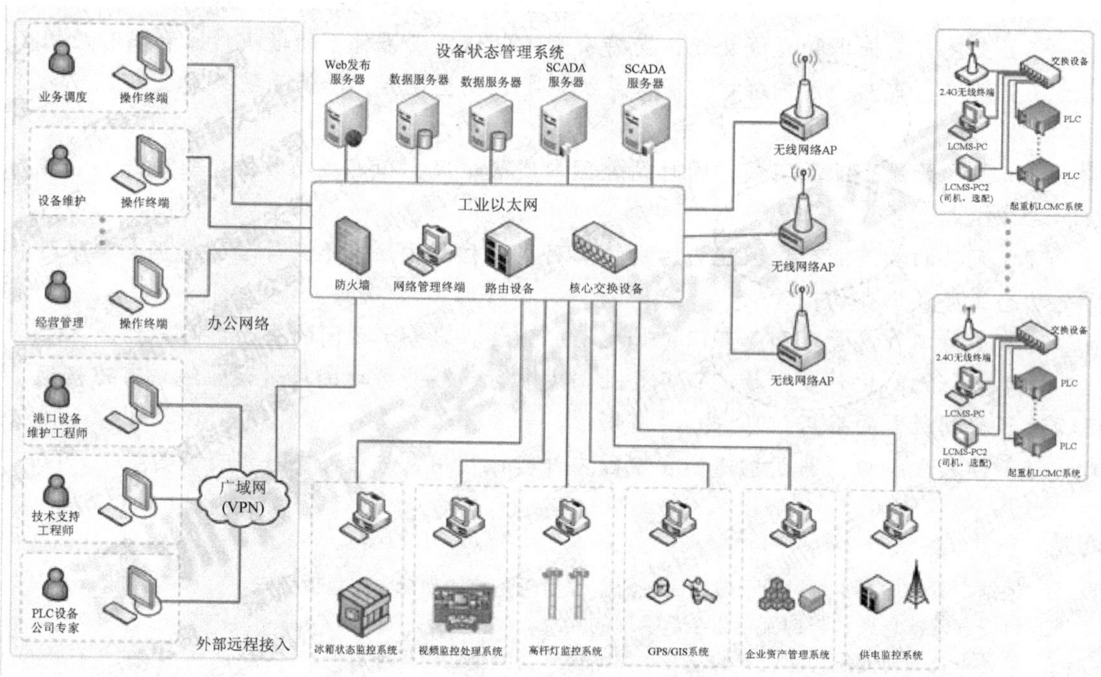

图8-9　系统架构图

管理系统：通过7台IBM的机架式服务器建立系统平台，其中4台SCADA服务器用于实现7万点的数据采集，并两两冗余，两台数据库服务器实现4万点的数据存储并互为冗余，Web发布服务器实现画面发布功能。

采集数据：在桥式起重机的PLC设备上直接读取，经光纤传送给布设在起重机顶部的无线BC，通过无线局域网传送给无线AP后进入SCADA服务器。其他设施通过PLC采集参数或直接读取设备参数后通过以太网传送给服务器。

三、系统特点

通过设备状态管理系统的建设，客户可以实现更高效的管理，节省大量人工。

（1）状态监控。维修及技术人员在办公场所即可实现对码头设备、设施的状态进行实时监控，查看作业参数和数据，不必总是去现场查看。

（2）事故追溯。当发生设备异常或者生产事故时，通过调取数据库数据进行回放和分析，恢复作业过程来分析原因。

（3）维修效率。当设备发生故障需要维修时，抢修人员通过系统查看设备的运行参数和故障点，判断事故原因并确认方案（如携带相应的工具和配件等），避免抢修过程中反复来往现场和仓库。

（4）统计报表。原来进行月度或年度统计时，需要大量人力到每台设备设施上抄表。通过该系统，任何一台设备、设施的作业数据会自动记录并形成统计报表。

资料来源：http: //www.htrfid.com/index.aspx

问题：

1. 如何利用信息技术对设备状态进行管理？
2. 应用信息技术管理设备具有哪些好处？

第九章

物流企业设施与设备管理

【学习目标】

- 掌握物流企业设施与设备的概念、分类和选择的原则
- 熟悉物流企业设施与设备的选择方法
- 了解物流企业设施与设备选择的经济评价方法
- 了解物流设备的使用、维护与修理基本概念
- 熟悉物流企业设备更新分析的原则
- 了解物流设备更新决策的计算方法

随着科学技术的进步和物流需求的快速发展，物流企业的物流技术与装备也在不断地向前发展。物流作业所依赖的设施与设备也越来越高效化、精密化、复杂化、数据电子化。物流企业的设施与设备状况不但直接影响企业为物流需求者提供的物流量、物流服务质量及作业效率，而且影响物流企业的物流成本、物流速度、安全生产及物流作业的生产秩序。因此，设施与设备状况的好坏对物流企业的生存与发展都有着重大影响。管理好物流企业的设施与设备对提高企业的管理水平和经济效益意义重大。

第一节　物流企业设施与设备管理概述

一、物流企业设施与设备的概念及其分类

（一）物流企业设施与设备的概念

物流企业设施与设备是物流企业在进行物流作业活动，实现物流功能过程中所使用的各种设施与装备的总称。它既是物流企业实现经营目标和生产计划的技术保障及物质基础，也是物流技术水平高低的重要标志。

（二）物流企业设施与设备的分类

设施与设备是物流系统中贯穿于物流全过程、深入到各作业细节的、复杂的技术支撑要素。为满足客户不同的物流需求，完成各种物流活动，物流设施与设备通常是种类繁多、形式多样的。

1. 按物流设施与设备具备的功能分类

（1）起重设施与设备。包括各式起重机、装卸机、绞车、千斤顶、堆垛机、升降机等。

（2）装卸设施与设备。包括各式叉车、翻车、牵引车、平板车、搬运车及站台、码头、货场等。

（3）输送设施与设备。包括带式输送机、链式输送机、斗式提升机、辊道式输送机、气力输送机等。

（4）物流专用机械设备。包括货架、货箱与托盘、巷道式堆垛机、分拣设施、制冷设备及电子信息设备等。

2. 按设施与设备实现的物流功能分类

（1）储存保管设施与设备。包括仓库库房、货架、托盘、托盘搬运车、叉车、提升机、温控与制冷设备等。

（2）运输和配送设施与设备。包括各式运输工具、装卸机具、自动化分拣设备、叉车、吊车、光电识读设备等。

（3）物流加工和包装设施与设备。包括保鲜防腐加工设备、防潮防锈加工设备、剪切改制加工设施与设备、冷冻加工设备、商品捆扎包装设备等。

（4）物流信息管理设施与设备。包括条码扫码器、电子数据交换设备、货物跟踪设备、物流监控设备等。

二、物流企业设施与设备管理的任务

物流企业设施与设备管理是为使物流设施与设备在整个寿命周期达到最经济的程度，对其从选择、使用、养护、修理直到报废为止所开展的一系列管理工作的总称。其目的是使物流活动过程中的设施与设备经常处于最佳状态，使其作业效率最高，支付的费用最低，把物流企业的物流作业活动建立在最佳的物质基础之上。

物流企业设施与设备管理的基本任务是，在提高经济效益的前提下，通过一系列技术、经济、组织措施，充分发挥物流设施与设备的效能，不断改善和提高物流技术装备素质，减少设备闲置，避免资源浪费，降低物流损失，提高现代物流的效率和效益。

具体任务主要包括以下几个方面。

（1）根据技术先进、经济合理原则，正确选择物流设施与设备，为企业物流活动提供最优的技术装备。

（2）针对各种物流设施与设备的特点，合理使用、精心维护，并建立健全有关正确使用和维护物流设施与设备的规章制度和管理制度。

（3）在节省物流设施与设备管理费用和维修费用的条件下，保证企业的设施与设备始终处于良好的技术状态。

（4）做好现有物流设施与设备的挖潜、革新、改造和更新工作，提高物流设施与设备的现代化水平。

（5）认真做好物流企业设施与设备的日常管理工作。

三、物流企业设施与设备管理的内容

（一）设施设备全生命周期管理

设施设备生命周期费用是指设备从规划、采购、安装调试、使用、维修、改造直至报废的全过程中发生的费用，包括购置费用和使用费用。随着科学技术的进步和物流业的不断发展，高精度、高效能、高自动化的设施设备逐渐增加，设施设备的投资费用也越来越多，与设施设备有关的费用在企业运营成本中所占的比重也不断增加。因此，物流企业必须针对设施设备生命周期全过程，加强每个环节的管理，降低设施设备购置和使用的总费用，也就是降低设施设备全生命周期费用，从而提供企业的经济效益。

传统的设施设备管理重点在于保持设施设备的正常生产能力，延长设施设备的使用寿命，其绝大部分工作内容是设施设备的技术管理。现代设施设备管理强调获得较高的综合效率和降低设施设备的生命周期费用，追求的是企业的经济效益，必须将技术管理与经济管理相结合，获得最佳经济效益。

（二）设施设备管理的内容

物流企业设施与设备管理的内容是指对设施与设备运行全过程的管理。物流设施与设备在物流企业的经营活动过程中，表现为两种运动形态：一是物流设施与设备的物质运动形态，即从物流设施与设备的选购、安装调试、日常使用、维护保养到物流设施与设备的改造、更新、报废等；二是物流设施与设备的价值运动形态。物流设施与设备管理则是对上述两种运动形态的全过程管理。我们把前者称为物流设施与设备的技术管理，把后者称为物流设施与设备的经济管理。

其具体内容主要有以下几个方面。

（1）根据物流设施与设备的生产效率、投资效果及配套性和可靠性，正确选择技术上先进、经济上合理、生产上适用的设施与设备。

（2）根据物流设施与设备的性能、使用要求，并结合企业物流作业计划，合理使用设施与设备，提高物流设施与设备的利用率。

（3）及时、经常地做好物流设施与设备的维护保养工作，提高物流设施与设备的完好率，延长物流设施与设备的寿命。

（4）制定并认真贯彻执行合理的设备预防修理制度。

（5）做好设备的验收、登记、保管、调拨、报废等日常管理工作。

（6）有计划、有步骤、有重点地进行设施与设备的改造和更新工作。

第二节　物流企业设施与设备的选择与评价

一、设施与设备选择的原则

设施与设备的选择是物流企业设施与设备管理的首要环节，更是影响设施与设备管理水平和经济效益的关键所在。物流企业设施与设备选择的总原则是技术先进、经济合理、生产适用。采用先进物流设施与设备的目的，不是片面地追求技术上的先进，而是为了获得最大的经济效益。只有技术先进和经济合理二者一致，先进的设施与设备才能有发展的生命力。一般来讲，技术上先进的设施与设备往往表现为生产效率高，能够保证物流作业质量，所以，我们说技术先进和经济合理是统一的。但是，有时二者的表现也是矛盾的。例如，某些先进的物流设施与设备的自动化水平和生产效率都很高，适合大批量的物流作业，但是，如果企业的物流业务量不够大，往往会使设施与设备的工作负荷不足，也是不可取的。另外，选择设备时还应该在满足实际生产需要的同时考虑企业长远发展需求，促使企业物流技术向专业化、现代化方向发展。

物流企业设施与设备选择时应遵循以下原则。

1. 生产性

生产性是指物流企业设施与设备的生产效率，如功率、行程、速度、库容等。物流企业设施与设备的选择要与企业物流业务量吻合，即力求做到机械的作业能力与现场作业量之间形成最佳的配合状态。当机械作业能力达不到现场作业要求时，物流受阻；反之，则表现为生产能力过剩，机械能力得不到充分发挥，超过的越多，经济损失则越大。一般情况下，影响现场物流作业量的因素有吞吐作业量、堆码与搬运作业量、装卸作业高峰量，其中，装卸作业高峰量直接受物流的不均衡性影响。

2. 配套性

配套性是指物流企业设施与设备性能、物流作业环节及生产能力等方面相互配套与衔接的程度。物流企业在选择物流设施与设备时，必须结合现代物流业的发展趋势，合理规划配置设备，注意各物流活动作业之间的衔接和比例协调，消除“瓶颈”环节，提高物流技术和物流设施与设备的整体效率。

3. 可靠性

可靠性是指物流企业设施与设备正常的稳定性、准确性、安全性及使用寿命的长短等。

4. 维修性

维修性是指物流企业设施与设备保养、维护、检查与修理的难易程度。选购时要选择维修性好的设施与设备，即结构合理，维修时便于检查和拆卸，零件互换性强等。因为，它们会直接影响维护修理的作业量及费用的支出额，最终影响设施与设备的经济效益。

5. 节能性

节能性是指机械设备节省能源消耗的性能。节能性好的设备表现为热效率高、能源利用率高、能耗低。

6. 灵活性

灵活性是指物流企业设施与设备在不同工作条件和环境下操作、使用的适应程度。物流企业应选择对环境变化适应性强，具有通用、多功能、灵活等特点的设施与设备。

7. 环保性

环保性是指物流企业设施与设备的噪声和排放有害物质对环境的污染程度。物流企业在选择设施与设备时，应承担起保护环境的社会职责与义务，不应忽视设施与设备选择的社会效益。

二、设施与设备选择的经济评价

在选择和评价设施与设备时，除了要考虑上述因素外，还要考虑其经济效益，即对设施与设备做出经济评价。因为物流企业设施与设备的新旧费用和维修费用直接计入企业物流成本，所以，物流企业设施与设备的经济性将直接影响物流企业的经济效益。目前，比较常用的经济评价方法有投资回收期法、费用换算法。

（一）投资回收期法

采用投资回收期法，首先应分别计算各备选方案的投资总额，同时要考虑由于采用该方案而分别在提高劳动生产率、节省劳动力等方面所能带来的费用节约额，并依据投资费用与节约额分别计算各备选方案的投资回收期，然后进行方案比较。一般在其他条件相同的情况下，投资回收期最短的方案就被认为是经济上最优的方案。其计算公式为

$$投资回收期=\frac{设施或设备投资费用总额}{采用该方案后年净收益额或年节约额}$$

例 9-1　某配送中心购买新设备的 3 个投资方案有关数据如表 9-1 所示，根据计算结果确定最佳方案。

表 9-1　某企业选购设备的 3 个方案

方案	设备投资费用/元	采用设备后的年净节约额/（元/年）
1	6 000	1 200
2	8 000	2 000
3	7 200	1 600

解：分别计算三种方案的投资回收期。

方案 1 的投资回收期$=\dfrac{6000}{1200}=5$（年）

方案 2 的投资回收期$=\dfrac{8000}{2000}=4$（年）

方案 3 的投资回收期$=\dfrac{7200}{1600}=4.5$（年）

比较得出，应选择方案 2。

投资回收期法的主要优点是：突出了资金回收和投资的风险性，计算简单。缺点是：未考虑投资后的效益，看不出寿命的长短对投资效果的影响，也未考虑资金的时间价值。

（二）费用换算法

费用换算法是根据设施与设备最初一次投资费用、设施与设备每年支出的维持费用（操作费、维护费等），按照设施与设备的预期寿命和利率，换算为设施与设备平均每年的总费用，或设施与设备预计寿命周期的总费用，然后对不同方案进行比较、分析与评价，并选择费用最低方案的方法。根据换算方法的不同，又可分为年费用法和现值法。

1. 年费用法

年费用法是将设备寿命周期全部的费用支出，换算成等年费用，以此作为评价设备选择方案的标准。显然，年费用最低的方案为最优方案。这种方法是把设施与设备的原始投资费用根据设施与设备的预计寿命周期，并按一定的年复利利率换算成相当于每年的费用支出，然后再加上每年的运营维持费，得出不同设施与设备在寿命周期内平均每年支出的总费用，从中选择总费用最低的设施与设备为最优方案。其计算公式为

年费用总额=（设备一次投资费用×投资回收系数）
+年使用费用−残值×等额年金基金系数

式中，投资回收系数$=\dfrac{i(1+i)^n}{(1+i)^n-1}$，等额年金基金系数$=\dfrac{i}{(1+i)^n-1}$（$i$ 为基准收益率，n 为使用年限）。

说明：投资回收系数是年金现值系数的倒数，等额年金基金系数是年金终值系数的倒数，在计算时，从年金现值系数表和年金终值系数表中查到相应的系数值，就可以简便地计算出这两个系数。

例 9-2　某配送中心欲购置一台装卸搬运设备，现有 A，B 两个型号可供选择，其具体使用情况如表 9-2 所示。设基准收益率为 5%，使用年限为 10 年，试选择最佳设备。

表 9-2　设备 A、B 费用表

项目	A 设备	B 设备
最初投资费用/万元	70	100
每年使用费用/万元	8	5
残值/万元	3	7

解：已知基准收益率 i=5%，寿命周期 n=10，查表得相应的年金现值系数为 7.722，年金终值系数为 12.578，则投资回收系数 $=\dfrac{i(1+i)^n}{(1+i)^n-1}=0.1295$，等额年金基金系数 $=\dfrac{i}{(1+i)^n-1}=0.0795$。

A 设备平均年度总费用=70×0.1295+8−3×0.0795=16.8265（万元）

B 设备平均年度总费用=100×0.1295+5−7×0.0795=17.3935（万元）

17.3935−16.8265=0.567（万元）

比较两种型号的平均年度总费用可以得出应选择 A 设备，这样每年可以节约设备费用 0.567 万元。

2. 现值法

现值法是把设施与设备在预计寿命周期内每年支付的维持费用，按现值系数换算成相当于设施与设备的初期费用，然后再和设施与设备的原始投资费用相加，进行总费用现值的比较。在其他条件都相同的情况下，寿命周期费用现值最少的设备为最优设备。其计算公式为

$$C_{\mathrm{T}}=\bar{C}_{\mathrm{m}}\cdot K-\bar{H}\cdot M+P$$

式中，C_{T} 为设备寿命周期费用现值；$\bar{C}_{\mathrm{m}}$ 为设备年平均维持费用；K 为年金现值系数；$\bar{H}$ 为残值；M 为复利现值系数；P 为最初投资费用。

例 9-3　仍以例 9-2 中的数据为例，用现值法对两种型号的装卸设备进行经济评价。

解：查年金现值系数表和复利现值系数表得，年金现值系数为 7.722，复利现值系数为 0.614。

A 型号设备寿命周期的费用现值=8×7.722−3×0.614+70=129.934（万元）

B 型号设备寿命周期的费用现值=5×7.722−7×0.614+100=134.312（万元）

134.312−129.934=4.378（万元）

比较两种型号寿命周期的费用现值可以得出应选择 A 设备，这样在设备整个寿命周期内可为该企业节约设备费用现值 4.378 万元。

可以看出，上述两种方法虽然计算过程不同，但计算后得出的结论是一致的。

三、设施与设备选择的方法

物流具有运输、储存、搬运、包装、流通加工等多种功能综合的特点，物流企业设施与设备种类繁多、规格型号各异，物流企业必须结合本企业经营业务范围和生产实际需要，并兼顾企业长远发展规划合理选择物流设施与设备。

（一）储存设施设备的选择

储存的主要功能就是在供应与需求之间进行时间调整。具体表现在两个方面：一是衔接商品生产与消费，为生产和消费提供资源保障；二是创造时间效用，增加商品的附加值。

储存的主要任务是在提高仓库设施与设备的利用率和物流作业效率的同时，按保管对象的特性及保管要求，保管好库存商品。储存设施与设备管理内容主要包括储位空间利用、储存设备的配置、库存商品的数量与质量的控制等内容。

储存是现代物流活动的核心功能之一，储存设施与设备是最基本的设施与设备。如果储存设施与设备选择得好，既可以存放并有效地保护商品，又可以提高储存空间的利用率。物流企业在选择储存设施与设备时，要考虑以下几个方面的因素。

（1）物流企业储存业务的运作方式，包括储位管理方式、储存密度、进出货方式等。

（2）储存商品的特性，包括货物的物理性质、化学性质、体积、重量、包装形式及要求等。

（3）储存业务量，包括货物进出库的频率、数量等。

（4）搬运设施与设备，包括搬运设施与设备的性能、类型、规格及作业效率等。

（5）库房结构，包括库房的高度、梁柱位置、地面条件等。

（二）搬运输送设施与设备的选择

搬运输送是物流活动的基本构成要素之一。它一般是指在区域范围内（通常指在某一个物流节点，如仓库、车库或码头等）物品所发生的短距离、以水平方向为主的位移，主要由装卸、搬运、堆码、取货、分拣及理货等作业内容构成。常用的设施与设备有库房、站台、装卸机、起重机、叉车、堆码机及各种运输工具（如汽车、铁路列车、船舶、飞机等）。

搬运输送设施与设备的选择，主要应从作业方式之间的相互协调与配合、作业运动方向与方式、搬运距离、作业速度与效率，以及作业对象的体积、形状、重量等方面考虑。具体包括以下几个方面。

1. 商品特性

搬运输送设施与设备的作业对象是商品，因此，不同的商品特性、单位重量与体积、包装方式与容器等都将直接影响到设备的适用程度。例如，鲜活易腐的商品应选择保温车设备，易燃易爆商品应选择特种车辆等。

2. 物流作业方式与作业量

搬运输送设施与设备的选择应在配合物流企业的经营目标和服务方式的基础上，与物流作业方式和作业量相配合。它直接影响设施与设备的利用率和使用的经济性。在一般情况下，如果企业的物流业务量较大，则设施与设备的自动化程度可以配置得高一些，虽然这样投资成本会上升，但其产出量也会相应增加，从而使单位物流量的成本下降。

3. 作业环境条件

通常搬运输送作业都是在常温下进行的，但如果需要在高温或低温条件下作业，则必须特别选用相应的皮带、轴承、驱动装置和润滑系统。

4. 设施与设备系统的配套性

搬运输送设施与设备必须结合物流企业储存系统的运作方式配套选择。简单的储存系统可以选择人力作业车、叉车、简单装卸车等设备；复杂的储存系统可以选用无人搬运车、自动存取机及相应的自动控制系统等设备。

5. 设备的维修性

搬运输送设施与设备的维护费用是设施与设备选择不可忽视的一项成本项目。维护费用的高低直接影响设施与设备的经济性，同时，设施与设备维护的难易程度及维护的保障条件也是影响设施与设备选择的一个重要因素之一。

物流企业设施与设备的选择，除了上述储存和搬运输送设施与设备之外，还包括流通加工、包装、信息处理等设施与设备的选择。物流企业在选择流通加工、包装、信息处理设施与设备时，应根据客户的需求、商品特性、物流量及商流、信息处理（收集、整理、传递等）要求等影响因素谨慎决策，避免投资的盲目性和低效率。

第三节　物流设备的使用、维护与修理

一、物流设备的合理使用

物流设备使用寿命的长短、生产效率的高低，固然取决于设备本身的设计结构特性、制造水平和各种参数，但也在很大程度上受制于设备的使用是否正确合理。正确使用设备可以在节省费用的条件下减轻设备的磨损，保持其良好的性能和应用的精度，延长设备的使用寿命，充分发挥设备的效率和效益。物流设备的正确使用是设备管理中的一个重要环节。

具体应抓好以下几项工作。

（1）严格按质量标准和技术说明安装、调试设备，经试验运转验收合格之后才能投入使用。

（2）使用设备时，必须根据工作对象的特点和设备的结构、性能特点合理安排生产任务，避免造成设备和能源的浪费。

（3）操作人员在上机操作之前需做好上岗培训，认真学习有关设备的性能、机构和维护保养等知识，掌握操作技能和安全技术规程等知识和技能，经过考核合格后方可上岗。

（4）物流企业要针对设备的不同特点和要求，建立各项管理制度、规章制度和责任制度等。

（5）保持设备作业条件和环境的整齐、清洁，并根据设备本身的结构、性能等特点，安装必要的防护、防潮、防尘、防腐、防冻、防锈等装置，为使用设备创造良好的工作条件和环境。

二、物流设备的保养与维护

设备在使用过程中会产生技术状态的不断变化，不可避免地出现摩擦、零件松动、声响异常等不正常现象。这些都是设备的故障隐患，如果不及时处理和解决就会造成设备过早磨损，甚至造成严重事故。设备的保养与维护就是为了保持物流设备正常的技术状态、延长设备使用寿命而进行的调整，以及消除这些隐患等一系列日常工作。其目的是及时处理好技术状态变化引起的事故隐患，随时改善设备的使用情况，保证设备的正常运转，延长其使用寿命。

物流设备保养与维护工作，依据工作量大小、难易程度与作业范围，可以划分为三级保养制。

1. 日常保养

日常保养由操作人员每天对设备进行理性保养。主要内容有：班前班后检查、清洁、

润滑设备的各个部位，使设备经常保持清洁润滑；操作过程中认真检查设备运转情况，及时排除细小故障，并认真做好交接班记录。

2. 一级保养

一级保养是以操作人员为主，维修人员为辅，对设备进行局部和重点拆卸、检查，清洗有关部位，疏通油路，调整各部位配合间隙，以及紧固各部位等。

3. 二级保养

二级保养是以维修人员为主，操作人员参加，对设备进行部分解体检查和修理、更换或修复磨损件、清洗润滑系统并更换润滑油、检查和修理电气系统、恢复局部精度，满足物流作业工艺要求。

此外，物流企业在实施设备保养制度过程中，应该对那些已运转到规定期限的重点和关键设备，不管其技术状态好坏、生产任务缓急，都必须按保养作业范围和要求进行检查和保养，以确保这类设备运转的正常完好和具有足够的精确度、稳定性。

三、物流设备的磨损分析

（一）设备磨损的分类

设备在使用或闲置过程中会逐渐发生磨损。这里的“磨损”是一种广义的磨损，是指设备原始价值的降低。造成设备原始价值降低的磨损有有形磨损和无形磨损两种。

1. 设备的有形磨损

物流企业的设备在使用（或闲置）过程中发生的实体磨损称为有形磨损，也称为物质磨损。有形磨损又分为机械磨损（也称为第一类磨损）和自然磨损（也称为第二类磨损）。机械磨损是指设备在使用过程中，设备零部件的摩擦、振动、疲劳和腐蚀，致使设备发生磨损或损坏，主要与设备的使用时间和强度有关系。自然磨损是设备在闲置过程中，由于自然环境的作用及管理维护不善而造成的，它在一定程度上与设备闲置时间长短和设备的维护好坏有关。与有形磨损伴随产生的是设备功能的下降，劳动生产率下降及一系列操作费用的增高，如燃料、动力、台时消耗增加，维修费用上升，物流损失（货损或货差）及设备停工损失增加等。设备的有形磨损会降低其使用价值。

2. 设备的无形磨损

设备的无形磨损是由技术进步引起的原有设备技术上的陈旧与贬值，也称为精神磨损或经济磨损。无形磨损也分为两类：技术进步而使生产同种设备的社会必要劳动消耗减少、成本降低、价格下降，导致原有设备价值降低，是第一类无形磨损，这种无形磨损的后果，只是现有设备的原始价值贬值，设备本身的技术特性和功能，即使用价值并未发生变化，所以不会影响现有设备的使用；技术进步，市场上出现了性能更完善、效率更高、消耗原材料和能源更少的新型设备，而使原有设备在技术上相对陈旧落后，导致原有设备相对贬值，这是第二类无形磨损。它不仅可以使原有设备相对贬值，而且由于生产出来的产品成本过高，会使原有设备局部或全部丧失其使用价值。第二类无形磨损虽然使设备贬值，但它是社会生产力发展的反映，这种磨损越大，表明社会技术进步越快。

3. 设备的综合磨损

设备在使用期内，既要遭受有形磨损，又要遭受无形磨损，所以设备所受的磨损是双重的、综合的。两种磨损都会引起设备原始价值的贬值，这一点二者是相同的。不同的是，遭受有形磨损的设备，当有形磨损严重时，其在修理之前，往往不能正常工作；而遭受无形磨损的设备，即使无形磨损很严重，仍然可以使用，只不过继续使用它在经济上是否合算，需要分析研究。

一般情况下，当设备的有形磨损期小于无形磨损期时，仅需要对遭到有形磨损的设备进行大修理，或换一台相似的设备就可以了；若无形磨损期小于有形磨损期，企业所面临的选择是，是继续使用原有设备，还是选用先进的新设备更换尚未折旧完的旧设备；若设备的有形磨损期与无形磨损期接近，则是一种理想的“无维修”设计，也就是说，当设备需要进行大修理时，恰好到了更换的时刻，但这种情况在实际中是很少见的。

（二）设备磨损的补偿

要维持企业生产的正常进行，必须及时对设备的磨损进行补偿。由于设备遭受的磨损形式不同，补偿磨损的方式也不一样。补偿分局部补偿和完全补偿。修理是对有形磨损和无形磨损的局部补偿。完全补偿的方式是更新，即用新设备更换旧设备。它也有两种形式：一种是原型更新，即用结构、性能完全相同的新设备更换旧设备，这是对原有设备有形磨损的完全补偿；另一种是新型更新，即用结构更先进、技术更完善、效率更高、性能更好的新型设备更换旧设备，这是对第二类无形磨损的完全补偿，也是技术进步的表现之一，是目前设备更新的主要方式。

四、设备的检查与修理

（一）设备的检查

物流企业的设备检查是指在掌握设备的磨损规律条件下，对设备的运行情况、技术状态和工作稳定性等进行检查和校验，它是设备维修中的一个重要环节。通过对设备进行检查，可以全面掌握设备技术状态的变化和磨损情况，及时发现并消除设备的缺陷和隐患，找出设备管理中存在的问题，提出改进设备维护工作和管理工作的措施，便于有目的、有针对性地做好设备修理前的各项准备工作，以提高设备的修理质量，缩短修理时间，保证设备长期安全运转；并对设备是否需要进行技术改造或更新提供可靠的技术资料和数据，为设备技术改造和更新的可行性研究奠定良好的基础。

设备检查的方法有很多，具体分类包括以下几个方面的内容。

1. 按检查方式分类

（1）人工检查。它是指用目视、耳听、嗅味、触摸等方式进行检查。

（2）状态检查。它是指在设备的特定部位安装仪器仪表，对运转情况进行自动检测或诊断，以便能全面、准确地把握住设备的磨损、老化、劣化程度和其他情况。这种检查对大型、复杂、精密、贵重设备尤为有益。

2. 按检查时间间隔分类

（1）日常检查。它是由操作人员或维修人员每天执行的例行维护工作。检查中发现的简单问题随时自行解决，疑难复杂问题应及时报告并进行维修处理。

（2）定期检查。它是指按规定时间间隔由专业维修人员负责，操作人员参与，对设备性能及磨损程度进行全面检查，以便合理确定修理时间和修理种类。

（3）维修前检查。它是指对设备在临维修前进行的检查。

3. 按检查内容分类

（1）功能检查。它是指对设备各项功能进行检查与测定，以便确定设备的各项功能是否符合要求，如检查漏油、漏气等情况。

（2）精度检查。它是指对设备的加工精度进行检查和测定，以便确定设备精度低劣化情况，为设备的验收、修理和更新提供较为科学的依据。

（二）设备的修理与维修制度

设备在运转、使用过程中，往往由于磨损、断裂、老化或腐蚀，其某一部位或某些零件损坏。设备的修理就是修复和更换损坏的部位或零件，使设备的效能得到恢复。设备的修理工作十分重要，尤其到了设备寿命周期的后期阶段尤为重要。

1. 设备修理的种类

按照设备修理对设备性能恢复的程度、修理范围的大小、修理间隔期的长短及修理费用的多少等，可以分为小修、中修、大修三类。

（1）小修。小修是工作量最小的局部修理。它通常只需要在设备所在地点更换和修复少量的磨损零件或调整设备，排除障碍，以保证设备能够正常运转。小修费用直接计入企业当期生产费用内。

（2）中修。中修是指更换与修理设备的主要零件和数量较多的各种磨损零件，并校正设备的基准，以恢复和达到规定的精度、功率和其他的技术要求。中修需对设备进行部分解体，通常由专职维修人员在设备作业现场或机修车间内完成。中修费用也直接计入企业的生产费用。

（3）大修。大修是指通过更换、修复重要部件，以消除有形磨损，恢复设备原有精度、性能和生产效率而进行的全面解体修复。设备大修后，质检部门和设备管理部门应组织有关单位和人员共同检查验收，合格后办理交接手续。大修一般是由专职机检修人员进行。因为大修的工作量大、修理时间长、修理费用较高，所以在进行大修之前要精心计划好。大修发生的费用由企业大修理基金支出。

2. 设备维修制度

设备维修制度是指在设备的维修保养、检查、修理中，为贯彻以预防为主的方针而采取的一系列技术组织措施的总称。目前，我国实行的设备维修制度主要是计划预防维修制度和计划保养维修制度。

（1）计划预防维修制度。计划预防维修制度是根据设备的一般磨损规律和技术状态，按预定修理周期和结构，对设备进行维护、检查和修理，以保证设备经常处于良好的技术状态的设备维修制度。计划维修制度的内容主要包括日常维护、定期检查和计划修理。

计划预防维修的方法有检查后修理法、定期修理法和强制修理法三种。

检查后修理法是指规定设备的检查计划，根据检查的结果和以前的修理资料，确定修理日期和修理内容的方法。这种方法的关键是必须建立严格的检查制度和检查计划，包括日常检查和定期检查。其最大的优点是根据设备的实际情况来确定是否进行修理，针对性强，可避免过度修理，降低修理费用。

定期修理法是指根据设备的实际使用情况，参考有关机件磨损程度资料，制定设备修理工作的计划日期和大修理工作量的方法。这种方法的优点是对修理日期和内容的规定既有科学依据，又允许根据设备实际磨损情况进行适当的调整。

强制修理法是一种强制性的计划预修方法，主要根据设备零件的使用寿命，预先编制具体修理计划，明确规定修理日期和内容，不管设备的实际技术状态及零部件的磨损情况如何，都应严格按计划规定进行强制修理。这种方法的最大优点是计划性强，能严格保证设备的安全运行和正常运转。但容易产生过度修理，造成浪费。一般来说，对于安全性要求很高的设备可采用此法。

物流企业应针对不同设备，根据不同的要求，正确选择不同的修理方法，提高设备修理的管理水平和经济效益。

（2）计划保养维修制度。计划保养维修制度是在总结计划预防维修制度的经验和教训基础上建立的一种以预防为主、防修结合的设备维修制度。计划保养维修制度就是有计划地进行设备的三级保养和大修的体制和方法，即在搞好三级保养的同时有计划地进行大修。实行计划保修制对计划预修制中的修理周期，包括大修、中修、小修的界限和规定，进行了调整，使小修的全部内容和中修的部分内容在三级保养中得到解决，一部分中修并入大修。同时，又突破了大修与革新改造的界限，强调“修中有改、修中有创”，特别是对老设备，把大修的重点转移到改造革新方面来，这是符合我国具体情况的重要经验。但是，要真正发挥计划保修制的作用，必须做好以下几项工作：严格按规定的保养间隔进行计划保养；根据设备特点、操作人员的技术水平及生产情况，明确划分操作人员和维修人员应负责的保养内容；积极组织和开展群众性设备维护保养活动；建立设备保养记录和故障分析报告制度。

（三）设备大修的经济界限的确定

设备修理是为了保持设备在寿命周期内的完好使用状态而进行的局部更换或修复工作。其中，大修是维修工作中规模最大、花钱最多的一种设备维修方式。设备大修是在原有实物形态上的一种局部更新。

在设备寿命周期内，对设备进行适度的大修，一般在经济上是合理的。尽管大修过的设备不论是在生产效率、精确度、运转速度等方面，还是在使用中的技术故障频率、有效运行时间等方面，都比同类型的新设备逊色，但是，大修能够利用原有设备中保留下来的零部件，这一点同购置新设备相比，具有很大的优越性，而且这部分比重越大，大修就越合理。但是，长期无休止的大修是不经济的。一方面，大修间隔期会随着修理次数的增多而缩短；另一方面，大修的费用越来越高，从而使大修的经济性逐渐降低，优越性不复存在。这时设备的整体更新将取而代之。

设备寿命周期期满前必需的维修费用总额可能是个相当可观的数字，有时可能是设备原值的几倍。其中，设备大修所花费的费用又占了很大一部分，而且随着设备使用时间的延长，大修费用越来越高。只有在满足以下条件时，进行大修在经济上才算合理。首先，某次大修费用不能超过同种设备的重置价值，这样的大修在经济上才是合理的。这一标准通常被称为设备大修的最低经济界限。其次，在设备大修后，使用老设备完成单位工作（单位运输量）的成本，在任何情况下都不能超过使用新设备完成单位工作的成本。

只有同时满足上面两个条件的大修，在经济上才是合理的。对于技术进步较快、无形磨损期较短的设备来说，很可能用新设备完成单位工作任务的单位费用较低，这时，第二个条件作为经济界限更为重要。

（四）设备维修与管理的评价指标

物流企业为评价和促进设备的经济效益和综合管理水平，必须建立健全设备维修和管理的考核指标体系。

1. 反映设备技术状态的指标

反映设备技术状态的指标主要包括设备完好率、设备故障率、设备待修率等。计算公式为

设备完好率=（完好设备总台数/设备总台数）×100%

设备故障率=（故障停机时间/生产运转时间）×100%

设备待修率=（平均待修台数/平均实有设备台数）×100%

2. 反映设备维修与管理的经济性指标

反映设备维修与管理的经济性指标主要包括维修费用效率、单台设备费用效率、单位工作量（或产值）维修费用及维修人数等。计算公式为

维修费用效率=使用设备总工作量/维修费用总额

单位工作量（产值）维修费用=维修费用总额/物流总工作量（产值）

3. 反映设备利用情况的指标

反映设备利用情况的指标主要包括设备台数利用率、设备时间利用率和设备能力利用率等。计算公式为

设备台数利用率=（使用设备总台数/在册设备总台数）×100%

设备时间利用率=（设备实际工作台时数/设备日历总台时数）×100%

设备能力利用率=（单位台时的实际工作量/单位台时额定工作量）×100%

五、设备的日常管理工作

设备的日常管理是指对设备进行分类、编号、登录，以及调拨、事故处理、报废和日常养护等工作。

设备购进后，首先要根据设备的类别进行归类。然后进行编号，编号后进行逐项登录，即详细登录设备的名称、来源、生产单位、用途、技术参数及随主机附带的工具数量、安装地点等，并在使用过程中建立设备的技术档案制度。如果设备因故调出，则要在设备登录卡上详细记载设备的去向、所处状态、调出日期、交接地点及责任人等情况。

如果设备发生事故（或故障），操作人员和维修人员要分析事故（或故障）发生的原因，制定避免措施，并安排及时修复，使设备尽快恢复正常运转状态。

当设备已经在技术上和经济上被认定不能或没有必要继续使用时，要请有关技术人员鉴定，经有关部门和领导批准，然后进行报废处理，使其退出生产过程。

第四节　物流企业的设备改造与更新

设备是物流企业生产经营活动的重要物质基础和技术基础，也是衡量我国物流业发展的现代化、专业化水平的重要标志，还是影响物流企业及整个物流业各项技术经济指标的重要因素。

物流企业的设备从购置后投入使用一直到最后报废，通常要经历一段较长的时间，在这段时间内，设备会逐渐磨损，当设备因损坏或落后等原因而不能或不宜继续使用时，就需要进行设备改造或更新。由于技术进步的速度日益加快，设备更新的速度也相应加快。物流企业为了促进技术进步和提高经济效益，需要对设备整个运行期间的技术经济状况进行分析和研究，以做出正确的决策。

一、设备的寿命

在设备改造与更新分析过程中，存在着一个如何确定合理的设备寿命问题。设备的寿命有物理寿命、技术寿命、经济寿命和折旧寿命 4 种。

1. 物理寿命

物理寿命又称自然寿命，是指从设备投入使用开始到报废退出使用领域为止所经历的时间。它是由有形磨损决定的，与维修的好坏有关，可以通过恢复性的修理来延长其物理寿命，但不能从根本上避免设备的磨损。

2. 技术寿命

技术寿命是指从技术角度确定设备最合理的使用年限，即从设备投入使用开始，直至因技术落后而淘汰为止所经历的时间。设备的技术寿命是由无形磨损决定的，其长短与技术进步的速度有关，技术进步越快，设备技术寿命越短。一般来说，技术寿命一般短于物理寿命，当更先进的设备出现或生产过程对原有设备技术性能提出更高的要求时，原有设备在其物理寿命尚未结束时就被淘汰了。

3. 经济寿命

经济寿命是指从设备的经济效益角度来确定设备最合理的使用年限，即由设备的开始使用到年平均总费用最低所经历的时间。一台设备可供使用的年限越长，则分摊到每年的设备购置费用（包括购价、运输费和安装调试费等）就越少；相反，设备的运行费用（操作费、维修费、材料费及能源耗费等）越多。设备经济寿命是设备最佳更新时机的具体表现。研究设备的经济寿命为确定设备的更新时间及更新决策提供科学依据。

4. 折旧寿命

折旧寿命是指使用部门预计提取设备折旧费的时间年限。折旧寿命的终止并不意味着设备使用寿命的终结，折旧寿命一般介于技术寿命（或经济寿命）与物理寿命之间。设备的折旧寿命并不等于设备的物理寿命，一般是国家统一规定的。

上述设备的 4 种寿命都考虑了经济效益因素。追求技术进步和提高经济效益是研究设备改造与更新决策问题的根本出发点，而讲求技术进步的目的最终还是为了提高经济效益。因此，确定设备更新最佳周期的总原则是：使设备一次性投资和各年费用的综合达到最小。

二、设备更新分析

（一）设备更新的概念

一台物流设备随着使用时间的不断增加，由于有形磨损，其效率逐渐降低，运营和维修费用不断增加，物流服务质量不断下降，越来越不能满足生产的要求，这时原有设备就需要更新。另外，随着科学技术的迅速发展，多功能、高效率的物流设备不断出现，使得继续使用原有设备不经济，这时也需要更新设备。

物流企业的设备更新就是用新设备代替原有设备完成相同工作（或服务）。设备更新有两种类型：一种是原型更新，这种更新指考虑有形磨损而不考虑无形磨损，在设备的整个使用期内没有更先进的设备出现，仍以原型设备更新。另一种是新型设备更新，在技术进步的条件下，由于无形磨损的作用，设备经营费用尚未上升到应该用原型设备代替现有设备之前，就出现了工作效率更高和经济上更好的设备，这时就要对是继续使用旧设备还是购买新型设备进行比较。新型设备更新就是更换掉效率或经济上不宜继续使用的设备，这种更新能真正解决设备的损坏和技术落后问题。

（二）设备更新的经济分析原则

在对设备更新进行经济分析时，应遵循以下几个原则。

1. 只分析费用

不管是购置新设备，还是改造旧设备，在设备经济分析中一律只分析其费用。通常设备更新或改造，其生产能力不变，所产生的收益相同（若生产能力变化了，可经过等同化处理，将生产能力的不同转化为费用的不同）。这样，设备更新的评价就是在相同收益情况下对费用进行评价，属于费用型方案的分析。可以使用的经济评价方法有年成本法、现值费用法及追加投资经济效果评价法。

2. 分析期必须一致

不同的设备，其服务寿命不同，在对设备进行更新分析时，分析期必须一致。在实际中，通常采用年费用法来进行方案比较。

3. 不考虑沉没成本

通常旧设备更新，往往未到其折旧寿命期末，账面价值和转售价值之间存在差额，所以存在着沉没成本，即未收回的设备价值。在购置新设备时，沉没成本是一种投资损失，但这一损失是由过去的决策造成的，不应计入新设备的费用中，可以在企业盈利中予以扣除，但在进行这笔购置决策中，不予考虑。

4. 旧设备应以目前可实现的价格与新设备的购置价格相比

在进行设备更新分析时，应将新旧设备放在同一位置上进行考虑。对于旧设备，应采取最新资料，将其看成是一个以目前可以实现的价格购买、以剩余使用寿命为计算期的设备，以便与以现在价格购买、以使用寿命为计算期的新设备进行对比，这样，在更新分析中才不至于发生决策失误。

三、设备更新决策

对一台具体的物流设备来说，应不应该更新，应该在什么时候更新，应该用什么样的设备来更新，这取决于更新的经济效果。适时更新设备既能促进企业技术进步，加速经济增长，又能节约资源，提高经济效益。下面将分别介绍设备的两种不同类型的更新决策方法。

（一）设备原型更新的决策

有些设备在整个服务期间没有更先进的同类设备出现，即不存在无形磨损的影响，只有有形磨损使设备的维修费用，特别是大修费用和运行费用不断增加，当继续使用旧设备还不如再购置一台原型新设备合算时，就应该及时更新，这就是原型更新问题。在这种情况下，可以通过分析设备的经济寿命进行更新决策，即在设备年平均费用最小时更新是最经济的。也就是说，设备原型更新问题也就是计算设备经济寿命问题。计算设备经济寿命的方法有低劣化数值法、面值法等。

1. 低劣化数值法

物流设备在使用过程中，随着其完成的物流作业量（或使用时间）的不断增加，设备的磨损不断加剧，其技术性能也不断下降，设备的经营费用也将不断增加，这种现象称为物流设备低劣化。现假定物流设备的燃料费、维修费、大修费等经营费用以一个固定的值增加，并且残值是一次性的。这时，可以考虑用低劣化数值法计算物流设备的经济寿命，并把这个固定的值称为单位物流作业量低劣化增加值，用符号 q 表示。

设 K_0 代表设备原始价值，S 代表设备残值，n 代表设备使用年限，则设备年平均分摊的资金费用为 $\frac{K_0-S}{n}$。随着设备使用年限 n 的增加，按年平均的设备费用不断减少，但设备的维护费用及燃料、动力消耗增加，即设备性能出现了低劣化。若设备第一年的经营费用为 Q，以后逐年增加一个固定的值 q，则第 n 年增加 $(n-1)q$，设备年经营费用的平均值为 $Q+\frac{n-1}{2}q$。所以，设备的年平均总费用为

$$C(n)=\frac{K_0-S}{n}+Q+\frac{n-1}{2}q$$

若不计较设备残值，则

$$C(n)=\frac{K_0}{n}+Q+\frac{n-1}{2}q$$

为求 $C(n)$值最小的经济寿命 n，可将上式的 $C(n)$对 n 进行求导，可得

$$\frac{\mathrm{d}C(n)}{\mathrm{d}n}=-\frac{K_0}{n^2}+\frac{q}{2}=0$$

则

$$n_0=\sqrt{\frac{2K_0}{q}}$$

代入上式，可求得经济寿命期的年平均总费用为

$$C(n_0)=Q+\sqrt{2K_0q}-\frac{q}{2}$$

例 9-4 某现代物流企业购进一台新设备，初始投资为 80 000 元，不论何时，其残值均为 0。设经营费用第一年为 30 000 元，以后每年增加 10 000 元，试计算该设备的经济寿命及最小平均总费用。

解：首先求设备的经济寿命

$$n_0=\sqrt{\frac{2K_0}{q}}=\sqrt{\frac{2\times 80\,000}{10\,000}}=4(年)$$

然后求设备最小年平均总费用

$$C(n_0)=30\,000+\sqrt{2\times 80\,000\times 10\,000}-\frac{10\,000}{2}=65\,000(元)$$

2. 面值法

如果物流设备残值不能设为常数，即设备残值随着其完成的物流作业量（或使用时间）的变化而变化，设备运行成本不与物流作业量（或使用时间）呈线性关系，且无规律可循。这时，可根据物流企业的记录，或者根据同类设备的统计资料，或者通过对设备将来实际运行情况进行预测，用列表法来判断设备的经济寿命。这种计算设备经济寿命的方法称为面值法。其计算公式为

$$C_j=\frac{K_0-S_j+\sum_{t=1}^{j}C_{0t}}{j}$$

式中，C_j 为设备使用 j 年的年平均费用；C_{0t} 为第 t 年的年运行成本；K_0 为设备原值；S_j 为设备第 j 年的实际残值。

例 9-5 某物流配送中心购置了一辆小型货运卡车，其购价为 80 000 元，年使用费用及年末残值如表 9-3 所示。试确定其经济寿命。

表 9-3　小型货运卡车经营费用及残值　　单位：元

年限	1	2	3	4	5	6	7
年经营费用	10 000	12 000	14 000	18 000	23 000	28 000	34 000
年末残值	60 000	50 000	40 000	33 000	28 000	10 000	5 000

解：根据经济寿命定义，找出年平均成本最低时所对应的使用年数，如表 9-4 所示。

表 9-4　年总费用计算表　　单位：元

使用年限(1)	年经营费用(2)	累计经营费用 (3)=(2)	年平均经营费用 (4)=(3)/(1)	年末残值(5)	年折旧费(6)= [80 000−(5)]÷(1)	年总费用 (7)=(4)+(6)
1	10 000	10 000	10 000	60 000	20 000	30 000
2	12 000	22 000	11 000	50 000	15 000	26 000
3	14 000	36 000	12 000	40 000	13 333	25 333
4	18 000	54 000	13 500	33 000	11 750	25 250
5	23 000	77 000	15 400	28 000	10 400	25 800
6	28 000	105 000	17 500	10 000	11 667	29 167
7	34 000	139 000	19 857	5 000	10 714	30 517

事实上，如果将折旧寿命当成设备的自然寿命，静态计算的年平均购置费用就是按直线折旧法计算出的折旧费。通过计算，使用小型货运卡车的年平均总费用在使用年限为 4 年时最低，其值为 25 250 元，所以该小型卡车的经济寿命为 4 年，即第 4 年更新最经济。

（二）设备新型更新的决策

用经济寿命来决定设备的最佳更新时机，只考虑了物流设备的有形磨损，而未考虑物流设备的无形磨损。这种情况多用于设备在使用期内不发生技术上的过时和陈旧，没有更好的新型设备出现，只是有形磨损的影响，造成运行成本不断提高。这时使用原型设备替换往往要比继续使用旧设备更为经济。但在技术不断进步的条件下，多数物流设备不仅受第一类无形磨损的影响，还受新型设备的挑战，即由于受第二类无形磨损的作用，很可能在设备运行成本尚未升高到该原型设备替代之前，即还未使用到经济寿命年限，市面上就出现了性能更好、效率更高、消耗费用更省、经济效果更好的新设备。这就存在一个问题：是继续使用旧设备，还是购置新设备，若更新，又应在什么时候更新最经济？

当市场上出现同类功能的新型物流设备时，选择旧设备的合理使用年限的原则是：当旧设备再继续使用一年的年费用（即旧设备的年边际成本）超过新型设备的最小年费用时，就应该立即更新。

例 9-6　某物流配送中心有旧叉车一台，若要现在出售，预计市场价格为 40 000 元，并估计还可以继续使用 4 年。目前市场上出售的新型叉车的价格为 100 000 元。两种叉车的年经营费用及残值如表 9-5 所示，计算 i=10%时旧叉车的合理使用年限。

表 9-5　旧叉车与新型叉车的年经营费用及残值　　单位：元

使用年限/年	旧叉车			新型叉车		
	年经营费用	残值	年总费用	年经营费用	残值	年总费用
1	30 000	30 000	44 000	20 000	75 000	55 000
2	35 000	20 000	45 905	22 500	56 200	52 050
3	40 000	10 000	47 744	26 000	43 000	49 862
4	45 000	0	49 528	29 600	33 000	48 583
5				34 000	21 000	48 697
6				38 500	10 000	46 159
7				50 000	1 000	46 458

旧叉车与新型叉车年费用的计算如表 9-5 所示，从表 9-5 中可以看出，旧叉车使用 3 年时年费用超过了新型叉车的最小年费用，即 47 744 元>46 159 元。因此，旧叉车的合理使用年限为 2 年，说明旧叉车只能再使用 2 年就应该更换为新型叉车。

➢复习思考题

1. 物流企业设备管理的内容和任务是什么？
2. 物流企业选择设备与设施应考虑哪些因素？
3. 物流企业设备更新分析的原则是什么？
4. 物流企业设施与设备选择的经济评价方法有哪些？
5. 物流企业如何做好物流设备的使用、维护与修理？

➢计算题

某物流企业计划购置一台设备，市场上可供选择的功能相同的设备有 A，B 两种，已知条件如表 9-6 所示，设期望资金利润率为 10%。请问选择哪种设备比较经济（分别采用年费用法和现值法计算）？

表 9-6　设备购置、维持费用及使用年限

项目	设备 A	设备 B
最初投资费用/元	5 000	10 000
残值/元	800	1 000
年维持费用/元	1 200	950
设备使用期限/年	5	8

第十章

物流企业质量管理

【学习目标】

- 掌握物流质量的内涵和内容，了解物流质量的特性
- 理解物流企业全面质量管理的内涵及观点、要求
- 熟悉物流企业质量管理常用的工具
- 熟悉 PDCA 工作循环的含义、特点
- 掌握 6S 管理的内涵及步骤
- 掌握物流企业质量管理体系的概念及原则
- 了解物流企业质量管理的常用指标
- 了解物流企业质量管理体系认证的程序

第一节　物流企业质量管理概述

一、物流质量的概念

物流质量是一个系统概念。一方面，在物流活动过程中，各工艺环节，各种资源、技术、设备等的质量有具体定性定量的质量标准描述，可以直接确定质量规格和操作规程；另一方面，物流是为客户提供时间、空间效应的物流服务，需要根据客户的不同需求提供不同的服务，物流企业必须有一套完整的服务质量考核体系，物流服务质量将直接由客户根据满足其需求的期望来评价。

物流质量是指物流服务活动本身固有的特性满足物流客户和其他相关要求的能力。

物流质量既包含物流对象质量，又包含物流手段、物流方法的质量，还包含物流协作质量，因而是一种全面的质量观。

物流质量具体包含以下几个方面的内容。

1. 产品的质量

在生产企业严格的质量保证条例的要求下，产品出厂即具有本身的质量标准。物流过程中，必须采用一定的技术手段，保证产品的质量（包括外观质量和内在质量等）不受损坏，并且通过物流服务提高客户的满意度，实质上是提高了客户对产品质量的满意度。

2. 物流服务质量

物流服务质量指物流企业对用户提供服务，使用户满意的程度。物流活动本身并不是目的，是为了达成某种生产或流通目的而进行的一项服务性附属活动。产业化的物流，即第三方物流，属于第三产业范畴，它的主要作用就是通过提供这种服务满足客户要求来获

得相应的报酬和利润。无论是内部还是外部的客户，他们要求的服务质量都各不相同，因此，在物流服务过程中需要掌握和了解客户的需求，如商品质量的保持程度、流通加工对商品质量的提高程度、批量及数量的满足程度、配送额度、间隔期及交货期的保证程度、配送和运输方式的满足程度、成本水平及物流费用的满足程度、相关服务（如信息提供、索赔及纠纷处理等）的满足程度等方面现实的和潜在的需求，以最大限度地实现客户的需求为导向。此外，物流服务质量是变化发展的，随着物流领域绿色物流、柔性物流等新的服务概念的提出，物流服务也会形成相应的新的服务质量的要求。

3. 物流工作质量

物流工作质量是指物流服务各环节、各工作、各岗位具体的工作质量。这是将物流服务的质量总目标分解成各个工作岗位可以具体实现的质量，是为了提高服务质量所进行的技术、管理、操作等方面的努力。为实现总的服务质量，要确定具体的工作要求，以质量指标形式确定下来作为工作质量目标。提高物流系统各组成要素的工作质量是确保物流服务质量的基础。物流系统非常庞杂，工作质量内容也十分复杂，但它对物流服务质量的提高起直接作用。所以，提高物流服务质量要从工作质量入手，把物流工作质量作为物流质量管理的主要内容及工作重点。通过建立科学合理的管理制度，充分调动员工的积极性，不断提高物流工作质量，物流服务质量也就有了一定程度的保障。

物流工作质量与物流服务质量虽然不相同但也有相互联系。物流服务质量水平取决于各个工作质量的总和。物流工作质量是物流服务质量的保证和基础，重点抓好工作质量，物流服务质量就有了一定程度的保证。

4. 物流工程质量

物流工程质量是指把物流质量体系作为一个系统来考察，用系统论的观点和方法，对影响物流质量的诸要素进行分析、计划，并进行有效控制。物流工程是支撑物流活动的工程系统，它受到物流技术水平、管理水平、技术装备、工程设施等因素的影响。物流工程是支撑物流活动总体的工程系统，任何物流企业的物流运作都必须依靠有效的工程系统来实现这种运作。工程系统既包括自建的工程设施，如自建仓库、配送中心、机场等，也包括已建好的工程设施，如国家建设的物流设施基础平台。

二、物流质量的特性

反映物流质量要求的质量特性有功能性、经济性、安全性、时间性和文明性。

（1）功能性是指物流服务实现的效能和作用。例如，交通运输的功能是把货物送达目的地，邮政通信的功能是传递有关信息。使顾客得到这些服务功能，是对服务的最基本要求。因此，功能性是服务质量的最基本的特性。

（2）经济性是指客户为了得到相应服务所需费用的合理程度。这里所说的费用是指服务周期总费用，即客户在接受服务的全过程中，直接、间接支付的相关费用总和。只有正确了解所有费用，被服务对象才可能对服务的经济性做出正确的判断。

（3）安全性是指物流企业在提供服务的过程中，保证货物不受损坏的能力和水平。安全性的提高或改善与服务设施、环境有关，也与服务过程的组织，服务人员的技能、态度等有关。

（4）时间性是指物流企业能否及时、准时、省时地满足服务需求的能力。在服务对象对服务质量的感觉或评价中，时间性质量特性常常是一个敏感因素。

（5）文明性是指客户在接受物流服务的过程中，满足精神需求的程度。能否营造一个自由、宽松的环境气氛，以及形成友好、和谐的人际关系，是服务竞争的一个重要手段。

三、物流企业质量管理的含义及内容

物流活动主要解决产、需在时间和空间上的分离问题，从而创造出时间及空间上的效用，物流往往被认为是补足产、需之间的产品数量差额的主要手段，从而忽视了物流质量在创造时间及空间效用中的重要作用。在物流领域，质量管理水平低直接导致质量隐患增多，质量事故不断。例如，车祸造成货物及人员装备损失，沉船造成全面巨大的损失，物流过程中丢失、损坏、变质、延误等不但导致物流货物质量损失，而且使参与物流的各方企业经济损失严重，经营效率低下。所以，物流企业必须认识到物流质量直接与客户相关，也影响本企业的市场占有率，低劣的质量会使客户另寻其他合作伙伴，从而使物流企业发展受挫。

物流企业质量管理的含义如下。

（1）物流企业质量管理就是依据物流系统运动的客观规律，为了满足物流顾客的服务需要，通过制定科学合理的基本标准，运用经济办法实施计划、组织、协调、控制的活动过程。

（2）物流企业质量管理是现代质量管理理论在物流作业和运筹优化全过程中的运用，是供应链上的一个满足顾客要求的环节，是物流服务特性满足客户需求的程度。

（3）物流企业质量管理是现代物流管理的核心，运作质量的好坏直接关系到物流整体绩效。

物流企业质量管理主要包括质量保证和质量控制。质量保证就是要对客户实行质量保证，就是维护客户的利益，使客户满意，并取得客户信誉的一系列有组织、有计划的活动。质量保证是物流企业全面质量管理的核心。而质量控制是针对物流运作方内部来说的，是为保证某一工作过程和服务的质量达到作业技术标准所采取的有关活动。质量控制的目标就是确保物流服务质量能满足客户、法律法规等方面所提出的质量要求，质量控制是测量实际的质量结果，与标准进行对比，对某些差异采取措施的调节管理过程。质量控制是质量保证的基础。

物流企业质量管理具体包括以下内容。

（1）产品质量管理。即保护产品质量，通过物流加工和物流过程改善产品质量。

（2）物流服务质量管理。这是对物流生产过程进行管理，就是按照客户的需求提供物流服务。物流生产的主导产品是服务，其产品质量就是服务质量。保护货物质量和改善货物质量都是物流服务质量的重要组成部分。

（3）物流工作质量管理。这是指企业内部对物流质量的控制，具体体现和反映在各个物流环节、各工序的质量控制上。

（4）物流工程质量管理。这是指在物流系统运作中，由人员、设备、材料、方法、测量器具和环境等所体现的物流服务质量水平的管理过程，包括对人员素质、体制因素、设备性能、工艺方法、计量与测试和环境等因素的稳定性等的控制和调整。

四、物流企业全面质量管理

（一）物流企业全面质量管理的概念

随着社会的发展及人们对质量要求的提高，质量管理科学得到了不断的发展与完善。

质量管理科学自产生至今经历了 3 个阶段：质量检验阶段、统计质量管理阶段和全面质量管理阶段。物流企业质量管理的发展同样也符合这样的发展规律，在物流管理中必须建立全面物流质量管理概念。我国将全面质量管理概括为“三全”，即全过程、全员和全性能，其含义远远超出了一般意义的质量检验，而成为一种综合的、全面的经营管理方式和理念。

全面质量管理（total quality management，TQM）就是为了能够在最经济并考虑到充分满足顾客要求的条件下进行市场研究、设计、制造和售后服务，使企业内各部门的研制质量、维持质量和提高质量的活动构成一个有效的体系。全面质量管理是指企业全体职工及有关部门同心协力，把专业技术、经营管理、数理统计和思想教育结合起来，建立起产品的研究、设计、生产（作业）、服务等全过程的质量体系，从而有效地利用人力、物力、财力、信息等资源，提供符合规定要求和用户期望的产品或服务，以最经济的手段生产出顾客满意、组织及其全体成员和社会都得到好处的产品，从而使组织获得长期成功和发展。全面质量管理的核心是提高人的素质，调动人的积极性，促使人人做好本职工作，通过抓好工作质量来保证和提高服务质量。物流企业全面质量管理就是运用全面质量管理的理念和方法，对物流企业运营的全过程进行质量控制。

物流企业全面质量管理体系的建立不但有利于服务质量的提高、服务模式的改善、物流过程的速度加快、运营成本的降低，以及责任事故的减少，而且在鼓舞员工的士气和增强员工的质量意识方面也有很大的积极作用，不仅能促进服务的改进，还能提高市场的接受程度。

物流企业全面质量管理的特点是：把过去以事后检验为主转变为以预防为主，即从管理结果转变为管理因素；把过去就事论事、分散管理转变为以系统的观点为指导进行全面的综合治理；把以产值为中心转变为以质量为中心，围绕质量开展组织的经营管理活动；由单纯符合标准转变为满足客户需要，强调不断改进过程质量来达到不断改进物流服务质量的目的。

（二）物流企业全面质量管理的观点

1. 质量第一，以质量求生存，以质量求繁荣

任何物流服务都必须达到客户所要求的质量水平，否则就将给货主企业带来损失。从这个意义上讲，质量必须是第一位的。贯彻“质量第一”就是要求企业全体职工，尤其是领导层，要有强烈的质量意识；要求企业在确定经营目标时，首先应根据客户的需求，科学地确定质量目标，并安排人力、物力、财力予以保证。当质量与数量、社会效益与企业效益、长远利益与眼前利益发生矛盾时，应把质量、社会效益和长远利益放在首位。

“质量第一”并非“质量至上”。质量不能脱离当前的消费水平，也不能不问成本一味讲求质量。应该重视质量成本的分析，把质量与成本加以统一，确定最适宜的质量。

2. 系统的观点

既然物流企业服务质量的形成和发展有个过程，这个过程包含了许多相互联系、相互制约的环节，那么不论是保证和提高服务质量，还是解决质量问题，都应把企业看成是个开放系统，应当运用系统科学的原理和方法对暴露出来的质量问题进行全面诊断、辨证施治。人们常说“质量是企业各项工作的综合反映”，这说明了系统对质量的影响。因此，要保证和提高物流企业服务质量，就应当建立系统的观点，并运用系统科学的理论和方法。

3. 客户至上，客户第一，下道工序（流程）就是客户

物流企业属于服务性行业，一定要把客户的需要放在第一位。物流企业必须保证服务质量能达到客户要求，把客户的要求看成服务质量的最高标准，以客户的要求为目标来制定企业的质量标准。

在全面质量管理中，“客户”的概念是广泛的，它不仅指企业的客户，而且，企业内部经营过程中的每一个部门、每一个岗位也是客户。于是，在全面质量管理中，提出了“下道工序就是客户”的指导思想。上道工序将下道工序作为客户，为下道工序提供合格的服务，下道工序对上道工序进行质量监督和质量信息的反馈。每道工序的质量都要经得起下道工序的检查，保证其质量使下道工序满意。这个观点不但适用于各道工序，而且也适用于企业的一切工作。把这种对用户高度负责的观点应用到企业内部的各个方面的工作中去，就能增强每个职工的责任心，提高工作的严肃性。只有每道工序都为下道工序服务，做到每项工作都为同它有关联的工作着想，在质量上高标准、严要求，才能保证优质的服务。

4. 预防为主的观点

物流企业全面质量管理要求把管理工作的重点从“事后把关”转移到“事前预防”，把从管理质量“结果”变为管理质量的影响“因素”，真正做到防检结合，以防为主，把问题消除在质量的形成过程中。在物流企业生产经营过程中，应采取各种措施，把影响质量的有关因素控制起来，以形成一个稳定的物流系统。

5. 数据是质量管理的根本，一切用数据说话

实行全面质量管理，要坚持实事求是，树立科学地分析、控制质量波动规律的工作作风。一切用事实和数据说话，用事实和数据反映质量问题。一定要尽可能使质量特性数据化，以利于对产品质量的优劣做出准确的评价，从而进行有效的管理。

6. 经济的观点

全面质量管理强调质量，但无论是质量保证的水平，还是预防不合格的深度都是无止境的，我们必须考虑经济性，建立合理的经济界限，这就是所谓的经济原则。因此，物流企业在制定质量标准和进行质量控制时，都必须考虑其经济效益。20 世纪 80 年代以来，由于国际市场的竞争异常激烈，质量管理发展的新方向之一即经济质量控制，在推行全面质量管理时追求经济上的最适宜的方案。1986 年，德国乌尔兹堡大学成立了以冯·考拉尼教授为首的经济质量管理研究中心，就是这种趋势的一个明证。

7. 突出人的积极因素

在开展质量管理活动中，人是最积极、最重要的因素。全面质量管理格外强调调动人的积极因素的重要性。这是因为现代物流系统多为大规模系统，环节众多，流程繁杂，联系密切复杂，远非单纯靠质量检验或统计方法就能奏效的。必须调动人的积极因素，加强质量意识，发挥人的主观能动性，以确保服务质量。因此，物流企业全面质量管理的特点之一就是全体人员参与管理，“质量第一，人人有责”。

（三）物流企业全面质量管理的基本要求

（1）物流企业全面质量管理要求全员参与，各部门各层次的人员都要有明确的质量责任、任务和权限，各司其职，各负其责，形成一个群众性的质量管理活动，把质量管理提高到一个新的水平。质量保证体系是一个系统，在这个系统中不仅需要企业各个层次、各个部门为提高服务质量采取行动，还需要互相协作，共同发挥作用。因为只有这样，才能把全面质量管理落到实处，为客户提供高质量的物流服务。

（2）物流企业全面质量管理的范围是服务质量的产生、形成和实现的全过程，包括物

流系统设计与运作、物流解决方案规划与执行等全部有关过程的质量管理。任何服务的质量都有一个产生、形成和实现的过程，物流企业全面质量管理就是要对这一过程的各个环节加以管理，形成一个以达到客户满意为目标的综合质量体系。

（3）物流企业全面质量管理要求的是全企业的质量管理。从过程方面考虑，要建立运输、储存、包装及增值服务等全面的质量保证体系；从部门方面考虑，要建立全公司的、全程的、全面的质量保证体系；从职能方面考虑，则要建立质量教育系统、标准化系统、质量信息反馈系统、计量检定系统、质量监督系统及组织保证系统等；从组织管理方面考虑，要求企业各管理层次都有明确的质量管理活动内容。这样，一个物流企业就组成了一个完整的质量管理体系，充分发挥分散在企业各部门的质量职能的作用，齐心协力保证和改善物流服务质量。

（4）物流企业全面质量管理要求采取多种管理方法。实事求是、科学分析，把物流企业全面质量管理建立在科学的基础上，用客观数据和可靠数据结合最新科技成果研究高效的质量管理方法和技术。

以上要求可以归纳成“三全一多样”的物流质量保障体系，这是物流企业全面质量管理的基本要求。推行物流企业全面质量管理，必须建立起一个完善的、高效率的质量保障体系。用文件的形式明确质量管理的组织结构，落实质量管理职责，规定质量管理程序，控制质量管理过程，有效分配人力、物力及信息资源，使企业的各项质量管理工作相互协作，互相促进，形成完整的质量管理网络。

第二节　物流企业质量管理的基本方法

一、物流企业质量管理常用的工具

物流企业质量管理不仅有一套严密的质量管理体系，还采取了一整套科学的质量管理的基本方法，即以 PDCA 循环为总框架，广泛运用建立在数理统计、价值分析、运筹学等数学原理基础上的科学管理方法，以便找出服务质量存在问题的关键，为物流企业质量问题的解决指明方向和途径。

物流企业质量管理常用的统计方法是调查表法、排列图法、因果分析图法、分层法、直方图法、散点图法、控制图法。它们都是以概率论为基础的图表和方法，可以相互结合，灵活运用，从而有效控制和提高服务质量。下面分别介绍这 7 种方法。

（一）调查表法

调查表法是利用统计图表来记录和积累数据，并对其进行整理和粗略分析影响产品质量原因的一种常用表格。因服务对象、服务特点、调查和分析目的不同，调查表的形式也有所不同。

制作调查表一般分为以下几个步骤和方法。

（1）明确收集资料的目的，并确定所需搜集的资料和问题。

（2）选择对资料的分析方法（如运用哪种统计方法），并确定负责人。

（3）根据不同目的设计用于记录资料的调查表格式，其内容应包括调查者及调查的时间、地点、方式等栏目。

（4）对搜集和记录的部分资料进行预先检查，以审查表格设计的合理性。

（5）评审调查表格式，如有必要，可进行适当修改。

常用的调查表有缺陷位置调查表、不良品原因调查表、频数分布调查表。

例 10-1 管理人员日常调查表，如表 10-1 所示。

表 10-1 不同日期管理人员日常调查表

项目	1	2	3	4	5	6	…	31
人员服装								
工作场地								
机器保养								
机器操作								
工具使用								
……								
查核者								
异常处理								

例 10-2 物流设备故障频数调查表，如表 10-2 所示。

表 10-2 物流设备故障频数调查表

检验项目	设备 A	设备 B	设备 C	设备 D	设备 E
机器故障					
人工操作不当					
电脑系统故障					
工作环境杂乱					
其他					

（二）排列图法

排列图又叫帕累托图，建立在帕累托原理的基础上。帕累托原理是意大利经济学家帕累托在分析意大利社会财富分布状况时总结出的“关键的少数和次要的多数”结论。在物流企业质量改进的项目中，只有少数的项目产生主要的、决定性的影响。所以，只要找出几个影响较大的原因，并加以处置和控制，就可以解决 80%的问题了。排列图就是根据整理的数据对不良原因、不良状况发生的现象，有系统地加以分类，计算出各项目所产生的数据（如不良率、损失金额等）和所占的比例，并依照大小顺序排列，再加上累积值的图形。

1. 排列图的绘制步骤

（1）选择要进行质量分析的项目，即将要处置的事，以状况（现象）或原因加以分类。

（2）选择用于质量分析的量度单位，如出现的次数（频数）、成本、金额或其他量度单位。

（3）选择进行质量分析的数据的时间间隔。

（4）画横坐标。依频数递减的顺序从左至右在横坐标上列出项目。

（5）画纵坐标。在横坐标的两端画两个纵坐标。在左边纵轴上标上件数（频数）的刻度，最大刻度为总件数（总频数）；在右边纵轴上标上比率（频率）的刻度，最大刻度为100%。左边总频数的刻度与右边总频率的刻度（100%）高度相等。

（6）在每个项目上画长方形，其高度表示该项目量度单位的量值，长方形显示出每个项目的作用大小。

（7）由左到右累加每一项目的量值（以%表示），并画出累计频数曲线（又名帕累托曲线），用来表示各项目的累计作用。

（8）确定对物流企业质量改进最为重要的项目。

例 10-3 某配送中心为客户提供产品的简单加工服务，通过检查，记录各种不合格产品的数量及相应的成因，并进行统计，按照缺陷项目出现的频数从高到低填入频数频率分布表，如表 10-3 所示。根据表 10-3 可画出如图 10-1 所示的排列图，从图中可以判断，A 项缺陷是产生不合格的主要原因，因此，质量改进的措施要从 A 项缺陷入手，才能解决主要问题。

表 10-3 缺陷项目频数频率分布表

缺陷项目	频数/件	累计/件	累计百分比/%
A	3 367	3 367	69.14
B	521	3 888	79.84
C	382	4 270	87.68
D	201	4 471	91.81
E	156	4 627	95.01
F	120	4 747	97.47
其他	123	4 870	100

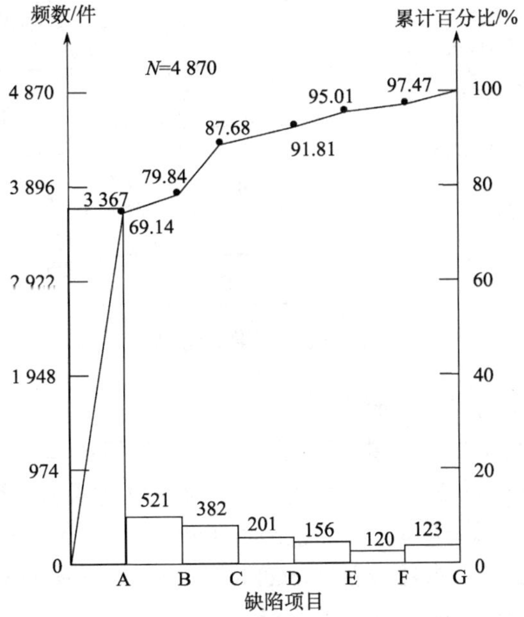

图 10-1 缺陷项目排列图

2. 绘制排列图的注意事项

（1）分类方法不同，得到的排列图不同。通过不同的角度观察问题，把握问题的实质，需要用不同的分类方法进行分类，以确定“关键的少数”，这也是排列图分析方法的目的。

（2）为了抓住“关键的少数”，在排列图上通常把累计比率分为三类：在 0%～80%的因素为 A 类因素，也即主要因素；在 80%～90%的因素为 B 类因素，也即次要因素；在 90%～100%的因素为 C 类因素，也即一般因素。

（3）如果“其他”项所占的百分比很大，则分类是不够理想的。如果出现这种情况，是因为调查的项目分类不当，把许多项目归在了一起，这时应考虑采用另外的分类方法。

（三）因果分析图法

因果图又叫特性要因图，是一种用于分析质量特性（结果）与可能影响质量特性的因素（原因）的一种工具。许多可能的原因可归纳成原因类别与子原因，画成形似于鱼刺的图，所以该工具又称鱼刺图。

因果图主要用于分析质量特性与影响质量特性的可能原因之间的因果关系，通过把握现状、分析原因、寻找措施来促进问题的解决。

绘制因果图不是一件轻而易举的工作，可以说质量问题能否顺利解决，绘制因果图是关键。在介绍因果图的绘制方法之前，用一个示例（图 10-2）来说明因果图的结构。

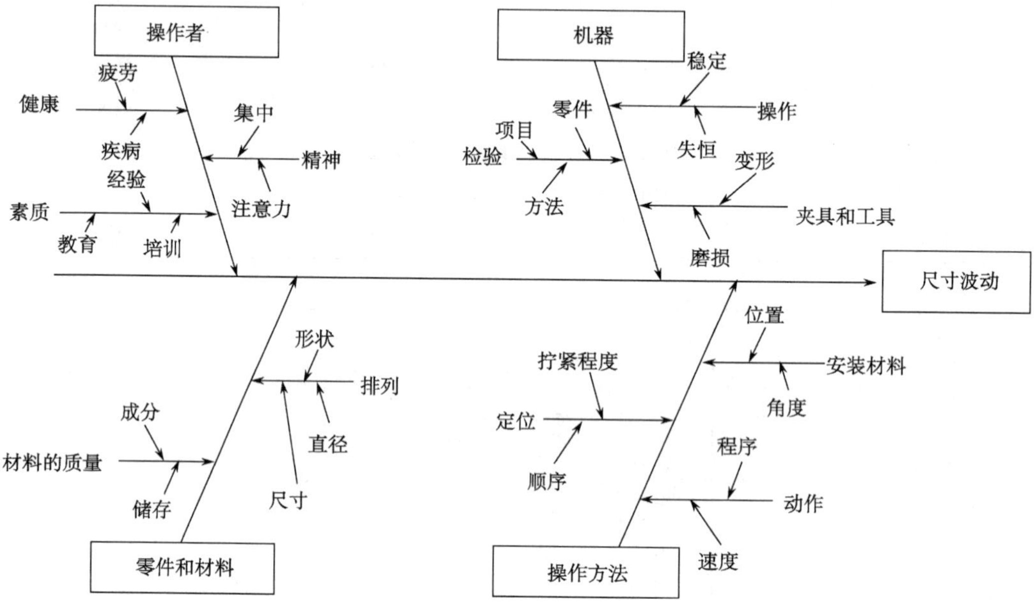

图 10-2　因果示例图

1. 利用逻辑推理法绘制因果图的步骤

（1）确定质量特性（结果），因果图中的“结果”可根据具体需要选择。

（2）将质量特性写在纸的右侧，从左至右画一箭头（主骨），将结果用方框框上；接下来，列出影响结果的主要原因作为大骨，也用方框框上。一般主要原因可以从以下 6 个方面入手分析——人员（man）、机器设备（machine）、材料（material）、方法（method）、测量（measure）和环境（environment），称为 5M1E。

（3）列出影响大骨（主要原因）的原因，也就是第二层次原因，将其作为中骨；接着，用小骨列出影响中骨的第三层次的原因，如此类推。

（4）根据对质量特性影响的重要程度，将认为对质量特性有显著影响的重要因素标出来。

（5）在因果图上记录必要的有关信息。

因果分析图完成以后，下一步就是要评价各因素的重要程度。因果图中所有的因素与结果不一定紧密相关，将对结果有显著影响的因素做出标记。最后，在因果图上标明有关资料，如产品、工序或小组的名称，参加人员名单，日期等。

2. 绘制因果图的注意事项

（1）确定原因时应通过大家集思广益，充分发扬民主，以免疏漏。

（2）确定原因应尽可能具体。

（3）有多少质量特性，就要绘制多少张因果图。例如，同一批产品的长度和重量都存在问题，必须用两张因果图分别分析长度波动的原因和重量波动的原因。

（4）要验证。如果分析出的原因不能采取措施，说明问题还没有得到解决。要想改进有效果，原因必须细分，直至能采取措施为止。

实际上，注意事项的内容分别要实现“重要的因素不要遗漏”和“不重要的因素不要绘制”两方面的要求。

（四）分层法

分层法又叫分类法或分组法，它是一种把收集来的原始质量数据按照不同目的加以分类，并进行重新统计做出频数频率分布表，以便分析影响产品质量的具体因素的方法。分层的目的是分清责任，找出原因，它要求同一层的数据波动较小，不同层的数据波动较大。

分层法没有独立固定图表，可利用统计图表中的排列图和直方图等进行统计分析。一般情况有以下分层标志。

（1）按时间。例如，按日期、季节、班次等分层。

（2）按操作者。例如，按性别、年龄、技术等级等分层。

（3）按使用的设备。例如，按机床的型号、新旧程度等分层。

（4）按原材料。例如，按原材料的成分、规格、生产厂家、批号等分层。

（5）按操作方法。例如，按工艺规程、生产过程中所采用的温度等分层。

（6）按检测手段。例如，按测量方法、测量仪器等分层。

（7）按其他。例如，按使用单位、使用条件等分层。

例 10-4 某公司生产系三班轮班，使用来自 3 个供应商的材料，其生产的不良品率统计结果，如表 10-4 和表 10-5 所示。

表 10-4 按轮班统计的不良率

项目	A	B	C
不良率/%	0.3	0.4	0.2

表 10-5 按使用材料的供应商统计的不良率

项目	A	B	C
不良率/%	0.2	0.3	0.4

（五）直方图法

直方图是从总体中随机抽取样本，将从样本中获得的数据进行整理后，用一系列等宽的矩形来表示数据。宽度表示数据范围的间隔，高度表示在给定间隔内数据的数目，变化的高度表示数据的分布情况。通过对数据分布形态和与公差的相对位置进行研究，可以掌握过程的波动情况，如图 10-3 所示。借助直方图可以对资料中心值或分布状况一目了然。

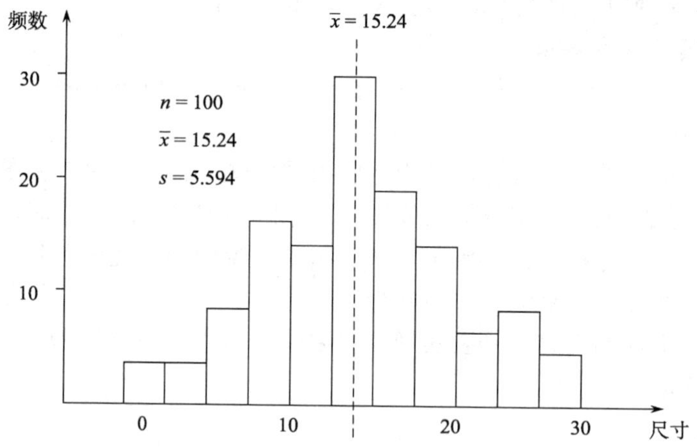

图 10-3　某种形态的直方图

1. 直方图的绘制步骤

（1）收集数据，数据个数一般为 50 个以上，最少不得少于 30 个。

（2）求极差 R。在原始数据中找出最大值和最小值，计算二者的差值，就是极差。

（3）确定分组的组数和组距。一批数据究竟分多少组，通常根据数据个数的多少而定，可参考表 10-6。分组时，若组数取得太多，每组内出现的数据个数很少，甚至为零，做出的直方图过于分散或呈现锯齿状；若组数取得很少，则数据会集中在少数组内，而掩盖了数据的差异。所以分组组数取得太多或太少都不合适。分组数 K 确定后，组距 h 也就确定了，即 $h=R/K=(x_{max}-x_{min})/K$。

表 10-6　常见直方图分组组数与组距

数据个数/个	分组数（K）
50～100	6～10
100～250	7～12
250 以上	10～20

（4）确定各组界限。为避免数据落在组界值的末位数，可取测量值单位的 1/2，即测量值的最小位数的 1/2。分组界限应能把最大值和最小值包括在内。在决定组界限时，可先从第一组起，一般参考下面的公式确定。

第一组的上下界限值为 $x_{min}\pm(h/2)$。因为第一组的界限值向下移动了半个组距，所以实际组数比一开始选定的组数多一组，从而可以防止最大值落到组界之外。

第一组的上界限值就是第二组的下界限值，加上组距就是第二组的上界限值，也就是第三组的下界限值……依此类推，可定出各组的组界。

为了计算的需要，往往要决定各组的中心值。每组的上下界限相加除以 2，所得数据即为组中值。组中值为各组数据的代表值。

（5）制作频数分布表。将测得的原始数据分别归入相应的组中，统计各组的数据个数，即频数 f_i，各组频数填好后检查一下其总数是否与数据总个数相符，避免重复或遗漏。

（6）画直方图。以横坐标表示质量特性，纵坐标为频数（或频率），在横轴上标明各组组界，以组距为底，频数为高，画出一系列直方柱，就成了直方图。

（7）在直方图的空白区域记上有关数据的资料，如收集数据的时间、数据个数 n、平均值 x、标准差 s 等。

2. 直方图的常见类型

一般物流企业服务质量特性值的分布大多为正态分布，从中获得的数据的直方图具有中间高、两边低、左右基本对称的特点。但实际问题中还会出现其他形状的直方图，根据直方图的形状，可以对总体进行初步分析。

下面介绍直方图的几种类型，如图 10-4 所示。

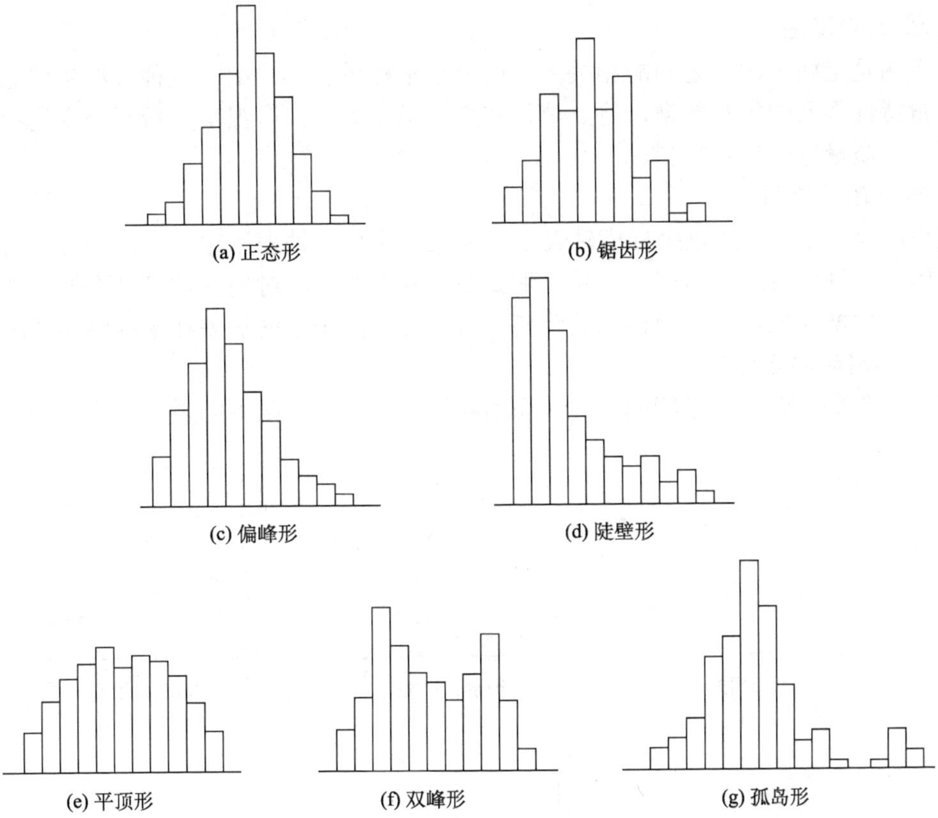

图 10-4　常见的直方图形态

（1）正态形，又称标准形或对称形。数据的平均值与最大值和最小值的中间值相同或接近，平均值附近的数据的频数最多，频数在中间值向两边缓慢下降，以平均值左右对称。这种形状也是最常见的。

（2）锯齿形。作频数分布表时，如分组过多，会出现这种形状。另外，当测量方法有问题或读错测量数据时，也会出现这种形状。

（3）偏峰形。数据的平均值位于中间值的左侧（或右侧），从左至右（或从右至左），数据分布的频数增加后突然减少，形状不对称。当下限（或上限）受到公差等因素限制时，由于心理因素，往往会出现这种形状。

（4）陡壁形。平均值远左离（或右离）直方图的中间值，频数自左至右减少（或增加），直方图不对称。当工序能力不足，为找出符合要求的产品经过全数检查，或过程中存在自动反馈调整时，常出现这种形状。

（5）平顶形。当几种平均值不同的分布混在一起，或过程中某种要素缓慢劣化时，常出现这种形状。

（6）双峰形。靠近直方图中间值的频数较少，两侧各有一个“峰”。当有两种不同的平均值相差大的分布混在一起时，常出现这种形状。

（7）孤岛形。在标准形的直方图的一侧有一个“小岛”。出现这种情况是夹杂了其他分布的少量数据，如工序异常、测量错误或混有另一分布的少量数据。

当观察到直方图不是正态形的形状时，需要及时加以研究，及时发现问题，采取措施，改进质量。

（六）散点图法

散点图是把两个变量之间的相关关系用直角坐标系表示的图。这种方法是用影响物流企业质量特性因素的每对数据，将点填写在直角坐标图上，以观察判断两个变量特性之间的关系，对质量进行有效控制。

1. 散点图的绘制

在作散点图时，一般以坐标横轴表示原因 X，坐标纵轴表示结果 Y。如果所研究的是两种原因或两种结果之间的相关关系，那么在作散点图时，对坐标轴可以不加以区别。此外，应当使数据 X 的极差在坐标上的距离，大致等于数据 Y 的极差在坐标轴上的距离。

2. 散点图的常见类型

根据两个变量 X 和 Y 之间的不同关系所绘制的散点图，常见的类型如图 10-5 所示。

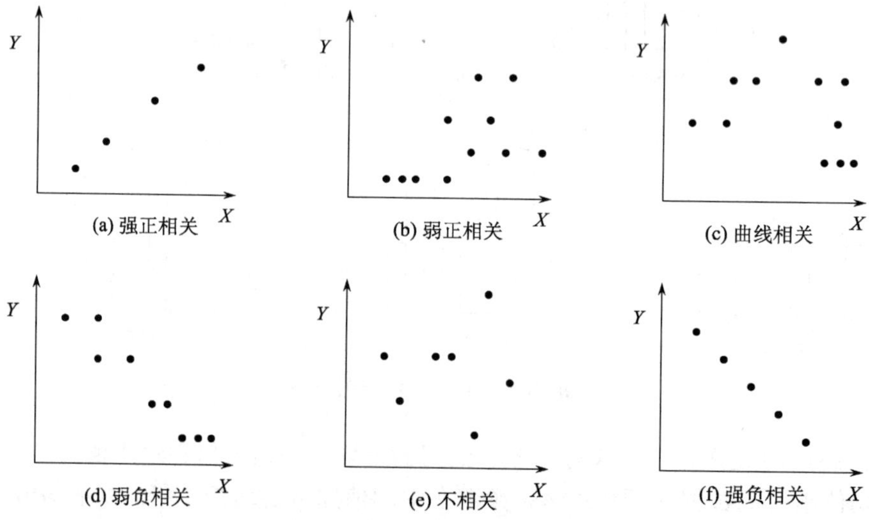

图 10-5　散点图类型

（1）当变量 X 增大时，变量 Y 也随之显著增大。X 与 Y 之间的这种关系称为强正相关，如图 10-5（a）所示。

（2）当变量 X 增大时，变量 Y 也随之增大，但不明显。X 与 Y 之间的这种关系称为弱正相关，如图 10-5（b）所示。

（3）当变量 X 增大时，变量 Y 先随之增大，当增大到某个界限值之后，Y 又随之减小。X 与 Y 之间的这种关系称为曲线相关，如图 10-5（c）所示。

（4）当变量 X 增大时，变量 Y 随之减小，但不明显。X 与 Y 之间的这种关系称为弱负相关，如图 10-5（d）所示。

（5）当变量 X 增大时，看不出变量随之增大还是随之减小的任何趋势。对于这种情况，就称 X 与 Y 之间不存在相关关系，如图 10-5（e）所示。

（6）当变量 X 增大时，变量 Y 随之显著减小。X 与 Y 之间的这种关系称为强负相关，如图 10-5（f）所示。

例 10-5 某加工厂为了调查某种规格的机器零件的淬火温度与硬度之间的相关关系，于是从最近的生产日报表上收集到 30 组有关该机器零件的淬火温度 X（℃）与硬度 Y（HRC）之间的对应数据。数据如表 10-7 所示，散点图如图 10-6 所示。

表 10-7 淬火温度与硬度的对应数据表

数据号	温度 X/℃	硬度 Y/HRC	数据号	温度 X/℃	硬度 Y/HRC
1	810	47	16	820	48
2	890	56	17	860	55
3	850	48	18	870	55
4	840	45	19	830	49
5	850	54	20	820	44
6	890	59	21	810	44
7	870	50	22	850	53
8	860	51	23	880	54
9	810	42	24	880	57
10	820	53	25	840	50
11	840	52	26	880	54
12	870	53	27	830	46
13	830	51	28	860	52
14	830	45	29	860	50
15	820	46	30	840	49

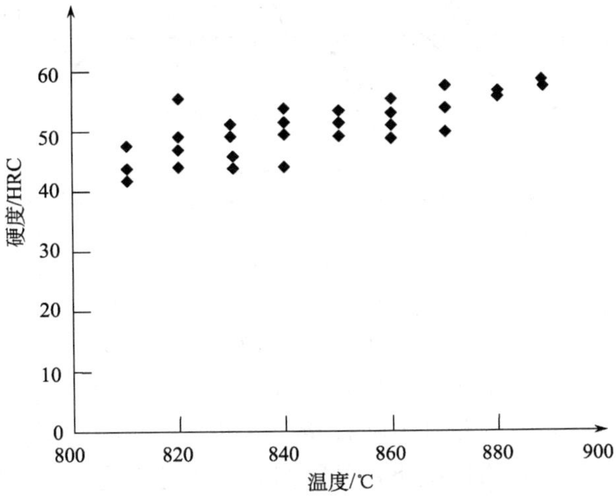

图 10-6 淬火温度与硬度关系图

研究散点图的类型时，还需注意下面几种情况。

第一，观察有无异常点，即偏离集体很远的点。如有异常点，必须查明原因。如果经分析得知是由不正常的条件或测试错误所造成的，就应将它们剔除。对于那些找不出原因的异常点，应慎重对待。

第二，观察是否有分层的必要。如果用受到两种或两种以上因素影响的数据绘制散点图，那么有可能出现下面这种情况：就散点图的整体来看似乎不相关，但是，若是进行分层观察，又发现存在相关关系；反之，就散点图整体来看似存在相关关系。因此，绘制散点图时，要区分不同条件下的数据，并且要用不同记号或颜色来表示分层数据所代表的点。

第三，假相关。在质量管理中，有时会遇到这样的情况：从技术上看，两个变量之间不存在相关关系，但根据所收集到的对应数据绘制成的散点图，却明显地呈现相关状态，这种现象称为假相关。假相关现象可能是由结果（或特性）与所列的原因（或特性）之外的因素相关而引起的。因此，在进行相关分析时，除观察散点图之外，还要进行技术探讨，以免把假相关当成真相关。

（七）控制图法

控制图又称管理图，是对过程质量特性值进行测定、记录、评估，从而监察过程是否处于控制状态的一种用统计方法设计的图。这种方法是利用控制图所提供的信息，把一个过程维持在受控状态，一旦发现异常波动，分析对质量不利的原因，采取措施加以消除，使质量不断提高，并把这个过程从失控状态变为受控状态，以保持服务质量稳定。

控制图法是工序过程质量控制的主要手段，是一种动态的质量分析与控制方法。控制图不但对判别质量稳定性，评定作业过程质量状态，以及发现和消除作业过程的失控现象，预防废品产生有重要作用，而且可以为质量评比提供依据。控制图的基本结构形式如图 10-7 所示。

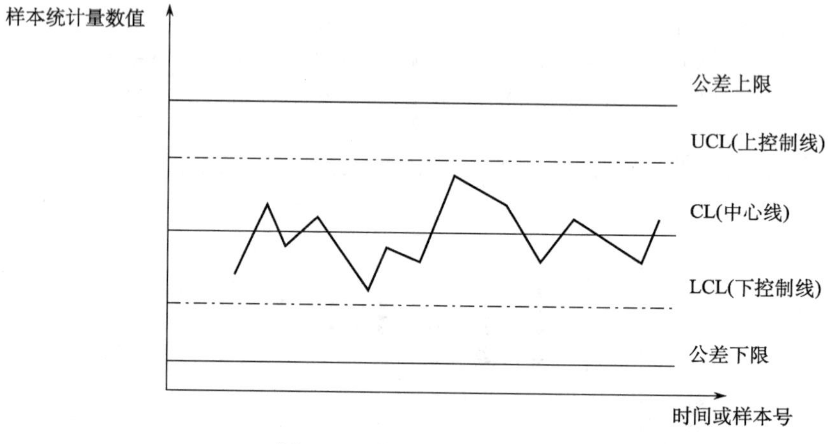

图 10-7　控制图基本形式

控制图中的上控制线与下控制线、中心线是通过收集过去一段时间生产处于稳定状态下的数据计算出来的。控制线的范围应比技术标准（公差）的范围要窄。在作业过程进行中，按规定的时间抽取子样，测量质量特性位，将测得的数据用点描在控制图上，并将点连接起来就得到控制图。在正常情况下，统计量相应点分布在中心线附近，在上下控制界限之内，表明生产过程处于稳定状态。如果点落在上下控制界限之外，就表明出现了异常现象，生产过程处于不稳定状态，需要及时查明原因，采取调整措施，确保生产过程处于稳定状态。

根据实践，出现异常有如下几种表现：①连续 7 个点落在中心线一侧；②连续 3 个点中有两个点接近控制线；③点发生倾向性变化，连续上升或下降；④点出现周期变化，如从上到下，再由下而上，周而复始。总之，凡出现上述情况，就应引起注意，查明原因，及时解决问题。

总之，上述介绍的是常用的 7 种质量管理工具，随着质量管理实践和理论的不断发展，还产生了 7 种新的质量管理工具，包括箭线图法、关联图法、系统图法、KJ 法、矩阵图法、矩阵数据分析法、PDPC 法等。

二、PDCA 工作循环

物流企业管理是一个过程，即在不同的时间内完成不同的工作任务。美国质量管理专家戴明博士在管理这个过程中总结出计划（plan）、执行（do）、检查（check）、处理（action）4 个阶段，简称 PDCA 循环，也称为“戴明环”。PDCA 工作循环是企业质量保证体系运转的基本方式。物流企业质量管理工作循环就是按照这 4 个阶段的顺序不断循环进行质量管理的一种方法。

（一）PDCA 工作循环的内容

在质量管理中，根据现场实践经验，又把 PDCA 循环细化为 8 个步骤，称为“4 个阶段、8 个步骤”的循环方式。

1. 计划阶段

经过分析研究，确定质量管理目标、项目和拟订相应的措施，具体包括以下 4 个步骤。

第一步，分析现状，找出存在问题并确定目标。

第二步，寻找影响质量问题的各种原因。

第三步，在这些原因中找出主要原因。

第四步，针对影响质量的主要原因拟订措施计划。

2. 执行阶段

根据预定目标和措施计划，落实执行部门和负责人，组织计划的实施，其工作步骤如下。

第五步，执行措施，实施计划。

3. 检查阶段

检查计划实施结果，衡量和考察取得的效果，找出问题，其工作步骤如下。

第六步，检查效果，发现问题。

4. 处理阶段

总结成功的经验和失败的教训，并纳入有关标准、制度和规定，巩固成绩，防止问题重新出现，同时，将本循环中遗留的问题提出来，以便转入下一个循环去解决，其工作步骤如下。

第七步，总结经验，把成功的经验肯定下来，纳入标准。

第八步，把没有解决的遗留问题转入下一个阶段。

PDCA 循环就是反复地运转以上 4 个程序、8 个步骤，不停顿地周而复始地运转。

（二）PDCA 工作循环的特点

PDCA 工作循环具有以下特点，如图 10-8 所示。

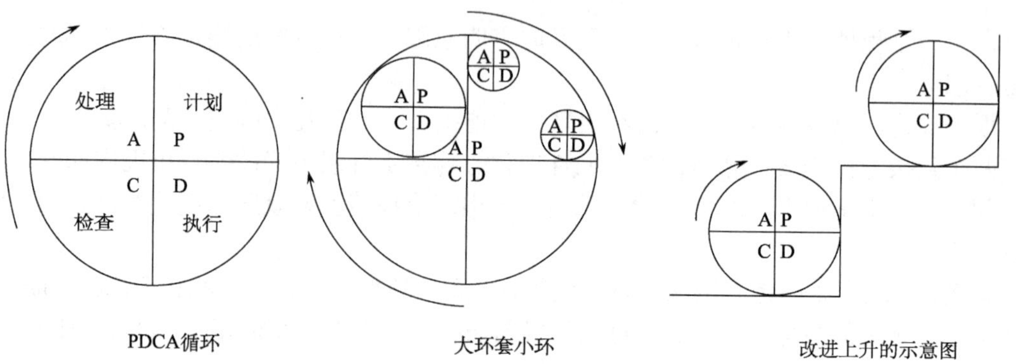

图 10-8　PDCA 工作循环的特点

（1）整个物流企业的质量管理体系构成一个大的 PDCA 循环，而各部门、各级单位都有各自的 PDCA 循环。上一级 PDCA 循环是下一级 PDCA 循环的依据，下一级 PDCA 循环是上一级 PDCA 循环的保证，大环套小环，小环保大环，环环相扣，有机地组成一个整体，推动 PDCA 循环的不停转动。

（2）管理循环螺旋上升，PDCA 4 个阶段每循环一次，就上升一步，就像爬楼梯一样。这样循环往复质量问题不断得到解决，工作质量、管理水平和服务质量不断得到提高。

（3）PDCA 循环的 4 个阶段紧密相连，不可分割，有些阶段甚至可以同时交叉进行。物流企业质量管理就是在这样的循环往复中逐渐提高服务质量，达到让客户满意的目标。

（4）PDCA 循环的“处理”阶段十分关键，它起着重要的承接作用，只有很好地总结、肯定、纠正、完善已有经验，并把成功和失败的经验教训标准化，才能有效防止旧错重犯，并快速提高物流企业质量管理水平。

（三）PDCA 工作循环与质量管理常用工具的关系

在 PDCA 8 个步骤中，需要利用大量的数据和资料才能做出科学的判断，对症下药。如何搜集与整理数据呢？这就要用工具技术。表 10-8 即表示 4 个阶段、8 个步骤与工具、技术的大致关系。

三、物流企业 6S 管理

6S 管理由日本企业的 5S 管理扩展而来，是现代企业行之有效的现场管理理念和方法。5S 活动源于日本，它指的是在生产现场中，对材料、设备、人员、方法等生产要素进行相应的“整理（seiri）、整顿（seiton）、清扫（seiso）、清洁（seiketsu）、素养（shitsuke）”等有效管理活动，为其他管理活动的开展打下良好的基础。5S 活动针对企业中每位员工的日常行为方面提出要求，倡导从小事做起，力求使每位员工都养成事事遵守标准的习惯，从而达到提高整体工作质量的目的。5S 管理是日本企业一种独特的管理方法。

根据企业发展的需要，我国企业在 5S 管理的基础上，结合安全生产活动，相应增加了“安全（safety）”的内容，就有了 6S 的管理活动。

（一）6S 的含义

整理——将工作场所的任何物品区分为有必要和没有必要的，除了有必要的留下来，其他的都消除掉。目的：腾出空间，空间活用，防止误用，塑造清爽的工作场所。

表 10-8　四个阶段、八个步骤与工具、技术的关系

阶段	步骤		方法
P	1	找出存在的问题	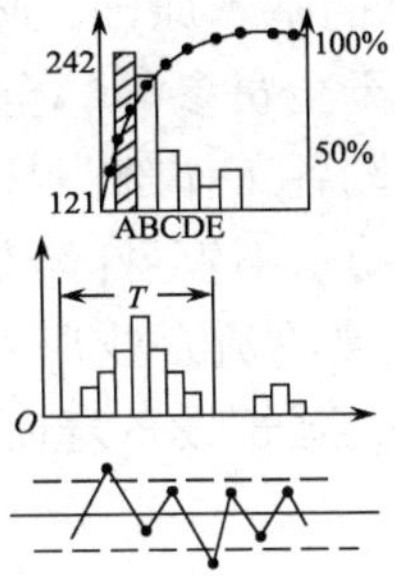
P	2	分析产生问题的原因	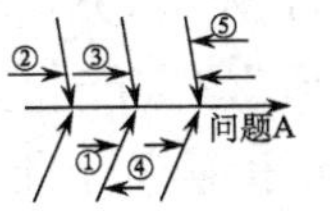
P	3	找出影响大的原因	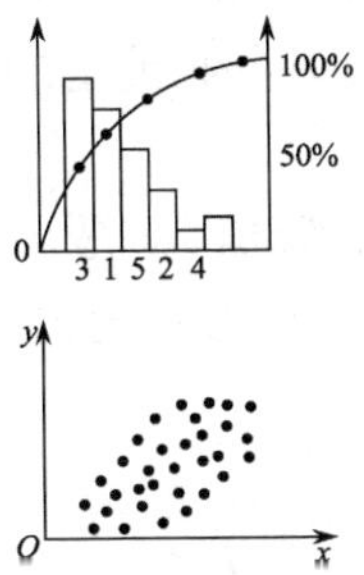
P	4	制订措施计划	要回答"5W1H" Why　必要性 What　目的 Where　地点 When　时间 Who　执行人 How　方法
D	5	执行措施计划	要按计划执行，要严格落实措施
C	6	调查效果	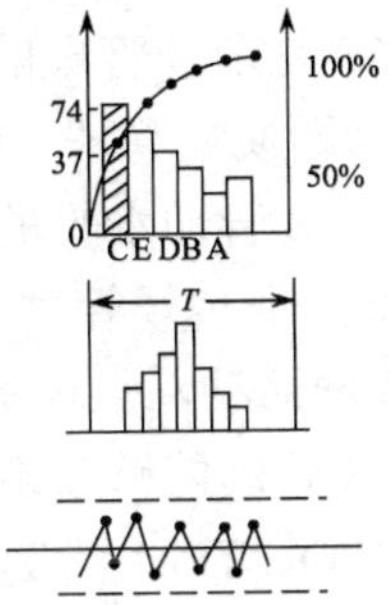
A	7	巩固成绩	把工作结果标准化，要特别注意审查： (1) 操作规程(标准)； (2) 检查规程(标准)； (3) 各种规章制度等的制定和修订
A	8	提出尚未解决的问题	反映到下一计划(从步骤1开始)

整顿——把留下来的必需要用的物品依规定位置摆放，并放置整齐加以标示。目的：工作场所一目了然，消除寻找物品的时间，塑造整整齐齐的工作环境，消除过多的积压物品。

清扫——将工作场所内看得见与看不见的地方清扫干净，保持干净、亮丽的工作环境。目的：稳定品质，减少伤害。

清洁——将上面的3S实施的做法制度化、规范化。目的：维持上面3S成果。

素养——每位成员养成良好的习惯，并遵守规则做事，培养积极主动的精神（也称习惯性）。目的：培养具有良好习惯、遵守规则的员工，营造团队精神。

安全——重视全员安全教育，每时每刻都有安全第一观念，防患于未然。目的：建立起安全生产的环境，所有的工作应建立在安全的前提下。

6S 管理的 6 项活动之间彼此关联。整理、整顿、清扫是具体内容；清洁是制度化、规范化，保持前面的 3S 水平；素养是养成习惯，遵守纪律和规则，严谨认真；安全是基础，尊重生命，杜绝违章。

实施 6S 管理活动本着效率化、持之化和美观的基本原则，通过改善工作环境、人文环境提高工作效率，加强人性化管理。它的精髓在于全员参与、全过程管理、全效率工作。全员参与，即从董事长到一线员工、从生产到后勤各工作部门都要积极参与进来；全过程管理即改善—保持—管理这个不停循环的周期活动永不停息；全效率工作即在 6S 管理环境下员工的最高工作效率。执行 6S 管理不仅可以提高物流企业形象、减少浪费、提高工作效率，还有助于提高服务质量保证、提高安全保障、延长设备寿命，为企业带来显见的综合效益。

（二）6S 与其他管理活动的关系

（1）6S 是现场管理的基础，是全面生产管理（total productive management，TPM）的前提，是全面质量管理（total quality management，TQM）的第一步，也是 ISO9000 有效推行的保证。6S 管理水平的高低代表着管理者对现场管理认识的高低，这又决定了现场管理水平的高低，而现场管理水平的高低制约着 ISO、TPM、TQM 活动能否顺利、有效地推行。通过 6S 管理活动，从现场管理着手改进企业“体质”，则能起到事半功倍的效果。

（2）6S 管理能够营造一种“人人积极参与，事事遵守标准”的良好氛围。有了这种氛围，推行 ISO、TPM 及 TQM 就更容易获得员工的支持和配合，有利于调动员工的积极性，形成强大的推动力。

（3）实施 ISO、TPM、TQM 等活动的效果是隐蔽的、长期性的，一时难以看到显著的效果，而 6S 管理活动的效果立竿见影。如果在推行 ISO、TPM、TQM 等活动的过程中导入 6S 管理，可以通过在短期内获得显著效果来增强企业员工的信心。

（三）6S 推行步骤

理解 6S 管理的内容与要义是开展 6S 管理的基础。但是，仅仅知道 6S 的内容是远远不够的，获得显著效果的关键在于加强 6S 管理推行的过程控制。一般来说，6S 管理的推行包括以下 11 个步骤。

1. 步骤 1：成立推行组织

成立推行组织主要包括成立推行委员会及推行办公室，确定组织职责，明确委员的主要工作，划分责任区。建议由企业主要领导出任 6S 活动推行委员会主任职务，以示对此活动的支持。具体安排上可由副主任负责活动的全面推行。

2. 步骤 2：拟订推行方针及目标

首先，制定推行方针，如“推行 5S 管理，塑中集一流形象”“告别昨日，挑战自我，塑造捷虹新形象”“于细微之处着手，塑造公司新形象”。方针的制定要结合企业具体情况，要有号召力。方针一旦制定，要广为宣传。

其次，制定推行目标，如“第 4 个月各部门考核 90 分以上”“有来宾到厂参观，不必事先临时作准备”。预先设定的目标是活动努力的方向及活动过程中的成果检查依据。目标的制定也要同企业的具体情况相结合。

3. 步骤 3：拟订工作计划及实施方法

拟订工作计划及实施方法包括拟订日程计划作为推行及控制的依据；收集资料及借鉴其他企业做法；制定 6S 活动实施办法；制定要与不要的物品区分方法；制定 6S 活动评比

的方法和奖惩办法。通过计划，使大家对整个推行过程有一个整体的了解，使项目责任者明确自己及其他承担者的工作是什么，以及要何时完成，相互配合造就一种团队作战精神。

4. 步骤4：教育

教育包括每个部门对全员进行教育，让全体员工明确6S的内容及目的、实施方法和评比方法。同时对新进员工进行6S训练。通过教育让员工了解6S活动能给工作及自己带来好处从而主动地去做，这与被别人强迫着去做的效果是完全不同的。教育形式要多样化，讲课、放录像、观摩他厂案例或样板区域、学习推行手册等方式均可视情况加以使用。

5. 步骤5：活动前的宣传造势

6S活动要全员重视、参与才能取得良好的效果。因此，要利用一切可以利用的手段进行宣传造势，如最高主管在晨会、内部报刊等发表宣言，通过海报、内部报刊、宣传栏进行宣传。

6. 步骤6：实施

（1）前期作业准备：包括召开方法说明会和道具准备。

（2）工作现场“洗澡”运动（全体上下彻底大扫除）。

（3）建立地面画线及物品标志标准。

（4）定点摄影。

（5）做成“6S日常确认表”及实施。

（6）红牌作战。

7. 步骤7：活动评比办法确定

根据企业现场管理情况制订切实可行的评比办法。

8. 步骤8：查核

通过现场查核，明确6S问题点，并解答，同时通过举办各种活动及比赛（如征文活动等）宣传、完善推行办法。

9. 步骤9：评比及奖惩

根据查核结果评出优秀的部门，同时公布执行差的部门，并给予相应的奖励和处罚。

10. 步骤10：检讨与修正

各责任部门依缺点项目进行改善，不断提高。

11. 步骤11：纳入定期管理活动中

（1）标准化、制度化的完善。

（2）实施各种6S强化月活动。

需要强调的一点是，企业因其背景、架构、企业文化、人员素质的不同，推行时可能会有各种不同的问题出现，要根据实施过程中所遇到的具体问题，采取可行的对策，才能取得满意的效果。

第三节 ISO9000标准在物流企业管理中的应用

一、ISO9000系列标准简介

1947年，国际标准化组织（International Organization for Stardardization，ISO）成立，目前已有100多个成员国。1979年，国际标准化组织成立质量管理和质量保证标准化技术委员会（Technical Committees，TC 176）。1986年，ISO/TC176发布了ISO8402《质量——

术语》，紧接着第二年发布了 ISO9000《质量管理和质量保证标准——选择和使用指南》、ISO9001《质量体系——设计开发、生产、安装和服务的质量保证模式》、ISO9002《质量体系——生产、安装和服务的质量保证模式》、ISO9003《质量体系——最终检验和试验的质量保证模式》、ISO9004《质量管理和质量体系要素——指南》5 项标准。上述 6 项标准统称为 ISO9000 系列标准。该标准之后分别于 1994 年和 2000 年进行了两次修订。2000 年版 ISO9000 系列标准进一步吸收了管理实践的科学经验与原则，更加全面、系统地说明了对企业和行业的质量管理和质量保证，一经发行即被普遍接纳和采用。目前全世界已有 140 多个国家和地区采用了这套标准，很多公司纷纷将这套标准列入其质量计划、合同或订单履行中。随着全球经济的持续发展和信息技术的突飞猛进，物流企业已经不再只追求眼前利益，而是将目光长远化，ISO 质量管理体系的重要性日益凸显。随着当前物流业的全球化、网络化、信息化的发展，我国物流业也积极引进国际先进管理模式和物流理念，贯彻和实施国际通行认可的 ISO9000 标准，通过质量管理体系认证，早日进入国际市场。

二、物流企业建立质量管理体系的重要性

自从 1987 年 ISO9000 系列标准问世以来，为了加强质量管理，适应质量竞争的需要，企业家纷纷采用了 ISO9000 系列标准在企业内部建立质量管理体系。申请质量体系认证成了世界性的潮流，而实施 ISO9000 系列标准对促进质量管理体系的改进和完善、提高组织管理水平能起到良好的作用。

物流企业一直是以为用户提供优质服务、满足用户要求为宗旨的，而 ISO9000 系列标准具有系统性、实用性和规范性，能指导用户选择满意的服务，给用户带来信誉和更大的利润。当前有些需方企业已经将是否取得 ISO9000 系列标准认证作为接受物流服务的必要条件。

物流企业实施 ISO9000 系列标准认证的重要性主要有以下几点。

（1）经济全球化要求物流企业不断改进和提高物流服务质量，通过实施 ISO9000 系列标准融入世界经济市场。

（2）物流企业获得 ISO9000 系列标准认证可强化质量管理，实际上也就获得了通往一体化市场的通行证。

（3）物流企业实施 ISO9000 系列标准，有利于提高管理水平，增强企业的竞争能力。

三、物流企业质量管理体系的内涵

（一）物流企业质量管理体系的概念

ISO9000（2000 年）给出的质量管理体系的定义是：在质量方面指挥和控制组织的管理体系。

物流企业的质量管理包括物流服务咨询质量管理、仓储质量管理、配送质量管理、流通加工质量管理、信息管理、行政管理、客户关系管理等。因此，物流企业质量管理体系是指在物流服务质量方面指挥和控制组织的管理体系。

（二）八项质量管理原则在物流企业中的应用

八项质量管理原则是由国际标准化组织质量管理和质量保证标准化技术委员会下设的一个工作组用了两年时间整理、编撰的体系。在撰写中吸收了世界上著名的质量管理专家

的意见，总结了先进的质量管理经验，是最基本、最通用的一般性原则，体现了科学的管理思想，被广泛接受和应用。

为了适应国内、国际市场的变化，使我国物流企业质量管理向国际质量管理模式转换，加强物流企业的质量管理，提高质量管理水平，我们应将八项质量管理原则应用到实际管理工作中去。质量管理八项原则是一个组织在质量管理方面的总体原则，这些原则可以体现在具体的活动中。

1. *以顾客为关注焦点*

组织依存于顾客，组织应当在满足顾客要求的基础上争取超越顾客期望。物流企业的产品不是有形产品，它是通过一种活动和承载体来完成的一种服务产品。物流企业要发展、要生存，就一定要关注顾客、了解顾客、服务顾客，企业的各项工作也应紧紧围绕着“使顾客满意”来展开。使顾客满意成为物流企业管理应树立的管理理念，成为判断工作好坏的最高标准，成为企业利润的源泉。

实施这一原则应考虑：①明确物流企业的客户；②了解客户的需要和期望；③评价客户的需求和期望；④采取措施满足客户的要求和期望；⑤超越客户的期望。

2. *领导作用*

领导者确定本组织统一的宗旨和方向，应当创造并保持使员工能充分参与实现组织目标的内部环境。在物流企业中，领导者的主要作用是决策、组织、指挥、调动、协调、控制。领导应抓好经营和管理的主要工作，从长远利益出发，经济目标和质量目标两头抓。

根据 2000 年版 ISO9000 系列标准，物流企业领导应按如下标准要求全面履行质量管理职责。

（1）根据物流企业的特点和实际工作要求、业绩、水平制定并保持质量方针和质量目标。

（2）建立、实施质量管理体系，持续、稳定地提供满足客户要求的物流服务。

（3）增强全体员工的质量意识，调动员工的积极性和参与性，在物流企业组织内促进质量方针和质量目标的实现。

（4）确保物流企业组织内以客户为关注焦点。

（5）确保实施适宜的过程以满足客户和其他相关方的要求。

（6）确保物流企业服务提供所需的必要资源。

（7）定期评审物流企业质量管理体系，包括评审物流企业组织的质量方针和质量目标。

（8）决定改进物流企业质量管理体系的措施。

这些职责应通过质量策划、质量控制、质量改进等活动来完成。

3. *全员参与*

各级人员都是组织之本，只有他们充分参与并充分发挥他们的才干才能为企业带来收益。

物流业的主要业务是服务性的，这尤其强调了人才的重要性，因为它要求物流人才既有宏观的视角和眼光，又有实践的技术能力，如利用综合管理与数学等各学科帮助实现物流路线的最优化、物流成本的最小化、物流利润的最大化。物流企业的人员管理包括对物流咨询顾问、销售代表、业务接待、仓库管理、运输管理、流通加工、包装、行政后勤、技术服务等多方面人员的管理，既有服务类型，又有技术类型，存在很大的管理难度。因此，物流企业的全体员工必须树立全局整体意识，全员参与和配合才能实现组织的质量方针和质量标准。领导者要充分发挥各级员工的积极性和创造性，以人为本，让员工认识到个人利益与组织利益是密切相关的，让他们自觉寻找、创造提高自身能力的机会，从而更好地为组织服务。

具体要求员工做到以下内容。

（1）了解自身贡献的重要性及其在企业中的作用。

（2）了解每个人的职责，权限，工作内容、要求、程序等。

（3）识别对其活动的约束。

（4）每个人根据分解到本岗位的目标评价其业绩。

（5）主动寻找机会增强自身的能力、知识和经验。

（6）在团队中分享知识和经验。

4. 过程方法

将活动和相关的资源作为过程进行管理，可以更高效地得到期望的结果。过程就是一组将输入转化为输出的相互关联或相互作用的活动。过程方法即系统地识别和管理组织所应用到的过程，尤其是这些过程之间的相互作用。

依据2000年版ISO9000系列标准的质量管理模式，任何一个物流企业都应以过程管理为基础，通过许多相关过程和过程的组合来完成物流服务，如运输、仓储、装卸、搬运、包装、配送、信息处理等几个大过程。在这些大过程中还需要经过许多小过程才能实现客户的物流需求。在物流服务中有效地实施过程方法，可以提升物流企业服务水准。

实施这项原则要求做到以下几个方面。

（1）识别物流服务中所需的过程，如与服务质量有关的过程、与客户要求有关的过程及与法律法规要求有关的过程。

（2）明确物流企业服务管理活动的职责和权限，确定各部门、各岗位的物流服务的质量管理职责。

（3）识别和管理好物流服务中的特殊过程和关键过程，如验证包装是否合格经济等特殊过程，配送、信息处理及向客户提供服务等关键过程。

（4）识别组织职能之间与职能内部活动的接口。

（5）注重能改进组织活动的各种因素，如资源、信息、方法和材料等。

5. 管理的系统方法

管理的系统方法即将相互关联的过程作为系统加以识别、理解和管理，这样有助于提高实现目标的有效性和效率。在物流企业中，若想成功领导和运作物流企业服务质量管理，应针对企业制定的方针和目标确定过程，分析过程之间的关系和作用及相互影响，按某种方式和规律将过程有机地结合起来，组成一个系统，并对这一系统进行管理，使之协调运行。

物流企业运用管理的系统方法可采取以下措施。

（1）根据实际情况建立一个体系，以最佳效果和最佳效率实现组织的目标。

（2）了解系统的过程之间的相互关系。

（3）理解目标，明确各自的作用和责任，减少职能交叉造成的障碍。

（4）了解组织的能力，确定所需资源。

（5）设定各过程的分目标。

（6）通过测量和评审，持续改进物流企业服务过程。

6. 持续改进

持续改进是任何一个企业都要奉行的一个永恒主题，当然也是物流企业全体员工不变的工作目标。为了改进物流企业的整体业绩，提高物流管理的总体质量，满足顾客和其他相关方日益增长和不断变化的需求和期望，物流企业应建立一种监督—约束—激励机制，不断发现问题、解决问题，不断完善、提高物流企业的竞争力，以适应物流企业外部环境日新月异的变化需求。

在应用持续改进原则时，物流企业可以采取以下措施。

（1）在整个物流企业范围内使用一致的方法持续改进组织业绩。

（2）为员工提供有关持续改进的方法和培训的手段。

（3）将质量管理体系、服务过程、服务品种的持续改进作为组织内每一位成员的目标。

（4）建立目标指导、测量和追踪持续改进工作。

7. 基于事实的决策方法

有效决策是建立在数据和信息分析的基础上的。决策者的成功与否取决于活动实施之前的精心策划和正确决策。决策作为一个行动前选择最佳方案的独立过程，必须以数据和信息作为基础。决策方案是否正确，取决于数据和信息的准确程度，以及是否采用了正确的分析方法。

物流企业的管理者在进行决策时，应注意以下几点。

（1）确保数据的正确性和信息的可靠性。

（2）使用正确的方法分析数据。

（3）基于事实分析，权衡经验与直觉，做出决策并采取措施。

8. 与供方互利的关系

组织与供方是相互依存的，互利的关系可增强双方创造价值的能力。随着物流业的逐渐成熟，供应链在生产、服务实现中发挥着越来越重要的作用。物流企业完成物流服务需要供方或合作伙伴提供物流服务所需的材料、零部件、设备、设施、服务等，所以贯彻与供方互利的关系在物流企业服务实现中有着非常重要的作用。对于物流企业来说，所有的物流服务未必都由本企业完成，与其他物流企业合作，向客户提供集成的一站式物流服务就非常重要。集成化的物流服务需要整合物流服务资源，而这些物流资源也是我们的供方，管理好这些特殊的供方，对于提高物流企业的服务水平和竞争优势就显得特别有意义。

实施这一原则需要注意以下几个方面。

（1）选择合格的供方。

（2）在对短期和长期利益综合平衡的基础上，确立与供方的关系。

（3）与供方或合作伙伴共享专门技术和资源。

（4）与供方的沟通。

四、物流企业质量管理体系的建立与实施

（一）质量管理体系的建立

为了成功地领导和运作一个企业，需要采用一种系统和透明的方式进行管理，物流企业应根据自己的企业情况建立适合企业自身的质量管理体系。

物流企业进行全面质量管理是一项极为复杂的过程，它不但要求企业的领导者，而且要全体员工也必须在领导合理的组织下开展质量管理活动，具体步骤如下。

1. 统一认识和落实组织

（1）高层管理者统一认识和决策。贯彻执行全面质量管理是一个物流企业积极参与市场竞争，提高本企业经济效益、社会效益和信誉的重要手段。物流企业的高层管理者，特别是一把手，应认识到全面质量管理体系的重要性，并依此做出相应的决策。最高管理层正确的认识和决策是贯彻全面质量管理的基本条件。

（2）组织精干的领导班子。必须建立并落实一个精干的领导班子，负责发动、组织、协调、控制和管理本组织的贯彻标准和建设质量体系工作。这个班子的人员需要有一定的理论修养和实践经验，有较强的综合分析解决问题和组织协调的能力，同时又有较强的语言和文字表达能力。

（3）教育培训。质量管理“始于教育，终于教育”。物流企业在贯彻标准和全面质量管理过程中，应强调教育培训的重要性，提高全体员工对全面质量管理的认识，了解它的目标和要求，掌握步骤和方法。教育培训是一个长期的过程，伴随着企业发展的始终。

（4）制订工作计划。这是物流企业执行 PDCA 工作循环中 P 的阶段，必须认真做好，为贯彻标准和全面质量管理工作打下良好基础。物流企业在制订工作计划时应注意：①物流企业制订工作计划的目标一定要明确，将总目标分解成多个小目标。在工作计划中应明确各层次、各部门的具体目标和承担的任务，以及完成的形式、时间进度和费用开支等。②物流企业贯彻标准和全面质量管理时，对工作计划的执行应进行全过程的控制，以及必要的审核和监督，以保证计划的完成和达到预期的目标。③在制订工作计划前应对物流企业的内外环境做综合的调查研究，找出薄弱环节，工作计划应反映出物流企业的特点，突出应解决的薄弱环节，抓住重点。④在工作计划中应按 PDPC 工作循环原理，考虑执行工作计划中可能发生的问题，并预先制订出应急和修改计划的途径。在工作计划执行过程中，应适时地对计划执行情况进行检查，并根据情况对计划进行必要的调整。

（5）制定质量方针和目标。由企业最高管理者亲自策划和指导，按照组织确定的质量方针和目标分析产品寿命周期的质量性能，以便确定质量职责和权限，做到质量工作人人有责，同时利用各种形式广泛宣传本组织的质量方针和目标。

2. 选择要素和开展活动

（1）深入进行现状调查。在贯彻标准和全面质量管理建设中，一个非常重要的阶段就是质量体系要素的选择和活动的确定，而其基础又在于对本组织现状的调查。只有对质量体系现状有了充分的认识，才能产生一个完善的、适合本企业需要的、有效的质量体系。

（2）对照标准确定选择性要素。选择质量体系要素时，必须结合物流企业现状调查的结果，对照 ISO9000 系列标准列出的要素，分析差异，找出差距和不足，组织企业有关部门和人员集思广益，根据实际需要来确定要素，进行适当修改、删减和补充，从而更好地结合本企业的实际来实施标准。同时要正确处理风险、成本和利益之间的关系。要素的数目和每个要素采用程度的选择是与顾客、本组织所承担的风险、成本和费用密切相关的，应进行统筹考虑。对于顾客来说，包括所接受产品的性能、安全性、适用性、时间性和费用等因素；对于物流企业来说，包括市场占有率、财务因素、产品责任、损失和索赔等。

（3）要素应展开为若干活动。为了满足质量体系中要素所要求的内容，必须由若干个支撑要素的活动来保证。质量管理活动就是保证各种业务活动达到质量要求所必需的活动。这里所确定的“活动”的内涵一定要明确，即通过活动达到什么目的，怎样通过这个活动来保证支持的要素等。质量管理活动是非常具体的，它与其组织和实施者密切相关。因此，应充分发动有关人员共同进行要素展开活动的工作，这样更能切合实际，并便于得到理解和支持，减少执行中的困难。

3. 分解职责和配置资源

（1）健全本组织的组织结构。组织机构的设计应考虑到本组织的实际情况，如现有组织机构及其运作情况、工作习惯、部门和人员之间的关系等，力求在满足质量体系运作需要的情况下，按照本组织特点来进行重新设计或进行必要调整。与此同时，组织机构应尽量精简层次和人员，并注意各部门之间的接口关系，做到协调通畅。

（2）明确并正确地分解职责和权限。当一个组织根据质量体系运作需要并结合本组织实际情况将组织结构确定以后，就可以把开展的各项活动的职责分解到组织机构中去，即分解给各个部门。质量职责的分解应遵循职、责、权、利统一的原则，做到职、责、权、利清楚，使各个部门和有关人员在执行质量职责时保持清醒的头脑。质量职责的分解应考虑本组织发展的需要，从长远规划着眼，有利于本组织向更高的管理水平迈进。质量职责的分解是关系到各个部门和有关人员的切身利益的事，因此，分解和确定质量职责时应让承担者参与进来，使职责分解更加切合实际并有利于执行。

（3）合理配置资源。质量职责的分解与资源的合理配置是紧密联系在一起的。任何质量活动的实施都要建立在一定的人力和物力资源的基础上，并消耗一定的人力和物力资源。因此，组织在满足活动需要的基础上应避免浪费，真正做到人尽其才、物尽其用。

4. 编制质量体系文件

（1）全面和重点地编制质量手册。质量体系文件包括质量手册、质量计划、程序和质量记录，其中，质量手册是质量体系文件中的统帅性文件、纲领性文件和总体性文件。质量手册的全面性体现在对质量方针和目标、要素和活动的基本要求和方法、组织结构和职责分配等有概括而准确的描述，通过质量手册可对一个组织的质量管理状况有比较清楚和全面的了解；但质量手册的内容又要重点突出、思路清晰、简明扼要、控制篇幅、避免烦琐。编制质量手册时，可用要素说明方式或程序汇编方式。前者是对选择确定的每一个要素所包含的主要活动的基本程序的内容概括、重点的描述，以期对这个要素能有全面的了解；后者是把选择的每一个要素的基本程序直接汇编入质量手册。

（2）细微和协调地编制程序文件。程序的编制是一项涉及面广、工作量大的工作，因而应有统筹计划。在编制程序时需要做大量的调查研究工作，把每个程序所对应的活动进行仔细、深入的审慎剖析，并应与相关的活动相衔接，协调活动之间的关系，做到既细微又协调。

（3）合理而慎重地确定质量记录的项目和内容。质量记录为满足质量要求程度提供客观证据，也为质量体系要素运行的有效性提供客观证据。质量记录的目的一是为了实现产品的可追溯性，二是为采取预防和纠正措施提供信息。因此，质量记录是质量体系文件的重要组成部分，它是质量信息及其管理的基础。

（4）根据需要制订质量计划。依据顾客和社会的需要，或一个组织对提供某项产品的需要，可以对某个特定的产品或项目编制质量计划。质量计划应与一个组织的质量体系相协调，其内容仅限于一个组织的质量体系中，是对某个特定产品或项目的具体要求。

（二）质量管理体系的实施

物流企业在质量管理体系建立以后，应重视和关注质量管理体系的实施过程，具体包括以下内容。

（1）加强统一领导，建立全面质量管理网络，严格贯彻质量责任制。

（2）运用 PDCA 工作循环推动整个质量工作系统运转。

（3）推行质量管理业务标准化、管理流程程序化，加快物流标准化体系的建设。

（4）真正树立整体质量管理思想，做好物流服务全过程的质量管理。

（5）建立质量信息反馈系统，不断完善质量管理的基础工作。

（6）鼓励员工重视质量措施，提高自检效果。

五、物流企业质量管理的常用指标

（一）物流质量指标体系

衡量物流质量的主要指标是由物流服务的最终目标决定的，是目标质量的具体构成内容。围绕这些指标，在工作环节中，各项工程又可以制定出实现分目标的一系列质量指标，这就形成了一个质量指标体系，如表 10-9 所示。

表 10-9　物流质量指标体系表

<table>
<tr><th>一级指标</th><th>二级指标</th><th>三级指标</th></tr>
<tr><td rowspan="12">物流服务目标质量指标</td><td rowspan="6">工作质量指标</td><td>运输工作质量指标</td></tr>
<tr><td>装卸搬运工作质量指标</td></tr>
<tr><td>仓库工作质量指标</td></tr>
<tr><td>流通加工工作质量指标</td></tr>
<tr><td>包装工作质量指标</td></tr>
<tr><td>工程质量指标</td></tr>
<tr><td rowspan="6">信息工作质量指标</td><td>信息工程质量指标</td></tr>
<tr><td>运输工程质量指标</td></tr>
<tr><td>装卸搬运工程质量指标</td></tr>
<tr><td>仓库工程质量指标</td></tr>
<tr><td>流通加工工程质量指标</td></tr>
<tr><td>包装工程质量指标</td></tr>
</table>

（二）物流质量的主要指标

1. 物流目标质量指标

1）服务水平指标

相对数指标，公式为

$$\text{服务比率}=\frac{\text{满足要求次数}}{\text{用户要求次数}}\times 100\%$$

$$\text{缺货率}=\frac{\text{缺货次数}}{\text{用户要求次数}}\times 100\%$$

绝对数指标，公式为

$$\text{未满足用户要求数量}=\text{用户要求数量}-\text{满足要求数量}$$

2）交货水平指标

相对数指标，公式为

$$交货比率=\frac{按期交货次数}{总交货次数}\times 100\%$$

绝对数指标，公式为

$$交货期=规定交货期-实际交货期$$

以实际交货期与规定交货期相差日（时）数表示。正号为提前交货，负号为延迟交货。

3）商品完好率指标

$$商品完好率=\frac{交货时完好的商品量}{物流商品总量}\times 100\%$$

$$缺损率=\frac{缺损商品量}{物流商品总量}\times 100\%$$

$$货差率=\frac{错装错卸量}{物流商品总量}\times 100\%$$

$$货损货差赔偿费率=\frac{货损货差赔偿费总额}{同期业务收入总额}\times 100\%$$

4）物流吨费用指标

$$物流费用率(元/吨)=\frac{物流费用}{物流总量}$$

2. 仓库质量指标

1）仓库吞吐能力实现率

$$仓库吞吐能力实现率=\frac{期内实际吞吐量}{仓库设计吞吐量}\times 100\%$$

2）商品收发正确率

$$商品收发正确率=\frac{某批吞吐量-出现差错总量}{同批吞吐量}\times 100\%$$

3）商品完好率

$$商品完好率=\frac{某批商品库存量-出现缺损的商品量}{某批商品库存量}\times 100\%$$

4）库存商品缺损率

$$库存商品缺损率=\frac{某批商品缺损量}{某批商品总量}\times 100\%$$

以上商品收发正确率、商品完好率和库存商品缺损率都是以用户为对象，确定每批商品的质量指标。如果是对仓库总工作质量评定其指标的计算，应将“某批”的数量改换为“期内”的数量。

5）仓库面积利用率

$$仓库面积利用率=\frac{\sum 库房、货棚、货场占地面积}{仓库总面积}\times 100\%$$

6）仓容利用率

$$仓容利用率=\frac{存货商品的实际数量或容积}{库存数量或容积}\times 100\%$$

7）设备完好率

$$设备完好率=\frac{期内设备完好台数}{同期设备总台数}\times 100\%$$

8）设备利用率

$$设备利用率=\frac{全部设备实际工作时数}{设备总工作能力（时数）}\times 100\%$$

9）仓储吨日成本

$$仓储吨日成本(元/吨)=\frac{仓储费用}{库存量}$$

3. 运输环节质量指标

1）正点运输率

$$正点运输率=\frac{正点运输次数}{运输总次数}\times 100\%$$

2）满载率

$$满载率=\frac{车辆实际装载量（吨）}{车辆装载能力（吨）}\times 100\%$$

3）实载量

$$实载率=\frac{\sum 实际运载的吨公里（即重车千米）}{\sum 运力的总运输能力（即总车千米）}\times 100\%$$

这几项指标主要是反映工作质量及工程质量的指标，除以上各项指标之外，其他物流环节也有相应的质量指标，指标的确立要根据物流对象的不同，有针对性地进行设计。

六、物流企业质量管理体系认证

质量管理体系认证也称为质量管理体系注册，是指由公正的第三方体系认证机构，依据正式发布的质量管理体系标准，对组织的质量管理体系实施评定，并颁发体系认证证书和发布注册名录，向公众证明组织的质量管理体系符合质量管理体系标准，有能力按规定的质量要求提供产品，可以相信组织在产品质量方面能够说到做到。

质量管理体系认证的目的是要让公众（消费者、用户、政府管理部门等）相信组织具有一定的质量保证能力，其表现形式是由体系认证机构出具体认证证书的注册名录，依据的条件是正式发布的质量管理体系标准，取信的关键是体系认证机构本身具有的权威性和信誉。

质量管理体系认证的具体实施有以下几个步骤。

1. 申请认证

物流企业向其自愿选择的某个体系认证机构提出申请，按机构要求提交申请文件，包括组织质量手册等。体系认证机构根据组织提交的申请文件，决定是否受理申请，并通知企业。按惯例，机构不能无故拒绝组织的申请。

2. 体系审核

体系认证机构是指派数名国家注册审核人员实施审核工作，包括审查物流企业的质量手册，到企业现场查证实际执行情况，提交审核报告。

3. 审批与注册发证

体系认证机构根据审核报告，经审查决定是否批准认证。对批准认证的物流企业颁发体系认证证书，并将物流企业的有关情况注册公布，准予企业以一定方式使用体系认证标志。证书有效期通常为3年。

4. 监督

在证书有效期内，体系认证机构每年对物流企业至少进行一次监督检查，查证物流企业有关质量管理体系的保持情况，一旦发现物流企业有违反有关规定的事实证据，即对该企业采取措施，暂停或撤销组织的体系认证。

质量管理体系认证之所以在全世界各国能得到广泛的推行，原因如下。

（1）从用户和消费者角度来看，质量管理体系认证能帮助用户和消费者鉴别组织的质量保证能力，确保购买到优质满意的产品。

（2）从企业角度来看，质量管理体系认证能帮助企业提高市场的质量竞争能力；加强内部质量管理，提高产品质量保证能力；避免外部对企业的重复检查与评定。

（3）从政府角度来看，质量管理体系认证能促进市场的质量竞争，引导企业加强内部质量管理，稳定和提高产品质量；帮助企业提高质量竞争能力；维护用户和消费者的权益；避免因重复检查与评定而给社会造成浪费。

➤复习思考题

1. 试述物流质量的内涵及特性。
2. 物流企业质量管理的内容有哪些？
3. 通过分析一个实施全面质量管理的物流企业来阐述全面质量管理的主要观点和要求。
4. 试述排列图法和因果分析图法的主要步骤。
5. 试针对一个日常问题，用因果图进行原因分析。
6. 试述PDCA工作循环的主要步骤及特点。
7. 简要说明物流企业推行6S的要领。
8. 选择一家当地已经通过质量管理体系认证的物流企业，调查了解该企业建立质量管理体系的过程。

➤计算题

1. 某产品的不合格统计资料，如表10-10所示。要求：①请根据表10-10中的数据，计算不合格项目的累计数，各项不合格项目所占的百分比，以及累计百分比，并填入表中；②画出该产品的不合格项目排列图，并指出哪项缺陷是产生不合格的主要原因。

表10-10　某产品的不合格统计资料

原因	频数	频数累计	百分比/%	累计百分比/%
操作	115			
工具	64			
设备	41			
工艺	32			
材料	8			
其他	25			
合计				

2. 某配送中心为客户加工某种零件，该零件外径尺寸测定的 50 个数据如表 10-11 所示，其技术要求为 10.00±0.20 毫米。要求：①制作频数分布表；②画直方图；③计算样本均值与样本标准差（计算结果保留两位小数）。

表 10-11　零件外径尺寸数据　　单位：毫米

10.08	10.07	10.13	10.13	10.24
10.12	9.91	10.08	10.05	9.99
10.01	10.05	10.02	10.28	10.01
10.13	10.00	10.20	10.07	9.85
10.06	10.13	10.18	10.00	10.03
10.15	10.08	10.19	10.17	9.98
10.03	9.93	10.05	10.10	10.02
10.16	9.98	10.04	10.14	10.09
10.12	9.96	10.13	10.04	10.14
10.15	10.10	9.97	10.05	10.08

案例分析　JC 公司质量管理

一、配送中心的基本情况

JC Penney 公司位于俄亥俄州哥伦布的配送中心，每年要处理大约 900 万种订货，每天处理约 25 000 笔订货。该中心为 264 家地区零售店装运货物，无论是零售商还是消费者的家，该配送中心都能做到 48 小时之内把货物送到所需的地点。哥伦布的配送中心有 200 万平方米设施，雇用了 1300 名全日制员工，旺季时有 500 名兼职雇员。

JC 公司接着在其位于密苏里州的堪萨斯城、内华达州的雷诺及康涅狄格州的曼彻斯特的其他 3 个配送中心成功地实施了质量创新活动，能够连续 24 小时为全国 90%的地区提供服务。

二、质量管理创新

JC 公司感到真正的竞争优势在于优质的服务。管理部门认为，这种服务的优势应归功于 20 世纪 80 年代中期该公司所采取的三项创新活动，即质量循环、精确至上和信息技术。

1. 质量循环：小改革解决大问题

1982 年，JC 公司首先启动了质量循环活动，以期维持和改善服务水准。管理部门担心，质量服务的想法会导致管理人员企图简单地花点钱来“解决问题”。然而，代之这些担心的是经慎重考虑后提出的一些小改革解决了工作场所中存在的一些主要问题。其中，包括工人们建议创建的中央工具库，其可以提高工作效率和工具的可获得性。

2. 精确至上：不断消除物流过程的浪费

精确至上的创新活动旨在通过排除收取、提取和装运活动中存在的缺陷，以提高服务的精确性。因此，提供精确的顾客信息和完成订货承诺被视为头等大事。显然，在该层次上讲求服务的精确性，意味着该公司随时可以说出某个产品项目是否有现货，并且当有电话订货时，便可以告知对方何时送货上门。该公司需要提高的另一个精确性与在卖主处提取产品有关。为了确保产品在质量和数量上正确，JC 公司针对每次装运中的某个项目进行质量控制和实际点数检查。如果存在差异，将对订货进行 100%的检查。与此同时，对 2.5%的装运进行审计。

订货承诺的完成需要把主要精力放在提高精确性上，为此，该公司的配送中心经理罗杰·库克曼说："我们曾一直在犯错误，想在商品预付给顾客之前就能够进行精确的检查。"但问题是，在质量循环中是否已经找到了解决办法，或者能够对该过程进行自动化。对此，库克曼感觉到："只有依赖计算机，人们才有能力精确地检查。"于是，该公司开始利用计算机系统进行协调，把订购商品转移到"转送提取"区域，以减少订货提取者的步行时间。

3. 信息技术：用科技改进质量管理

第三项质量管理创新活动是应用信息自动扫描识别技术，以 99.9%的精确性来跟踪 230 000 个存货单位的存货。JC 公司最初的密尔沃基的配送中心是用手工来处理各种产品项目的储存和跟踪的，接着便开始用计算机键盘操作替代手工操作，这一举动使产品项目的精确性接近 80%。而信息自动扫描识别技术则被看成是既提高记录精度，又提高记录速度的手段。

但是，刚开始启动信息自动扫描识别技术时的结果并不理想，因为一系列的扫描过程需要精确地读取每一个包装盒子上的信息。在某些情况下，往往需要扫描 4 次才获得一次读取信息。看来，JC 公司需要一种系统，能够按每秒 3 次的速度，从任何角度读取各种包装尺寸的产品信息。于是，公司内部的系统支持小组优化了硬件和软件来满足这一目的。其结果是，该配送中心的 4 个扫描站耗资 12 000 美元，削减了每个扫描站所需的 16 个键盘操作人员。

三、质量管理创新需要协调员工与技术的关系

"加重工作"的质量循环与"减轻工作"的技术应用之间会产生一种有趣的尴尬境地。JC 公司需要在引进扫描技术的同时，保持其既得利益和改进成果。然而，该公司在时间上的选择却是完美的。因为公司在大举扩张的同时也需要增加雇员，于是，该公司便告诉其雇员，技术进步将不会导致裁员。

问题：

1. PDCA 工作循环的作用有哪些？如何运用 PDCA 工作循环？
2. 物流企业服务质量主要体现在哪些方面？如何加强服务质量控制？
3. 该公司在质量管理创新方面的做法和经验，有哪些值得我们学习？

参 考 文 献

陈雅萍，朱国俊，刘娜. 2008. 第三方物流. 北京：清华大学出版社

程淑丽，杨丛丽. 2007. 物流公司规范化管理操作范本. 北京：人民邮电出版社

董千里. 2005. 物流市场营销学. 北京：电子工业出版社

费连才. 2006. 第三方物流企业财务管理案例. 北京：人民交通出版社

高晓亮，伊俊敏，甘卫华. 2006. 仓储与配送管理. 北京：清华大学出版社，北京交通大学出版社

葛承群，韩刚，沈兴龙. 2006. 物流运作典型案例诊断. 北京：中国物资出版社

国瑞会计研究中心. 2008. 物流企业会计核算实务. 北京：中华工商联合出版社

何明珂. 2004. 物流系统论. 北京：高等教育出版社

霍红. 2008. 第三方物流企业经营与管理. 北京：中国物资出版社

兰洪杰. 2006. 物流战略管理. 北京：清华大学出版社

蓝仁昌. 2006. 物流战略管理. 北京：高等教育出版社

李万秋. 2003. 物流中心运作与管理. 北京：清华大学出版社

李晓龙. 2004. 现代物流企业管理. 北京：北京大学出版社

李严锋. 2008. 物流运作管理. 北京：机械工业出版社

李祖武. 2008. 物流市场营销. 北京：清华大学出版社

刘昌祺，徐正林，胡志刚. 2006. 物流配送中心管理技术. 北京：机械工业出版社

刘彦平. 2007. 仓储和配送管理. 北京：电子工业出版社

鲁晓春，吴志强. 2005. 物流设施与设备. 北京：清华大学出版社，北京交通大学出版社

牛鱼龙. 2006a. 美国物流经典案例. 重庆：重庆大学出版社

牛鱼龙. 2006b. 日本物流经典案例. 重庆：重庆大学出版社

牛鱼龙. 2007. 中国物流百强案例. 重庆：重庆大学出版社

曲建科. 2008. 物流市场营销. 北京：电子工业出版社

冉文学，李严锋，宋志兰，等. 2008. 物流质量管理. 北京：科学出版社

孙明贵. 2005. 库存物流管理. 北京：中国社会科学出版社

汪宇瀚. 2006. 物流企业理财. 北京：中国物资出版社

王健. 2005. 现代物流概论. 北京：北京大学出版社

王丽亚. 2007. 物流信息系统与应用案例. 北京：科学出版社

王之泰. 2008. 新编现代物流学. 北京：首都经济贸易大学出版社

威廉·J. 史蒂文森. 2005. 运营管理. 张群，张杰，马凤才译. 北京：机械工业出版社

詹姆士·R. 斯托克，道格拉斯·M. 兰伯特. 2003. 战略物流管理. 邵晓峰等译. 北京：中国财政经济出版社

张树山. 2007. 物流企业管理学. 北京：中国铁道出版社，经济科学出版社

中国物流与采购联合会，中国物流学会. 2008. 中国物流重点课题报告（2008）. 北京：中国物资出版社

中国物流与采购联合会，中国物流学会. 2009. 中国物流发展报告（2008～2009）. 北京：中国物资出版社

周三多，陈传明. 2005. 管理学. 北京：高等教育出版社

周溪召等. 2003. 物流系统工程. 上海：上海财经大学出版社

Ballou R H. 2008. 企业物流管理——供应链的规划、组织和控制. 2 版. 王晓东，胡瑞娟等译. 北京：机械工业出版社